U0563728

国家自然科学基金项目（71874054）和上海市教育委员会科研创新计划项目人文社科重大项目（2017-01-07-00-02-E00008）

A Library of Academics by PHD Supervisors

博士生导师学术文库

中国区域发展格局演化

杨上广　俞佳立　著

图书在版编目（CIP）数据

中国区域发展格局演化/杨上广，俞佳立著．—北京：中国书籍出版社，2019.9

ISBN 978-7-5068-7420-5

Ⅰ.①中… Ⅱ.①杨… ②俞… Ⅲ.①区域发展—研究—中国 Ⅳ.①F127

中国版本图书馆 CIP 数据核字（2019）第 197032 号

中国区域发展格局演化

杨上广　俞佳立　著

责任编辑　毕　磊
责任印制　孙马飞　马　芝
封面设计　中联华文
出版发行　中国书籍出版社
地　　址　北京市丰台区三路居路 97 号（邮编：100073）
电　　话　（010）52257143（总编室）　（010）52257140（发行部）
电子邮箱　eo@ chinabp. com. cn
经　　销　全国新华书店
印　　刷　三河市华东印刷有限公司
开　　本　710 毫米 ×1000 毫米　1/16
字　　数　422 千字
印　　张　23. 5
版　　次　2019 年 9 月第 1 版　2019 年 9 月第 1 次印刷
书　　号　ISBN 978-7-5068-7420-5
定　　价　99. 00 元

前 言

改革开放四十年，中国经济社会的变迁成为近现代人类历史上最为深刻的变革之一。经过四十年近两位数的高速增长，中国的经济总量一跃成为世界第二，人均 GDP 达到 8000 多美元，进入了中等发达国家行列。改革开放之前，长期以来中国主要依据劳动地域分工理论进行经济布局，由于计划体制和行政区域的刚性约束，中国经济活动和劳动地域分工往往被限制于省、市、县等行政区划的范围内进行，产业布局、区域规划等发展战略往往以省、市、县等不同层次的行政区划为基本单位展开，经济活动体现了深刻的地域特征和行政区特色。

在“放权让利”的分权改革思路下，地方政府依照资源禀赋条件和经济发展基础差异，因地制宜地提出和推进了各种经济发展模式，例如，改革开放之初的“深圳模式”“温州模式”“苏南模式”和“晋江模式”等。随着中国开始融入全球经济体系，在新的历史阶段，新时期的“新苏南模式”“新浙江模式”“新深圳模式”和“新上海模式”等开始涌现。在政府主导下的中国区域经济，往往呈现出不同的区块特征和地域特色，中国区域经济的发展既有时空延续性，又呈现出发展演化的特征（吴柏均等，2015）。

当前，全球化驱动的全球劳动空间分工正持续地影响着世界各地的经济发展，并开始重塑全球和中国区域空间格局，城市群、都市圈、经济带等经济形态和经济区块正成为国家经济增长的关键性力量和中国参与全球经济竞争的重要载体。随着中国市场化改革进程的加快，自由贸易、经济市场化和国际化等正在逐步地打破中国地区之间的行政壁垒和区域经济边界，人口、资本、技术等各种生产要素的快速流动开始重塑中国经济的区域空间格局，中国区域发展格局开始呈现出新的重构、分异与演化态势。

在全球化主导下的“时空压缩”过程中，中央政府和地方政府开始重新反思未来的发展战略，并增强各自区域在世界城市经济体系中的竞争优势和竞争地位，各地政府开始主动地利用规划、财税等各种经济手段和产业政策来谋划和构建自身的比较竞争优势，对经济发展目标等进行重新的规划和调整。党的十九大报告提出要构建新型现代经济体系，要通过新型的区域发展战略来重塑中国高质量对外开放新格局。

剖析中国区域发展格局演化历程、机制和模式，揭示在全球化和本土化双重力量作用下，中国区域发展演化的规律和态势，有助于构建具有“中国情境”的区域发展演化的解释理论和发展策略。本书沿着文献梳理、理论构建、实证研究和对策建议等思路，从宏观一中观一微观三个层面入手，尝试着从全国省际、长三角城市群、浙江省域、宁波都市圈、重庆都市圈等各个空间尺度视角，从全要素生产率省际变化、区域创新效率变化、城市群物流基础设施变化、都市圈空间格局演化、区域农产品贸易格局演化以及产业集群的集聚机制演化等内容出发，探讨中国区域发展格局演化的机制、模式和规律，以及发展格局演化进程中存在的问题和相应的区域发展策略。

全书共分为八章，具体章节研究内容如下。

第一章，中国省际全要素生产率格局演化。本章首先参照新古典经济增长理论、内生经济增长理论，CH 贸易模型等对全要素生产率的诞生和深化分析了相关研究成果，归纳了可能会影响技术进步和效率改善的因子，并给予一定的假设。然后，通过建立面板数据模型，来验证前文假设因子的相关性和显著性。最后，抓住对模型有显著影响的典型因子并结合典型区域，进行了进一步的案例分析，从地区特征的角度来深度挖掘典型因子同全要素生产率的相关性，并提出提升中国省际全要素生产率的政策建议。

第二章，中国区域创新效率格局演化。本章首先通过分析国内外相关文献，将创新过程分为知识创新、科研创新和产品创新三个阶段，构建了符合我国实际情况的三阶段价值链理论模型，并设计了适合评价区域效率的投入产出指标体系。在此基础上，利用 DEA 方法、Malmquist 指数法和空间计量模型，对中国 30 个省、市、自治区 2007—2014 年的区域创新效率进行实证研究，考察了中国区域创新的静态效率、动态效率以及区域创新效率的空间收敛趋势，并探讨了区域创新效率的影响因素，提出了改进区域创新效率的对策建议。

总体上，第一、二章主要从区域创新视角，对中国省际全要素生产率格局和中国区域创新效率格局的演化进程进行经验和实证分析，希冀把握中国区域创新发展进程的一些基本事实、主要特征、影响因素与发展策略。

第三章，中国“一带一路”沿线省市农产品出口格局演化。本章首先对中国“一带一路”沿线各省市农产品出口规模、出口产品结构、出口市场潜力、出口地域取向进行讨论，通过显性比较优势指数和贸易互补性指数公式计算出沿线各省市与贸易伙伴国（地区）的农产品贸易相似性和贸易互补性指数，对农产品出口贸易现状进行初步总结；然后，基于贸易扩展边际模型和分析框架，利用“一带一路”沿线18个省市区2000—2015年的农产品出口HS数据，从贸易额、产品种类和效力三个维度详细阐述了各省市区农产品出口扩展边际的特征事实，构建扩展的贸易引力模型，利用面板数据与Bootstrap因果检验方法相结合，验证并揭示扩展边际模型的决定性驱动因素，探究各因素的影响程度。最后，提出了提升和优化中国“一带一路”沿线省市农产品出口的对策建议。

第四章，长三角物流基础设施空间格局演化。本章首先借用相对差距指标变异系数、绝对差距指标极差率、“数字鸿沟系数”等理论和研究方法测度和分析了长三角16个城市物流基础设施投入差距；其次，分析经济发展水平对物流基础设施投入差距的影响；最后，从制度层面、政策层面和方法层面探讨了构建长三角经济圈物流基础设施一体化建设的方案体系和具体举措。

总体而言，第三章主要以中国“一带一路”沿海省市为实证区域案例，以农产品出口为研究对象，探讨中国农产品出口潜力问题，以及影响中国农产品出口的影响因素和对策建议。而第四章则是以长三角为实证区域案例，以物流基础设施为研究对象，探讨中国区域物流基础设施的发展演化态势和存在问题。

第五章，长三角浙江省产业集群的集聚机制演化研究。本章运用新经济地理学的分析框架，讨论了新经济地理因素对工业集聚的影响，并根据浙江省的实际情况，修正了原有的垂直联系和地区溢出模型，建立了一个附加中间产品变量的地区溢出模型，并在分析浙江省11个地市的面板数据基础上，研究了影响浙江省各种产业集聚的诸种因素，探讨了当前浙江产业群发展中存在的问题，并提出一些促进产业区健康发展的对策建议。

总体而言，第五章主要从产业集群的集聚机制视角，以中国产业集群最发达的浙江省为实证区域案例，以一个修正的新经济地理学模型，探讨中国产业集群的影响机制、存在问题及对策建议。

第六章，长三角宁波都市圈空间结构演化。宁波都市圈是东部沿海发达地区的典型代表。本章从地理空间、行政区划、交通联系、经济联系的角度分别讨论了宁波都市圈的范围内涵，通过城市专门化指数、分型特征、区位商和城市流强度模型，对宁波都市圈空间结构演化特征和动力机制进行分析，并根据宁波都市圈的发展存在问题，结合宁波都市圈三个圈层的发展目标，提出宁波都市圈空间结构优化的对策建议。

第七章，长江经济带重庆都市圈空间结构演化。重庆都市圈是西部地区的典型代表。本章运用因子分析与聚类分析等方法分析了重庆市区域空间结构演变的特征，建立多元线性回归模型对重庆市区域空间结构演变的影响因素进行了分析，借助空间引力模型对重庆市区域空间的相互作用进行研究，还利用功效函数模型对重庆市区域空间结构的优化方向进行了探索，最后揭示了重庆市区域空间发展的差异特征，以及影响重庆市区域空间结构演变的主要因素，并根据重庆市空间结构发展中存在问题提出优化策略。

总体上，第六、七章分别以长江经济带两大典型都市圈——宁波都市圈和重庆都市圈为实证区域案例，探讨了中国都市圈空间格局发展演化的进程和基本态势，剖析不同区域和不同发展阶段区域的都市圈发展格局演化的进程模式、影响因素、作用规律及发展策略。

第八章，上海市科技金融与科技创新协同发展研究。创新是引领发展的第一动力，金融是配置资源最为重要的手段。探讨科技金融与科技创新协同发展的机制与策略，对于促进中国经济结构转型和创新驱动发展具有重要意义。以上海市为实证案例，剖析科技金融与科技创新协同发展的机理，构建了科技金融绩效与科技创新产出指标体系，通过构造协同演化模型和协同度测度模型识别主导科技金融与科技创新复合系统的序参量，测度上海市科技金融和科技创新子系统的有序度和复合系统的协同度；运用Bootstrap自助仿真方法模拟检验科技金融与科技创新复合系统主要变量间的协同反馈效果。最后提出促进科技金融与科技创新协同发展的建议。

本书在回顾相关文献和研究进展的基础上，综合运用城市和区域经济学、新经济地理学、空间经济学、产业经济学的理论以及标准的计量经济学方法，充分利用全国、长三角、重庆市及其他地区的统计资料，通过问卷、访谈、专家咨询等方法进行了实地调查，收集专题资料，建立中国城市区域经济数据库，在此基础上，建立了中国城市与区域空间经济信息智能分析和决策系统①。此分析与决策系统包括了中国的经济时空数据库，融合了适应城市与区域经济分析的各种空间统计模型。本书通过对中国区域发展格局演化的研究，希望对如下问题有所解剖和分析。

第一，改革开放以来，中国以劳动力、资本、技术等要素投入为主的发展模式正在改变，当前中国区域发展的基础和条件已经发生变化，区域发展演化的方式、空间结构和动力机制均呈现新的特征，出现了区域分工化、协同化、一体化等趋势。尤其是近年来，在中国一些经济发达地区，区域分工已开始出现一个面向全国甚至全球的以产业链分工为基础的新型区域产业分工体系，中国区域经济发展与功能演化出现了新的图像。

第二，区域发展和结构演化过程中，要素配置、产业集聚、知识外溢、外商投资、行政体制、企业策略和管理效率等因素形成了影响中国区域发展演化的推力和拉力，其中关键的是政府、市场和开放等因素。但随着国际经济逆全球化和反贸易自由化思潮出现，中国传统出口导向型的社会基础条件正在发生变化，中国区域发展可能会越来越依赖于区域创新效率和区域全要素生产率提高。

第三，中国区域发展格局演化差异格局体现出大国体系，这表现在中国东、中、西不同区域由于正处在工业化进程的不同阶段，工业化、城镇化、国际化和市场化等各种影响因素的作用程度和影响程度不同，这也使得中国区域发展格局演化具有与一般国际区域发展理论模型不同的特征，作用机制也有差异，需要构建具有“中国情境”的理论解释和分析体系。

第四，中国区域格局发展演化是在经济结构调整和体制变革等多重背景下发生的，区域发展演化过程中呈现出浓重的政府行政推动与市场驱动的双重特征。随着中国长三角、珠三角、环渤海等区域社会经济功能的重新定位，以及地方政府、专业市场和国际贸易等推动区域发展演化的因素出现了新的作用方式，需要系统地梳理和解剖影响中国区域发展的产业集群的集聚机制以及未来推动中国产业集群良性的发展策略。

第五，中国经济发达地区的区域经济已经具有向区域腹地的扩散、辐

---

① 城市与区域空间经济信息智能分析与决策系统：http：//spatial－intelligence. org.

射和带动作用，如长三角的宁波都市圈已经呈现出区域经济分工化、一体化与协作化的状态。未来中国都市圈在区域发展进程中必须考虑城乡间、区域间的社会协调和经济均衡增长，走城乡之间、区域之间相互依托、协调发展的区域一体化道路。这一道路的核心是建立城市区域融合的经济结构和产业分工合作体系，同时，在社会经济功能定位、产业布局和规划、基础设施建设等方面，应统筹城市区域规划、合理配置资源和相互协调管理。而西部都市圈是否也会呈现出类似东部都市圈的发展演化态势需要实证检验和理论解析。

第六，改革开放初期，中国区域发展由于拥有良好的高速经济增长条件，产业发展通过行政性的资源配置、对外开放等外部资源的投入而得到快速提升。但经济社会进入新的发展阶段后，约束区域发展的基本因素由资本、劳动力等要素投入转为技术进步与效率创新等方面，中国区域发展将更多地依靠内生的市场需求、企业人力资本和技术积累。由此，政府通过产业政策为主的行政主导式的区域发展模式也必须逐渐弱化，有效地促进区域发展的机制将由市场创造和创新驱动。

第七，未来中国区域，尤其是长三角、珠三角、环渤海等都市圈、城市群，随着区域的基础设施、科技创新、产业协同、生态环境、市场体系、养老体系、医疗卫生、人力资源、社会保障等区域合作机制的加快和深化，区域协调机制可能将会打破行政边界束缚，推动区域经济要素市场化流转和配置，市场化在激发区域经济发展的内在活力同时，也会影响着中国未来区域发展格局演化态势和动力机制，需要构建具有中国情境的解释体系。

目　录
CONTENTS

第1章

中国省际全要素生产率格局演化

中国的经济增长主要是依靠要素驱动还是效率提高驱动，一直是学术界重点关注的问题。剖析影响全要素生产率的因子，尤其是影响技术进步和效率改善的要素，是解释未来中国区域经济增长能否持续和健康稳定发展的关键。本章首先参照新古典经济增长理论、内生经济增长理论，CH贸易模型等对全要素生产率的提出和深化分析有重要影响的学术成果，归纳了可能会影响技术进步和效率改善的因子，并提出相应的研究假设。然后，建立面板数据模型对研究假设进行验证，针对有显著影响的典型因子并结合典型区域，进行进一步的案例分析，从地区特征的角度来深度挖掘典型因子同全要素生产率的相关性。最后提出提高中国省际全要素生产率的对策建议。

引　言

经济增长一直是经济学研究中一个永恒的命题。从亚当·斯密的《国富论》讨论国家富强的根源和途径开始，各个流派的学者就从要素投入、需求、生产部门、制度等各个方面进行了定性或定量的讨论。经济增长主题的研究，从20世纪60年代由索洛等人带来的繁荣以及此后近二十多年的萎靡，再到20世纪80年代末由罗默等带来的全面复兴，经济增长走过了关注数量到关注效率的漫长路程。全要素生产率的研究正是在这一契机下获得了发展，目前国外已将TFP的研究不断细化，中国学者的研究方向仍然在行业分析和省际数据分析上，并单纯依靠全要素生产率的贡献率来判定中国经济增长的质量高低。

全要素生产率的构成部分技术进步和技术效率又由什么决定一直是学术界的关注热点。目前，全要素生产率的研究开始趋于多样化，主要研究方向为：(1) 全要素生产率的行业分析，主要集中在工业和农业部门（Lin，1992；Jefferson，1996；孔翔，1999；Allan RaeandHengyun Ma，2003；张军，2003；

等等)。(2) 运用面板数据分析中国各省份的全要素生产率，从而对地区差异作出解释 (wang and yao，2003；郑京海和胡鞍钢，2003；李胜文与李大胜，2006；沈能，2006；等等)。研究结果认为中国经济在 20 世纪 90 年代后 TFP 的贡献率开始下降，且省际之间差距扩大。

其中部分文献对全要素生产率进行了拆分，至于由技术进步还是由技术效率带动则各执一词。不仅如此，哪些因素会影响技术进步和技术效率没有进行深入研究。虽然全要素生产率本来代表的就是要素投入无法解释的部分，但并不意味着无法定性地给出技术进步和技术效率的影响因子，仅仅给出定性的分析结果未免有些差强人意。郑京海与胡鞍钢 (2005) 指出，全要素生产率研究迫切需要解决的下一步工作就是要以定量的方法来找出影响技术进步和影响效率改善的决定因素，从而为经济政策提供更确切的建议。

1978 年改革开放以来，中国经济一直保持着高速发展的态势。弗里德曼曾惊叹："谁能解释中国经济，谁就可以夺得诺贝尔奖"。不少学者认为中国经济以往的增长一直是高投入、低效率的模式 (胡鞍钢，2002)。还有学者指出，中国的经济增长方式同东南亚经济发展模式相一致，即发展起点低，以出口为导向，高比例的农业人口，高储蓄率和投资率等 (Sachs and Woo，1997)。另外有一部分学者认为中国的经济增长主要依靠效率的提高，表现为全要素生产率 (Total Factor Productivity) 的贡献率 (Bhattasali，2001)。鉴于以上两种截然不同的意见，对过去 30 多年中国经济增长的源泉作进一步分析，对中国全要素生产率的实际水平进行测度，以及对全要素生产率和其他要素的关系进行分析，有助于更加全面地掌握中国经济发展所处的阶段及存在的问题，同时也能够为中国未来区域经济的进一步深化发展提供建议。

1.1 全要素生产率研究述评

随着研究的不断深入和完善，国内关于全要素生产率的研究也开始逐渐细化。从原来单纯的测度区域经济或行业部门的生产率数值，到分析全要素生产率的构成和相关性研究。从原来单一的索罗余值方法，到数据包络技术和随机前沿函数的充分运用等。

1.1.1 全要素生产率状况研究

按研究对象来分，目前全要素生产率的研究方向主要是两个：地区 (包括国别、全国和省际）的全要素生产率研究；行业或各生产部门的全要素生产率研究。

第一，关于地区全要素生产率的相关研究。国内外学者基于不同的全要素生产率测度方法，对中国在内的各个国家（地区）全要素生产率的特征、趋势及其影响因素等进行大量研究。李京文（1996）发现在1953—1990年的38年长周期中，中国经济增长的主要因素是资本投入（75%），其次是劳动投入（19.5%），生产率增长的贡献只有5.5%。Ubiana Chamarbagwala 等（2000）考察了亚洲七国经济国外和国内机器装配对制造业生产率的相对贡献，Cobb－Douglas 生产函数被用于检验国外机器是否比国内机器更多产。王小鲁（2000）利用生产函数法估算我国1953—1999年间全要素生产率增长率，认为1953—1978年间全要素生产率为－0.71%，1979—1999年间全要素生产率增长率为1.46%，对经济增长的贡献率为14.9%。Guellec 和 Potterie（2001）在研究16个OECD国家1980—1998年的宏观面板数据后发现，工商业部门、公共部门和外国企业的R&D共同推动了一国经济增长。Kumar、Russell（2002）用非参数方法构造了世界生产前沿，并将各国劳动生产率的增长分解为技术进步、技术效率变化和资本积累三大贡献，并据此讨论经济的收敛性。Wang 和 Yao（2003）认为改革前全要素生产率对经济增长的贡献是负的，而改革后全要素生产率对经济增长的贡献达到25.4%。郭庆旺等（2005）同样发现中国省份之间经济增长的差异较大且有增大的趋势，其王要原因是由全要素生产率的差异造成的。王志刚等（2006）发现地区之间的差距基本保持不变，且20世纪90年代后全要素生产率有下降的趋势。赵志耘与杨朝峰（2011）运用索洛残差法测算我国1979—2009年全要素生产率的变动，得出技术进步是推动全要素生产率变化的主要原因。肖林兴（2013）运用DEA－Malmquist 的方法对我国全要素生产率进行估计与分解，得出该方法测算的结果与传统的索洛余值测算的结果基本一致。李胜文与李大胜（2006）基于1990—2004年的省际数据，发现人均资本存量和研发（R&D）投入的下降是导致我国TFP下降的主要原因，而外贸依存度的增长对地区全要素生产率的提高没有显著的作用。

第二，关于行业全要素生产率的相关研究。史清琪（1986）是国内较早研究全要素生产率的学者，在估计出中国工业的资本产出弹性在0.2－0.3之间的基础上，认为中国工业的全要素生产率对产出增长的贡献为20%左右。Jefersonetal（1992）通过对293家企业的研究得出国有企业改革后全要素生产率有所增长，集体企业的全要素生产率增长率更高。邹至庄（1994）通过对中国工业部门的全要素生产率的研究，认为全要素生产率没有增长的趋势，中国经济增长主要源自生产要素投入的增加，而不是归功于技术进步。Marcel. P. Timmer（2000）研究了结构变化在解释亚洲四国制造业部门1963—1993间总量生产率增长中的作用。传统的变化共享分析被用于衡量劳动和资本投入变化的影响。这个结果并不支持结构红利假说，此假说认为在工业发展阶段，要素投入变成更多的分支。这一发现是巨大的，它证实了生产率提高是普遍的，并不依赖于与全球技术前沿的距离。Young（2003）分析了改革后20年的非农业部门的生产率，通过调整数据，认为非农业部门的全要素生产率增长为1.4%，此数据要低于前期的学者研究。沈能（2006）用基于非参数的Malmquist指数方法，研究了1985—2003年中国制造业全要素生产率，发现TFP年均增长主要得益于技术水平的提高，而技术效率变化反而产生负面影响。戴彬与金刚（2015）采用随前沿模型（SFA）对我国沿海11个省份2006—2011年海洋科技产业的全要素生产率进行测算，得出沿海地区全要素生产率主要由技术进步推动。林春（2016）采用DEA－Malmquist指数法对我国金融行业全要素生产率进行测算。

1.1.2 全要素生产率影响因子研究

人力资本与TFP的关系研究。Romer（1990a、1990b）和Mankiw、Romer、Weil（1992）都将人力资本存量作为技术进步或TFP函数的一个主要变量。Benhabib和Spiegel（1994）在Cobb－Douglas生产函数的基础上，利用不同国家间的物质资本存量、人力资本存量和经济增长数据进行回归得出，一个国家的TFP增长率主要取决于一国的人力资本存量水平。他们都把人力资本视为对TFP增长作出贡献的要素。

R&D与TFP的关系是近年来国外研究的热点问题。Jeffery I. Bemstem和Xiaoyi Yan（1996）研究了加拿大和日本R&D溢出与生产率增长，结果表明国内溢出对生产率的贡献大于国际溢出的贡献。Gary Madden（2001）研究了亚洲和OECD国际R&D溢出，建立一个将TFP与国内和国外R&D活动联系起来的经验模型。Vincezo Atella（2001）利用意大利经济的数据论证了R&D对TFP的作用取决于三个方面：一是生产函数的定义，二是用于估计索洛余值的假设数目，三是经验分析中所用数据的整合水平。

他国技术外溢同TFP的相关性研究。Egan和Mody（1992）发现美国买主通过对欠发达国家供应商的员工进行培训，使欠发达国家供应商获得长期利益。Coe、Helpman（1993）和Coe、Helpman、Hoffmaister（1997）证明了存在通过贸易方式的技术溢出效应，并指出一国的TFP不但依赖于本国的R&D投入还显著地受贸易伙伴国R&D投入的影响。Edwards（1997）使用了一个包括93

个国家的数据集分析了开放与 TFP 增长的关系，结果表明，越开放的国家确实经历了越快的生产率增长。Gereffi（1999）则应用全球商品链的方式来分析通过贸易方式来学习国外技术的过程。他们的研究表明，一国的 TFP 水平提高与其对外贸易活动紧密相关。

其他综合因素研究。刘秉镰与刘勇（2006）则分析了外商投资、工业集聚度、基础设施水平、城市化水平以及制度变迁等区域特征对全要素生产率的影响。魏梅（2008）主要考察了人力资本、基础设施、开放度、产业结构、城市化指数等因素对于全要素生产率的影响，认为人力资本的深化、基础设施、城市化、农业占 GRP 的比重等对生产率都有正向影响。林春（2016）分析了经济发展水平、政府干预、城镇化水平、市场化程度对金融业全要素生产率的提高产生了显著的正向促进作用。此放，还有许多学者研究影响 TFP 综合因素（王英伟与成邦文，2005；袁鹏、陈圻与胡荣，2005；黄燕琳，2006；戴平生与陈建宝，2007；魏梅，2008；陈红蕾等，2013；石风光，2015；等等）

1.2　经济增长、全要素生产率理论与测算

1.2.1　模型表达及重要概念

1.2.1.1　经济增长模型

（1）哈罗德多马模型

$$G_y = \frac{\Delta Y}{Y} = \frac{S}{Y} \div \frac{\Delta K}{\Delta Y} = \frac{S}{v} \tag{1.2.1}$$

$$G_W = \frac{S_d}{V_r} \tag{1.2.2}$$

$$G_n = I + t \tag{1.2.3}$$

$$G_y = G_W = G_n (1-2-4)$$

哈罗德多马模型强调物质资本的增长对现代经济增长率的决定意义，当实际增长率、保证增长率和自然增长率相等时，经济处于一种稳定状态。但由于假定资本产出比例是不变的，因此实现充分就业的稳定增长的条件除非特殊情形，一般很难实现。

(2) 新古典经济增长模型

$$\frac{\Delta Y}{Y}=\alpha(\frac{\Delta K}{K})+\beta(\frac{\Delta L}{L}) \tag{1.2.5}$$

在哈罗德多马模型假设条件基础上增加了新古典生产系数额固定折旧比例两点假设，修正了资本产出比例是可变动的，并首次引进了技术进步因素，他假设技术是一种外生变量，并且保持一种固定的增长速度。

(3) 内生经济增长理论

内生经济增长模型从本质上说是将属于古典经济增长理论的索罗模型中的技术进步用知识积累或投入于研究开发中的人力资本的增长来加以说明。投入于研究开发中的人力资本越大，经济增长速度越快。以阿罗的干中学模型为例，$A=K\mu$ 表明技术进步是资本积累的函数，技术进步对产出的影响是通过生产者效率的提高而实现的。

$Y=F(K,AL)$ Y 和 L 分别表示总产量和过去总量，在该模型中，产出不仅仅是有形要素的投入，而且也是学习和经验积累的结果。

1.2.1.2 Malmquist 方法以及全要素生产率分解

产出为指标的 Malmquist 生产率变化指数。假定 t 期第 i 个决策单元 $DMUi$ 的输入向量为 X_i^t:$(X_{i1}^t,X_{i2}^t,\cdots\cdots X_{im}^t)$，输出为 Y^t，共有 n 个决策单元，输入输出组合为(X^t,Y^t)。$x^t\in R_+^N$，$y^t\in R_+^M$，假定从输入 X^t 到输出 Y^t 存在效率水平 S^t，其表达式为：

$$S^t=\{(x^t,y^t):x^t\text{ 可以生产 }y^t\} \tag{1.2.6}$$

S^t 又叫做生产可能性集合，其中每一个给定投入的最大产出子集又被叫做生产技术的前沿。另外，t 时刻决策单元 DMU_0 的产出距离函数可以定义为：

$$\begin{aligned}D_o^t(x^t,y^t)&=\inf\{\theta:(x^t,y^t/\theta)\in S^t\}\\&=(\sup\{\theta:(x^t,\theta y^t)\in S^t\})^{-1}\end{aligned} \tag{1.2.7}$$

注意 $D_o^t(x^t,y^t)\leqslant 1$ 当且仅当 $(x^t,y^t)\in S^t$。另外，$D_o^t(x^t,y^t)=1$，表示 (x^t,y^t)位于技术前沿上。根据 Farrell (1957)，这意味着生产从技术上讲其效率为 100%，也就是在给定投入的情况下实现了最大产出。在单一投入和单一产出的情况下，假设规模效率不变，当平均生产率达到最大时，最大可能产出也就实现了。在经验估算中，这个最大化了的平均生产率也就是样本中的最佳实践。

为了定义 Malmquist 指数，还需要给出跨期函数，即含有两个不同时刻的距离函数：

$$D_o^t(x^{t+1},y^{t+1})=\inf\{\theta:(x^{t+1},y^{t+1}/\theta)\in S^t\} \tag{1.2.8}$$

此函数给出以 t 时刻的生产技术为参照时投入产出量(x^{t+1},y^{t+1})所能达到的最大可能产出与实际产出的比率。同样，另一个类似的距离函数 $D_o^t(x^t, y^t)$ 也可以给出 $t+1$ 时刻的生产技术为参照时投入产出量 (x^t, y^t) 所能达到的最大可能产出与实际产出之比。

t 时刻 TFP 的 Malmquist 指数可以表示为：

$$M_o^t = \frac{D_o^t(x^{t+1}, y^{t+1})}{D_o^t(x^t, y^t)} \tag{1.2.9}$$

$t+1$ 时刻 TFP 的 Malmquist 指数可以表示为：

$$M_o^{t+1} = \frac{D_o^{t+1}(x^{t+1}, y^{t+1})}{D_o^{t+1}(x^t, y^t)} \tag{1.2.10}$$

为了避免基期不同带来的混淆，把以产出为指标的 Malmquist 指数表示为两个 Malmquist 指数的集合平均值。一个以 t 时刻的生产技术为参照，另一个以 $t+1$ 时刻为参照，其数学表达如下：

$$(x^{t+1}, y^{t+1}, x^t, y^t) = \left[\left(\frac{D_o^t(x^{t+1}, y^{t+1})}{D_o^t(x^t, y^t)}\right)\left(\frac{D_o^{t+1}(x^{t+1}, y^{t+1})}{D_o^{t+1}(x^t, y^t)}\right)\right]^{1/2} \tag{1.2.11}$$

除非特意说明，在所有的有关 Malmquist 指数的定义部分中我们假设生产技术的规模效益不变。公式（1.2.11）中的指数可以被看成是两个部分的乘积，即：

$$\text{技术效率变化} = \frac{D_o^{t+1}(x^{t+1}, y^{t+1})}{D_o^t(x^t, y^t)} \tag{1.2.12}$$

$$\text{技术进步率} = \left[\left(\frac{D_o^t(x^{t+1}, y^{t+1})}{D_o^{t+1}(x^{t+1}, y^{t+1})}\right)\left(\frac{D_o^t(x^t, y^t)}{D_o^{t+1}(x^t, y^t)}\right)\right]^{1/2} \tag{1.2.13}$$

也就是说表达式(1.2.12) 给出的是 t 与 $t+1$ 时刻之间的效率变化，可以称之为效率变化指数，而式(1.2.13) 则代表生产技术的前沿在产出增加方向上的移动，可称之为技术进步率指数。这两个指数如果小于 1 就意味着生产率的下降。为了采用非参数规划技术来计算 Malmquist 指数，我们假设有 $k=1,\cdots,K$ 个省市自治区，在 $t=1,\cdots,T$ 中的每一个时刻，使用 $n=1,\cdots,N$ 要素投入，于是有 $x_n^{k,t}$。这些投入被用来生产 $m=1,\cdots,M$ 个种类的产出 $y_m^{k,t}$。每一个投入产出的观测值都为正数，并且假定每个时刻的观测值(比如每年) 数目为常数(当然在实际当中情况不一定如此)。在 t 时刻，作为参照标准的生产技术前沿可以借助数据来得到：

$$S^t = (x^t, y^t): y_m^t \leqslant \sum_{k=1}^{k} z^{k,t} y_m^{k,t}\ m = 1,\cdots,M, \tag{1.2.14}$$

$$\sum_{k=1}^{k} z^{k,t} x_n^{k,t} \leqslant x_n^t\ n = 1,\cdots,N, \tag{1.2.15}$$

$$z^{k,t} \geqslant 0 k = 1,\cdots,K. \tag{1.2.16}$$

这个生产技术具有规模效益不变和自由处置投入产出的性质（Fare 等，

1985)。下面解释一下 Malmquist 的几何意义。如图 1－2－1 所示，x 为投入，y 为产出。如果以从原点出发的两条射线代表 t 和 $t+1$ 时刻的规模效益不变的生产前沿，并把它们对应的生产可能性集合以 S^t 和 S^{t+1} 来表示，那么在 t 时刻观测到的投入产出点为 (x^t, y^t)，相对时刻 t 的生产前沿的生产率定义为 $0a/0b$，即在给定投入的情况下实际产出与生产前沿上的产出对比。同理，在 $t+1$ 时刻观测到的投入产出点，(x^{t+1}, y^{t+1})，相对时刻 t 的生产前沿的生产率为 $0d/0c$。再定义生产率的变化为 $t+1$ 时刻和 t 时刻生产率之间的比值为：

$$\dot{TFP^t} = \frac{0d/0c}{0a/0b} \tag{1.2.17}$$

以 $t+1$ 时刻的生产前沿为参照时，(x^t, y^t) 和 (x^{t+1}, y^{t+1}) 的生产率变化可写成：

$$\dot{TFP^{t+1}} = \frac{0d/0f}{0a/0e} \tag{1.2.18}$$

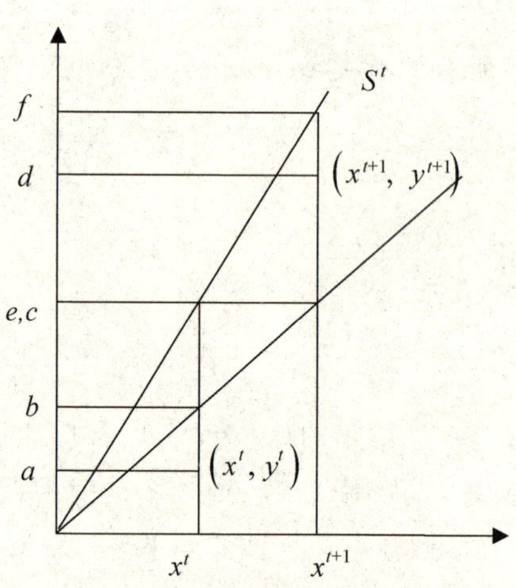

图 1－2－1　产出为指标的 malmquista 全要素生产率指数及其拆分

为了避免是选择 t 还是 $t+1$ 时刻的生产前沿为参照的随意性，我们前文中选取了两个生产率的几何平均值的方法。这样以产出为指标的 Malmquist 生产率指数还可以用图 1－1 中的符号写成如下形式：

$$M_o = (TFP^t \cdot TFP^{t+1})^{1/2} = \left(\frac{0d/0c}{0a/0b}\,\frac{0d/0f}{0a/0e}\right)^{1/2} = \left(\frac{0d/0f}{0a/0b}\right)\left(\frac{0f}{0e}\,\frac{0c}{0b}\right)^{1/2} \tag{1.2.19}$$

其中，

$$\text{技术效率变化} = \frac{0d/0f}{0a/0b}$$

$$\text{技术进步率} = \left(\frac{0f}{0e}\frac{0c}{0b}\right)^{1/2}$$

$$(D_o^t(x^{k',t+1}, y^{k',t+1}))^{-1} = \max\theta^{k'} \tag{1.2.20}$$

$$\theta^{k'} y_m^{k',t+1} \leqslant \sum_{k=1}^{K} z^{k,t} y_m^{k,t} \quad m = 1,\cdots,M \tag{1.2.21}$$

$$\sum_{k=1}^{K} z^{k,t} x_n^{k,t} \leqslant x_n^{k',t+1} \; n = 1,\cdots,N \tag{1.2.22}$$

$$z^{k,t} \geqslant 0 k = 1,\cdots,K \tag{1.2.23}$$

前文讲述的是规模效应不变（CRS）的情况，通常在实际应用中，生产函数具备可变规模效益。因此，技术效率还可以被进一步拆分成“纯”技术效率，即以可变规模效益生产前沿为参照的技术效率（VRS）和规模效率两部分。如图 1－2－2 所示，由观测值 BCD 组成的生产前沿 OABCD 也满足生产函数理论对生产函数形式的数学规制性假设（如准凹性假设等），但其生产率水平，在生产前沿的 ABC 一段上随着生产规模的增加由小变大，在经过 C 点后，又由大变小。以图 1－2－2 上落在 VRS 生产可能性集合 S_{VRS}^t 内的 E 点为例，“纯”技术效率是指 EF 对 VRS 生产前沿上产出 DF 的比值，而技术效率（CRS）是 EF 对 CRS 生产前沿 CG 上产出 GF 的比值。规模效率可以定义为这两个技术效率之间的比值（Forsund 和 Hjalmarsson，1979b）。对应于 VRS 生产前沿线性规划问题与 CRS 生产前沿的规划问题的区别是前者比后者多了一个约束，即 $\sum_{k=1}^{K} z^{k,t} = 1$（Afriat，1972）

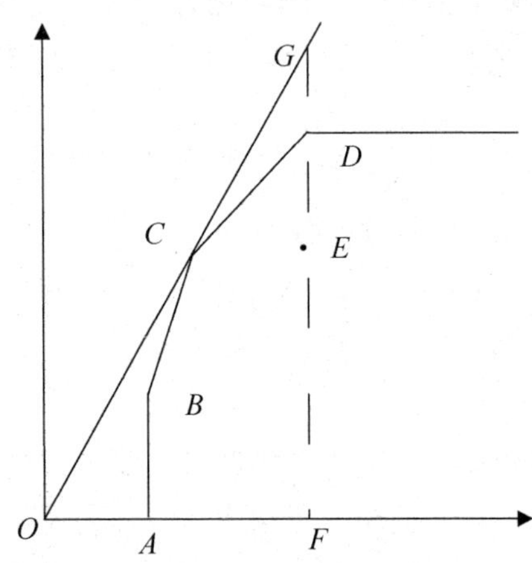

图 1－2－2　可变规模效益生产前沿与规模效率

综上所述，Malmquist 指数可以用来比较不同时期生产效率与技术进步的变化，反映可持续发展能力，考虑到规模效益时，Malmquist 指数可以分解为：

$$Tfpch = Effch \times Techch = Pech \times Sech \times Techch \qquad (1.2.24)$$

$Effch$ 表示效率改善指数，反映了研究对象对与生产前沿面的追赶程度，如果大于 1，代表生产效率提高；$Techch$ 为技术进步指数，如果大于 1，表示考察对象的技术发生进步；其中 $Effch$ 还可以分解为 $Pech$ 和 $Sech$，分别带代表纯的技术效率变化之术和规模效率变化之术的乘积。

1.2.2 技术进步与效率改善影响因子

1.2.2.1 技术进步影响因子

在全要素生产率的分解中，技术进步被定义为生产函数前沿的移动，即代表由创新、技术模仿和学习带来的生产率提高的部分，这部分通常可以由政府科技投入，技术外溢效应和教育投入来表示。

(1) 政府的研发支出

研究开发是技术进步最直接也是最主要的动力源泉之一。按《拉斯卡蒂手册》的定义，研究与发展是为了增加知识的总量，以及运用这些知识创造新的应用所进行的系统的、创造性的工作，R&D 活动带来新产品、新工艺和新知识，是技术变革的一个主要来源。罗默认为，是内生的技术进步导致了经济的长远增长，技术进步即是由 R&D 活动所导致的资本设备的多样化。罗默的模型中存在着两类主体，一类主体是非熟练工人，拥有的生产要素是劳动，可以用于最终产品的生产；另一类主体是科研人员，既可以从事最终产品的生产，也可以从事 R&D 活动。整个经济体的运作机制是：一部分研究人员从事 R&D 活动，生产的成果是一些资本设备的新设计方案；这些新设计方案一旦为下游的资本设备生产商所掌握，他们就可以以固定的比例将最终产品转化为新资本设备，这些资本设备可以直接投入最终产品部门的生产，设计方案种类的总和就是新古典增长理论中的技术；生产部门利用劳动、资本设备生产出最终产品。这样，依赖于研究人员的 R&D 活动、新的资本设备就会不断出现，以减缓物质资本总量的边际递减速度，从而推动整个经济的增长。

(2) 人力资源水平

除了资金等实物资本以外，人力资本存量更是促进技术进步一个不可或缺的因子。纳尔逊和菲尔普斯（Nelson and Phelps，1966）认为教育在生产中的作用是超过实物资本的，教育不但促进了一国采纳、吸收以及应用他国新技术的能力，而且决定了其国内的创新能力（Romer，1990）。如果实物资本的缺乏会抑制技术的发展，那么缺乏受过高等教育的人才会使一个国家丧失创造和应用新技术的能力。教育通过对新技术的应用与创新成为经济和生产率增长的首要必备条件（Benand Spiegel，1994）。此外，教育还是内生增长理论中抵消生产函数收益边际递减造成的溢出效应而维持增长的驱动力之一（Lucas，1988；Romer，1986，1990）。最后，教育是实物资本投资的必要补充，相对较低的人力资本解释了为什么实物资本并未从富裕国家向贫穷国家流动的原因（Lucas. 1990）。Bin Xu and Jianmao Wang（2000）也通过把人力资本的因素引入到CH模型中对其进行扩展，但他们是将人力资本作为解释变量来处理，并且最终得出的结论是人力资本对TFP的增长有明显的负作用。对于这种与其预期完全相反的结果，Bin Xu 等人并没有给出令人满意的解释，只是将它们归因于人力资本度量方法的不完善。但无论如何，这些学者均证明了人力资本同技术进步之间的关系是密切且直接的。

（3）贸易和FDI的技术溢出

技术进步不仅可以通过本国自发的研究和学习来推动，同样可以通过国际贸易以及经济投资带来的国际技术溢出来获得。Coe & Helpman（1995）在G－H创新驱动增长模型的基础上建立了以下模型来测度贸易对一国全要素生产率的影响程度。

$$\mathrm{Log}(F_{it}) = c_{it} + \alpha_{it}^{d}\log S_{it}^{d} + \alpha_{it}^{f}\log S_{it}^{f} + \varepsilon_{it} \tag{1.2.25}$$

其中，$i=1,2,3\cdots$，代表国家，F_{it} 为 i 国在 t 时期的全要素生产率水平，$F = AS^{y} = \dfrac{Y}{L^{\alpha}K^{\beta}}$；$S_{it}^{d}$ 为 i 国在 t 时期的国内 $R\&D$ 资本存量；S_{it}^{f} 为 i 国在 t 时期通过贸易渠道溢出的国外R&D资本存量，$S_{it}^{f} = \sum \dfrac{M_{ijt}}{M_{it}} S_{it}^{d}$，$M_{ijt}$ 表示 i 国在 t 时期从 j 国进口的总额，$M_{it} = \sum\limits_{j=1} M_{ijt}$。$c_{it}$ 为常数项，α_{it}^{d} 表示 i 国在 t 时期国内R&D资本存量的全要素生产率的弹性，α_{it}^{f} 表示国外溢出R&D的全要素生产率的弹性，ε_{it} 表示随机扰动项。

1.2.2.2 效率改善影响因子

效率改善指的是生产函数曲线向生产前沿曲线逼近的过程，微观中通常表现为追赶领先生产群体。效率改善可以通过两方面进行：一方面是要素配置效率的提高；另一方面是技术效率的改进，影响因子可以归纳为产业结构调整、产业集聚、政府公共支出、资本深化。

(1) 产业结构

要素配置是否恰当，是决定经济增长效率的一个关键。罗斯托关于经济增长与产业结构关系的论述是，一国经济的快速增长要满足三个条件：一是要有较高的积累比例，二是要建立发展较快的主导部门，三是要有制度上的改革。一、三两个条件分别是为经济的快速增长做资金、制度上的保障，真正带动经济快速增长的是主导部门。主导部门由于采用新技术、降低了成本而引起生产量绝对水平的增长，同时，主导部门在总产量中的比重上升，由此引起经济的快速增长；同时，由于产业间的关联作用，主导部门的发展会带动相关部门的发展，产生扩散效应，引起区域及国民经济的变化与更快速的经济增长。可见，罗斯托认为，一国经济的增长是从最先采用先进技术的主导部门开始、进而扩散到其他部门后实现的。

对于产业结构与经济增长关系中主、次地位的确定，将有助于认识经济增长的模式。如果是库兹涅茨所说的关系，则一国的经济增长是需求导向型的，由人均收入水平的提高导致需求结构的变化，进而引起产业结构变化；如果是罗斯托所说的关系，则一国的经济增长是技术导向型的，由使用新技术的产业并带动相关产业引起国民经济的增长。这是两种截然不同的增长模式。

SSM 方法（KNUDSEN D，2000）认为区域经济增长与三个因素有关，即国家或地区份额、产业结构偏离因素和区位偏离因素（竞争力因素），将区域自身经济总量在某一时期的动态分解为份额分量 N、结构分量 P 和竞争力分量 D 三个部分，区域经济增长等于国家或地区份额加上产业结构因素加上竞争因素。

(2) 产业聚集

效率改善本来讨论的就是本单位生产曲线向前沿生产曲线靠拢的过程，集聚经济实际上就是经济单位之间互相学习、获得技术溢出效应的特例之一。集聚经济对经济增长效率的影响是由于一些特定的经济活动在空间上集中而产生的正的外部效应所引起。按照罗默（Romer，1986）的解释，知识积累具有两个特征：一个是“干中学”，随着生产规模的扩大，分工细化，工人在实践中能学到更多的知识；另一特征是知识具有“溢出效应”，知识不断地流通，每个企业都从别的企业那里获得了知识方面的好处，从而导致整个社会知识总量的增加。企业技术创新所需求的一部分知识是一种在空间上更具“黏着性”的隐含经验类知识，这类知识很难通过正式渠道传播，产业集聚有利于拉近交流者之间的信息传输距离，使他们之间更容易建立信任关系。集聚区内企业、企业员工之间无论正式还是非正式交流的频度都远远高于非集聚状态，这些交流无论是专业的还是非专业的，都易于促成知识或技术的溢出。

而按照新经济地理学的观点，则认为产业集聚和规模收益递增之间存在一种累积因果关系，通过这种“循环因果效应”，集聚经济会对经济效率产生正的外部效应。实际上，规模经济会带来经济效率的增长，在实证中也得到了验证，丹尼尔对美国经济的增长源泉的分析发现，在1929—1982年间，从整个美国经济来看，规模报酬是递增的，规模经济对美国经济增长率的贡献为10%。

(3) 政府公共支出

阿施尔（Aschauer，1989）在新古典经济学的基础上提出，公共投资支出的扩张比同样规模的政府消费性支出对生产率有更大的刺激作用。支出公共投资引起私人资本报酬率的提高，由此刺激了私人部门的投资支出。

一方面，消费性政府支出通过非生产性支出来改善消费者的福利水平，例如用于提供社会保障的支出，政府对消费者提供的各项政策补贴等。另一方面，生产性政府支出通过政府购买向私人部门提供公共产品和服务，相当于对私人部门生产的一种投入。它对私人部门的生产能力产生影响（巴罗，1990）。政府对基础设施的投资是通过提高公共资本的存量而对私人部门的生产能力产生影响（二神、芝田与森田，1993）

有学者因此在巴罗模型的基础上将政府支出也进行内生化处理（Santanu、Ceorgios and Stephen，2003）。

$$Y(t)=A(t)\left(\frac{K_G(t)}{K(t)}\right)^{\alpha}K(t)=A(t)K_G(t)^{\alpha}K(t)^{1-\alpha} \tag{1.2.26}$$

1.3 区域全要素生产率影响因素实证研究

1.3.1 全要素生产率的测算

1.3.1.1 数据来源

全要素生产率的测算需要地区GDP、劳动力情况和资本存量方面的数据，本章测算我国各地区1978—2016年的全要素生产率，各地区GDP数值均折算到1978年的价格水平。1995年之前的GDP数据来源于《新中国五十年统计资料汇编（1949—1999）》，1998年后的数据来自于各年的《中国统计年鉴》。由于西藏和海南省的数据缺失比较严重，本章未将这两个地区的数据纳入样本中；重庆市在1997年才作为一个独立的统计样本，1997年以前的数据参照单豪杰（2008）文献中的算法已经估算补齐。此外，由于数据的可得性，本章没有将中国的香港、澳门与台湾地区纳入研究范围。资本存量的计算方法按照大多数学者采用的永续盘存法进行处理（1978 年作为不变价）。1979 年的资本存量是通过该年固定资产的投资额乘以投资价格指数，加上 1978 年折旧后的资本存量得到的，其他年份的数据同理可得。

$$K_t = (1-\delta)K_{t-1} + P_t I_t \tag{1.3.1}$$

P_t 为 t 年的价格指数，I_t 为 t 年的固定资产投资额，δ 是资本的折旧率。关于折旧率，不同学者提出了截然不同的看法，如 Young（2003）将折旧率设定为 6%，这个结果是基于对各个类别资本增长率做权数并结合资本投入额度计算而得到的，张军（2004）则将该值设定为 9.6%，该值的估计是根据固定资产投资各类寿命计算折旧率然后加权平均得到的。还有宋海岩（2003）将折旧率定位全国 3.6%的折旧率加上各个省的经济增长率。

本研究资本存量的计算参考单豪杰（2008）以永续盘存法得到（折旧率取 10.96%）。同时，以单豪杰方法计算基期 1978 年的资本存量，然后按照永续盘存法计算 1979 年至 2016 年的资本存量。

人力资本的确定也是决定全要素生产率的关键。已有研究对人力资本的测度展开了广泛讨论，如蔡金续（2000）、叶裕民（2002）、赵伟等人（2005）的从业人员口径，郭庆旺和贾俊雪（2005）的职工人数口径等等，后者覆盖的就业人数范围较前者窄。因此，本研究选取就业人数，数据来源于各年的统计年鉴，1998 年前的数据来源于《新中国五十年统计资料汇编（1949—1999）》。

1.3.1.2　时空演变态势

上述数据源构成了 39 个年份、29 个对象、2 个投入因子和 1 个产出因子的面板数据，符合软件 DEAP2.1 对数据的要求，从而得到各省市各年的全要素生产率数值和分解。

（1）全要素生产率的区域变化

表 1—3—1 给出了各个省份的全要素生产率及其分解值，29 个省份的全要素生产率在 39 年间的均值为 1.017，说明总体上全国各省市在规模经济性，要素的利用效率，技术的进步方面都获得了一定的提高。全国大部分省份的全要素生产率都由技术效率和技术进步共同带动的，技术效率年均达到了 1.1%的增速，技术进步达到了 0.6%的增速。

上海、浙江、河北等 12 各省市的全要素生产率较高，均超过了 2.0%的增速，占到了所研究对象比重的 41.37%，安徽和河南的全要素生产率指数值为 0.996 和 0.997，表明上述两省份全要素生产率有所下降，平均下降 0.4%和 0.3%。其中，上海、浙江和河北的全要素生产率指数值位列前列，分别达到了

3.4%、2.9%和2.9%的增速，通过分解结果可以看出，上海市全要素生产率的提升主要是依靠技术进步实现的，上海在外资引进过程中以及高新人才引进的过程中，获得了一定的技术溢出效应和技术产出。而浙江和河北的全要素生产率增速是靠技术效率和技术进步共同推动。

表1-3-1 各地区全要素生产率及其构成

省份	技术效率变动	技术进步变动	纯技术效率变动	规模效率变动	全要素生产率变动	增速
北京	0.996	1.031	0.988	1.008	1.027	2.7%
天津	1.011	1.007	1.003	1.008	1.017	1.7%
河北	1.018	1.011	1.015	1.002	1.029	2.9%
山西	1.007	1.006	0.997	1.010	1.012	1.2%
内蒙古	0.997	1.014	0.983	1.014	1.012	2.2%
辽宁	1.013	1.004	1.011	1.001	1.016	2.6%
吉林	1.012	1.008	0.999	1.013	1.020	2.0%
黑龙江	1.001	1.003	0.998	1.003	1.003	0.3%
上海	1.000	1.034	1.000	1.000	1.034	3.4%
江苏	1.001	1.009	1.011	0.990	1.009	0.9%
浙江	1.009	1.020	1.008	1.001	1.029	2.9%
安徽	0.999	0.997	1.000	0.999	0.996	−0.4%
福建	1.019	1.006	1.004	1.015	1.025	2.5%
江西	1.011	1.013	0.999	1.012	1.025	2.5%
山东	1.014	1.013	1.023	0.991	1.027	2.7%
河南	0.996	1.001	0.998	0.998	0.997	−0.3%
湖北	1.009	1.007	1.007	1.002	1.016	1.6%
湖南	1.019	0.990	1.017	1.002	1.009	0.9%
广东	0.999	1.010	1.008	0.991	1.009	0.9%
广西	1.023	0.990	1.008	1.015	1.013	1.3%
重庆	1.037	0.990	1.018	1.018	1.027	2.7%
四川	1.030	0.987	1.030	1.000	1.017	1.7%
贵州	1.022	0.989	1.006	1.016	1.011	1.1%

（续表）

省份	技术效率变动	技术进步变动	纯技术效率变动	规模效率变动	全要素生产率变动	增速
云南	1.024	0.993	1.008	1.016	1.016	1.6%
陕西	1.021	1.003	1.007	1.014	1.024	2.4%
甘肃	1.020	1.004	1.015	1.005	1.025	2.5%
青海	0.997	1.015	1.001	0.997	1.013	1.3%
宁夏	1.008	1.012	1.000	1.008	1.020	2.0%
新疆	1.005	1.004	0.985	1.020	1.009	0.9%
平均数	1.011	1.006	1.005	1.006	1.017	1.7%

根据国家有关经济发展政策中的提法及参考有关学者对经济区域的划分，本研究将所研究的29个省、市、自治区划分为东、中、西部三个地区。东部地区包括北京、天津、河北、辽宁、上海、江苏、浙江、福建、山东和广东这10个省市；中部地区包括山西、吉林、黑龙江、安徽、江西、河南、湖北和湖南这8个省市；西部地区包括内蒙古、广西、重庆、四川、贵州、云南、陕西、甘肃、青海、宁夏和新疆这11个省市自治区。

从图1—3—1可以发现，1979—1992年间，我国东、中、西部三大区域全要素生产率指数值波动都较大，其中，西部地区平均指数值相对较大，东部次之，中部最低；从全国范围内来看，平均全要素指数值接近1.040，表明全国全要素生产率年均提升4%左右，此期间内的1984年和1992年是全要素生产率变化较快的两个时间点，这与1984年我国进一步扩大对外开放，批准确立了大连、秦皇岛、天津、烟台等14座大、中等港口城市、建立沿海经济开放区等以及1992年邓小平同志的南方谈话有关。从1993年以后，全要素生产率指数总体呈下降走势，不过在2007年以前，全国全要素生产率指数值整体仍然大于1.000，表明全要素生产率此期间仍有上升，但上升的幅度有所减缓，东部地区的增速大于中、西部地区。2008年以后，我国东、中、西部全要素生产率指数总体低于1.000，表明全要素生产率在持续下降，这与2008年全球金融危机、国家出台的经济体制改革及国内社会矛盾的存在有一定的关系，诸如很多没有效率的投资也得到了金融政策的鼓励，实际上大量的信贷被配置到了那些选择不当的项目上去了，这个资源配置也在一定程度上影响了全要素生产率的改善。

从图1—3—2可以看出，1979—1995年期间，我国东、中、西部技术效率的改善一直处于较大的波动态势，期间的1979—1983年和1986—1990年这两

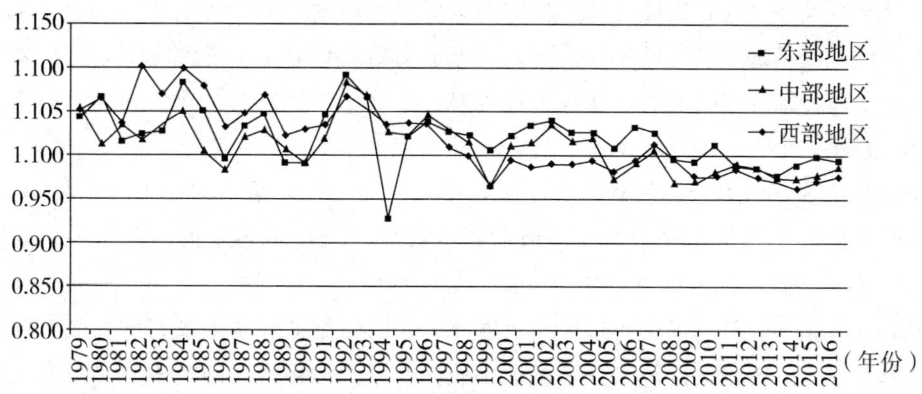

图 1—3—1 东、中、西部全要素生产率及其构成的区域比较

个时段，全国各地区的技术效率改善均进入了明显的上升通道，技术效率改善分别达到了 4.1%和 4.6%左右，而在 1993—1995 年期间，除东部地区技术效率有一个明显下降外，总体也保持上升趋势。而在 1995—2016 年期间，技术效率整体进入一个轻微的下降通道，除部分年份部分区域外，技术效率整体下降至 1.000 以下，这其中的原因之一可能是区域间结构趋同，造成了地区间生产能力的重复，区域竞争导致生产模式开始偏离比较优势。效率改善下降的另一个原因可能是“最佳实践省份”的增加，越来越多的省份加入到了前沿生产面上，导致追赶效应减少。

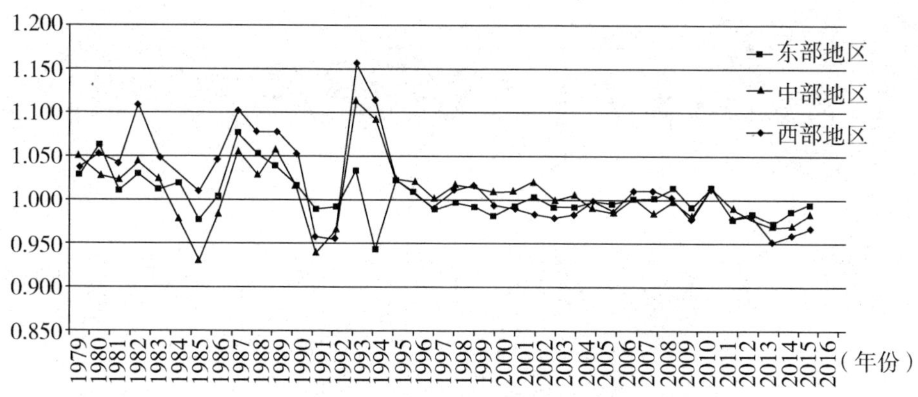

图 1—3—2 东、中、西部效率改善的区域比较

从图 1—3—3 可以看出，1979 年—1992 年，全国东、中、西部地区技术进步曲线匹配度相当高，三大地区的技术进步曲线趋势基本保持一致，平均增速在 4%—5%之间。尤其在改革开放初期阶段，地区间的发展差异主要通过规模经济效应实现，真正依靠技术进步实现全要素生产率提高的为少数，说明要素配置结构已不适应技术进步的需要，甚至成为阻碍计划进步的关键因素，由要素密集性特征变革引起的中性技术进步对技术水平的提高有一定的作用，但整体上技术水平提高的并不明显。随着产业结构的不断优化与改善，第二、第三产业的比重开始上升。相对农业来说，第二、第三产业采用的技术相对复杂，产品更新换代迅速，在不断地吸收和淘汰技术产品中催生新的科技产品。在1994年，我国正式提出建设社会主义市场经济体制，同时实行金融、外贸、财税、国有企业、社会保障体制五大领域改革，旧的制度体系逐渐打破，改革向纵深推进。东部地区的技术进步开始加快，与中、西部之间的技术差异也开始拉大，1995—2007年期间差距最大时可达到6%左右，原本的中性技术进步有了很大的提高。这说明要素配置方式有了很大的提高，产业结构调整取得了初步成效，具有很大的潜力。同时，东部地区吸引了大批的高等人力资源，有利于输出新的技术和高科技产品，而其他地区的生产主要依靠附近省份的农村剩余劳动力，其大多数从事的是劳动密集型行业，对技术进步的直接影响较小。2008年以后，我国东、中、西部三大区域之间技术进步呈现出“波浪式”小幅度上升态势，同时三大区域之间技术进步的差距逐步缩小，技术进步曲线又趋于重合。

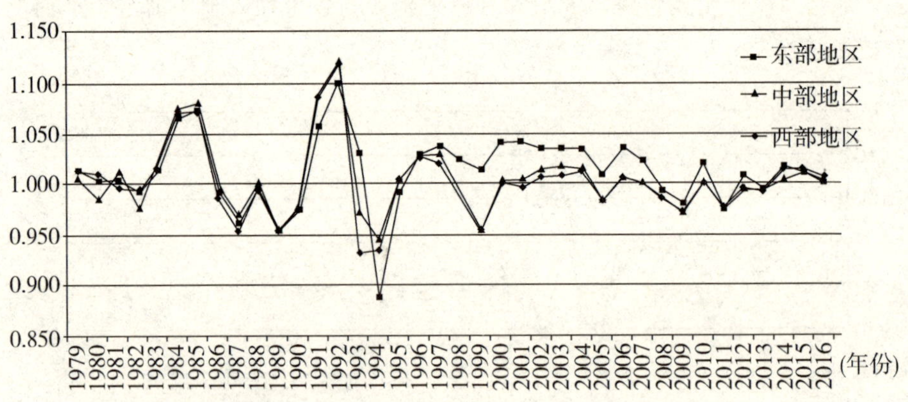

图1-3-3 东、中、西部技术进步改善的区域比较

（2）全要素生产率的时间趋势

通过图1-3-4的折线图可以看出，1979—1992年期间，全要素生产率的增速出现了不稳定性，总体呈现出上下波动的态势，这一结果与郭庆旺（2005）的研究成果基本一致，主要原因是由于在改革开放的初期，我国面临着经济体制改革以及市场条件的不稳定等多方面因素的影响，这导致了全要素生产率增长率的增速出现了波动。1992—1999 年期间，我国全要素生产率增长率呈现出逐年下降的趋势，其中 1992 年全要素生产率增长率高达 8.1%，也是近 40 年的最高峰，此后逐步降低至 1999 年的－2.1%，主要原因是 1992 年以来，我国宏观经济降温，以及我国面临着生产能力过剩的情形，一些社会矛盾也进一步加剧（胡鞍钢，2004）。2000—2007 年期间，全要素生产率增长率出现了一定的波动，波动幅度明显小于 1979—1992 年时段，8 年间平均全要素增长率为 0.9%；2008—2016 年时段，我国全要素生产率增长率变化相对温和，增长率平均每年下降 1.6%，主要原因是 2008 年以来，我国受到了全球金融危机的冲击以及近些年出台的一系列经济体制改革有关，如金融冲击的影响会引起企业融资成本的增加、同时引起投资和消费数量的减少，最终导致资本存量的累积减少，虚弱经济体未来的生产能力等。

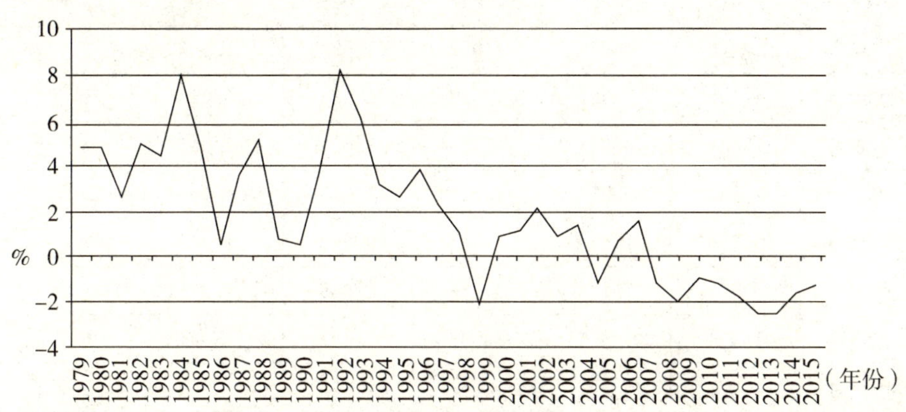

图 1－3－4　1979—2016 年全要素生产率增长速度

在 1979—1999 年期间，技术效率和技术进步的变化均相对较大，平均技术效率和平均技术进步值为 1.028 和 1.008（表 1－3－2）。结果表明在此期间，我国技术效率和技术进步年均提升 2.8%和 0.8%，技术进步的提升幅度显著。效应技术效率的提升，也验证了改革开放初期，全要素生产率的提升主要是由技术效率来带动的。2000—2016 年期间，技术效率和技术进步值波动相对温和，平均技术效率值为 0.991、技术进步值为 1.004，这表明此期间内我国技术效率和技术进步呈现出相反的波动态势，技术效率年均下降 0.9%，而技术进步年均提升 0.4%，也就是说，自 2000 年以后，特别是 2008 年以来，我国全要素生产率的下降主要是受到技术效率的倒退所致，而技术进步对提升全要素生产率提升的力度还很弱。

表 1-3-2 1979—2016 年中国全要素生产率及其构成

省份	技术效率变动	技术进步变动	纯技术效率变动	规模效率变动	全要素生产率变动	增速
1979 年	1.037	1.011	1.022	1.015	1.048	4.8%
1980 年	1.049	1.000	1.016	1.032	1.049	4.9%
1981 年	1.024	1.003	0.998	1.026	1.027	2.7%
1982 年	1.062	0.987	1.025	1.036	1.049	4.9%
1983 年	1.028	1.016	1.015	1.013	1.044	4.4%
1984 年	1.010	1.069	0.986	1.024	1.080	8.0%
1985 年	0.977	1.073	0.972	1.005	1.048	4.8%
1986 年	1.015	0.991	1.002	1.013	1.005	0.5%
1987 年	1.079	0.959	1.053	1.025	1.035	3.5%
1988 年	1.055	0.996	1.022	1.032	1.050	5.0%
1989 年	1.059	0.951	1.036	1.022	1.007	0.7%
1990 年	1.029	0.977	1.016	1.013	1.005	0.5%
1991 年	0.963	1.074	0.972	0.992	1.035	3.5%
1992 年	0.972	1.112	0.982	0.989	1.081	8.1%
1993 年	1.094	0.970	1.093	1.001	1.061	6.1%
1994 年	1.083	0.952	1.034	1.048	1.031	3.1%
1995 年	1.028	0.999	1.010	1.018	1.027	2.7%
1996 年	1.011	1.027	1.003	1.008	1.038	3.8%
1997 年	0.994	1.028	1.006	0.988	1.022	2.2%
1998 年	1.010	1.001	1.012	0.997	1.011	1.1%
1999 年	1.007	0.972	1.009	0.998	0.979	−2.1%
2000 年	0.995	1.014	1.003	0.992	1.009	0.9%
2001 年	0.998	1.013	1.005	0.993	1.011	1.1%
2002 年	1.001	1.019	0.998	1.003	1.020	2.0%
2003 年	0.990	1.020	0.999	0.991	1.009	0.9%
2004 年	0.993	1.020	0.996	0.997	1.013	1.3%
2005 年	0.997	0.991	0.999	0.999	0.989	−1.1%

（续表）

省份	技术效率变动	技术进步变动	纯技术效率变动	规模效率变动	全要素生产率变动	增速
2006 年	0.990	1.017	0.991	0.999	1.007	0.7%
2007 年	1.007	1.008	1.002	1.005	1.015	1.5%
2008 年	1.001	0.988	1.004	0.997	0.988	−1.2%
2009 年	1.005	0.975	1.001	1.004	0.980	−2.0%
2010 年	0.982	1.009	0.980	1.002	0.990	−1.0%
2011 年	1.012	0.977	0.999	1.013	0.988	−1.2%
2012 年	0.982	1.000	0.988	0.994	0.982	−1.8%
2013 年	0.981	0.993	0.989	0.993	0.975	−2.5%
2014 年	0.963	1.012	0.983	0.980	0.975	−2.5%
2015 年	0.972	1.012	0.989	0.983	0.983	−1.7%
2016 年	0.982	1.005	0.995	0.987	0.987	−1.3%

虽然如此，仍有一个重要的问题值得我们注意。1992 年以后的全要素生产率呈现了下降的趋势，换句话说，我国的投入产出在这个时期是相对不效率的。不仅如此，作为拉动全要素生产力“主力”的技术进步也在 2000 年左右进入了缓慢的增长时期。什么原因造成了全要素生产率的下降？是资本的过度深化，超过了人力资本的投入？外企的部分优惠政策扭曲了资源配置效率①，还是政府的治理成本过高抵消了资本利用的效益？这将成为下文重点研究的内容。

1.3.2　影响因子的描述性分析

1.3.2.1　数据说明

影响技术进步因子的数据来源说明：（1）研究与开发经费支出的数据来源于历年中国科技年鉴；（2）进出口总额的数据来源于历年中国统计年鉴；（3）FDI 利用情况是指外商直接投资实际利用外资金额；（4）人力资本即就业人员平均受教育年限，根据目前国内控制人力资本因素的主流方法，用就业人口接受学校教育的平均年数作为各省区人力资本存量的代理指标。小学、初中、高中和大专以上教育水平的受教育年数分别设为 6 年、9 年、12 年和 16 年。由于

① 胡鞍钢，郑京海．中国全要素生产率为何明显下降［N］．中国经济时报．2004 年 3 月 26 日

国家统计局没有提供系统的就业人口受教育水平数据序列，定期公布的人口受教育状况数据是基于年度六岁及以上人口调查的结果。而且，各年度人口调查的方法存在差异，有的年份是抽查数据，少数年份是普查数据，不能直接汇总，需要经过换算为每个省市的全部受教育人数。2000年的数据来自第五次人口普查，其他年份的数据来源于各年的《中国统计年鉴》。由于前述的抽样调查情况，部分数据可能会存在一定的不稳定性；（5）就业率为该地区本年就业人员数量占该地区人口数量的比重。

影响技术效率因子的数据来源说明：（1）产业结构数据是各地区第二产业增加值与第三产业增加值的加总数同第一产业增加值的比值，数据来源于各年的《中国统计年鉴》。产业结构数据越大，说明该地区的第二、第三产业发展迅速，并在三大产业结构中保持较大的份额；（2）产业集聚度主要是根据各地区第二产业产值占全国第二产业产值比例计算得到；（3）政府行政费用支出是用各地区财政支出中行政管理费用占该地区的GDP的比值来衡量，由于在2007年以后，国家统计局未对行政管理费用再做统计，这里运用1998—2006年行政管理费用占GDP中的比值的平均增长率推算出来；（4）工资水平数据来源于相关年份的《中国统计年鉴》。

最后需要特殊说明的是以上变量在整理过程中仍存在着少量的缺失，部分已通过线性插值等方法补齐。

1.3.2.2 R&D投入差异

表1－3－3给出了1998—2015年我国研究与开发经费支出的总体情况，可以看出，1998—2016年R&D经费支出的绝对值逐年攀升，从1998年总支出的633.92亿元上升到2015年的14149.79亿元，年平均增长率为20.04%。

表1－3－3 我国研发与开发经费支出情况

年份	研发与开发经费（亿元）	年份	研发与开发经费（亿元）
1998	633.92	2005	2554.66
1999	741.53	2006	3109.09
2000	1050.67	2007	3792.15
2001	1194.02	2008	4675.97
2002	2729.68	2009	5794.83
2003	1695.42	2010	7054.11
2004	2084.04	2011	8675.55

（续表）

年份	研发与开发经费（亿元）	年份	研发与开发经费（亿元）
2012	10283.13	2014	12996.36
2013	11829.46	2015	14149.79

东、中、西部三大区域 1998—2015 年研究与开发经费绝对值的支出中，东部地区的研究与开发经费支出在三大区域中绝对值一直是最高，中部地区次之，西部地区最低，三大区域之间的绝对值差距在后期进一步拉大（图 1－3－5）。同时，除 2002 年外出现的一次明显的“跳跃式”上升，其余年份均保持着相对稳定的增长态势，东、中、西部地区年平均增长率分别达到了 21.04%、17.37%和 19.39%。

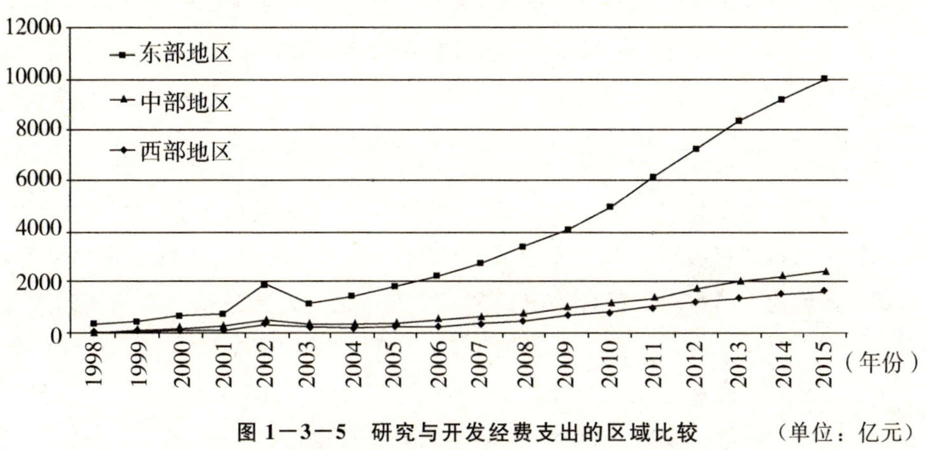

图 1－3－5 研究与开发经费支出的区域比较 （单位：亿元）

1.3.2.3 FDI 地区差异

改革开放以来，中国一直坚持招商引资的政策和鼓励外资进入。随着我国对外开放程度的提高和投资环境的改善，我国吸收外商直接投入（FDI）的规模与日俱增。从总量上看，由 1998 年的 470.09 亿美元（29 个省市自治区）上升到 2014 年的 2661.78 亿美元，2015 年以后所有下降，稍降低至 2015 年的 2566.85 亿美元。外商直接投资对我国的对外贸易、产业结构的调整、就业机会的扩大、财政收入的增加等多方面起到了重要的推动作用。从区域上看，FDI 在各地区间的分布是不均衡的，东部沿海地区至今已经吸引了大量的 FDI，而中西部区域远远没有跟上。虽然西部开发、中部崛起等政策在被不断推广与落实，但受制于区域、部门和专门资格的约束（考虑到收支平衡，地方容量管理，地方商品和要素市场的进入权），FDI 的增长速度仍然落后于东部地区

(图 1-3-6)。在东部地区中广东、江苏和上海是吸收 FDI 的重要省份，在中部地区中，吸收 FDI 的重要省份是河南、湖北、安徽和湖南，而西部区域主要是四川、陕西和重庆等省市。

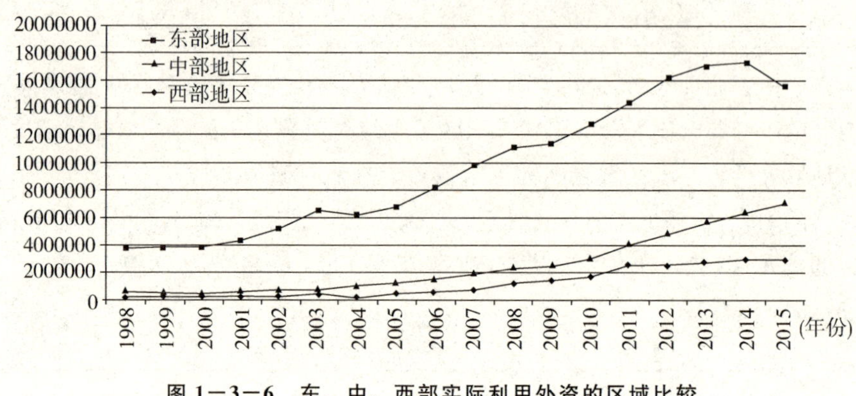

图 1-3-6　东、中、西部实际利用外资的区域比较

（单位：万美元）

1.3.2.4　人力资本存量

人力资本存量是技术进步的一个重要源泉，尤其是我国中高等教育水平的人力资本对推动科技创新和技术进步有直接的作用。从三大区域的视角来看，东部地区就业人员平均受教育年限最高、中部次之、西部最低。在此期间，我国东、中、西部平均受教育年限分别为 8.89 年、8.31 年和 7.65 年，从变化趋势来看，平均受教育年限分别由 1998 年的 7.62 年、7.35 年和 6.48 年上升到 2015 年的 9.83 年、9.19 年和 8.61 年，平均增长率分别为 1.53％、1.35％和 1.72％（图 1-3-7）。

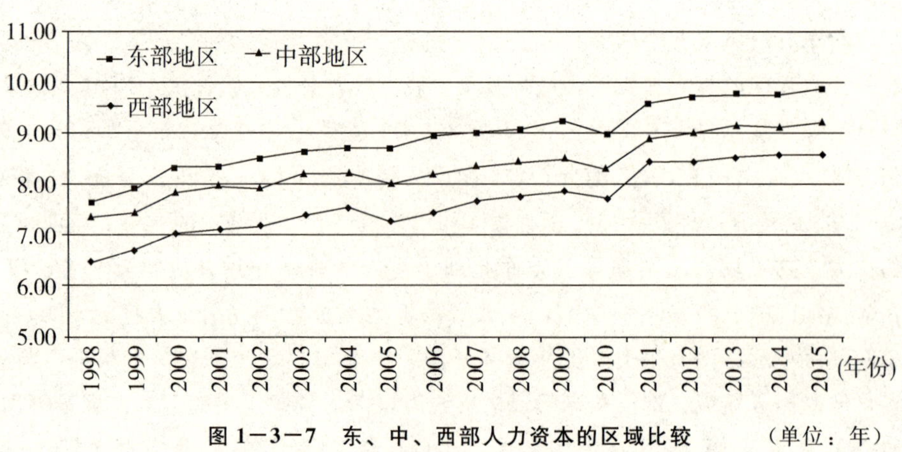

图 1-3-7　东、中、西部人力资本的区域比较　（单位：年）

1.3.2.5　政府行政费用支出比例

中国东、中、西部地区的政府支出比例变化趋势存在较为明显的趋同现象(图1—3—8)。总体上来看，各区域政府行政费用支出比例均出先上升后趋于稳定的趋势，东、中、西部地区分别稳定在0.8%、1.5%和2.2%左右，西部地区的政府行政费用支出比例最高，中部地区次之，东部地区相对最低。无论从经济的总产出还是生产率的角度来看，西部地区政府的行政支出在拉动经济产出方面的表现都不令人满意。因此，西部地区应该适当减少政府的行政支出，减少政府治理成本的支出将是该趋于日后改革的重点，将减少的支出转向研究与开发经费的支出，使地区经济依靠自我造血而非人为输血获得提升。

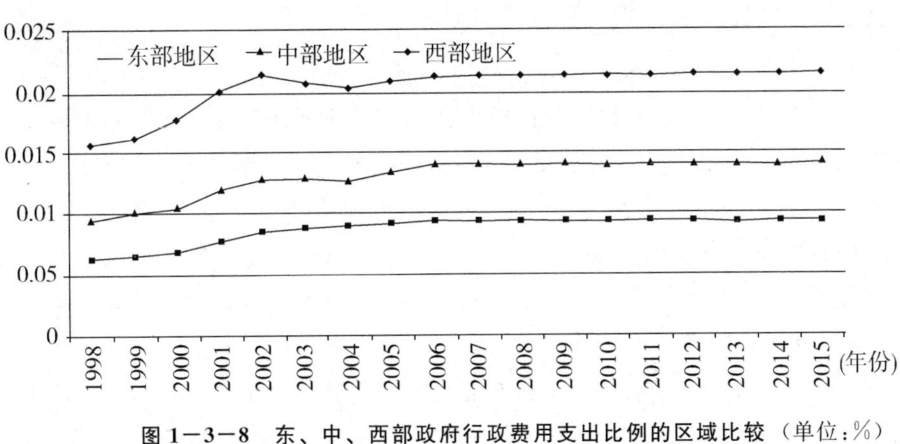

图1—3—8　东、中、西部政府行政费用支出比例的区域比较（单位:%）

1.3.3　区域经济增长的TFP测算

1.3.3.1　测算模型

如前文所述，影响技术效率的因子有4个，分别为产业结构、工资水平、政府行政费比重和产业集聚水平。影响技术进步的因子有5个：就业人员平均受教育年限、R&D经费支出费用、就业率、进出口总额、实际利用外资情况。在模型构建中将技术进步和技术效率分别作为两个模型的因变量进行处理。全要素生产率影响因子模型为：

$$Effch_{it} = a_0 + \sum_{m=1}^{m} a_m x_{mit} + \varepsilon_{it} \tag{1.3.2}$$

$$Techch_{it} = b_0 + \sum_{m=1}^{k} b_m y_{mit} + \varepsilon_{it} \tag{1.3.3}$$

其中，i代表第i个省市，t表示第t个时期(1990年为1,以此类推)，m，n分别代表自变量的序号。各个自变量的定义如表1－3－4。

表1－3－4　变量和变量定义

变量	变量说明	变量	变量说明
Techch	技术进步	Effch	技术效率
R&D	研究与开发经费支出	Industru	产业结构
Trade	贸易（进出口总额）	Induagglo	产业集聚
FDI	实际利用外资	Governan	政府行政费用支出
Edu	就业人员平均受教育年限	Wages	工资水平
Employ	就业率		

1.3.3.2　实证结果

由于本研究采用的数据属于面板数据，面板数据模型通常可以分为随机效应模型和固定效应模型。固定效应模型适用于不同的截面或不同的时间序列，模型的截距是不同的情况，由于我国各地区之间的经济发展水平有很大差异，地区因素也是影响全要素生产率的原因之一，同时固定效应模型也允许误差项与解释变量之间具有相关性。基于这些特点，本章选择固定效应模型，并运用Eviews8.0软件进行实证回归。

由表1－3－5可以看出，在技术进步为因变量的固定效应模型中，DW检验说明不能排除残差序列正自相关的可能。但是由于面板数据的截面往往都很大，通常会只能得到误差经过时间抑制后的（time demean）的估计，所以DW的数值也有可能不是原模型误差。表1－3－5是以技术进步为因变量的固定效应模型的结果，可以看到：

表1－3－5　技术进步的面板模型分析

变量	系数	标准差	T检验值	P值
C	0.991183	0.018276	54.23460	0.0000
X1（R&D)?	4.90E－06	8.53E－06	0.575003	0.5656
X2（Trade)?	－5.51E－10	1.80E－10	－3.065077	0.0023
X3（FDI)?	－1.02E－08	3.54E－09	－2.885130	0.0041
X4（Edu)?	0.008740	0.002342	3.731626	0.0002
X5（Employ)?	－0.097369	0.034535	－2.819470	0.0050
Fixed Effects（Cross)				

（续表）

变量	系数	标准差	T检验值	P值
BJ _ --C	−0.005270			
TJ _ --C	0.005413			
HEB _ --C	0.006840			
SX _ --C	−0.014569			
NMG _ --C	0.006092			
LN _ --C	0.007171			
JL _ --C	−0.008119			
HL _ --C	−0.011346			
SH _ --C	0.037253			
JS _ --C	0.043652			
ZJ _ --C	0.031010			
AH _ --C	−0.018538			
FJ _ --C	0.003843			
JX _ --C	0.008253			
SD _ --C	0.029532			
HN _ --C	−0.013102			
HUB _ --C	0.000933			
HUN _ --C	−0.034491			
GD _ --C	0.045939			
GX _ --C	−0.022172			
CQ _ --C	−0.026655			
SC _ --C	−0.024609			
GZ _ --C	−0.025801			
YN _ --C	−0.012990			
SHX _ --C	−0.011658			
GS _ --C	−0.005491			
QH _ --C	0.015048			
NX _ --C	0.004964			
XJ _ --C	−0.011131			

（续表）

变量	系数	标准差	T 检验值	P 值
Effects Specification				
Cross－section fixed（dummy variables）				
Weighted Statistics				
R－squared	0.442967	Mean dependent var		1.088521
Adjusted R－squared	0.405299	S. D. dependent var		0.209088
S. E. of regression	0.023223	Sum squared resid		0.263176
F－statistic	11.75970	Durbin－Watson stat		1.617731
Prob（F－statistic）	0.000000			
Unweighted Statistics				
R－squared	0.432633	Mean dependent var		1.002598
Sum squared resid	0.263761	Durbin－Watson stat		1.617731

（1）研究与开发经费支出与技术进步。研究与开发经费的投入与技术进步呈现同向关系，系数为 4.90E－06，不过未通过显著性检验。文中的研究与开发费用并未包含企业和其他社会组织的自主创新投入，这可能是本模型中科技研发投入系数较低的原因，但也不能排除科研投入产出比较低的可能性，如科研经费被列支到其他项目，或项目的实际社会回报和产出低于预期值等等。

（2）进出口总额与技术进步。进出口总额对技术进步呈现负向关系，并通过了 1%的显著性水平。结果表明中国与其他国家进出口贸易总额的并不能推动技术进步。从进口角度来看，虽然直接引进先进生产设备和技术创造了我国对其进行吸收、消化和创造的机会，但是由于我国由相当大部分的进口是出口产品的中间投入品（胡兵与乔晶，2008），因此这部分进口基本没有吸收前沿技术的动力。而从出口的角度，虽然近年来我国出口产品的质量和结构已经得到了较大的提升，但是质量和附加值还是未达到同等国家的相同水平，在刺激技术进步上的作用不大（舒元，1998）。

（3）实际利用外资情况与技术进步。外商直接投资对技术进步的作用不太明显，并且是负向的关系。相对于单纯的货物贸易，外商直接投资不仅为我国的经济增长带来了资金支持，更重要的是带来了先进的技术和管理，对我国的经济增长和技术效率的提高有一定的意义。罗长远（2006）发现 FDI 作为“投资”本身对经济增长的直接作用并不显著，但它通过促进全要素生产率的提升和“挤入”国内自身的投资，对中国经济增长具有“催化剂”的性质等。FDI

的技术溢出效应与之前假设的方向相反可能与几个原因有关：首先，国内的创新活动无论是吸收外国的经验也好还是本国自主创新，都是在基于国情和条件的基础上开展的，因而国内创新所产生的技术相较于 FDI 溢出更有利于企业组织吸收。其次，正如罗（2006）的研究结果一样，技术的引进和完全吸收本身就需要一定的时间差，同时还与地区本身的技术条件水平也有关系。如果新技术要求的环境和人力条件与本地区的条件基本匹配的话，这个时间差可以相应缩短。但是如果差距较大，学习和引进的成本以及时间差就会相应增加。最后，国内技术溢出的成本相对于外国技术溢出的成本为低，这些成本包括了模仿和学习的改造成本，包括引进时购买其保护权的成本，成本低廉也是国内研发引起技术进步的弹性要高于外资的原因之一。

（4）人力资本与技术进步。人力资本与技术进步呈显著的正相关关系，通过了 1%的显著性检验，回归系数值为 0.007726，表明就业人员受教育年限每提升 1 个单位，技术进步将提升 0.0087 个单位。教育是立国之本，对劳动者教育的投资将有助于提升劳动者的创新能力，这对推进技术革新和研发的有着重要作用。

（5）就业率与技术进步。就业率同技术进步呈现反向关系，也通过了显著性检验。由于我国目前的产业结构仍然以劳动密集型产业为主，技术创新的产出效率不高。因此，就业率的提高对技术进步并没有带来显著的改善或降低。

地区特征在技术进步中也体现的较为明显，广东、江苏、上海三地的截距项在所有 29 个样本中最大，而湖南、贵州、甘肃等中、西部省份相对较小，说明技术进步因素同地区特征也有一定的联系。东部地区发展较早，在基础设施、政府政策引导、人力资源方面享有一定的优势，因此在技术进步的增量上也享受相似比例的提升。相反，西部地区由于生产资源的相对不足，虽然赶超的速度较快，但仍不可避免的受制于地区特征下的某些限制。

对于技术效率改善的固定效应模型。从表 1—3—6 的检验结果中可以看出，面板数据中的 DW 检验仍然不太理想，原因同上。表 1—3—6 是以技术效率为因变量的固定效应模型的结果，可以看到：

表 1—3—6　技术效率改善的面板模型分析

变量	系数	标准差	T 检验值	P 值
C	1.006691	0.011075	90.90124	0.0000
X1（Industru）?	0.000118	4.78E—05	2.475532	0.0136
X2（Induagglo）?	0.442427	0.192755	2.295282	0.0221

（续表）

变量	系数	标准差	T 检验值	P 值
X3 (Governan)?	−1.219177	0.613995	−1.985647	0.0476
X4 (Wages)?	−4.80E−07	6.15E−08	−7.805216	0.0000
Fixed Effects (Cross)				
BJ_--C	0.006618			
TJ_--C	−0.006767			
HEB_--C	−0.016483			
SX_--C	0.003795			
NMG_--C	−0.004451			
LN_--C	−0.010142			
JL_--C	−0.008131			
HL_--C	0.006010			
SH_--C	−0.028947			
JS_--C	−0.031035			
ZJ_--C	−0.017087			
AH_--C	0.022164			
FJ_--C	−0.005602			
JX_--C	0.006976			
SD_--C	−0.026431			
HN_--C	−0.023916			
HUB_--C	0.008093			
HUN_--C	0.009313			
GD_--C	−0.040521			
GX_--C	−0.000445			
CQ_--C	0.018881			
SC_--C	0.005393			
GZ_--C	0.039138			
YN_--C	0.011300			
SHX_--C	0.016893			

（续表）

变量	系数	标准差	T 检验值	P 值
GS _ ——C	0.032505			
QH _ ——C	0.021911			
NX _ ——C	0.003954			
XJ _ ——C	0.007015			
Effects Specification				
Cross—section fixed（dummy variables）				
Weighted Statistics				
R—squared	0.278164	Mean dependent var	1.295506	
Adjusted R—squared	0.230927	S. D. dependent var	0.595469	
S. E. of regression	0.026572	Sum squared resid	0.345265	
F—statistic	5.888731	Durbin—Watson stat	1.266622	
Prob（F—statistic）	0.000000			
Unweighted Statistics				
R—squared	0.189974	Mean dependent var	0.993900	
Sum squared resid	0.356015	Durbin—Watson stat	1.525975	

（1）产业结构与技术效率。产业结构通过了 5%的显著性检验，回归系数值为 0.00012，表明产业结构每提升 1 个单位，技术效率将提升 0.00012 个单位。一般认为第一产业占 GDP 比重 10%以下，同时第三产业比重超过第二产业（即在 45%以上）的国家工业化进程就达到了成熟阶段。东部地区部分城市的这一比值从 1998 年到 2016 年已经增长了 5 倍左右，而中、西部地区则只增长了 2 倍多。因此，产业结构优化调整应该是我国尤其是中、西部地区成为技术效率和全要素生产率增长的源泉之一。

（2）产业集聚与技术效率。产业集聚同技术效率水平呈现出显著的正向相关关系，通过了显著性检验，回归系数为 0.442，表明产业集聚每提升一个单位，技术效率将提升 0.44 个单位。产业集聚主要是通过对技术效率的促进来完成的，通过产业集聚可以减少企业间的交易费用，通过集聚产生的正外部性来提高效率水平。本研究模型也显示出了产业集聚对技术效率的正向作用，说明产业集聚对促进企业间合作与竞争有一定的促进作用。

（3）政府行政费用支出与技术效率。政府行政费用支出对技术效率不能施加积极的影响，政府干预一方面可能会降低资本和劳动等生产投入要素的效率，另一方面较高的政府行政费用支出也代表该地区治理成本在拉动 GDP 方面的效率过低，行政费用与提供公共产品和提供科技研发费用的配比不恰当。

(4) 工资水平与技术效率。工资水平同技术效率水平呈现负向相关关系，通过了显著性检验，系数值较小，说明工资并不能在追赶效应中发挥太大作用。

1.3.4 典型区域的案例分析

外资投入绝对值增加与技术水平增速下降；产业结构不断高度化和效率改善的降低；政府治理成本的降低和效率改善的降低等这些看似矛盾的组合却在中国经济增长的模式中上演。上文就相关因子的统计性分析进行了阐述，并且将因子同全要素生产率进行了面板数据分析，虽然从线性系数方面得出了一定的原因，但由于数据的偏宏观性和数据的单一性，仍未能从本质上挖掘问题。本节以期通过案例分析来多角度地剖析典型因子影响全要素生产率的过程。典型区域将选取截距效应差别较大的省市，典型因子将分别由实际利用外资、产业结构、政府治理等组成。

问题一：外资投入水平提高、研发投入下降与技术水平增速的下降。

根据 Kokko（1994）的归纳，FDI 的技术外溢效应可以概括为四种情况：一个是外资企业出现带来的竞争压力会促使东道国企业充分发挥现有技术的效率，提高产品质量；二是外资企业带来的市场竞争压力迫使东道国企业增加技术投入，提高技术水平，进行技术创新；三是外资企业将相关技术提供给上游或下游的企业；四是外企企业培训的工人和管理人员进入东道国内资企业。

近年来外商直接企业研发投入和外商在华设立的研发中心数量都有了进一步扩大，如此看来，外资投入水平越高，我国所获取的利好技术和产品也相应越多。而恰恰相反的是，前文的模型显示实际利用外资水平同技术进步呈现反向关系，而非正相关系，说明外商直接投资带来的挤出效应甚至超过了溢出效应。其原因可从以下几点展开分析：

第一，外资投入所带来的技术外溢能否被国内消化。下面抽取上海、甘肃和贵州的数据进行 FDI 对技术进步影响的个体测试，其中变量 EDUUFDI 表示就业人员平均受教育年限与实际利用外资情况的乘积。从表 1－3－7 来看，可能存在一个人力资本的“门槛标准”，中西部等欠发达地区因为没有完全迈过这一标准而不能吸收 FDI 的技术外溢。一方面，FDI 的系数三个地区都为负数，且甘肃和贵州在 10%的水平下是显著的。另一方面，上海、甘肃和贵州三个地区的 EDUUFDI 系数都为正，但不显著，这说明 FDI 总体上不能对地区的技术进步产生正效应，但是通过人力资本的提升，是可以起到一定的正面效果的。东部地区例如上海集聚了中国大部分的外国直接投资，同时具有较强的人力资源，在改革开放初期 FDI 对东部地区率先发展起到了积极的作用。人力资本薄弱的地区例如贵州和甘肃，由于本地技术与外来技术之间的差距过大，无法及时的吸收和模仿，技术外溢的效应是较为微弱的。

表 1—3—7　人力资本、FDI 外溢和技术进步

	上海	甘肃	贵州
C	1.127	0.987	0.973
FDI	−7.32E−007	−1.267E−005	−1.353E−006
EDUUFDI	6.206E−008	1.804E−006	1.809E−007
R^2	0.259	0.182	0.130

注：变量 EDUUFDI 是通过就业人员平均受教育年限与实际利用外资水平乘积得来

第二，行业对外依存度过高导致技术溢出无法实现。如果地区中的外资行业主要以出口为主，也就是所谓“两头在外”的外向型经济，那么也往往享受不到技术溢出的好处。相当一部分跨国公司在华研发工作具有“研发飞地”的特征，也就是在中国的研发成果往往只以“半成品”的状态返回到母公司，最终的专利和技术成果体现在境外，基本上没有显形的技术溢出效应，而这样的结果恰恰就是外商研发投入的加大与中国自主创新能力的提升并没有太直接的关系。蒋殿春（2006）研究表明行业外资依存度的提升不仅不会促进 FDI 技术的溢出，甚至可能对技术外溢产生较强的消极影响。外向型的内资部门也有类似的现象，由于缺乏与国内部门的交流，导致技术溢出效应不能得到很好地发挥。

第三，外资投入所带来的技术本身就不够先进。小岛清（1986 年）著名的“雁行理论”就表达了这个观点，发达国家内劳动密集型产业和技术落后工业的单位劳动力成本上升使其竞争力严重减弱或几乎完全丧失竞争力，为了实现国内产业结构优化和升级，需将这些产业和技术输送到欠发达国家和地区。尽管这些产业和技术相对于发展中国家是先进的，但由这些技术自身的落后性，其产生的竞争压力对东道国民族企业创新能力的示范效应是非常有限的。陈漫（2001 年）研究说明在我国民族工业起步较晚，技术稚嫩的情况下，将其置于激烈的全球化竞争环境下，并期望“置之死地而后生”的做法是欠妥当的，外商直接投资对中国自主研发，进行科技创新是非常不利的。

第四，研发投入是否真正转化为科技产出。研发投入在本模型中系数为正，且研发投入占财政投入比例有下降趋势，可以解释技术进步下降的原因。但是仍然需要关注科研开发过程中的投入产出比例问题。高投入是否一定意味着高产出，或者说政府适当调低研发投入也和政府发起的研发项目产出效率不高有一定的关系。根据国家知识产权局公布的数据，2015 年年底，我国受理专利申请超过 260 万件，其中发明专利申请只约占 1/3，仍未打破以实用新型和外观设计为主的格局。而发明专利由于具有较高的科技含量，更被视为一个国家科技产出水平的重要标志。在最能体现自主创新水平的发明专利申请授权量中，国内部分占比还不高。

问题二：产业结构优化与效率改善的降低。

传统的理论认为由第一产业为主导向第二产业和第三产业为主导的转变过程中，能够吸收大量的人力资本，从而提高生产效率。但是本研究通过分析产业结构与效率改善的关系模型，发现产业结构变迁确实能够带来效率改善，但是这种变化并不显著，并且随着产业结构的不断深化，效率改善的速度也开始降低。产业结构在制度革新初期时，确实有一定的效果，但随着改革的进一步深入，产业升级却似乎并不怎么“见效”了。因此，本研究有必要思考产业深化所带来的效率改善能否持续，也就是说，产业内部技术革新带来的效率增加是否比产业种类升级带来的效率增加更为持久。

产业结构变迁伴随资本的过度深化。根据刘伟、张辉（2008）的研究表明，中国第一产业的劳动份额显著下降，表示了劳动要素从农村流向第二、第三产业部门的过程，符合目前城市化和工业化的结果。但同时，他们也发现第二产业的劳动份额略有下降，说明第二产业资本深化的速度不断加剧，第二产业吸纳劳动的速度正在下降，资本可能正在挤出劳动。甚至应该以劳动密集型占优势，能吸收大量劳动力的第三产业，其资本劳动比也在快速上升。而这对于目前仍然以劳动力资源丰富作为竞争优势之一的中国来说，资本过度深化的直接后果就是降低就业增长率，这不但不能改善效率，反而会增加失业人群损失的那部分产出。

产业总体结构变迁效应的贡献率呈现下降的趋势（图 1—3—9）。表示的是产业结构所带来的效率改善贡献率。1990 年之前，结构变迁效应的贡献率为 35%—50%；1990 年以后，结构变迁效应的贡献率则低于 30%。在第五个时段（1998—2002）中，结构变迁效应甚至趋向于零。也就是说，1998 年以后产业结构变迁对效率改善的贡献变得越来越不显著，而产业内部的技术革新和进步逐渐显现出推动经济增长的力量，即产业结构变迁所代表的市场化的力量已经逐步让位于技术进步的力量。

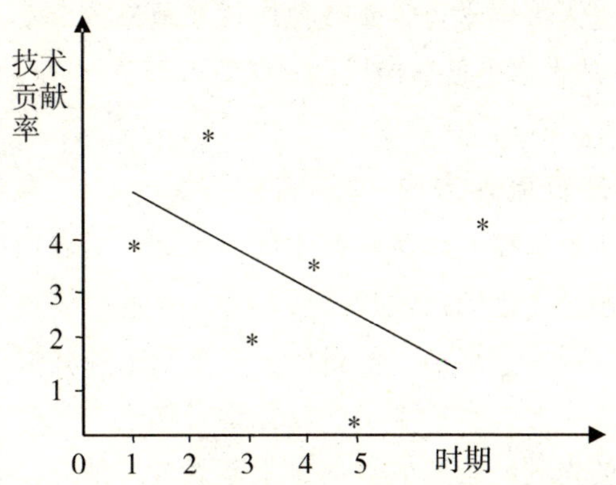

图1—3—9　产业结构变迁带来的技术贡献率

注：图1—3—9参照刘伟，张辉. 中国经济增长中的产业结构变迁和技术进步［J］. 经济研究，2008（11）：4—15.

问题三：政府治理成本与效率改善的降低。

通过前文的统计性描述，我们已经发现了这样一个现象：经济发展水平与政府支出规模的变动方向相反，经济发达的东部地区，其政府行政支出费用较低，经济不发达的西部地区，其政府行政支出规模一般较高。祝接金等（2005）研究发现政府支出规模较大的地区，政府支出对效率改善的影响为正，说明经济运行中的政府干预力量越大，效率改善对政府支出的依赖性越强。但是政府支出仍然会降低单个要素的产出水平，导致资本和劳动效率的下降。由于在2007年以后，国家统计局已不再对政府行政费用支出做出统计，本研究2007年以后的数据是通过增长率所推算出来，如前文的描述性分析，可以看出行政费用支出占国内生产总值中的比重在2005年以后相对稳定。

1.4　省际全要素生产率提升对策建议

1.4.1　加大教育资源投入

我国应该大力加强对教育的资源投入。不仅要继续推进高等教育的改革和扩招，提高具有高等教育文化程度劳动力的比重；还应该在全国特别是广大农村地区进一步强化普及九年义务教育，甚至推行十二年义务教育，为我国未来的劳动力搭建一条通往大学的绿色通道，让更多青少年都能够有机会完成基础教育和中学教育而进入大学学习，避免他们过早地进入劳动力队伍，从而使我国各地区的 TFP 和技术水平逐渐接近世界前沿水平。

1.4.2 引导外资流入方向

正如前文所述，外资投入和贸易产生的技术溢出对我国来说并不明显，为了能够更好地吸收国外先进的技术和经验，可以通过适度调整进出口产品的结构和外资流向，来达到模仿和学习的目的。由于我国部分地区本身的技术水平相对落后，且没有相应的人力资本来吸收和学习先进的生产技术，因此通过外资引进和贸易溢出的先进经验和前沿信息未能被及时消化。在东部沿海等技术相对成熟，人力资本市场相对充裕的地区，则可以适度的增加高科技产品进口份额。不应当过分着眼于引进外资的数量和规模，而应当更多地着眼于管理科学，运营规范，对中国的相关产业发展起到良好的带动和促进作用的外资企业。引进外资的重点应当放在具有高技术密集型的产业领域中。并且在引资过程中要注意技术的适用性，不可盲目的图新图强。对国内的企业自身而言，也应该加大同 R&D 资本存量丰富的国家之间的交流，要注意学习和吸收外企的先进技术和管理经验，改善企业人力资源状况和加大消化吸收投入的力度，从而降低国内研发的成本，提高我国的全要素生产率。

1.4.3 增强自主研发能力

进一步加大 R&D 资本投入，建立完善的创新体制，提高研发效率。因为本国的 R&D 投入不但可以直接促进我国 TFP 的增长，而且还有助于国外溢出知识的吸收与消化，使我国外贸的技术溢出效应最大化，从而间接地提高我国的 TFP 水平。若本国 R&D 资本存量不足，研发能力低下，不仅会削弱本国的自主创新，而且也会使国外的溢出技术无法有效地吸收和学习，从而阻滞了本国的经济增长。因此，加强本国 R&D 投入对于加快我国的技术进步有着十分重要的作用。此外，进一步强化与促进企业作为研发活动的主体地位，同时提高高校机构在研发活动中的比重。同发达国家和地区相比，我国由企业和高校主导的研发占总研发的比重还是相对较低，政府主导的研发相对较高，同时研发资金中来源于企业的资金也较少。在市场经济体制下，由于企业的研发效率以及社会收益率往往要高于政府，因而研发的主体应该是企业，政府在研发活动中主要起辅助作用。

1.5　本章小结

全要素生产率在东部、中部和西部之间仍然有一定的差距。1979—1992 年我国东、中、西部地区技术进步的变动较为一致，而技术效率的变动差别较大，而 1995 年以后呈现出相反的态势，东、中、西部的技术进步变动差距较大，而技术效率的变动较为一致。1993 年—2016 年期间，东、中、西部全要素生产率指数值总体呈现出下降趋势，全要素生产率增长有所减缓，特别注意的是，2008 年后，我国各地区全要素生产率下降。东、中、西部技术效率变化差距不大，技术进步变化差距较大，表明全要素生产率在该阶段的差异主要是由技术进步带来的。

在技术进步模型的分析中，就业人员平均受教育年限和实际利用外资等对全要素生产率项下的技术进步有显著的作用。而在技术效率改善模型的分析中，产业结构、产业集群、政府行政费用支出等对全要素项下的效率改善有显著作用。外资投入带来的技术溢出未被很好地吸收，部分贸易“飞地”无法获得高端技术，外资投入对推动全要素生产率项下的技术进步效果不明显。产业结构变迁在改革开放初期显现了效率改善的巨大效果，但随着市场制度的不断完善，由制度改变释放出来的效率改进逐渐减小。部分地区的政府治理成本过高，单位行政费用产出的 GDP 非常低，也是导致效率改善降低的原因之一。为了提高中国省际全要素生产率，应加大教育资源投入，提高人力资本水平；积极调整进口产品结构，引导外资流入方向；增强自主研发能力，完善投入产出效率等。此外，进一步强化与促进企业作为研发活动的主体地位，同时提高高校机构在研发活动中的比重。

参考文献

[1] 胡鞍钢. 未来中国经济增长取决于 TFP. 载胡鞍钢主编的“中国大战略”，载于中国网 2002 年 07 月 04 日：http：//www. china. org. cn/chines/2002/jul/168635. htm.

[2] Sachs，Jeffrey，and Wing Thye Woo. 1997. “Understanding China’s Economic Performance”.

[3] Bhattasali，Deepak，"Sustaining China's Development：Some Issues"，Presentation to Tsinghua Univer 2sity 90th Anniversary Celebrations Seminar Series，Beijing，People's Republic of China，April 24，2001.

[4] Lin，Justin Yifu. "Rural Reforms and Agricultural Growth in China." *The American Economic Review*，vol. 82，no. 1，1992，pp. 34 - 51. *JSTOR*，www. jstor. org/stable/2117601.

[5] 孔翔，RorbertE. Marks，万广华. 国有企业全要素生产率变化及其决定因素：1990—1994 [J]. 经济研究，1999 (07)：40－48.

[6] Allan，Rae and Ma，Hengy un，2003. /Projecting China. s Grains and Meats Trade：Sensitivity to Agricultural Pro ductivity Grow th. 0 Presented at In ternational A gricultural Trade Research Co nsortium Annual General Meeting，Session，on Research Plan and Rep orts，San Antonio，Texas，14—16 December.

[7] 张军，施少华. 中国经济全要素生产率变动：1952—1998 [J]. 世界经济文汇，2003 (02)：17－24.

[8] 郑京海，胡鞍钢. 中国改革时期省际生产率增长变化的实证分析(1979—2001 年) [J]. 经济学（季刊)，2005 (01)：263－296.

[9] 李胜文，李大胜. 我国全要素生产率增长的区域差异 [J]. 数量经济技术经济研究，2006 (09)：12－21.

[10] Young A. Gold into Base Metals：Productivity Growth in the People's Republic of China During the ReformPeriod [J]. Nber Working Papers，2003，111 (6)：1220－1261.

[11] 沈能. 中国制造业全要素生产率地区空间差异的实证研究 [J]. 中国软科学，2006 (06)：101－110.

[12] 李京文，龚飞鸿，明安书. 生产率与中国经济增长 [J]. 数量经济技术经济研究，1996 (12)：27－40.

[13] RubianaChamarbagwala，Sunder Ramaswamy，Phanindra V. Wunnava. The role of foreign capital in domestic manufacturing productivity：empirical evidence from Asian economies [J]. Applied Economics，2000，32 (4)：393－398.

[14] 王小鲁. 中国经济增长的可持续性与制度变革 [J]. 经济研究，2000 (07)：3－15＋79.

[15] Guellec，D.，Potterie，B. V. P. R&D and Productivity Growth：

Panel Dara Analysis if 16 OECD Countries [J]. OECD Economic Studies, 2001, 33 (7): 103—126.

[16] Kumar, S., and R. Russell, Technological Change, Technological Catch—up, and Capital Deepening: Relative Contributions to Growth and Convergence, The American Economic Review, 2002, 92.

[17] Wang Y., Yao Y. Sources of China's economic growth 1952 - 1999: incorporating human capital accumulation [J]. China Economic Review, 2003, 14 (1): 32—52.

[18] 郭庆旺,赵志耘,贾俊雪. 中国省份经济的全要素生产率分析 [J]. 世界经济, 2005 (05): 46—53+80.

[19] 王志刚,龚六堂,陈玉宇. 地区间生产效率与全要素生产率增长率分解 (1978—2003) [J]. 中国社会科学, 2006 (02): 55—66+206.

[20] 赵志耘,杨朝峰. 中国全要素生产率的测算与解释: 1979—2009 年 [J]. 财经问题研究, 2011 (09): 3—12.

[21] 肖林兴. 中国全要素生产率的估计与分解——DEA—Malmquist 方法适用性研究及应用 [J]. 贵州财经学院学报, 2013 (01): 32—39.

[22] 史清琪. 发展知识经济与传统产业改造 [J]. 中国民营科技与经济, 1998 (09): 4.

[23] Jefferson G. H., Ravski T. G. andZheng Y., 1992, Growth, Efficiency, and Convergence in China's State and Collective Industry, Economic Development and Cultural Change, 40 (2): 293—66.

[24] Michael Peneder, Industrial structure and aggregate growth, Elsevier Science No. 11, 2000.

[25] 侯晓辉,李婉丽,王青. 所有权、市场势力与中国商业银行的全要素生产率 [J]. 世界经济, 2011, 34 (02): 135—157.

[26] 赵磊. 中国旅游全要素生产率差异与收敛实证研究 [J]. 旅游学刊, 2013, 28 (11): 12—23.

[27] 戴彬,金刚,韩明芳. 中国沿海地区海洋科技全要素生产率时空格局演变及影响因素 [J]. 地理研究, 2015, 34 (02): 328—340.

[28] 林春. 中国金融业区域集聚与全要素生产率增长——基于省级面板数据实证分析 [J]. 华东经济管理, 2016, 30 (11): 60—66.

[29] Paul M. Romer, Endogenous Technologyical Change, Journal of Political Economy, 1990, 98, 71—102.

[30] Paul M. Romer，Human Capital and Growth：Theory and Evidence，Carnegie－Rochester Conference Series on Public Policy，1990，32，151－286.

[31] N. Gregory M ankiw、David Romer and David N. Weil，A Contribution to the Empirics of Economic Growth，Quarterly Journal of Economics，1992，5，407－437.

[32] Jess Benhabib and Mark M. Spiegel，The Role of Human Capital in Economic Development：Evidence from Aggregate Cross－Country Data，Journal of Monetary Economics，1994，10，143－151，158－161.

[33] Bernstein Jeffery I，Yan Xiaoyi. Canadian－Japanese R&D Spillovers and Productivity Growth [J]. Applied Economics Letters. U. S. 1996，(3)：763－767.

[34] Madden Gary，Savage Scott J，Bloxham Paul. Asian and OECD International R&D Spillovers [J] Applied Economics Letters. U. S. 2001，(8)：431－435.

[35] Atella Vincenzo，Quintieri Beniamino. Do R&D Expenditures Really Matter for TPF [J]. Applied Economics. U. S. 2001，(33)：1385－1389.

[36] Mary Lou Egan and Ashoka Mody，Buyer－Seller Links in Export Development，World Development，1992，20 (3)，321－334.

[37] David T. Coe，Elhanan Helpman and Alexander W. Hoffmaister，North－South R&D Spillovers，Economic journal，1997，107 (440)，134－149.

[38] Cary Gereffi，International Trade and Industrial Upgrading in the Apparel Commodity Chain，Journal of International Economics，1999，48 (6)，37－70.

[39] 刘秉镰，刘勇. 区域特征对全要素生产率的影响——以河北省为例 [J]. 河北大学学报（哲学社会科学版），2006 (03)：19－24.

[40] 魏梅. 区域全要素生产率影响因素及效率收敛分析 [J]. 统计与决策，2008 (12)：77－79.

[41] 王英伟，成邦文. 我国研究与发展对全要素生产率影响的定量分析 [J]. 科技管理研究，2005 (06)：39－42.

[42] 袁鹏，陈圻，胡荣. 国际贸易对技术效率影响的实证研究 [J]. 预测，2005 (06)：52－55.

[43] 黄燕琳. 试论影响我国技术进步的几个因素 [J]. 商场现代化，2006

(35)：370—371.

[44] 陈红蕾，覃伟芳，吴建新. 考虑碳排放的工业全要素生产率变动及影响因素研究——广东案例 [J]. 产业经济研究，2013 (05)：45—53.

[45] Forsund F. R.，Hjalmarsson L. Frontier Production Functions and Technical Progress：A Study of General Milk Processing in Swedish Dairy Plants [J]. Econometrica，1979，47 (4)：883—900.

[46] Nelson R. and E. Phelps，"Investment in Humans，Technological Diffusion，and Economic Growth"，American Economic Review，1966，56 (2)，69—75.

[47] Benhabib J.，Perli R. "Uniqueness and Indeterminacy：on the Dynamics of Endogenous Growth Model"，Journal of Economic Theory，1994，63，113—142.

[48] Romer P. "Endogenous Technological Change"，Journal of Political Economy，1990，98 (5)，71—102.

[49] Lucas R. E. "On the Mechanism of Economic Development"，Journal of Monetary Economics，1988，22，3—42.

[50] Lucas R. "Supply Side Economies：An Analytic Review"，Oxford Economic Papers，1990，42，293—316.

[51] Wang，Jianmao and Bin Xu/Trade，FDI，and International Technology Diffusion，Journal of Economic Integration，December，2000，15 (4)：585—601.

[52] Coe，David T. and Elhanan Helpman. International R&D Spillovers [J]. European Economic Review，1995，Vol. 39 (May)：859—887.

[53] Knudsen D. C. Shift— share analysis：further examination of models for the description of economic change [J]. Socio— Economic Planning Sciences，2000，34 (3)：177— 198.

[54] Increasing Returns and Long—Run Growth，Journal of Political Economy，1986，94：1002—10037.

[55] Aschauer D. A. Is public expenditure productive [J] Journal of Monetary Economics，1989，23，177—200.

[56] Barro R. J. Government Spending in a Simple Model of Endogenous Growth [J]. Journal of Political Economy，1990 (98)

[57] Futagami，Koichi，Morita，Yuichi，Shibata，Akihisa. Dynamic a-

nalysis of an endogenous growth model with public capital [J]. Scandinavian Journal of Economics, 1993, 95 (4): 607 - 625.

[58] Chatterjee S., Sakoulis G., Turnovsky S. J. Unilateral capital transfers, public investment, and economic growth [J]. European Economic Review, 2003 (47): 1077—1103.

[59] 宋海岩，刘淄楠，蒋萍，吴桂英. 改革时期中国总投资决定因素的分析 [J]. 世界经济文汇，2003 (01): 44—56.

[60] 单豪杰. 中国资本存量K的再估算：1952—2006年 [J]. 数量经济技术经济研究，2008，25 (10): 17—31.

[61] 蔡金续. 我国地区工业生产率的测定与比较分析 [J]. 数量经济技术经济研究，2000 (11): 72—74.

[62] 叶裕民. 全国及各省区市全要素生产率的计算和分析 [J]. 经济学家，2002 (03): 115—121.

[63] 赵伟，马瑞永，何元庆. 全要素生产率变动的分解——基于Malmquist生产力指数的实证分析 [J]. 统计研究，2005 (07): 37—42.

[64] 郭庆旺，贾俊雪. 中国全要素生产率的估算：1979—2004 [J]. 经济研究，2005 (06): 51—60.

[65] 胡鞍钢. 中国需要一场透明革命 [J]. 湖南社会科学，2004 (04): 26—28.

[66] 杨全发，舒元. 中国出口贸易对经济增长的影响 [J]. 世界经济与政治，1998 (08): 54—58.

[67] 罗长远. FDI、国内资本与经济增长——1987—2001年中国省际面板数据的证据 [J]. 世界经济文汇，2006 (04): 27—43.

[68] 蒋殿春，张宇. 行业特征与外商直接投资的技术溢出效应：基于高新技术产业的经验分析 [J]. 世界经济，2006 (10): 21—29+95.

[69] 陈漫. 中国引进外商直接投资的实效分析 [J]. 战略与管理，2001 (03): 93—103.

[70] 刘伟，张辉. 中国经济增长中的产业结构变迁和技术进步 [J]. 经济研究，2008 (11): 4—15.

[71] 祝接金，胡永平. 政府支出、效率改进与经济增长——基于面板数据随机系数模型的实证研究 [J]. 当代财经，2005 (02): 15—19.

第2章

中国区域创新效率格局演化

探讨我国各地区创新效率的时空演化及其存在的问题，提出提升各区域创新效率的思路，有助于促进中国区域经济增长及其模式转型。本章在梳理国内外相关文献基础上，将创新过程分为知识创新、科研创新和产品创新三个阶段，构建了符合我国实际情况的三阶段价值链理论模型，并设计了适合评价区域效率的投入产出指标体系，在此基础上，依托DEA方法、Malmquist指数法和空间计量模型，以中国30个省、市、自治区为研究对象，对中国各省市2007—2014年区域创新效率进行实证研究，考察了中国区域创新的静态效率、动态效率和效率的空间收敛趋势等相关问题，最后提出了提升中国区域创新效率的对策建议。

引 言

中国已明确提出建设创新型国家的战略，力争到2020年时使中国进入创新型国家行列，到2030年时使中国进入创新型国家前列，到中华人民共和国成立100年时使我国成为世界科技强国。然而，在我国创新型国家建设的进程中，除了加大创新的投入力度外，区域创新的效率问题也不容忽视。特别是在我国创新资源相对有限的情况下，尽可能地利用较少的创新投入获得较多的创新产出，提高创新资源的利用效率，对于有效缓解我国创新资源不足的局面，进一步提升国家创新能力具有重要意义。

根据各国的科技进步贡献率显示，2013年我国的该项指标仅为51.7%，远低于创新型国家的标准线。创新投入方面，近年来，我国的R&D经费内部支出逐年上升，从2000年的895.66亿元增长到2014年的13015.63亿元，平均每年21.07%的速度递增。与此同时，R&D经费内部支出占国内生产总值的比重也逐年上升，从2000年的0.9%增长到2014年的2.05%，其中从2013年起就已经超过了创新型国家的2%标准线。

根据科尔尼（2016）的“全球创新研究”和“中国最佳创新企业评选”两个项目都清楚地展示了中国过去五年在创新上所取得的巨大进步：中国的知识和技术成果数量已经跨入全球前三；在人力资本及信息和通信基础设施上，中国已经超越了40多个国家；中国的创意成果数量居全球第25位，商业成熟度位居全球第17位。另一方面，根据国际上对创新型国家的划分标准，我国应重点加强以下五个主要方面的建设：（1）扩大创新投入；（2）提高科技进步贡献比重；（3）增强自主创新能力；（4）提高创新产出；（5）建立成熟、高效的区域创新系统。

与发达国家相比，中国属于资源相对匮乏的发展中国家，并且正处在经济社会转型的关键时期，在增加创新资源投入的同时还应注重其效率提升问题。《国家创新蓝皮书：中国创新发展报告（2014）》中指出，在研发投入数量方面，中国已经在取得长足的进步，正在逐步逼近发达国家的水平，并且在一些数据指标上已经实现了超越，例如研发人员总量，但在效率水平方面，中国却仍处于劣势，需要进一步提高。

本章将围绕中国区域创新效率这一基本问题，针对中国经济社会区域创新的具体现状，结合创新价值链、区域创新系统等新兴理论，将区域创新过程分为知识创新、科研创新和产品创新三个阶段，并在此基础上，构建多主体参与、多投入、多产出的区域创新效率评价指标体系，运用数据分析和Malmquist指数法对不同阶段的创新效率进行静态和动态评价，最后在引入空间效应的视角下考察中国各地区创新效率的区域追赶特征，同时，针对中国区域创新效率的问题，提出为使我国区域技术创新水平均衡、持续地发展提供对策建议。

2.1 区域创新研究进展与理论模型

2.1.1 区域创新研究进展

2.1.1.1 区域创新系统研究

自1912年Schumpeter在其著作《经济发展理论》中首次将“创新”引入经济增长理论以来，学者们已从不同层面对创新的内涵进行了深入研究。Freeman（2008）在其重要著作《技术和经济运行》中研究了日本的技术政策与经济绩效问题，他发现日本在技术落后的情况下，通过“技术立国”政策，依靠一种综合的创新网络，实现了经济的快速发展。这说明经济发展并非单纯依靠个体的技术创新，而是依靠“国家内部系统组织间相互作用”，即国家创新系统。随着国家创新系统研究的不断深入，理论研究者发现，国家创新系统理论无法对区域层面的创新活动给予较好的解释。

Cooke（1992）提出了区域创新系统的概念，认为创新是知识的商业化，是知识的利用程。所谓区域创新是区域成功地利用新知识，而区域创新系统是由在地理上相互关联的企业、研究机构及高等院校等构成的，以创新为主要功能的区域性组织体系。自此，区域创新系统研究逐步兴盛，区域创新系统一些基本内涵已经得到了普遍的认可：（1）具有一定的地域空间和开放的边界；（2）创新主体主要包括生产企业、研发机构、高等院校、地方政府机构和服务机构；（3）不同创新主体之间相互作用从而形成一个社会系统；（4）强调制度因素和治理安排的作用。

在区域创新效率方面，国内外学者基本都是在区域创新系统的整体框架下进行研究，其基本达成的一个共识是区域创新系统不同，其创新能力和创新效率也不同。同时，区域创新是一个复杂的过程，是区域内多种资源、多种要素参与多投入综合活动的过程，创新投入向产出的转化贯穿于创新的全过程。Farrel（1957）最早从投入的角度提出技术效率的概念。Leibenstein 从产出的角度重新定义了技术效率。从产出角度定义的技术效率概念能反映现有投入与现有生产技术的有效使用程度，被后来的研究者广泛接受和使用。本研究将基于前人的研究方法，从投入产出角度研究区域创新效率，这里的创新效率主要指技术创新效率，而管理效率、制度效率可通过对技术效率的分解得到。

2.1.1.2　创新价值链研究

国外关于创新价值链的研究主要集中在两个方面：第一，界定创新价值链的内涵，在理论上将创新的价值实现过程进行分解，划分出相互衔接的若干阶段，探讨创新价值链在不同环节之间的交互关系。H. E. Mr. Suwit Khunkitti（2003）提到了生命科学创新价值链的概念，即指从研发到生产、销售，直至提供健康服务的整个过程。Hansen 和 Birkinshaw（2007）首次系统地论述了创新价值链的含义，提出了创新活动的阶段性，并将创新过程进行分解为创意的产生、创意的转换和创意的传播三个阶段，很好地解释了创新过程的内在关联。Ganotakis（2012）等人认为创新价值链是一个涵盖知识获得、创新生产和价值生产等三个阶段的并且环环相扣的模型。第二，根据创新价值链理论模型进行相关的实证检验，计算创新的投入产出绩效及影响因素等。Love 等（2011）在创新价值链中引入了企业的三种对外链接：探索性链接、编码性链接和利用性链接，并利用此模型分析了企业与不同外部主体的联系在创新的各阶段对企业创新活动的影响。国外的研究基本上是提出一种创新价值链多阶段模型，之后通过实证分析验证创新价值链在各环节之间的联系，这些研究在发展创新价值链理论方面具有不可忽视的作用。

国内学者关于创新价值链的研究可以分为两类：第一，直接对“创新价值链”进行理论探索，指出“创新价值链”的含义、内部关系等，并进行延伸研究。张晓林与吴育华（2005）认为创新价值链可以是单个企业内部运作的自身价值链体系，但目前我国大多数企业的自主研发能力较弱，研发机构和高校承担了大部分的科研任务，因此创新价值链可以是指不同主体相互关联而形成的一种链式结构。刘志彪（2012）认为，创新价值链这一视角是把全球分工过程转化为由一种创新链主导的价值分配过程。刘家树与菅利荣（2011）根据创新价值链理论，将创新过程划分为知识来源、知识产出和科技成果转化三个阶段。实质上是将知识转化为技术理论的阶段进行了细分，并对三阶段之间的关系进行实证分析。另一类并没有直接采用“创新价值链”的概念，但其研究内容也是把创新的过程进行分解，并分别研究不同阶段的投入产出效率问题。余泳泽（2009）根据创新价值链的思想把技术创新过程划分为技术开发和技术成果转化，分别以专利和新产品来表示两阶段的产出，以此来分析我国高技术产业技术创新效率。庞瑞芝（2009）等在考察我国大中型工业企业技术创新绩效时将创新分为两个阶段，分别是创新投入转化为技术成果阶段和技术成果转化为经济成果阶段。罗福凯与孙凤娥（2010）将创新活动划分成技术成果生成和技术成果转化两个阶段，并将创新活动评价指标体系根据不同阶段进行了细分，指出“引进国内外技术支出”应归属于技术成果转化阶段。

本书借鉴 Hansen 和 Birkinshaw（2007）、余泳泽（2009）对创新价值链划分思路，将创新过程按照创新价值链分为三个阶段：知识创新阶段，与创意的产生和基础研究相对应；科研创新阶段，与创意的转换和应用研究相对应；产品创新阶段，与创意的传播和实验发展相对应。

2.1.1.3 创新效率评价方法研究

以 Romer 为代表的内生增长理论提出，内生的技术创新与技术进步是保证经济持续增长的决定因素。科学有效地优化创新资源配置、提高创新效率是实现从要素、投资驱动转向创新驱动的关键。对于创新效率的评价，实证研究中常用的方法包括：

第一，算术法。即通过创新产出与创新投入的简单比例关系来衡量创新的绝对效率值。该方法简单、直观，但其只适用于单指标投入与单指标产出的情况，且其经济含义难以满足研究的需要，所以该方法的应用受到诸多限制。

第二，前沿分析法。该方法通过测算决策单元与生产前沿面的距离来体现该决策单元的技术效率，其中生产前沿指一定比例的投入所能得到的最大产出集合，通常用生产函数表示。而根据是否需要估计生产函数中的参数，可将前沿分析法分为参数分析法和非参数分析法。参数法主要以随机前沿分析法（SFA）为代表，该方法需要首先构造具体的生产函数形式，然后估计位于效率前沿面上的生产函数的参数，其误差项是由无效率项和随机误差项构成。随机前沿分析方法已广泛应用于诸多领域的效率评价，包括近些年被部分学者应用于创新效率的研究，Wang（2007）通过构建跨国随机前沿生产函数模型分析了 30 个不同国家的 R&D 活动效率；余泳泽（2010）基于 10 年间 19 个省份的面板数据，采用随机前沿生产函数计算了中国高技术产业的 R&D 效率；潘雄锋与刘凤朝（2010）采用 Cobb－Douglas 生产函数构造随机前沿生产函数模型，测度了我国区域工业技术创新效率情况。非参数法则以数据包络分析法（DEA）为代表，数据包络分析通过线性规划模型评价多产出对多投入的效率，避免了参数方法主观设定生产函数而产生的误差。由于一个完整的创新过程应包含多项投入与多项产出，因此用 DEA 评价创新效率是最常用的方法。Sexton 和 Lewis（2003）提出的两阶段 DEA 模型，该模型将技术研发过程与技术转化过程看作两个独立的过程进行分析。肖泽磊（2012）、余泳泽（2009）、刘和东（2011）都利用该模型对高技术产业两阶段的创新效率进行了研究。该模型的缺陷是没有考虑各阶段之间的联系以及创新过程的整体性。高远帆、张建辉（2012）应用典型相关分析（CCA）与数据包络分析（DEA）相结合的方法，对山西省 2004—2010 年装备制造业七个子行业技术创新效率相对大小进行评价，并采用横向与纵向比较法给出研究结果。段婕（2012）等通过改进的 DEA 模型对我国装备制造业技术创新效率进行评价，指出我国装备制造业各行业技术创新效率普遍不高，对创新资源的利用不充分。

第三，数理统计方法，常用的方法包括聚类分析和因子分析法。聚类分析法是根据“物以类聚”的道理，对大量样品或指标进行分类的一种多元统计分析方法，该方法要求能够合理地按指标各自的特性来进行合理的分类。在进行创新效率评价的时候，该方法大多与其他方法结合使用，如将数据包络分析与聚类分析相结合，对效率分析结果进行分类，张娇与殷群（2010）基于 DEA 及聚类分析方法，探讨了我国企业孵化器运行效率差异问题。黄贤凤与武搏（2013）针对中国制造业技术创新投入产出效率问题，采用 DEA 方法测算了 28

个制造业行业的规模效率、纯技术效率与综合技术效率，并采用最优分割聚类法将规模效率与纯技术效率进行了分类分析。因子分析法是一种重要的多元统计分析方法，其基本思想是根据相关性大小把变量分组，使得同组内的变量之间相关性较高，但不同组的变量不相关或相关性较低，每组变量代表一个基本结构，即公共因子。通过因子提取，能够保证降低指标的数量，并通过计算因子得分来综合描述评价对象，在效率的研究方面，因子分析法得到了广泛的应用。如赵琳与范德成（2011）等分别采用因子分析法对我国高新技术产业的创新效率问题进行了研究。

2.1.1.4 空间计量学应用研究

1979年，由Paelinck和Klaassen合著的第一本介绍空间经济计量学的著作《空间经济计量学》问世，该书对空间经济计量的特征及相应的研究方法做出了系统性论述。进入21世纪后，空间经济计量学得到了快速发展，学者逐渐利用空间计量模型研究我国的区域创新问题，如张宗益与王锐洪（2010）运用省级空间面板数据和面板GLS分析方法，对影响我国东部和西部的科技创新能力的因素综合进行了实证分析；李婿等（2010）运用基于超越对数生产函数的静态和动态空间面板模型，分析了我国区域创新的空间相关与集聚特征；余泳泽与刘大勇（2013）利用三阶段DEA模型计算我国区域创新效率，并结合多种空间面板模型和多重空间权重矩阵，分析了我国区域创新的空间外溢效应和价值链外溢效应；周迪（2015）根据创新价值链理论将我国创新活动分为三个阶段，并利用空间面板收敛模型对各阶段的创新活动进行了收敛性检验。

2.1.2 三阶段价值链的理论模型

2.1.2.1 区域创新系统的要素

国内外众多学者对区域创新系统的构成要素进行了探索。Porter（1988）和Lundvall（1992）、Pavitt（1994）等在Freeman（1987）的对国家创新系统构成要素研究的基础上，对国家和区域创新系统的构成进行了深入的研究，提出企业、政府部门、高等院校和研究机构是创新系统主要构成要素。之后，OECD的相关专家对此进行研究，将中介结构引入到创新系统的构成要素中。在国内，胡志坚和苏靖（1999）研究认为区域创新系统主要由主体要素、功能要素和环境要素构成。主体要素是指区域内的企业、大学、科研机构、中介服务机构和地方政府，是知识开发、应用、扩散和生产的主要部门。功能要素主要指制度创新、技术创新、管理创新和服务创新，是对技术创新具有辅助和协同创新作用的要素。环境要素主要指体制、机构、政府或法制调控、基础设施建设和保障条件等，为创新成果商业化提供有力的保障。陈德宁、沈玉芳（2004）认为，区域创新系统是由在某一特定区域内履行创新和扩散职能的企业、大学及研究机构、中介服务机构以及政府组成的创新网络。

在区域创新系统理论基础上，并结合各学者的观点和中国国情，本研究将区域创新系统的构成要素划分为主体要素、资源要素及环境要素三类。主体要素包括区域内的生产企业、地方政府、高校及科研机构、中介服务机构；资源要素包括基础设施、人力资本和企业资源等；环境要素包括制度、机制、政府或法制调控、基础设施、市场环境和保障条件等等。

2.1.2.2　三阶段价值链理论模型

本研究将主要在技术创新理论框架下展开。技术创新是一个与经济目的相关的持续性过程，这期间所产生的科技成果在转化为经济效益前仅仅是中间产出。从研究我国创新效率的文献来看，把创新过程分为二阶段的研究主要有官建成（2005）、杜军（2009）、黄舜（2010）、陈伟（2010）、肖仁桥（2012）、解鑫（2015）等；把创新过程分为三阶段的研究主要有余永泽（2013）、马云俊（2013）、周迪（2015）等。本章将从区域创新的角度出发，借鉴余永泽（2013）对创新价值链的理解，综合考虑了指标的合理性、数据的可得性、模型的适用性等关键因素，尝试构建三阶段创新价值链理论，其理论的逻辑框架见图 2－1－1。

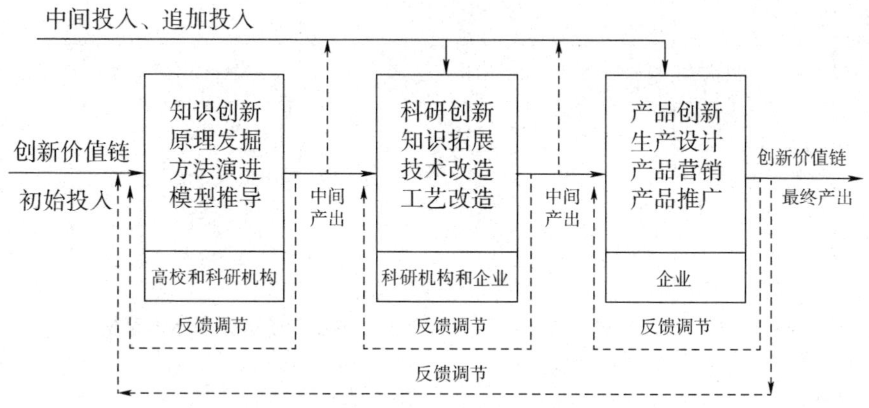

图 2－1－1　三阶段（知识、科研、产品）的创新价值链

注：本框架在余永泽研究（2013）的基础上进行修正。

本章将创新过程划分为知识创新、科研创新和产品创新三阶段。创新活动是经济生活中生产要素与生产条件的重新组合，是将技术等要素引入生产体系使其技术体系发生变革的过程（熊彼得等，2009），它牵涉到创新投入、创新产出的分阶段多要素的动态价值链传递，其中创新投入包括初始投入、追加投入和中间投入，创新产出则根据阶段不同而产出不同，上一阶段的创新产生可能成为下一阶段的创新投入。知识创新包括在原理的发掘、方法的演进和模型推导的基础研究，该阶段的创新主体主要为高校和科研机构，受到市场的制约力相对较弱，产出主要为科技论文以及科技专著；科研创新包括知识的拓展、技术改造、工艺改造等应用性研究，该阶段的创新主体主要为科研机构和企业，开始受到市场制约的影响，产出主要为专利；产品创新则主要指在生产设计、产品营销和产品推广等方面进行有针对性的、有效的工作安排，该阶段的创新主体主要为企业，产出主要为新产品。

2.1.2.3　三阶段价值链理论模型的评价指标体系框架

在对区域创新效率选取具体的投入产出指标及进行实证分析前，建立合理的指标体系框架是不可省略的，也是至关重要的，其直接影响到指标选取的科学性及效率评价的有效性。本研究在三阶段价值链模型的基础上，建立了评价区域创新效率的指标体系框架（见图 2—1—2）。指标体系框架中具体指标的选取和说明，将在后面相关部分详细介绍。

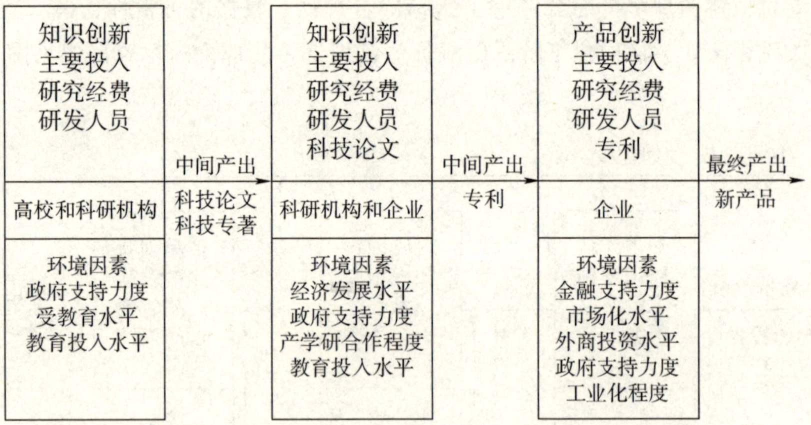

知识创新 主要投入 研究经费 研发人员	中间产出 →	知识创新 主要投入 研究经费 研发人员 科技论文	中间产出 →	产品创新 主要投入 研究经费 研发人员 专利	最终产出 →
高校和科研机构	科技论文 科技专著	科研机构和企业	专利	企业	新产品
环境因素 政府支持力度 受教育水平 教育投入水平		环境因素 经济发展水平 政府支持力度 产学研合作程度 教育投入水平		环境因素 金融支持力度 市场化水平 外商投资水平 政府支持力度 工业化程度	

图 2—1—2　三阶段（知识、科研、产品）的创新价值链指标体系框架

2.2　中国区域创新静态效率研究

2.2.1　评价方法

已有研究中，最常用的创新效率评价方法为 SFA 和 DEA。理论上，由于本章的三阶段创新价值链模型中，各个阶段的创新过程都属于多投入、多产出，SFA 方法并不适用，并且 SFA 方法无法通过进一步分解来了解规模等因素对技术效率的影响；现实中，由于我国区域之间的地理环境、经济发展水平等存在较大差异，具有较强的区域性，各区域创新效率受到多种因素的影响，传统 DEA 方法在处理环境因素上具有较大的局限性。因此，本研究采用 Fried 等（2002）提出的三阶段 DEA 法，将 SFA 与 DEA 结合使用，首先利用传统 DEA 模型得到的松弛变量作为决策单元的机会成本，然后考虑环境因素和随机误差的影响，利用 SFA 模型对 DEA 模型计算的松弛变量进行修正，对创新投入、创新产出进行调整，最后采用传统 DEA 模型，再一次计算各决策单元的效率值，得到更加真实准确的创新效率情况。具体步骤如下。

1. 第一阶段：传统 DEA 模型（BCC 模型）

DEA 方法的原理主要是通过保持决策单元的输入或者输入不变，借助于数学规划和统计数据确定相对有效的生产前沿面，将各个决策单元投影到 DEA 的生产前沿面上，并通过比较决策单元偏离 DEA 前沿面的程度来评价它们的相对有效性。其中基于规模报酬不变的 CCR 模型和基于规模报酬可变的 BCC 模型受到了广泛应用。由于 CCR 模型的基本假设不符合我国现实情况，因此本研究采用投入导向的 BCC 模型，对于任意决策单元，投入导向下对偶形式的 BCC 模型可表示为：

$$
s.t.\begin{cases}\min\theta-\varepsilon(\hat{e}^{T}S^{-}+e^{T}S^{+})\\ \sum_{j=1}^{n}X_j\lambda_j+S^{-}=\theta X_0\\ \sum_{j=1}^{n}Y_j\lambda_j-S^{+}=Y_0\\ \lambda_j\geqslant 0,S^{-},S^{+}\geqslant 0\end{cases}\qquad(2.2.1)
$$

其中，$j=1,2,\cdots,n$ 表示决策单元，X，Y 分别是投入、产出向量。DEA 模型本质上是一个线性规划问题。

若 $\theta=1, S^{+}=S^{-}=0$,则决策单元 DEA 有效;若 $\theta=1, S^{+}\neq 0$,或 $S\neq 0$,则决策单元弱 DEA 有效;若 $\theta<1$,则决策单元非 DEA 有效。

BCC 模型计算出来的效率值为综合技术效率(TE),可以进一步分解为规模效率(SE)和纯技术效率(PTE),即

$$TE=PTE\times SE \tag{2.2.2}$$

其中,TE 表示投入一定产出最大或产出一定下投入最小的能力;PTE 表示创新过程中受管理、政策、技术等因素影响的效率;SE 表示受人力、资金等要素投入规模影响的效率。通过 BCC 模型,采用 DEAP2.1 软件得出各决策单元的效率值,以及各决策单元的最小投入量。实际投入与目标投入之差,等于各决策单元的径向与非径向的松弛变量之和,也就是各决策单元可节约的投入量。

2. 第二阶段:相似 SFA 模型

Fried 等人认为,当运用 SFA 模型对第一阶段的松弛变量进行回归时,我们面临两对选择:

第一对选择,同时调整投入和产出或者只调整投入或者产出。Fried 等指出,根据我们第一阶段的导向类型进行选择,如果第一阶段是投入导向,则仅对投入松弛变量进行 SFA 回归分解,并调整投入变量。

第二对选择,估计 N 个单独的 SFA 回归或者将所有松弛变量堆叠从而只估计一个单独的 SFA 回归。前一种估计方法的优点是允许环境变量对不同的松弛变量有不同的影响,后一种方法的优势是自由度更高。Fried 等人认为牺牲自由度而保持灵活性更加有效。

根据 Fried 等人的想法,本研究以第一阶段计算出的松弛变量为被解释变量,以环境变量为解释变量,构建类似 SFA 模型,并用 Frontier4.1 软件进行估计:

$$S_{ni}=f(Z_i;\beta_n)+v_{ni}+\mu_{ni}; i=1,2,\cdots,I; n=1,2,\cdots,N \tag{2.2.3}$$

其中,S_{ni} 是第 i 个决策单元的第 n 个投入变量的松弛值;Z_i 是环境变量,β_n 是环境变量的系数;$v_{ni}+\mu_{ni}$ 是混合误差项,v_{ni} 表示随机干扰,μ_{ni} 表示管理无效率。其中 $v\sim N(0,\sigma_v^2)$ 是随机误差项,表示随机干扰因素对投入松弛变量的影响;μ 是管理无效率,表示管理因素对投入松弛变量的影响,假设服从半正态分布 $u_{ij}\sim N^{+}(u^j,\sigma_{ju}^2)$,$v_{ij}$ 与 u_{ij} 相互独立,$f(Z_i;\beta_n)+v_{ni}$ 代表随机可能差额边界,任何超过该边界的差额值都受到 u_{ij} 的影响,归因于管理无效率;定义 $?=\dfrac{\sigma_{ju}^2}{\sigma_{ju}^2+\sigma_{jv}^2}$,当 θ 接近 1 时,管理无效率是主要原因,当 θ 接近 0 时,u_{ij} 可忽略不计,使用普通最小二乘估

计法进行估计。

SFA 回归的目的是剔除环境因素和随机因素对效率测度的影响，以便将所有决策单元调整于相同的外部环境中。调整公式如下：

$$X_{ni}^{A} = X_{ni} + [\max(f(Z_i;\hat{\beta}_n)) - f(Z_i;\hat{\beta}_n)] + [\max(v_{ni}) - v_{ni}]$$
$$i = 1,2,\cdots,I;n = 1,2,\cdots,N \tag{2.2.4}$$

其中，X_{ni}^{A} 是调整后的投入；X_{ni} 是调整前的投入；$[\max(f(Z_i;\hat{\beta}_n)) - f(Z_i;\hat{\beta}_n)]$ 是其含义是在把每个决策单元的第 j 个投入调整到受环境变量影响最大的假定情形下，使其处于最差的环境中需要增加的投入量，即对外部环境因素进行调整；$[\max(v_{ni}) - v_{ni}]$，其含义是使其处于最大的随机干扰中需要增加的投入量，即是将所有决策单元至于相同运气水平下。这样，就假定了每个决策单元都处于同等的外部环境，受到相同的随机冲击，从而可以排除掉这两类因素对效率的影响。

关于管理无效率的分离公式，Fried（2002）认为可以根据 Jondrow（1982）等人的论文分离管理无效率，但是 Jondrow 等人的论文采用生产函数形式，混合误差项的形式为 $\varepsilon=v-\mu$。而本章的 SFA 回归采用成本函数形式。

根据 Jondrow 等人的思路，推导了分离公式，分离公式形式如下：

$$E(\mu \mid \varepsilon) = \sigma_* \left[\frac{\phi\left(\lambda \frac{\varepsilon}{\sigma}\right)}{\Phi\left(\frac{\lambda\varepsilon}{\sigma}\right)} + \frac{\lambda\varepsilon}{\sigma} \right] \tag{2.2.5}$$

其中，$\sigma_* = \frac{\sigma_\mu \sigma_v}{\sigma}, \sigma = \sqrt{\sigma_\mu^2 + \sigma_v^2}, \lambda = \sigma_\mu / \sigma_v$。

该公式与罗登跃（2012）、陈巍巍等人（2014）的公式一致。

计算随机误差项 μ，计算公式如下：

$$E[v_{ni} \mid v_{ni} + \mu_{ni}] = s_{ni} - f(z_i;\beta_n) - E[u_{ni} \mid v_{ni} + \mu_{ni}] \tag{2.2.6}$$

3. 第三阶段：调整后的 DEA 模型

将调整后的投入数据与原产出数据，代入 BCC 模型，重新计算各决策单元效率值。

2.2.2 指标选择

2.2.2.1 知识创新阶段

知识创新包括在原理的发掘、方法的演进和模型推导的基础研究。该阶段的创新主体主要为高校和科研机构，受到市场的制约力相对较弱，因此，投入变量主要为科研经费和科研人员，产出主要为科技论文以及科技专著，环境变量主要为政府支持力度、受教育水平和教育投入水平。本章选取基础研究 R&D

经费支出和基础研究 R&D 人员全时当量作为投入指标，我国各地区发表的科技论文数量和出版的科技专著数作为产出指标。选取的环境变量中，政府支持力度采用知识创新阶段各地区高校 R&D 经费内部支出中政府资金占比来表示；受教育水平采用平均受教育年限来表示，并选取陈钊（2004）所采用的方法；教育投入水平采用教育财政支出占 GDP 的比重来衡量。

2.2.2.2 科研创新阶段

科研创新包括知识的拓展、技术改造、工艺改造等应用性研究。该阶段的创新主体主要为高校、科研机构和企业，开始受到市场制约的影响，因此，投入变量主要为科研经费、科研人员和知识创新阶段产出的科技论文，产出主要为专利，环境变量主要为当地的经济发展水平、政府支持力度、产学研合作程度和教育投入水平。Furman（2000）研究表明，当地经济发展水平越高，对基础设施的投资力度越大，其完善程度越高，对创新的作用更加明显。在科研创新阶段，政府支持仍处于有利作用的地位，同时产学研作为区域创新系统中重要的合作路径，其合作程度对产品创新阶段的创新效率产生重要影响。

本章选取应用研究 R&D 经费支出、应用研究 R&D 人员全时当量和知识创新阶段的科技论文数量作为投入指标，专利申请数和授权数作为产出指标，由于专利分为发明、实用新型和外观设计 3 种，采用白俊红（2011）的算法，给予 3 种专利 0.5、0.3、0.2 的权重并加和作为产出指标。选取的环境变量中，经济发展水平采用当地人均 GDP 来衡量；政府支持力度采用科研创新阶段各地区研究与开发机构 R&D 经费内部支出中政府资金占比来表示；产学研合作程度采用科研机构 R&D 经费内部支出中企业资金所占比例；教育投入水平采用各地区教育财政支出占 GDP 的比重来衡量。

2.2.2.3 产品创新阶段

产品创新则主要指在生产设计、产品营销和产品推广等方面进行有针对性的、有效的工作安排。该阶段的创新主体主要为企业，投入变量主要为科研经费、科研人员、新产品研发经费和科研创新阶段产出的专利，产出主要为新产品，环境变量主要为当地的金融支持力度、市场化水平、政府支持力度、外商投资水平和工业化程度。余泳泽（2013）总结出，金融发展可以通过缓解创新的信贷约束、优化资源配置、分散创新风险等途径影响产品创新效率。余永泽（2011）采用 SFA 方法考察了政府支持、制度环境和 FDI 对我国区域创新体系建设的影响，研究发现，市场化水平和 FDI 对企业和科研机构具有正向影响。

本章选取实验发展 R&D 经费支出、实验发展 R&D 人员全时当量、高技术产业新产品开发经费支出和科研创新阶段产出的专利授权数作为投入指标，高技术产业新产品销售收入和高技术产业新产品出口额作为产出指标。选取的环境变量中，金融支持力度采用各地区 R&D 经费内部支出中的其他资金占比来表示；市场化水平采用了中国分省份市场化指数报告（2016）中的市场化指数；外商投资水平采用一个地区外商投资企业投资额占当地 GDP 的比例来衡量；政府支持力度采用产品创新阶段各地区规模以上工业企业 R&D 经费内部支出中政府资金占比来表示；工业化程度采用各地区第二产业增加值与各地区 GDP 的比值来表示。各阶段指标如表 2—2—1 所示。

表 2—2—1 各创新阶段的指标选择

创新阶段	投入变量	产出变量	环境变量
知识创新	1. 基础研究 R&D 经费支出 2. 基础研究 R&D 人员全时当量	1. 科技论文 2. 科技专著	1. 政府支持力度 2. 受教育水平 3. 教育投入水平
科研创新	1. 应用研究 R&D 经费支出 2. 应用研究 R&D 人员全时当量 3. 科技论文数量	1. 专利申请数 2. 专利授权数	1. 经济发展水平 2. 政府支持力度 3. 产学研合作程度 4. 教育投入水平
产品创新	1. 实验发展 R&D 经费支出 2. 实验发展 R&D 人员全时当量 3. 新产品开发经费支出 4. 专利授权数	1. 新产品销售收入 2. 新产品出口额	1. 金融支持力度 2. 市场化水平 3. 外商投资水平 4. 政府支持力度 5. 工业化程度

2.2.3 数据处理

数据来源为《中国科技统计年鉴》和《中国统计年鉴》。根据数据的可得性和完整性，本章选取我国内地 30 个省、市、自治区作为研究对象，不考虑西藏、香港、澳门和台湾地区，时间跨度为 2007—2014 年。本章沿袭传统的东、中、西部划分，将对我国东、中、西部与我国长三角、京津冀、珠三角地区的静态创新效率进行横向比较。其中，长三角包括上海、浙江、江苏、安徽；京津冀包括北京、天津、河北；珠三角以广东为代表。由于投入产出的转化具有时滞性，本章参考 Nasierowski（2003）的研究，假设创新活动投入产出的时滞期为 1 年。由于本章数据来源的年鉴存在统计口径前后存在差别的情况，出现部分年份数据缺失，对于此，本章将采用线性插值法来补充。

2.2.4 实证分析

2.2.4.1 知识创新阶段

1. 调整前的创新效率分析

在知识创新阶段，首先选取 Deap2.1 软件，采用投入导向的 BCC 模型计算我国 30 个省、市、自治区的技术效率（TE)、纯技术效率（PTE）和规模效率(SE)，其结果如表 2－2－2。在不考虑环境因素和随机误差的影响下，我国 30 个省、市、自治区在 2007—2014 年期间，其规模效率最高平均为 0.796，纯技术效率次之平均为 0.678，技术效率最低平均为 0.514，可以看出在知识创新阶段，我国创新效率中规模因素处于主导地位。

表 2－2－2 各省知识创新阶段创新效率均值（2007—2014 年）

知识创新阶段							
调整前	2007—2014 年均值			调整后	2007—2014 年均值		
	技术效率	纯技术效率	规模效率		技术效率	纯技术效率	规模效率
北京	0.405	1.000	0.405	北京	0.983	1.000	0.983
天津	0.340	0.358	0.949	天津	0.568	0.982	0.578
河北	0.553	0.592	0.934	河北	0.700	0.974	0.718
山西	0.424	0.553	0.766	山西	0.388	0.956	0.406
内蒙古	0.654	0.948	0.690	内蒙古	0.393	1.000	0.393
辽宁	0.480	0.873	0.549	辽宁	0.978	0.981	0.997
吉林	0.349	0.374	0.934	吉林	0.616	0.938	0.656
黑龙江	0.299	0.310	0.964	黑龙江	0.732	0.950	0.771
上海	0.377	0.629	0.600	上海	0.956	0.976	0.980
江苏	0.640	1.000	0.640	江苏	1.000	1.000	1.000
浙江	0.469	0.470	0.998	浙江	0.885	0.982	0.901
安徽	0.378	0.386	0.978	安徽	0.716	0.973	0.736
福建	0.481	0.563	0.856	福建	0.510	0.963	0.530
江西	0.827	0.948	0.872	江西	0.594	0.982	0.605
山东	0.347	0.435	0.797	山东	0.882	0.940	0.939

（续表）

知识创新阶段							
调整前	2007—2014 年均值			调整后	2007—2014 年均值		
	技术效率	纯技术效率	规模效率		技术效率	纯技术效率	规模效率
河南	1.000	1.000	1.000	河南	1.000	1.000	1.000
湖北	0.639	1.000	0.639	湖北	0.953	1.000	0.953
湖南	0.576	0.577	0.998	湖南	0.904	0.984	0.919
广东	0.388	0.506	0.766	广东	0.936	0.964	0.970
广西	0.602	0.670	0.898	广西	0.583	0.949	0.614
海南	0.947	1.000	0.947	海南	0.220	1.000	0.220
重庆	0.489	0.518	0.944	重庆	0.643	0.990	0.650
四川	0.401	0.482	0.833	四川	0.859	0.972	0.883
贵州	0.457	0.619	0.738	贵州	0.339	0.960	0.353
云南	0.360	0.422	0.854	云南	0.507	0.951	0.533
陕西	0.561	0.626	0.896	陕西	0.880	0.982	0.896
甘肃	0.536	0.589	0.911	甘肃	0.454	0.988	0.460
青海	0.286	1.000	0.286	青海	0.070	0.980	0.071
宁夏	0.490	1.000	0.490	宁夏	0.148	0.958	0.154
新疆	0.670	0.895	0.748	新疆	0.333	0.944	0.352
平均值	0.514	0.678	0.796	平均值	0.658	0.974	0.674

30 个省、市、自治区中，超过三分之二的省份综合技术效率不超过 0.6，并且我国平均值为 0.514，说明我国在知识创新阶段的创新效率水平较低。综合技术效率处于效率前沿面的地区只有河南；纯技术效率为 1 的地区有河南、海南、江苏、湖北、宁夏、北京、青海；规模效率为 1 的地区只有河南。其中，综合技术效率最低的省份是青海，纯技术效率最低的省份是黑龙江，规模效率最低的也是青海。值得注意的是北京、青海、宁夏、辽宁四个省份由于规模效率偏低而导致综合技术效率偏低，另一方面，河北、甘肃、湖南、福建、重庆、四川、浙江、云南、安徽、吉林、天津、黑龙江十二个省份由于纯技术效率偏低而导致综合技术效率偏低，这一点也能从全国的平均值中看出，规模效率约为 0.8，而综合技术效率未到 0.6，这表明在知识创新阶段，我国的创新效率是主要由规模因素来拉动的。

在不考虑环境因素和随机误差的影响下，三大地区和三大都市圈在2007—2014年期间，其知识创新阶段的创新效率均值情况如表2—2—3。

表2—2—3 我国三大地区和三大都市圈知识创新阶段创新效率均值（2007—2014年）

知识创新阶段							
调整前	2007—2014年均值			调整后	2007—2014年均值		
	技术效率	纯技术效率	规模效率		技术效率	纯技术效率	规模效率
东部地区	0.493	0.675	0.767	东部地区	0.783	0.978	0.801
中部地区	0.562	0.644	0.894	中部地区	0.738	0.973	0.756
西部地区	0.501	0.706	0.753	西部地区	0.474	0.970	0.487
长三角	0.466	0.621	0.804	长三角	0.889	0.983	0.904
京津冀	0.433	0.650	0.763	京津冀	0.750	0.985	0.760
珠三角	0.388	0.506	0.766	珠三角	0.936	0.964	0.970

从三大地区来看，在知识创新阶段，东中西部的综合技术效率都未超过0.6，可以发现，无论是分地区还是分省份，创新效率都处于较低水平。值得注意的是在纯技术效率相当的情况下，东部综合技术效率受到规模效率的影响成为最低仅为0.493，主要是因为东部的创新发展达到一定水平之后，其创新投入的规模效应开始下滑，但由于其纯技术效率未能提高到相应的水平，导致东部的创新效率较低。

从三大都市圈来看，在知识创新阶段，长三角、京津冀、珠三角的综合技术效率和纯技术效率都低于全国平均值，并且只有长三角的规模效率高于全国平均水平，其主要原因是三大都市圈相较全国其他地区属于科技发展较早的地区，达到一定水平之后，其纯技术效率未能取得与规模效率相应的增长速度，而相对落后地区承接领先地区的技术溢出和技术转移，取得相对较高的创新效率。

2. 随机前沿分析

通过第一阶段DEA的测算，将知识创新阶段中基础研究经费和基础研究人员的松弛变量作为被解释变量，选取政府支持力度、受教育水平和教育投入为解释变量，采用Frontier4.1软件进行随机前沿分析，结果如表2—2—4。

表 2－2－4　知识创新阶段基于 SFA 的估计结果

	基础研究经费	基础研究人员
常数项	3.64***	84.25***
	(0.35)	(9.73)
政府支持力度	－93.57***	－464.87***
	(2.47)	(4.04)
受教育水平	17.80***	－649.36***
	(1.05)	(5.97)
教育投入	－83.59***	－820.54***
	(4.59)	(37.49)
sigma－squared	46.26***	482.98***
	(4.46)	(1.00)
Gamma	1.00***	0.17***
	(0.00)	(0.36)
LR test of the one－sided error	9.01**	0.00

注：***、**、* 分别表示通过 1%、5%和 10%的显著性检验，括号内为标准差。

根据 SFA 所测算的回归系数的正负可以判断该解释变量是否会增加浪费，若系数为正，则解释变量与松弛变量正相关，增加解释变量将会引起第一阶段投入变量的浪费增多，反之亦然。

（1）政府支持力度

根据回归显示，在知识创新阶段，政府支持力度的提高对于基础研究经费和基础研究人员的节约是有利的，增加政府支持力度将降低基础研究经费投入的冗杂程度，同时减少了基础研究人员投入的浪费，两者是在 1%的水平下通过检验。这说明政府对于创新具有一定的把控能力，通过政府的支持和运作，能够有效地利用创新资源，对高校的创新活动产生积极的影响。

（2）受教育水平

根据回归显示，受教育水平的提高对于基础研究人员投入的节约是有利的，但增加了基础研究经费的浪费，并且两者都是在 1%的水平下通过检验，提升受教育水平影响效果显著。说明各地区受教育水平的提高，对创新人员的受教育水平产生积极影响，使得同一创新任务，能够在更短的时间内，利用更少的人力达到预期目标，节约了基础研究人员投入；另一方面，受教育水平越高，所需要平均工资成本越高，同时，人力资源配置往往存在不合理、内部信息不对称等现象，使得目标与实际研究方向出现偏差，成果转化效率不高，造成基础研究经费的浪费。

(3) 教育投入

根据回归显示，增加教育投入对于基础研究经费和基础研究人员的节约都是有利的，增加教育投入将降低基础研究经费支出和基础研究人员投入的冗杂程度，并且两者都是在1%的水平下通过检验，增加教育投入影响效果显著。教育投入的增加提高了普遍的受教育水平，同时提高了基础教育设施，创造更好的基础教育环境，同受教育水平的提高，教育投入的增加也能有效降低基础研究经费的浪费，并且，教育投入的增加提高了整体教育的水平，从而提高创新团队整体创新能力，降低基础研究人员全时当量的浪费。

3. 调整后的创新效率分析

调整过后的创新效率值如表2—2—2、表2—2—3所示，通过对比发现，知识创新阶段的创新效率都发生了一定程度上的变化。从全国来看，调整过后的全国综合技术效率平均值上升了14.4%，纯技术效率上升29.6%，规模效率下降12.2%，各省市综合技术效率变动较大的是海南、山东、广东、北京、上海，变动幅度超过0.5，纯技术效率变动较大的是山东、浙江、云南、吉林、安徽、天津、黑龙江，变动幅度超过0.5，规模效率变动较大的是海南、北京，变动幅度超过0.5，处于综合技术效率前沿面的是河南、江苏，处于纯技术效率前沿面的是河南、江苏、湖北、内蒙古、北京、海南，处于规模效率前沿面的是河南、江苏，值得注意的是调整之后青海的综合技术效率和规模效率均不足0.1；从三大地区和三大都市圈来看，三大地区的纯技术效率都提高到0.9以上，东部、中部综合技术效率上升，且东部最高0.783，而西部规模效率下降幅度较大，仅为0.487，另一方面，三大都市圈的效率值都有提高，只有京津冀的规模效率下降了0.3%。总体而言，在同一环境的情况下，我国知识创新阶段的综合技术效率值上升，存在纯技术效率虚低、规模效率虚高的情况。

2.2.4.2 科研创新阶段

1. 调整前的创新效率分析

在科研创新阶段，如表2—2—5，在不考虑环境因素和随机误差的影响下，我国30个省、市、自治区在2007—2014年期间，其规模效率最高平均为0.738，纯技术效率次之平均为0.504，技术效率最低平均为0.358，可以看出在科研创新阶段，我国创新效率中规模因素仍处于主导地位。

表 2—2—5　各省科研创新阶段创新效率均值（2007—2014 年）

科研创新阶段							
调整前	2007—2014 年均值			调整后	2007—2014 年均值		
	技术效率	纯技术效率	规模效率		技术效率	纯技术效率	规模效率
北京	0.204	0.210	0.972	北京	0.225	0.254	0.884
天津	0.492	0.562	0.876	天津	0.455	0.959	0.475
河北	0.184	0.249	0.741	河北	0.173	0.537	0.323
山西	0.222	0.362	0.614	山西	0.142	0.563	0.252
内蒙古	0.138	0.372	0.373	内蒙古	0.093	1.000	0.093
辽宁	0.208	0.244	0.853	辽宁	0.229	0.549	0.418
吉林	0.087	0.159	0.549	吉林	0.080	0.545	0.147
黑龙江	0.197	0.253	0.776	黑龙江	0.155	0.581	0.267
上海	0.287	0.303	0.948	上海	0.345	0.594	0.580
江苏	0.922	1.000	0.922	江苏	1.000	1.000	1.000
浙江	1.000	1.000	1.000	浙江	1.000	1.000	1.000
安徽	0.530	0.571	0.928	安徽	0.409	0.545	0.751
福建	0.597	0.663	0.901	福建	0.424	0.820	0.517
江西	0.255	0.345	0.740	江西	0.128	0.656	0.196
山东	0.628	0.640	0.981	山东	0.618	0.660	0.936
河南	0.619	0.673	0.919	河南	0.198	0.558	0.355
湖北	0.169	0.200	0.845	湖北	0.165	0.422	0.392
湖南	0.195	0.237	0.822	湖南	0.157	0.430	0.365
广东	0.834	0.879	0.949	广东	0.794	0.834	0.953
广西	0.373	0.451	0.828	广西	0.143	0.520	0.274
海南	0.202	1.000	0.202	海南	0.038	0.847	0.045
重庆	0.446	0.502	0.888	重庆	0.258	0.576	0.447
四川	0.282	0.309	0.912	四川	0.276	0.384	0.717
贵州	0.527	0.742	0.711	贵州	0.079	0.517	0.152
云南	0.158	0.278	0.569	云南	0.085	0.545	0.156
陕西	0.206	0.241	0.857	陕西	0.203	0.477	0.425

（续表）

科研创新阶段							
调整前	2007—2014 年均值			调整后	2007—2014 年均值		
	技术效率	纯技术效率	规模效率		技术效率	纯技术效率	规模效率
甘肃	0.155	0.292	0.531	甘肃	0.074	0.573	0.129
青海	0.112	1.000	0.112	青海	0.021	0.808	0.026
宁夏	0.343	1.000	0.343	宁夏	0.074	1.000	0.074
新疆	0.179	0.384	0.465	新疆	0.074	0.734	0.101
平均值	0.358	0.504	0.738	平均值	0.270	0.650	0.415

30个省份、市、自治区中，只有五个省份综合技术效率超过0.6，并且我国平均值为0.358，说明我国在科研创新阶段的创新效率相较知识创新阶段处于更低水平。综合技术效率处于效率前沿面的地区只有浙江，纯技术效率为1的地区有五个省份，规模效率为1的地区只有浙江。细分来看，在科研创新阶段，我国综合技术效率高于0.6的只有浙江、江苏、广东、河南、山东5个省份，其中，综合技术效率最低的是吉林仅为0.087，纯技术效率最低的也是吉林仅为0.159，规模效率最低的是青海仅为0.112，值得注意的是海南、青海、宁夏三个省份由于规模效率偏低而导致综合技术效率偏低，另一方面，安徽、天津、重庆、广西、四川、上海、辽宁、陕西、湖南、北京、湖北十一个省市综合技术效率较低，主要是因为纯技术效率低下。

在不考虑环境因素和随机误差的影响下，我国三大地区和三大都市圈在2007—2014年期间，其科研创新阶段的创新效率均值情况如表2-2-6。

表2-2-6 三大地区和三大都市圈科研创新阶段创新效率均值（2007—2014年）

科研创新阶段							
调整前	2007—2014 年均值			调整后	2007—2014 年均值		
	技术效率	纯技术效率	规模效率		技术效率	纯技术效率	规模效率
东部地区	0.505	0.614	0.850	东部地区	0.482	0.732	0.648
中部地区	0.284	0.350	0.774	中部地区	0.179	0.538	0.341
西部地区	0.265	0.506	0.599	西部地区	0.125	0.649	0.236
长三角	0.685	0.719	0.950	长三角	0.689	0.785	0.833
京津冀	0.293	0.340	0.863	京津冀	0.284	0.583	0.561
珠三角	0.834	0.879	0.949	珠三角	0.794	0.834	0.953

从三大地区来看，在科研创新阶段，我国东中西部的综合技术效率和纯技术效率都未超过0.51，属于较低水平。值得注意的是东部地区的创新效率远高于全国平均水平，其规模效率突出，但其纯技术效率较低，主要是因为东部的高校与科研机构在接受较高报酬的同时，未能将知识转化的效率提高到相应水平，造成综合技术效率低下；由于纯技术效率都未超过0.62，西部综合技术效率成为最低仅为0.265，中部地区虽然规模效率超过0.75，但是纯技术效率仅为0.350，导致综合技术效率也仅为0.284，可能是因为一部分中部地区未能成功地为高校和科研机构搭建交流平台，使得信息传递效率不高，造成技术成果转化效率低下。

从三大都市圈来看，在科研创新阶段，长三角和珠三角都市圈的各项效率值存在明显的上升并且都远高于全国平均值，综合技术效率都突破0.6，规模效率都高于0.9，但是京津冀都市圈受到纯技术效率的影响，其综合技术效率继续下行仅为0.293，其主要原因是京津冀都市圈的创新发展主要由北京、天津引领，而高校和科研机构主要集中于这两个城市，各个高校和科研机构往往组织庞杂并且竞争激烈，造成信息不对称和信息壁垒，使得创新发展活动受到阻碍，成果转化周期较长。

2. 随机前沿分析

通过第一阶段DEA的测算，将科研创新阶段中应用研究经费、科技论文和应用研究人员的松弛变量作为被解释变量，选取经济发展水平、政府支持力度、产学研合作程度和教育投入水平为解释变量，采用Frontier4.1软件进行随机前沿分析，结果如表2—2—7。

表2—2—7 科研创新阶段基于SFA的估计结果

	应用研究经费	论文	应用研究人员
常数项	−124.72***	−60.94***	−274.01***
	(1.86)	(13.84)	(0.96)
经济发展水平	10.05***	1.56	21.78***
	(0.22)	(14.58)	(0.64)
政府支持	73.57***	62.88***	177.91***
	(1.47)	(12.22)	(1.22)
产学研合作	30.37***	66.50***	1.10
	(1.00)	(0.56)	(1.01)

（续表）

	应用研究经费	论文	应用研究人员
教育投入水平	342.32***	−115.24***	374.59***
	(0.99)	(2.54)	(1.00)
sigma−squared	1886.27***	1224.73***	15215.81***
	(1.00)	(0.93)	(1.00)
Gamma	1.00***	1.00***	1.00***
	(0.00)	(0.00)	(0.00)
LR test of the one−sided error	12.98***	12.63***	9.02**

注：***、**、*分别表示通过1%、5%和10%的显著性检验，括号内为标准差。

（1）经济发展水平

根据回归显示，经济发展水平的提高对于应用研究经费、论文和应用研究人员投入的节约都是不利的，经济发展水平的提升将会增加三者的冗杂程度，但是三者中只有应用研究经费和应用研究人员是在1%的水平下通过检验。地区越发达越容易吸引研究经费、研究人员等创新资源，虽然科技投入水平大幅增加，但是由于创新资源不能得到合理分配，科技产出效率低下，容易造成创新投入的浪费，例如北京、天津、上海。

（2）产学研合作程度

根据回归显示，研发机构产学研合作程度的提高对于应用研究经费、科技论文数量和应用研究人员投入的节约都是不利的，只有前两者是在1%的水平下通过检验，后者没有通过检验。由于研发机构和企业是分离的，企业投资的目的是为了与自身经营有关的活动而谋求某项技术，而研发机构则是从学术角度出发，以项目的科学性和严谨性为核心，对某项技术或者产品进行深入研发，有时会与企业的初衷以及方向有偏差，造成研究经费支出、研究人员投入以及研究成果的浪费。

（3）政府支持力度

根据回归显示，政府支持力度的提高对于应用研究经费、科技论文数量和应用研究人员投入的节约都是不利的，三者都是在1%的水平下通过检验。在科研创新阶段，政府对于研发活动的支持具有时滞性，研发投入并没有有效支持科研机构和企业研发机构的自主研发和对引进技术的消化吸收，导致创新资源的浪费。

(4) 教育投入水平

根据回归显示，教育投入水平的提高对于应用研究经费和应用研究人员投入的节约都是不利的，但对科技论文数量起着积极的作用，三者都是在1%的水平下通过检验。在科研创新阶段，教育投入水平的提高意味着在岗员工学历的提升，因此，将提升科技成果产出的效率，但是由于员工学历的普遍提高，对于同等级别的研究项目，研发机构投入更多的人力资源和经费，造成了创新资源的低效。

3. 调整后的创新效率分析

调整过后的创新效率值如表2—2—5和表2—2—6所示，通过对比发现，科研创新阶段的创新效率都发生了显著的变化，说明本研究选取的环境变量影响效果显著。从全国来看，调整过后的全国综合技术效率平均值下降8.8%，纯技术效率上升14.6%，规模效率下降32.3%，各省份综合技术效率变动较大的是贵州、河南，变动幅度超过0.4，纯技术效率变动较大的是内蒙古，变动幅度超过0.4，规模效率变动幅度有一半的省份超过0.4。综合技术效率为1的是江苏、浙江，纯技术效率为1的是江苏、浙江、宁夏、内蒙古，处于规模效率前沿面的是江苏、浙江，值得注意的是调整之后内蒙古、云南、吉林、贵州、宁夏、新疆、甘肃、海南、青海的综合技术效率均不足0.1，主要是由于其规模效率过低所致；从三大地区和三大都市圈来看，东部、中部和西部综合技术效率和规模效率都有下降，且中部、西部下降幅度较大，但是三大地区的纯技术效率都有提升，另一方面，珠三角、京津冀都市圈的综合技术效率都略微下降，但长三角都市圈的综合技术效率上升了0.4%，其纯技术效率上升了6.6%，规模效率下降了11.7%。总体而言，在同一环境的情况下，我国科研创新阶段的综合技术效率值下降，尤其是中部和西部地区，存在纯技术效率虚低、规模效率虚高的情况。

2.2.4.3　产品创新阶段

1. 调整前的创新效率分析

在产品创新阶段，如表2—2—8，在不考虑环境因素和随机误差的影响下，我国30个省、市、自治区在2007—2014年期间，其规模效率依旧最高平均为0.775，纯技术效率次之平均为0.553，技术效率最低平均为0.423，可以看出在产品创新阶段，我国创新效率中规模因素仍处于主导地位。

表 2-2-8　各省产品创新阶段创新效率均值（2007—2014 年）

产品创新阶段							
调整前	2007—2014 年均值			调整后	2007—2014 年均值		
	技术效率	纯技术效率	规模效率		技术效率	纯技术效率	规模效率
北京	0.623	0.624	0.999	北京	0.947	0.998	0.949
天津	1.000	1.000	1.000	天津	1.000	1.000	1.000
河北	0.243	0.262	0.927	河北	0.190	0.703	0.270
山西	0.203	0.246	0.825	山西	0.058	0.696	0.083
内蒙古	0.193	0.329	0.585	内蒙古	0.021	0.804	0.026
辽宁	0.213	0.244	0.871	辽宁	0.244	0.654	0.373
吉林	0.298	0.397	0.751	吉林	0.140	0.854	0.164
黑龙江	0.100	0.161	0.622	黑龙江	0.089	0.922	0.097
上海	0.493	0.502	0.983	上海	0.497	0.698	0.713
江苏	0.797	1.000	0.797	江苏	0.994	1.000	0.994
浙江	0.463	0.463	0.998	浙江	0.642	0.683	0.940
安徽	0.343	0.367	0.935	安徽	0.325	0.666	0.488
福建	0.811	0.824	0.984	福建	0.734	0.938	0.782
江西	0.445	0.506	0.879	江西	0.245	0.761	0.322
山东	0.403	0.506	0.796	山东	0.669	0.672	0.996
河南	1.000	1.000	1.000	河南	1.000	1.000	1.000
湖北	0.309	0.325	0.950	湖北	0.370	0.661	0.560
湖南	0.481	0.501	0.960	湖南	0.533	0.878	0.608
广东	1.000	1.000	1.000	广东	1.000	1.000	1.000
广西	0.213	0.280	0.761	广西	0.098	0.985	0.099
海南	0.202	1.000	0.202	海南	0.018	0.929	0.019
重庆	0.793	0.813	0.975	重庆	0.489	0.929	0.526
四川	0.554	0.569	0.973	四川	0.539	0.822	0.655
贵州	0.308	0.518	0.595	贵州	0.114	0.955	0.119
云南	0.227	0.357	0.636	云南	0.069	0.916	0.075
陕西	0.200	0.226	0.886	陕西	0.169	0.597	0.283

（续表）

产品创新阶段							
调整前	2007—2014 年均值			调整后	2007—2014 年均值		
	技术效率	纯技术效率	规模效率		技术效率	纯技术效率	规模效率
甘肃	0.176	0.347	0.506	甘肃	0.049	0.976	0.051
青海	0.101	1.000	0.101	青海	0.002	0.826	0.002
宁夏	0.402	0.860	0.468	宁夏	0.043	1.000	0.043
新疆	0.098	0.352	0.277	新疆	0.011	0.995	0.011
平均值	0.423	0.553	0.775	平均值	0.377	0.851	0.442

30 个省、市、自治区中，只有七个省份综合技术效率超过 0.6，并且我国平均值为 0.423，说明我国在产品创新阶段的创新效率水平较低。综合技术效率处于效率前沿面的地区有天津、河南和广东；纯技术效率为 1 的地区有天津、河南、广东、江苏、海南和青海；规模效率为 1 的地区有天津、河南和广东。细分来看，在产品创新阶段，我国综合技术效率高于 0.6 的只有重庆、江苏、广东、福建、河南、天津、北京 7 个省市。其中，综合技术效率最低的是新疆仅为 0.098，纯技术效率最低的是黑龙江仅为 0.161，规模效率最低的是青海仅为 0.101，值得注意的是海南、青海和宁夏由于规模效率偏低而导致综合技术效率偏低，另一方面，四川、江西、上海、湖南、浙江、安徽、湖北、河北、山西、辽宁、陕西十一个省市的综合技术效率较低，主要是因为纯技术效率水平低下。

在不考虑环境因素和随机误差的影响下，我国三大地区和三大都市圈在 2007—2014 年期间，其产品创新阶段的创新效率均值情况如表 2—2—9。

表 2—2—9　三大地区和三大都市圈产品创新阶段创新效率均值（2007—2014 年）

产品创新阶段							
调整前	2007—2014 年均值			调整后	2007—2014 年均值		
	技术效率	纯技术效率	规模效率		技术效率	纯技术效率	规模效率
东部地区	0.568	0.675	0.869	东部地区	0.630	0.843	0.731
中部地区	0.397	0.438	0.865	中部地区	0.345	0.805	0.415
西部地区	0.297	0.514	0.615	西部地区	0.146	0.891	0.172
长三角	0.524	0.583	0.928	长三角	0.615	0.762	0.784

（续表）

产品创新阶段							
调整前	2007—2014 年均值			调整后	2007—2014 年均值		
	技术效率	纯技术效率	规模效率		技术效率	纯技术效率	规模效率
京津冀	0.622	0.629	0.975	京津冀	0.712	0.900	0.740
珠三角	1.000	1.000	1.000	珠三角	1.000	1.000	1.000

从三大地区来看，在产品创新阶段，我国东中西部的综合技术效率都未超过0.6，属于较低水平。值得注意的是东、中部规模效率都高于0.8，而西部地区仅为0.615，主要是因为东、中部地区经济发展较为发达，创新资源较为丰富，企业的创新投入已达到规模经济水平，反观西部仍处于创新发展早期阶段，创新投入总量较低，仍需加大投入规模；纯技术效率方面，仅东部地区高于0.6，中部地区最低仅为0.438，可能是因为中部地区部分省份尚未成功地为高校和科研机构搭建交流平台，使得信息传递效率不高，造成技术成果转化效率低下。

从三大都市圈来看，在产品创新阶段，珠三角都市圈处于效率前沿面，京津冀都市圈的各项效率值存在明显的回升并且都远高于全国平均值，长三角都市圈的综合技术效率对比其他两大都市圈相对较低但仍高于全国平均水平，值得注意的是三大都市圈的规模效率都高于0.9。

2. 随机前沿分析

通过第一阶段 DEA 的测算，将产品创新阶段中实验发展经费、实验发展人员、新产品开发经费和专利授权的松弛变量作为被解释变量，选取金融支持力度、市场化水平、政府支持力度、外商投资水平和工业化程度为解释变量，采用 Frontier4.1 软件进行随机前沿分析，结果如表 2－2－10。

表 2－2－10　产品创新阶段基于 SFA 的估计结果

	实验发展经费	新产品开发经费	专利授权	实验发展人员
常数项	361.11***	52.86***	70.20***	756.92***
	(59.51)	(2.12)	(2.39)	(211.99)
金融支持力度	－1346.23***	－91.69***	－641.34***	－5734.61***
	(168.47)	(5.41)	(0.95)	(238.51)
市场化水平	13.92***	1.31***	9.54***	50.30 *
	(5.39)	(0.12)	(0.57)	(24.62)

（续表）

	实验发展经费	新产品开发经费	专利授权	实验发展人员
外商投资水平	−90.22***	−12.23***	−58.53***	−269.71**
	(12.14)	(1.01)	(0.77)	(118.77)
政府支持力度	26.54	14.44 *	130.96***	1265.42***
	(218.78)	(7.42)	(0.89)	(125.72)
工业化程度	−762.08***	−112.82***	−206.67***	−1691.11***
	(52.91)	(3.08)	(0.65)	(405.48)
sigma−squared	11621.96***	569.85***	4414.06***	136399.19***
	(12.84)	(1.71)	(1.00)	(3.67)
Gamma	0.98***	1.00***	1.00***	0.94***
	(0.02)	(0.00)	(0.00)	(0.04)
LR test of the one−sided error	6.14	12.98**	17.19***	5.95

注：***、**、* 分别表示通过 1%、5%和 10%的显著性检验，括号内为标准差。

（1）金融支持力度

根据回归显示，金融支持力度的提高对于实验发展经费、新产品开发经费、专利授权数量和实验发展人员的节约都是有利的，金融支持力度的提高将会减少实验发展经费、新产品开发经费、专利授权数量和实验发展人员的冗杂程度，并且都是在 1%的水平下通过检验，金融支持力度的提高影响效果显著。说明在产品创新阶段，企业、金融机构等顺应市场需求，对创新项目进行合理的投资能够促进创新资源有效地聚集，进行合理的配置，提高创新效率，减少创新资源的浪费。

（2）市场化水平

根据回归显示，市场化水平的提高对于实验发展经费、新产品开发经费、专利授权数量和实验发展人员的节约都是不利的，市场化水平的提高将会增加实验发展经费、新产品开发经费、专利授权数量和实验发展人员的冗杂程度，并且都在 10%的水平下通过了检验。这与 Schumpeter（1943）的论断一致，即市场适度的垄断更有利于研发与技术水平的提高，理由是拥有垄断力量的企业可以防止假冒，因而可以从研发创新活动中获得更多的利润，获得利润的企业能够更好地为研发活动提供资金支持。

（3）外商投资水平

根据回归显示，外商投资水平的提高对于实验发展经费、新产品开发经费、专利授权数量和实验发展人员的节约都是有利的，并且都在5%的水平下通过了检验。由于地区对外开放程度的提高，FDI的流入，引起科研经费、科研人才等创新资源的溢出效应，促进创新投入要素的有效利用，进而提高创新效率。

（4）政府支持力度

根据回归显示，政府支持力度的提高对于实验发展经费、新产品开发经费、专利授权数量和实验发展人员的节约都是不利的，其中只有实验发展经费未通过检验。在产品创新阶段，其创新主体主要为企业，政府对于研发活动的支持具有时滞性，并且企业以自身经济收益为出发点，不能保证将全部政府资金投入研发，导致政府的研发投入并没有有效支持企业研发机构的自主研发和对引进技术的消化吸收，导致创新资源的浪费。

（5）工业化程度

根据回归显示，工业化程度的提高对于实验发展经费、新产品开发经费、专利授权数量和实验发展人员的节约都是有利的，并且都在1%的水平下通过了检验。由于地区工业化程度的提高，企业对于研发创新的需求更加凸显，进而提升企业研发投入和研发关注度，引起科研经费、科研人才等创新资源的溢出效应，促进创新投入要素的有效利用，进而提高创新效率。

3. 调整后的创新效率分析

调整过后的创新效率值如表2－2－8和表2－2－8所示，通过对比发现，产品创新阶段的创新效率都发生了一定程度上的变化。从全国来看，调整过后的全国综合技术效率平均值下降4.6%，纯技术效率上升29.8%，规模效率下降33.3%，各省份综合技术效率变动较大的是宁夏、重庆、北京，变动幅度超过0.3，纯技术效率变动有一半的省份超过0.3，规模效率变动幅度只有上海、新疆、福建、海南、青海、浙江、北京、天津、河南、广东、江苏、山东十二个省市小于0.2。处于综合技术效率前沿面的是天津、河南、广东，处于纯技术效率前沿面的是天津、河南、广东、宁夏、江苏，规模效率为1的是广东、天津、河南，值得注意的是调整之后的新疆、海南和青海的综合技术效率均不足0.02，主要是由于其规模效率过低所致。从三大地区和三大都市圈来看，中部和西部综合技术效率出现下滑，主要是由于规模效率大幅下降所造成的。另一方面，珠三角都市圈仍处于效率前沿面，长三角、京津冀都市圈的综合技术效率上升，纯技术效率上升，规模效率下降。总体而言，在同一环境的情况下，我国产品创新阶段的综合技术效率值下降，但是整体变动幅度不大，唯独西部地区仍出现较大降幅，存在纯技术效率虚低、规模效率虚高的情况。

2.2.4.4　我国各省份创新模式分类

通过三阶段 DEA 的计算发现，我国各省份的投入与效率有高有低，并且无直接关联，因此将我国各省份的区域创新模式分为四类（如图 2－2－1）。

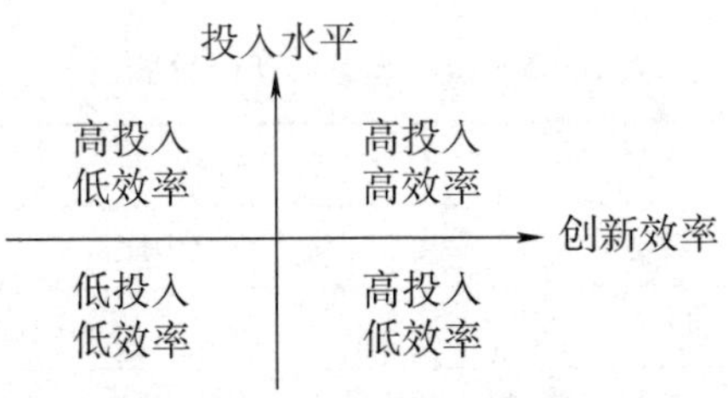

图 2－2－1　我国各省份创新模式分类图

本章主要对各阶段各省份的投入量和综合技术效率进行分类，划分依据以平均值为分界线，投入量平均值为纵轴，综合技术效率平均值为横轴，对于投入量，采用因子分析法对各省份投入量的各项指标进行降低维度处理，合并为一个因子，运用 SPSS19.0 评估出因子得分，最后计算综合得分；对于综合技术效率，采用排序法对各省份调整后的综合技术效率进行排序，如表 2－2－11、表 2－2－12、表 2－2－13。

表 2－2－11　知识创新阶段分类

类别	省份
高投入高效率	北京、湖北、安徽、浙江、上海、江苏、广东、四川、山东、黑龙江、辽宁
高投入低效率	吉林
低投入高效率	陕西、湖南、河北、河南、
低投入低效率	内蒙古、天津、重庆、福建、山西、甘肃、江西、贵州、新疆、云南、宁夏、海南、青海、广西

表 2－2－12　科研创新阶段分类

类别	省份
高投入高效率	上海、江苏、广东、四川、山东、浙江
高投入低效率	北京、湖北、陕西、辽宁、湖南
低投入高效率	福建、安徽、天津

（续表）

类别	省份
低投入低效率	内蒙古、海南、吉林、广西、重庆、河北、云南、云南、江西、甘肃、山西、河南、新疆、贵州、宁夏、青海、黑龙江

表 2－2－13　产品创新阶段分类

类别	省份
高投入高效率	广东、江苏、浙江、山东、北京、上海
高投入低效率	
低投入高效率	河南、四川、福建、天津、湖南、重庆
低投入低效率	黑龙江、内蒙古、河北、贵州、云南、甘肃、新疆、宁夏、海南、青海、湖北、辽宁、陕西、江西、山西、广西、吉林、安徽

高投入高效率：这一类以东部沿海地区为主，广东省、山东省、上海市、江苏省和浙江省在三个阶段都处于高投入高效率的状态，这些省市具有经济领先、交通便利、市场成熟、教育前卫、科技发达等有利条件。

高投入低效率：这些省份可能是由于投入量过多，创新效率未能及时提升，需要在知识创新阶段，减少创新投入，优化资源配置，降低创新资源浪费。

低投入高效率：相比于前两类，这一类省份利用较少的资源能得到较高的创新效率，国家更应该进行大力扶持，加大创新投入，利用效率高，创造更多产出。

低投入低效率：这一类以中西部地区为主，特别是江西、贵州、内蒙古、新疆、云南、宁夏、海南、山西、甘肃、青海、广西这十一个省份在三个阶段都处于低投入低效率的状态，其主要原因可能是对科技与创新的不重视，某些省份发展水平落后还处于解决温饱阶段，管理水平落后等。对于这些省份，当地政府应该将有限的资源集中解决重点难点，加强与其他省份的科技交流，引入并消化先进创新成果，先增加创新投入，然后再提高创新效率。

2.3　中国区域动态创新效率研究

静态创新效率分析只是针对同一时间不同区域的创新效率，其弊端在于无法体现出不同区域的创新效率变化趋势，造成部分有效信息流失。为了更加全面的分析我国区域创新效率，本节采用 Malmquist 指数法对我国区域动态创新效率进行分析，考察各区域不同时期的创新效率变动情况，并对 Malmquist 指数进行进一步分解，探究我国区域创新发展的内在动力。

2.3.1 评价方法

Malmquist 指数法首先是由 Malmquist 提出，即利用缩放因子之比构造消费数量指数。接着由 Caves、Chistensen 和 Diewert 应用于生产效率变化的测算。随着 DEA 和距离函数的发展，Färe 等人结合 DEA 方法推动 Malmquist 指数继续发展，该指数运用距离函数来描述多个输入变量和多个输出变量生产技术，同时 Malmquist 指数也能分解为技术效率变动，技术进步和规模效率变动。

本研究根据 Färe 等人的 Malmquist 指数，建立距离函数：

$$D_0(x,y) = inf\ \{\theta:(x,y/\theta) \in S\} \tag{2.3.1}$$

其中，x 和 y 表示输入变量和输入变量矩阵，θ 表示定向输出效率指标，S 代表生产技术，即可能生产集合。

接下来，基于 t 到 $t+1$ 时期，Malmquist 指数为：

$$M_0^{t+1}(x_{t+1},y_{t+1},x_t,y_t) = \left[\frac{D_0^t(x_{t+1},y_{t+1})}{D_0^t(x_t,y_t)} * \frac{D_0^{t+1}(x_{t+1},y_{t+1})}{D_0^{t+1}(x_t,y_t)}\right]^{0.5} \tag{2.3.2}$$

(2.3.2) 式中，(x_t,y_t) 和 (x_{t+1},y_{t+1}) 分别表示 t 和 $t+1$ 期的投入产出向量，D_0^t 和 D_0^{t+1} 分别表示 t 和 $t+1$ 期的技术 S^t 和 S^{t+1} 为参照的距离函数。

基于规模报酬不变的假定下，将 Malmquist 指数分解为：

$$M_0^{t+1}(x_{t+1},y_{t+1},x_t,y_t) = \frac{D_0^{t+1}(x_{t+1},y_{t+1})}{D_0^t(x_t,y_t)} * \left[\frac{D_0^t(x_{t+1},y_{t+1})}{D_0^{t+1}(x_{t+1},y_{t+1})} * \frac{D_0^t(x_t,y_t)}{D_0^{t+1}(x_t,y_t)}\right]^{0.5} \tag{2.3.3}$$

(2.3.3) 式中，$\frac{D_0^{t+1}(x_{t+1},y_{t+1})}{D_0^t(x_t,y_t)}$ 代表技术效率的变化（TEC），$\left[\frac{D_0^t(x_{t+1},y_{t+1})}{D_0^{t+1}(x_{t+1},y_{t+1})} * \frac{D_0^t(x_t,y_t)}{D_0^{t+1}(x_t,y_t)}\right]^{0.5}$ 代表技术进步的变化（TC）。

基于规模报酬可变的假定下，TEC 可以进一步分解：

$$\frac{D_0^{t+1}(x_{t+1},y_{t+1} \mid C)}{D_0^t(x_t,y_t \mid C)} = \frac{D_0^{t+1}(x_{t+1},y_{t+1} \mid V)}{D_0^t(x_t,y_t \mid V)} * \left[\frac{D_0^{t+1}(x_{t+1},y_{t+1} \mid C)}{D_0^t(x_t,y_t \mid C)} * \frac{D_0^t(x_t,y_t \mid V)}{D_0^{t+1}(x_{t+1},y_{t+1} \mid V)}\right] \tag{2.3.4}$$

(2.3.4) 式中，$\frac{D_0^{t+1}(x_{t+1},y_{t+1} \mid V)}{D_0^t(x_t,y_t \mid V)}$ 代表纯技术效率的变化（PTEC），

$\left[\frac{D_0^{t+1}(x_{t+1},y_{t+1}\mid C)}{D_0^t(x_t,y_t\mid C)} * \frac{D_0^t(x_t,y_t\mid V)}{D_0^{t+1}(x_{t+1},y_{t+1}\mid V)}\right]$代表规模效率的变化（SEC）。

当 Malmquist 指数>1 时，全要素生产率提高；当 Malmquist 指数<1 时，全要素生产率降低；当当 Malmquist 指数=1 时，全要素生产率不变。进一步分析，当 TEC、TC、PTEC、SEC 大于 1 时，说明该指数是全要素生产率上升的动力，反之，则是阻力。

Malmquist 指数可以通过四个不同的距离函数得到，分别为 $D_0^{t+1}(x_{t+1},y_{t+1})$、$D_0^t(x_t,y_t)$、$D_0^{t+1}(x_t,y_t)$、$D_0^t(x_{t+1},y_{t+1})$，具体的线性规划模型为：

$$[D_0^{t+1}(x_{t+1},y_{t+1})]^{-1} = \max_{\theta,\lambda}\theta, s.t. -\theta_{y_i,t+1} + Y_{t+1}\lambda \geqslant 0,$$
$$x_{i,t+1} - X_{t+1}\lambda \geqslant 0, \lambda \geqslant 0 \quad (2.3.5)$$

$$[D_0^t(x_t,y_t)]^{-1} = \max_{\theta,\lambda}\theta, s.t. -\theta_{y_i,t} + Y_t\lambda \geqslant 0,$$
$$x_{i,t} - X_t\lambda \geqslant 0, \lambda \geqslant 0 \quad (2.3.6)$$

$$[D_0^{t+1}(x_t,y_t)]^{-1} = \max_{\theta,\lambda}\theta, s.t. -\theta_{y_i,t} + Y_{t+1}\lambda \geqslant 0,$$
$$x_{i,t} - X_{t+1}\lambda \geqslant 0, \lambda \geqslant 0 \quad (2.3.7)$$

$$[D_0^t(x_{t+1},y_{t+1})]^{-1} = \max_{\theta,\lambda}\theta, s.t. -\theta_{y_i,t+1} + Y_t\lambda \geqslant 0,$$
$$x_{i,t+1} - X_t\lambda \geqslant 0, \lambda \geqslant 0 \quad (2.3.8)$$

2.3.2 指标选择

本章是在同一理论框架下分析我国区域创新效率，因此，本章采用与上述相同的投入产出指标体系，如表 2—3—1。

表 2—3—1 各创新阶段的指标选择

创新阶段	投入变量	产出变量
知识创新	1. 基础研究 R&D 经费支出 2. 基础研究 R&D 人员全时当量	1. 科技论文 2. 科技专著
科研创新	1. 应用研究 R&D 经费支出 2. 应用研究 R&D 人员全时当量 3. 科技论文数量	1. 专利申请数 2. 专利授权数
产品创新	1. 实验发展 R&D 经费支出 2. 实验发展 R&D 人员全时当量 3. 新产品开发经费支出 4. 专利授权数	1. 新产品销售收入 2. 新产品出口额

2.3.3　数据处理

数据来源为《中国科技统计年鉴》和《中国统计年鉴》。根据数据的可得性和完整性，选取我国内地30个省、市、自治区作为研究对象，不考虑西藏、香港、澳门和台湾地区，时间跨度为2007—2014年。本研究沿袭传统的东、中、西部划分，将对我国东、中、西部与我国长三角、京津冀、珠三角地区的静态创新效率进行横向比较。其中，长三角包括上海、浙江、江苏、安徽；京津冀包括北京、天津、河北；珠三角以广东为代表。由于投入产出的转化具有时滞性，假设创新活动投入产出的时滞期为1年。

2.3.4　实证分析

2.3.4.1　知识创新阶段

2007—2014年间，我国创新效率在知识创新阶段呈现如下趋势（表2－3－2）：技术效率（TEC）和纯技术效率（PTEC）保持一致，成“M”型波动；技术进步（TC）和Malmquist指数基本保持一致，成“N”型波动；规模效率（SEC）呈现于纯技术效率（PTEC）差不多的趋势，唯一区别在于其在2007—2009持续下滑。在知识创新阶段，我国全要素生产率的变动主要取决于技术变动。具体来看，2009—2012年间，我国基础研究经费增长率分别为20.06%、26.91%、21.12%，我国基础研究人员全时当量增长率分别为5.55%、11.25%、9.81%，而我国各省份的技术进步出现持续衰退的现象，特别是2011—2012年下降27.5%，并且在该时期，我国全要素生产率平均下降14.1%，说明虽然大量增加投入，但是忽略了技术水平的提高，导致大量研发投入浪费的现象；今后两年，国家开始重视对技术水平的提高以及投入规模的控制，到了2013—2014年间，我国基础研究经费和基础研究人员投入增长率下降至10.56%和5.47%，技术水平实现正增长，上升14.6%，技术水平的提高带动了有效投入的增加，从而提高了产出效率，全要素生产率提高了3.6%。

横向比较各省的情况，2007—2008年间，仅有八个省份实现全要素生产率实现正增长，其中最高的是云南的1.194；2008—2009年间，超过三分之二的省份实现全要素生产率实现正增长，其中最高的是黑龙江的1.884；2009—2010年间，十一个省份全要素生产率实现正增长，最高的是内蒙古的1.915，可以发现这十一个省份的全要素生产率主要是依靠纯技术效率和规模效率来拉动；2010—2011年间，只有青海、上海、江西、福建四个省份全要素生产率大于1，其中只有上海的技术变动大于1，技术效率小于1；2011—2012年间，只有天津、海南、重庆、宁夏四个省份全要素生产率大于1，在技术变动普遍衰退的情况下，主要是依靠较高的纯技术效率和规模效率来拉动，值得注意的是天津纯技术效率提升了44.3%，海南规模效率提升了70.6%；2012—2013年间，只有黑龙江、上海、广西、重庆、云南、新疆六个省份呈现全要素生产率正增长，其增长主要原因仍为纯技术效率的提高；2013—2014年间，内蒙古的全要素生产率由于技术进步和纯技术效率的提高实现突飞猛进，达到2.18，反观辽宁、上海、江西、广西、宁夏，由于纯技术效率低下，其全要素生产率都不足0.9，进一步分析发现2013—2014年，内蒙古基础研究经费和基础研究人员全时当量虽然分别下降了38%和25%，但是内蒙古财政科技投入从2012年实施科技重大专项以来有了大幅提升，2014年内蒙古本级财政科技专项资金达到9.6亿元，其中重大专项5亿元，应用研发经费2.7亿元，创新引导资金1.9亿元，总量较2011年增长了122.84%，较强地刺激了其纯技术效率的提高和技术进步，使得内蒙古全要素生产率高达2.18。

表2—3—2　知识创新阶段各省动态效率

	2007—2008年					2008—2009年				
	TEC	TC	PTEC	SEC	Malmquist指数	TEC	TC	PTEC	SEC	Malmquist指数
北京	0.97	1	1	0.97	0.97	0.907	1.035	1	0.907	0.939
天津	0.965	1.017	1.001	0.964	0.982	1.355	1.314	1.28	1.059	1.78
河北	0.962	1.02	0.98	0.982	0.982	1.242	1.396	1.234	1.007	1.735
山西	0.892	1.092	0.885	1.007	0.974	1.903	0.874	2.374	0.802	1.664
内蒙古	0.654	1.168	0.869	0.752	0.764	0.812	0.907	0.849	0.957	0.737
辽宁	0.925	1.035	0.939	0.986	0.958	1.897	0.714	2.902	0.654	1.354
吉林	0.834	1.065	0.837	0.996	0.889	1.204	1.016	1.223	0.985	1.223
黑龙江	0.856	1.017	0.878	0.975	0.87	1.221	1.544	1.152	1.06	1.884
上海	0.815	1.009	0.813	1.001	0.822	0.941	1.355	0.999	0.942	1.274
江苏	1.022	1.018	1	1.022	1.041	1.221	1.451	1	1.221	1.771
浙江	0.913	1.022	0.905	1.008	0.933	1.223	1.299	1.239	0.987	1.589
安徽	0.888	1.017	0.881	1.007	0.903	0.993	1.26	0.947	1.048	1.25
福建	0.893	1.024	0.866	1.031	0.914	0.91	1.128	1.082	0.841	1.026
江西	0.704	1.094	0.72	0.978	0.77	1.535	1.088	1.747	0.879	1.671
山东	0.912	1.023	0.893	1.021	0.933	0.942	1.22	0.926	1.018	1.149
河南	1	1.068	1	1	1.068	1	0.78	1	1	0.78
湖北	1.036	1.023	1	1.036	1.06	1.055	1.22	1	1.055	1.287
湖南	0.967	1.022	0.957	1.011	0.988	0.959	1.297	0.942	1.019	1.244

（续表）

	2007—2008年					2008—2009年				
	TEC	TC	PTEC	SEC	Malmquist指数	TEC	TC	PTEC	SEC	Malmquist指数
广东	0.93	1.022	0.918	1.013	0.95	1.05	1.327	0.991	1.059	1.393
广西	0.716	1.168	0.772	0.927	0.836	1.168	0.749	1.206	0.968	0.875
海南	1	0.942	1	1	0.942	1	0.824	1	1	0.824
重庆	0.969	1.052	0.947	1.023	1.019	1.201	1.258	1.238	0.97	1.511
四川	0.958	1.019	0.994	0.963	0.976	0.871	1.454	0.857	1.017	1.267
贵州	0.805	1.022	0.727	1.107	0.822	1.008	1.265	1.091	0.924	1.276
云南	1.167	1.023	1.035	1.128	1.194	0.88	1.138	0.965	0.912	1.001
陕西	1.021	1.02	1.026	0.995	1.041	0.948	1.292	0.951	0.997	1.225
甘肃	0.921	1.003	0.99	0.931	0.923	0.877	1.471	0.789	1.111	1.29
青海	1.049	1.021	1	1.049	1.071	0.625	1.344	1	0.625	0.84
宁夏	0.619	1.129	1	0.619	0.698	0.658	0.995	0.815	0.807	0.654
新疆	1.124	1.024	0.996	1.128	1.151	1.017	1.099	1.303	0.78	1.117
平均值	0.907	1.038	0.923	0.982	0.942	1.054	1.146	1.116	0.945	1.208

	2009—2010年					2010—2011年				
	TEC	TC	PTEC	SEC	Malmquist指数	TEC	TC	PTEC	SEC	Malmquist指数
北京	1.027	0.915	1	1.027	0.94	0.793	1.113	1	0.793	0.883
天津	0.877	0.943	0.944	0.928	0.827	0.834	1.047	0.929	0.898	0.873
河北	0.892	0.983	0.908	0.983	0.877	0.983	0.883	0.991	0.992	0.868
山西	1.049	0.846	1.032	1.017	0.888	1.367	0.699	1.237	1.105	0.955
内蒙古	2.132	0.899	1.879	1.134	1.915	1.052	0.677	1	1.052	0.713
辽宁	1.139	0.823	1	1.139	0.937	0.756	0.877	1	0.756	0.663
吉林	1.089	0.925	1.146	0.95	1.007	0.974	0.675	0.96	1.014	0.657
黑龙江	1.054	0.955	1.041	1.012	1.006	0.877	0.963	0.915	0.959	0.844
上海	0.968	0.927	0.936	1.034	0.897	0.927	1.105	1.125	0.824	1.024
江苏	1.129	0.983	1	1.129	1.11	0.88	1.037	1	0.88	0.913
浙江	0.937	0.983	0.881	1.064	0.921	0.96	1.037	0.963	0.997	0.995
安徽	0.883	0.951	0.912	0.968	0.84	0.843	1.037	0.865	0.975	0.874
福建	1.089	0.928	1.015	1.073	1.011	1.304	0.772	1.315	0.992	1.007
江西	1.054	0.923	1.083	0.973	0.972	1.32	0.768	1.239	1.065	1.014
山东	0.885	0.983	0.748	1.184	0.87	0.851	0.956	0.956	0.89	0.813
河南	1	0.899	1	1	0.899	1	0.867	1	1	0.867
湖北	1.154	0.983	1	1.154	1.134	0.827	1.037	1	0.827	0.857
湖南	0.97	0.983	0.908	1.068	0.953	1.006	0.857	1.012	0.994	0.862
广东	0.989	0.983	0.928	1.066	0.972	0.773	1.037	0.786	0.984	0.801

（续表）

	2009—2010 年					2010—2011 年				
	TEC	TC	PTEC	SEC	Malmquist 指数	TEC	TC	PTEC	SEC	Malmquist 指数
广西	0.844	0.871	0.826	1.021	0.735	1.203	0.675	1.176	1.023	0.811
海南	0.942	0.908	1	0.942	0.856	0.599	1.113	1	0.599	0.667
重庆	0.979	0.976	1.002	0.977	0.956	0.892	1.037	0.933	0.956	0.925
四川	1.08	0.983	0.98	1.102	1.061	0.912	1.037	0.957	0.953	0.946
贵州	0.753	0.983	1.017	0.74	0.74	1.198	0.71	1.023	1.17	0.851
云南	1.261	0.946	1.151	1.095	1.193	0.935	1.03	1.086	0.861	0.963
陕西	1.112	0.983	1.089	1.021	1.093	0.744	1.037	0.737	1.009	0.771
甘肃	0.886	0.983	0.948	0.934	0.87	0.871	1.074	0.976	0.892	0.936
青海	1.151	0.983	1	1.151	1.131	1.197	0.999	1	1.197	1.196
宁夏	1.218	0.898	1.227	0.992	1.093	1.016	0.719	0.904	1.124	0.73
新疆	0.93	0.871	0.952	0.977	0.81	1.028	0.681	0.922	1.116	0.701
平均值	1.03	0.939	1.006	1.024	0.967	0.948	0.905	0.993	0.954	0.857
	2011—2012 年					2012—2013 年				
	TEC	TC	PTEC	SEC	Malmquist 指数	TEC	TC	PTEC	SEC	Malmquist 指数
北京	1.124	0.843	1	1.124	0.947	1.102	0.886	1	1.102	0.976
天津	1.59	0.758	1.443	1.102	1.205	1.055	0.917	1.008	1.046	0.967
河北	1.364	0.71	1.288	1.059	0.969	0.909	0.879	0.914	0.995	0.799
山西	0.894	0.626	0.862	1.036	0.56	0.814	0.924	0.738	1.103	0.752
内蒙古	1.073	0.628	1	1.073	0.674	0.737	0.909	0.665	1.109	0.67
辽宁	1.108	0.658	0.737	1.505	0.729	1.021	0.928	1.043	0.979	0.948
吉林	1.201	0.659	1.12	1.072	0.791	1.128	0.871	1.13	0.998	0.982
黑龙江	1.101	0.631	1.055	1.044	0.695	1.245	0.899	1.273	0.978	1.12
上海	1.175	0.771	0.734	1.6	0.906	1.164	0.917	1.168	0.996	1.067
江苏	1.282	0.758	1	1.282	0.971	0.971	0.917	1	0.971	0.89
浙江	1.167	0.758	1.164	1.003	0.885	0.914	0.917	0.921	0.992	0.838
安徽	1.216	0.758	1.174	1.036	0.922	1.007	0.917	0.993	1.013	0.923
福建	1.26	0.643	1.165	1.081	0.811	0.881	0.883	0.837	1.052	0.778
江西	1.183	0.778	1.021	1.158	0.92	1	0.834	1	1	0.834
山东	1.347	0.694	1.55	0.869	0.935	1.017	0.921	1.062	0.958	0.937
河南	1	0.718	1	1	0.718	1	0.912	1	1	0.912
湖北	1.136	0.743	0.907	1.253	0.844	1.072	0.917	1.103	0.972	0.983
湖南	1.268	0.667	1.507	0.841	0.845	1.025	0.879	0.892	1.149	0.9
广东	1.228	0.758	1.143	1.075	0.931	0.931	0.917	0.974	0.956	0.854
广西	0.988	0.761	0.912	1.084	0.752	1.373	0.82	1.379	0.996	1.127

（续表）

	2011—2012 年					2012—2013 年				
	TEC	TC	PTEC	SEC	Malmquist 指数	TEC	TC	PTEC	SEC	Malmquist 指数
海南	1.706	0.843	1	1.706	1.438	1.039	0.932	1	1.039	0.969
重庆	1.347	0.754	1.302	1.035	1.016	1.333	0.92	1.251	1.065	1.226
四川	1.23	0.751	1.288	0.955	0.923	1.059	0.917	1.082	0.978	0.971
贵州	1.1	0.747	0.96	1.146	0.822	0.918	0.87	0.852	1.077	0.798
云南	1.106	0.654	1.016	1.089	0.723	1.295	0.901	1.225	1.057	1.167
陕西	1.289	0.73	1.413	0.912	0.94	0.949	0.932	0.935	1.015	0.885
甘肃	1.149	0.793	1.057	1.087	0.911	0.934	0.917	0.857	1.089	0.856
青海	1.059	0.639	1	1.059	0.677	0.761	0.931	1	0.761	0.709
宁夏	1.422	0.806	1.107	1.285	1.146	0.93	0.814	0.833	1.116	0.757
新疆	0.83	0.783	0.743	1.117	0.649	1.397	0.784	1.322	1.057	1.096
平均值	1.185	0.725	1.069	1.109	0.859	1.02	0.895	1.002	1.018	0.913

	2013—2014 年				
	TEC	TC	PTEC	SEC	Malmquist 指数
北京	0.759	1.239	1	0.759	0.941
天津	0.899	1.164	0.9	0.999	1.047
河北	1.282	1.109	1.276	1.005	1.422
山西	0.889	1.123	0.883	1.007	0.998
内蒙古	1.623	1.343	1.504	1.079	2.18
辽宁	0.732	1.228	0.741	0.988	0.899
吉林	0.88	1.086	0.88	1.001	0.956
黑龙江	1.163	1.094	1.135	1.024	1.272
上海	0.764	1.164	0.81	0.942	0.889
江苏	0.848	1.164	1	0.848	0.988
浙江	0.919	1.171	0.92	0.999	1.077
安徽	0.873	1.164	0.881	0.992	1.017
福建	0.929	1.083	0.907	1.024	1.006
江西	0.741	1.061	0.746	0.994	0.786
山东	0.941	1.135	0.816	1.154	1.068
河南	1	1.238	1	1	1.238
湖北	0.872	1.164	1	0.872	1.015
湖南	0.91	1.103	0.872	1.043	1.004
广东	0.917	1.164	0.966	0.949	1.068
广西	0.703	1.03	0.699	1.006	0.724
海南	0.843	1.327	1	0.843	1.118

（续表）

	2013—2014 年									
	TEC	TC	PTEC	SEC	Malmquist指数					
重庆	0.879	1.144	0.87	1.01	1.005					
四川	0.926	1.164	0.905	1.023	1.078					
贵州	0.898	1.08	0.856	1.049	0.969					
云南	0.921	1.123	0.903	1.02	1.034					
陕西	0.977	1.164	0.921	1.061	1.137					
甘肃	0.795	1.222	0.817	0.974	0.972					
青海	0.948	1.164	1	0.948	1.104					
宁夏	0.745	1.037	0.758	0.983	0.773					
新疆	0.941	1.009	0.844	1.115	0.949					
平均值	0.904	1.146	0.915	0.987	1.036					

如表 2－3－3 所示，2007—2008 年间，我国东中西部地区、三大都市圈的全要素生产率都在下降，并且技术效率都在下滑，技术在进步，纯技术效率下降；2008—2009 年，我国东中西部地区、三大都市圈的全要素生产率都在上升，各地区技术普遍在进步；2009—2010 年，我国三大都市圈长三角、京津冀、珠三角的全要素生产率均为下降状态，京津冀下降最快，仅为 0.881，进一步发现，这期间，京津冀各项指标均在下滑；2010—2013 年，我国东中西部地区全要素生产率均为下降状态，东部平均每年下降 8.3％，西部 12％，中部下降最快 14.04％，其主要原因为技术进步衰退，期间，我国三大都市圈全要素生产率也均小于 1，只有京津冀都市圈在 2011—2012 年大于 1，实现正增长，其原因在于纯技术效率较高，值得注意的是珠三角都市圈在 2012—2013 年，其各个指标均出现下滑现象；2013—2014 年，随着《中共中央国务院关于深化科技体制改革加快国家创新体系建设的意见》的贯彻落实，指导全社会加强自主创新能力建设，加快推进创新型国家建设，主要涉及创新基础设施、创新主体、创新人才队伍和制度文化环境等方面，在国家高度重视创新的背景下，我国东中西部地区全要素生产率均大于 1，分别上升 4.8％、3.6％、8.4％，其原因在于技术进步的推动，另一方面，我国京津冀、珠三角都市圈全要素生产率也分别上升了 13.7％和 6.8％，而长三角都市圈创新效率下降了 0.7％，原因在于纯技术效率较低和规模不经济。

表 2—3—3　知识创新阶段三大地区和三大都市圈动态效率

	2007—2008 年					2008—2009 年				
	TEC	TC	PTEC	SEC	Malmquist 指数	TEC	TC	PTEC	SEC	Malmquist 指数
东部地区	0.937	1.012	0.938	1.000	0.948	1.153	1.188	1.241	0.972	1.349
中部地区	0.897	1.050	0.895	1.001	0.940	1.234	1.135	1.298	0.981	1.375
西部地区	0.909	1.059	0.941	0.966	0.954	0.915	1.179	1.006	0.915	1.072
长三角	0.910	1.017	0.900	1.010	0.925	1.095	1.341	1.046	1.050	1.471
京津冀	0.966	1.012	0.994	0.972	0.978	1.168	1.248	1.171	0.991	1.485
珠三角	0.930	1.022	0.918	1.013	0.950	1.050	1.327	0.991	1.059	1.393
	2009—2010 年					2010—2011 年				
	TEC	TC	PTEC	SEC	Malmquist 指数	TEC	TC	PTEC	SEC	Malmquist 指数
东部地区	0.989	0.942	0.942	1.052	0.929	0.878	0.998	1.006	0.873	0.864
中部地区	1.032	0.933	1.015	1.018	0.962	1.027	0.863	1.029	0.992	0.866
西部地区	1.122	0.943	1.097	1.013	1.054	1.004	0.880	0.974	1.032	0.868
长三角	0.979	0.961	0.932	1.049	0.942	0.903	1.054	0.988	0.919	0.952
京津冀	0.932	0.947	0.951	0.979	0.881	0.870	1.014	0.973	0.894	0.875
珠三角	0.989	0.983	0.928	1.066	0.972	0.773	1.037	0.786	0.984	0.801
	2011—2012 年					2012—2013 年				
	TEC	TC	PTEC	SEC	Malmquist 指数	TEC	TC	PTEC	SEC	Malmquist 指数
东部地区	1.305	0.745	1.111	1.219	0.975	1.000	0.910	0.993	1.008	0.911
中部地区	1.125	0.698	1.081	1.055	0.787	1.036	0.894	1.016	1.027	0.926
西部地区	1.145	0.731	1.073	1.077	0.839	1.062	0.883	1.036	1.029	0.933
长三角	1.210	0.761	1.018	1.230	0.921	1.014	0.917	1.021	0.993	0.930
京津冀	1.359	0.770	1.244	1.095	1.040	1.022	0.894	0.974	1.048	0.914
珠三角	1.228	0.758	1.143	1.075	0.931	0.931	0.917	0.974	0.956	0.854
	2013—2014 年									
	TEC	TC	PTEC	SEC	Malmquist 指数					
东部地区	0.894	1.177	0.940	0.955	1.048					
中部地区	0.916	1.129	0.925	0.992	1.036					
西部地区	0.941	1.135	0.916	1.024	1.084					
长三角	0.851	1.166	0.903	0.945	0.993					
京津冀	0.980	1.171	1.059	0.921	1.137					
珠三角	0.917	1.164	0.966	0.949	1.068					

2.3.4.2 科研创新阶段

2007—2014年间，我国创新效率在科研创新阶段呈现如下趋势（表2-3-4）：Malmquist指数逐年递增只在2008—2009年间出现下滑，与技术进步（TC）一样呈现“W”形波动；纯技术效率（PTEC）呈现“M”形波动；技术效率（TEC）、规模效率（SEC）呈现波浪形波动。可以看出，在科研创新阶段，虽然部分效率指标上下波动，但是我国全要素生产率基本都处于上升状态，平均每年增长12.7%，其变动主要取决于技术变动。其中2013—2014年创新投资规模不经济，规模效率下降5.8%，但技术进步明显上升了22.7%，同时我国应用研究经费、论文、应用研究人员全时当量增长率分别为10.2%、2.51%、2.88%，说明我国需要立刻调整科研创新阶段的投资规模。

表2—3—4 科研创新阶段各省动态效率

	2007—2008年					2008—2009年				
	TEC	TC	PTEC	SEC	Malmquist指数	TEC	TC	PTEC	SEC	Malmquist指数
北京	0.907	1.179	0.903	1.005	1.069	0.935	1.178	0.948	0.986	1.101
天津	0.859	1.179	0.865	0.993	1.012	1.015	1.17	1.011	1.004	1.188
河北	1.029	1.192	1.007	1.021	1.226	0.94	1.171	0.969	0.97	1.101
山西	1.019	1.038	0.995	1.024	1.058	0.995	1.069	0.995	1	1.064
内蒙古	1.176	0.92	0.912	1.289	1.082	0.714	0.925	0.97	0.736	0.661
辽宁	0.991	1.179	0.981	1.01	1.168	1.097	1.154	1.097	1	1.266
吉林	0.924	1.176	0.939	0.984	1.086	0.996	0.988	1.127	0.884	0.984
黑龙江	0.942	1.126	0.943	1	1.061	0.967	0.931	1.09	0.887	0.9
上海	1.011	1.179	1	1.011	1.191	0.971	1.175	0.984	0.987	1.141
江苏	1.117	1.179	1	1.117	1.317	1.157	1.061	1	1.157	1.227
浙江	1.019	1.366	1.008	1.011	1.392	1	0.873	1	1	0.873
安徽	1.312	1.179	1.202	1.091	1.546	2.018	1.081	1.81	1.115	2.182
福建	0.95	1.008	1.008	0.943	0.958	1.047	0.914	1.033	1.013	0.957
江西	1.163	1.193	1.063	1.095	1.388	1.046	1.07	1.127	0.928	1.119
山东	0.904	0.942	0.909	0.994	0.851	1.108	0.845	1.112	0.996	0.936
河南	1.027	0.841	1.063	0.966	0.864	1.689	0.727	1.813	0.932	1.228
湖北	1.07	1.178	1.047	1.022	1.26	1.002	1.019	1.062	0.944	1.021
湖南	0.911	1.036	0.92	0.99	0.944	1.215	0.879	1.255	0.968	1.068
广东	1	1.041	1	1	1.041	1	0.849	1	1	0.849
广西	1.183	0.848	0.798	1.482	1.004	0.764	0.761	1.037	0.737	0.581
海南	1.205	0.914	0.926	1.301	1.101	0.839	0.816	1.25	0.672	0.685
重庆	1.608	0.919	1.227	1.311	1.477	1.165	0.891	1.243	0.937	1.038

（续表）

	2007—2008年					2008—2009年				
	TEC	TC	PTEC	SEC	Malmquist指数	TEC	TC	PTEC	SEC	Malmquist指数
四川	1.153	1.179	1.111	1.038	1.359	1.024	1.203	1.026	0.998	1.232
贵州	0.874	0.852	0.98	0.891	0.745	0.747	0.744	1.139	0.656	0.556
云南	0.768	0.996	0.885	0.868	0.765	1.018	0.984	1.019	1	1.002
陕西	1.148	1.179	1.095	1.048	1.353	1.184	1.157	1.157	1.023	1.369
甘肃	1.032	1.004	0.974	1.059	1.036	1.048	0.925	1.142	0.918	0.97
青海	1.856	0.858	1	1.856	1.592	0.424	0.925	1	0.424	0.392
宁夏	0.745	0.89	1	0.745	0.663	0.408	0.927	1	0.408	0.378
新疆	1.128	0.881	0.983	1.148	0.994	0.499	0.925	0.806	0.619	0.462
平均值	1.048	1.045	0.988	1.061	1.096	0.953	0.968	1.091	0.873	0.922

	2009—2010年					2010—2011年				
	TEC	TC	PTEC	SEC	Malmquist指数	TEC	TC	PTEC	SEC	Malmquist指数
北京	0.897	1.409	0.911	0.984	1.263	0.844	1.349	0.841	1.003	1.139
天津	0.985	1.413	0.988	0.996	1.392	0.825	1.346	0.862	0.957	1.111
河北	1.017	1.338	1.01	1.008	1.361	0.916	1.379	0.976	0.938	1.262
山西	1.045	1.406	1.019	1.025	1.469	0.883	1.346	0.958	0.921	1.188
内蒙古	0.919	1.348	0.966	0.951	1.238	0.991	1.258	1.012	0.98	1.248
辽宁	0.88	1.415	0.908	0.969	1.245	0.763	1.346	0.79	0.966	1.027
吉林	0.848	1.18	0.827	1.026	1	0.822	1.316	0.969	0.848	1.082
黑龙江	1.426	1.305	1.193	1.195	1.86	1.141	1.256	1.063	1.074	1.433
上海	0.86	1.394	0.879	0.979	1.199	0.775	1.361	0.787	0.984	1.055
江苏	1	1.377	1	1	1.377	1	1.282	1	1	1.282
浙江	1	1.026	1	1	1.026	1	1.339	1	1	1.339
安徽	0.998	1.184	0.97	1.029	1.182	0.982	1.258	1.013	0.969	1.235
福建	1.363	1.088	1.259	1.082	1.483	0.874	1.245	0.894	0.978	1.089
江西	1.604	1.229	1.282	1.251	1.972	1.203	1.257	1.228	0.98	1.513
山东	0.816	1.198	0.837	0.975	0.978	0.95	1.345	0.943	1.008	1.278
河南	1.16	1.051	1.121	1.034	1.219	0.918	1.257	0.947	0.969	1.154
湖北	0.94	1.306	0.924	1.018	1.228	0.933	1.308	0.974	0.958	1.221
湖南	1.009	1.186	0.961	1.051	1.197	0.823	1.305	0.895	0.92	1.074
广东	0.93	1.187	0.931	0.999	1.105	0.802	1.316	0.803	0.999	1.056
广西	1.142	1.058	1.032	1.106	1.208	1.154	1.256	1.109	1.041	1.449
海南	0.701	1.197	1	0.701	0.839	1.864	1.256	1	1.864	2.34
重庆	1.095	1.259	1.005	1.09	1.379	0.758	1.283	0.88	0.861	0.973
四川	0.856	1.374	0.876	0.977	1.177	0.955	1.365	0.961	0.994	1.303

（续表）

	2009—2010 年					2010—2011 年				
	TEC	TC	PTEC	SEC	Malmquist 指数	TEC	TC	PTEC	SEC	Malmquist 指数
贵州	1.32	1.057	0.959	1.377	1.395	0.983	1.258	1.092	0.9	1.236
云南	0.92	1.3	0.96	0.958	1.196	0.895	1.269	0.979	0.914	1.136
陕西	0.993	1.415	0.991	1.002	1.405	0.899	1.346	0.93	0.967	1.21
甘肃	1.16	1.219	1.061	1.094	1.414	1.187	1.255	1.106	1.073	1.489
青海	0.881	1.392	1	0.881	1.226	0.78	1.31	1	0.78	1.021
宁夏	1.292	0.917	1	1.292	1.185	1.04	1.26	1	1.04	1.31
新疆	1.012	1.294	1.037	0.976	1.309	1.037	1.259	1.043	0.994	1.305
平均值	1.019	1.243	0.992	1.027	1.266	0.949	1.299	0.964	0.985	1.233

	2011—2012 年					2012—2013 年				
	TEC	TC	PTEC	SEC	Malmquist 指数	TEC	TC	PTEC	SEC	Malmquist 指数
北京	1.05	1.197	1.04	1.009	1.257	1.13	0.984	1.11	1.018	1.112
天津	1.289	1.197	1.227	1.05	1.543	0.921	0.984	0.893	1.032	0.906
河北	0.967	1.181	0.977	0.99	1.142	1.162	0.984	1.073	1.082	1.143
山西	0.986	1.197	1.025	0.962	1.181	0.94	0.984	0.923	1.019	0.924
内蒙古	1.13	0.958	1.057	1.07	1.083	1.04	0.923	0.95	1.095	0.96
辽宁	0.957	1.197	0.965	0.991	1.146	0.787	0.984	0.806	0.977	0.774
吉林	1.039	1.197	1.063	0.978	1.245	1.042	0.984	0.901	1.157	1.025
黑龙江	0.937	0.966	0.963	0.973	0.905	1.076	0.923	1.081	0.995	0.993
上海	0.873	1.197	0.889	0.982	1.045	0.963	0.984	0.952	1.011	0.947
江苏	1	0.96	1	1	0.96	0.883	0.914	1	0.883	0.807
浙江	1	1.084	1	1	1.084	1	0.955	1	1	0.955
安徽	1.082	0.983	1.016	1.064	1.063	1.009	0.947	1.027	0.983	0.956
福建	1.156	1.014	1.154	1.002	1.173	0.981	0.925	0.931	1.054	0.908
江西	1.184	0.952	1.033	1.146	1.127	1.198	0.923	0.981	1.222	1.105
山东	1.058	1.197	1.05	1.008	1.267	1.034	0.984	1.023	1.01	1.017
河南	1.248	0.926	1.185	1.053	1.155	0.872	0.923	0.83	1.05	0.804
湖北	0.917	1.05	0.917	1	0.963	1.172	0.932	1.129	1.038	1.092
湖南	1.005	1.099	1.001	1.004	1.104	1.097	0.961	1.032	1.063	1.054
广东	0.916	1.196	0.914	1.002	1.095	1.088	0.984	1.17	0.93	1.07
广西	2.162	0.891	1.571	1.376	1.925	1.502	0.923	1.334	1.126	1.385
海南	0.852	0.949	1	0.852	0.808	1.797	0.923	1	1.797	1.658
重庆	0.977	1.109	0.955	1.023	1.083	1.951	0.927	1.535	1.271	1.808
四川	1.063	1.197	1.052	1.01	1.273	1.132	0.984	1.091	1.037	1.113
贵州	1.798	0.891	1.441	1.248	1.601	1.127	0.923	0.921	1.223	1.04

（续表）

	2011—2012 年					2012—2013 年				
	TEC	TC	PTEC	SEC	Malmquist 指数	TEC	TC	PTEC	SEC	Malmquist 指数
云南	1.324	0.952	1.184	1.118	1.26	1.255	0.923	1.011	1.241	1.158
陕西	1.256	1.191	1.189	1.056	1.495	0.942	0.962	0.934	1.008	0.906
甘肃	1.104	0.931	1.032	1.07	1.029	1.487	0.923	1.099	1.353	1.372
青海	1.119	1.08	1	1.119	1.21	1.535	0.971	1	1.535	1.489
宁夏	1.725	0.891	1	1.725	1.536	1.517	0.923	1	1.517	1.399
新疆	1.199	0.915	1.051	1.141	1.098	1.149	0.923	0.974	1.18	1.06
平均值	1.118	1.052	1.057	1.058	1.176	1.133	0.949	1.015	1.116	1.075

	2013—2014 年									
	TEC	TC	PTEC	SEC	Malmquist 指数					
北京	0.835	1.309	0.836	0.998	1.092					
天津	0.899	1.309	0.881	1.021	1.177					
河北	1.229	1.272	1.167	1.053	1.563					
山西	0.703	1.302	0.797	0.881	0.915					
内蒙古	0.963	1.177	0.974	0.989	1.133					
辽宁	0.938	1.225	0.996	0.942	1.149					
吉林	0.968	1.309	0.905	1.069	1.266					
黑龙江	0.826	1.162	0.895	0.923	0.96					
上海	0.932	1.292	0.945	0.986	1.205					
江苏	0.895	1.147	1	0.895	1.027					
浙江	1	1.26	1	1	1.26					
安徽	0.961	1.241	0.946	1.015	1.193					
福建	1.134	1.189	1.153	0.984	1.349					
江西	1.3	1.177	1.485	0.875	1.53					
山东	0.863	1.309	0.861	1.002	1.129					
河南	0.942	1.177	1.003	0.939	1.108					
湖北	1.121	1.147	1.082	1.036	1.286					
湖南	1.063	1.208	1.046	1.016	1.285					
广东	1.058	1.309	1.25	0.846	1.385					
广西	1.095	1.177	1.184	0.924	1.288					
海南	0.58	1.177	1	0.58	0.682					
重庆	1.147	1.177	1.187	0.967	1.35					
四川	0.918	1.309	0.904	1.015	1.201					
贵州	0.583	1.177	0.773	0.754	0.686					
云南	1.066	1.177	1.07	0.996	1.255					

（续表）

	2013—2014 年									
	TEC	TC	PTEC	SEC	Malmquist 指数					
陕西	0.839	1.309	0.837	1.003	1.099					
甘肃	0.871	1.177	0.995	0.875	1.025					
青海	1.521	1.309	1	1.521	1.99					
宁夏	0.592	1.177	1	0.592	0.697					
新疆	1.171	1.177	1.24	0.945	1.379					
平均值	0.945	1.227	1.003	0.942	1.159					

横向比较各省的情况，2007—2008 年间，超过三分之二省份的生要素生产率高于 1，其中最高的是青海的 1.592；2008—2009 年间，超过一半的省份的生要素生产率高于 1，其中最高的是安徽的 2.182；2009—2010 年间，只有山东、海南两个省份全要素生产率小于 1，最低的是海南的 0.839，其主要原因是海南的规模效率过低；2010—2011 年间，只有重庆全要素生产率小于 1，仅为 0.973，其中重庆的纯技术效率和规模效率分别为 0.88 和 0.861；2011—2012 年间，只有黑龙江、江苏、湖北、海南四个省份全要素生产率小于 1，值得注意的是贵州全要素生产率为全国第二上升了 60.1%，其原因在于贵州省对于创新建设的重视，全省区域创新能力在全国的排位由 2010 年的第 29 位上升至 2011 年的第 24 位，排名增幅居全国首位（并列），科技促进经济社会发展指数达 54.57%，增长 9.13 个百分点，技术增幅居全国首位；2012—2013 年间，十二个省份呈现全要素生产率负增长，通过对比发现，大部分省份创新效率下降的主要原因是技术进步和纯技术效率偏低，值得注意的是，江苏省出现技术进步和规模效率双下滑的现象，从科研创新能力分析，江苏省原创性成果不多，自主知识产权创造能力不强。专利获取方面，尽管江苏主要专利指标上处于全国领先位置，但体现水平的国际 PCT 专利申请明显偏低，2012 年江苏申请总量 915 件，只占全国的 0.37%，不到广东（9211 件）的 1/10，仅相当于深圳华为的 1/3、中兴的 1/4。专利密度方面，2012 年江苏每万人拥有有效发明专利 5.72 件，居全国第六位，仅为北京（34.45 件/万人）的 1/4，上海（17.17 件/万人）的 1/3，与发达国家和地区差距更大，2011 年日本这一数值为 105.2 件，美国为 35.6 件，韩国也高达 96.1 件。学科建设方面，江苏高校学科建设与产业发展匹配度不高，重点学科数量约占全国的 1/10 新能源汽车、纺织、冶金等行业缺少国家一级重点学科布局，远不能满足产业培育发展的需求；2013—2014 年间，山西、黑龙江、海南、贵州、宁夏呈现全要素生产率负增长，其中，海南、

贵州、宁夏出现大幅度下滑，分别下降31.8%、31.4%、30.3%，海南、宁夏的主要原因是规模效率过低，贵州则是由于纯技术效率和规模效率的双重作用，反观，青海则是全国第一，全要素生产率为1.99，主要是由技术进步和规模效率拉动的，究其原因是在2012年，青海省积极实施知识产权战略，不断提高知识产权的创造、运用、管理和保护能力，全年申请专利844件、授权527件，其中发明专利申请298件，同比增长46.1%，发明专利授权101件，同比增长44.3%。截至年底，青海省有效发明专利拥有量为293件，每万人有效发明专利拥有量为0.516件。

如表2－3－5所示，除了2008—2009年，西部地区全要素生产率出现下滑现象；2012—2013年，中部地区全要素生产率出现下滑现象；在2007—2014年，东中西部地区全要素生产率均大于1，其中中部每年平均增长最高达17.93%。值得注意的是2009—2012年间，东中西部地区技术进步明显，平均增长率分别为24.17%、18.83%、17.45%，即使在规模效率下降的情况下，其全要素生产率也能维持增长状态，2012—2013年，东部、西部地区在技术进步衰退的情况下，全要素生产率仍然大于1，然而中部受到纯技术效率和技术进步双重作用，全要素生产率为负增长，下降0.6%；三大都市圈方面，2009—2012年，京津冀、长三角、珠三角都市圈的全要素生产率均大于1，但是连续两年三大都市圈的纯技术效率都出现了下滑，连续两年京津冀、珠三角都市圈的规模效率出现了下滑，2011—2012年，京津冀都市圈由于四项指标都实现正增长，因此其全要素生产率为三大都市圈中最高，达到1.314，2012—2013年，由于只有长三角四项指标都小于1，因此其全要素生产率最低，为0.916，可以发现2012—2013年，三大都市圈技术进步普遍出现恶化现象，2013—2014年，长三角、京津冀、珠三角的全要素生产率都大于1，但是京津冀的纯技术效率出现下滑趋势，长三角的纯技术效率和规模效率连续两年出现下滑，进一步分析，在亚太高科技、高成长500强企业中，长三角企业占比较少。2013年，中国（非台湾）上榜的128家企业分布在7各省市，其中，北京上榜51家，而上海仅10家，相距甚远。另一方面，虽然2013年前100强中上海的企业数量上升至4家，但北京始终牢牢占据榜单前20强，长三角无一家企业上榜（如图2－3－1）。

表2－3－5　科研创新阶段三大地区和三大都市圈动态效率

	2007—2008年					2008—2009年				
	TEC	TC	PTEC	SEC	Malmquist指数	TEC	TC	PTEC	SEC	Malmquist指数
东部地区	0.999	1.123	0.964	1.037	1.121	1.010	1.019	1.037	0.980	1.029

（续表）

	2007—2008 年					2008—2009 年				
	TEC	TC	PTEC	SEC	Malmquist 指数	TEC	TC	PTEC	SEC	Malmquist 指数
中部地区	1.046	1.096	1.022	1.022	1.151	1.241	0.971	1.285	0.957	1.196
西部地区	1.152	0.957	0.997	1.158	1.097	0.818	0.942	1.049	0.769	0.786
长三角	1.115	1.226	1.053	1.058	1.362	1.287	1.048	1.199	1.065	1.356
京津冀	0.932	1.183	0.925	1.006	1.102	0.963	1.173	0.976	0.987	1.130
珠三角	1.000	1.041	1.000	1.000	1.041	1.000	0.849	1.000	1.000	0.849
	2009—2010 年					2010—2011 年				
	TEC	TC	PTEC	SEC	Malmquist 指数	TEC	TC	PTEC	SEC	Malmquist 指数
东部地区	0.950	1.277	0.975	0.972	1.206	0.965	1.324	0.900	1.063	1.271
中部地区	1.129	1.231	1.037	1.079	1.391	0.963	1.288	1.006	0.955	1.238
西部地区	1.054	1.239	0.990	1.064	1.285	0.971	1.284	1.010	0.959	1.244
长三角	0.965	1.245	0.962	1.002	1.196	0.939	1.310	0.950	0.988	1.228
京津冀	0.966	1.387	0.970	0.996	1.339	0.862	1.358	0.893	0.966	1.171
珠三角	0.930	1.187	0.931	0.999	1.105	0.802	1.316	0.803	0.999	1.056
	2011—2012 年					2012—2013 年				
	TEC	TC	PTEC	SEC	Malmquist 指数	TEC	TC	PTEC	SEC	Malmquist 指数
东部地区	1.011	1.124	1.020	0.990	1.138	1.068	0.964	0.996	1.072	1.027
中部地区	1.050	1.046	1.025	1.023	1.093	1.051	0.947	0.988	1.066	0.994
西部地区	1.351	1.001	1.139	1.178	1.327	1.331	0.937	1.077	1.235	1.245
长三角	0.989	1.056	0.976	1.012	1.038	0.964	0.950	0.995	0.969	0.916
京津冀	1.102	1.192	1.081	1.016	1.314	1.071	0.984	1.025	1.044	1.054
珠三角	0.916	1.196	0.914	1.002	1.095	1.088	0.984	1.170	0.930	1.070
	2013—2014 年									
	TEC	TC	PTEC	SEC	Malmquist 指数					
东部地区	0.942	1.254	1.008	0.937	1.183					
中部地区	0.986	1.215	1.020	0.969	1.193					
西部地区	0.979	1.213	1.015	0.962	1.191					
长三角	0.947	1.235	0.973	0.974	1.171					
京津冀	0.988	1.297	0.961	1.024	1.277					
珠三角	1.058	1.309	1.250	0.846	1.385					

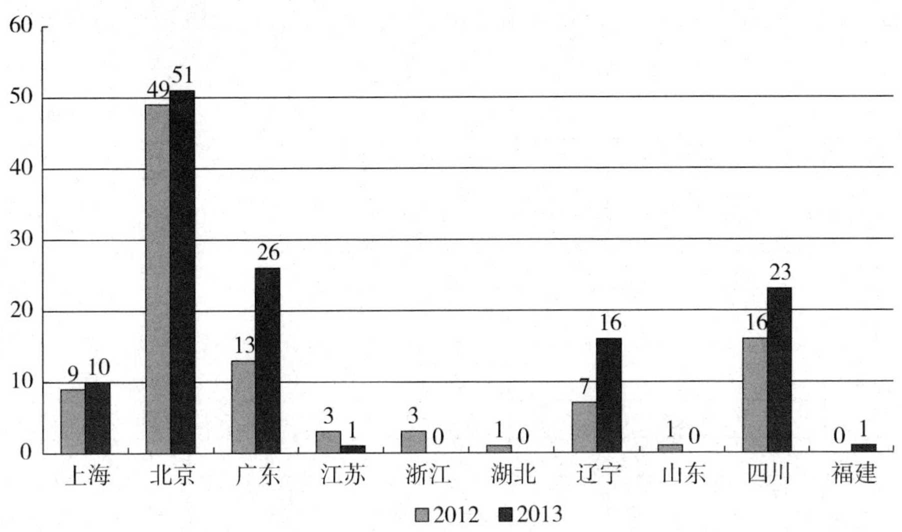

图 2—3—1　亚太地区高科技高成长 500 强企业

注：资料来源上海科技发展研究中心、《上海企业成长活力，路在何方?》、《科技发展研究》2014 年 1 月 27 日。

2.3.4.3　产品创新阶段

2007—2014 年间，我国创新效率在产品创新阶段呈现如下趋势（表 2—3—6)：技术效率（TEC）与纯技术效率（PTEC）保持一致，形成先增后减再增又减最后上升的趋势；技术进步（TC)、Malmquist 指数与规模效率（SEC）呈现波浪形波动。在产品创新阶段，我国全要素生产率的变动主要取决于技术变动和规模效率。具体来看，在产品创新阶段，2009—2010 年、2013—2014 年，我国各项指标都处于上升状态，其全要素生产率分别增长 61.6%和 25%，而 2008—2009 年、2010—2011 年，我国各项指标都处于衰退状态，其全要素生产率分别下降 65.5%和 33.2%，2011—2012 年，我国在技术进步的带动下，全要素生产率实现正增长，上升 26.6%，2012—2013 年，我国纯技术效率回升，但由于技术进步和规模效率双下滑，导致全要素生产率下降 4.2%。

表 2—3—6　产品创新阶段各省动态效率

	2007—2008 年					2008—2009 年				
	TEC	TC	PTEC	SEC	Malmquist 指数	TEC	TC	PTEC	SEC	Malmquist 指数
北京	1	0.85	1	1	0.85	0.536	0.62	0.862	0.621	0.332
天津	1	0.703	1	1	0.703	1	0.398	1	1	0.398

（续表）

	2007—2008年					2008—2009年				
	TEC	TC	PTEC	SEC	Malmquist指数	TEC	TC	PTEC	SEC	Malmquist指数
河北	1.283	0.763	1.309	0.98	0.979	0.721	0.339	0.728	0.99	0.245
山西	1.342	0.683	1.323	1.014	0.917	2.475	0.602	2.496	0.991	1.491
内蒙古	2.023	0.66	0.973	2.079	1.335	3.938	0.583	1.843	2.137	2.294
辽宁	1.63	0.733	1.491	1.093	1.194	1.294	0.433	1.286	1.006	0.56
吉林	1.166	0.803	1.071	1.089	0.936	0.676	0.487	0.714	0.947	0.33
黑龙江	1.175	0.773	1.173	1.002	0.908	1.008	0.437	1.134	0.888	0.44
上海	1.237	0.672	1	1.237	0.831	0.599	0.396	0.547	1.095	0.237
江苏	1.409	0.789	1.004	1.404	1.112	0.802	0.274	0.769	1.043	0.22
浙江	1.483	0.907	1.482	1	1.344	0.62	0.235	0.627	0.989	0.146
安徽	1.32	0.824	1.218	1.084	1.088	0.788	0.457	0.691	1.141	0.36
福建	1	1.037	1	1	1.037	0.897	0.154	0.913	0.982	0.138
江西	1.297	0.898	1.339	0.968	1.165	1.033	0.314	1.044	0.99	0.325
山东	0.999	1.045	1.064	0.939	1.044	0.526	0.232	0.598	0.878	0.122
河南	1.093	0.806	1.124	0.973	0.881	0.965	0.399	0.951	1.014	0.385
湖北	1.142	0.793	1.106	1.033	0.906	0.952	0.501	0.97	0.982	0.477
湖南	1.604	0.758	1.537	1.044	1.216	0.798	0.351	0.863	0.925	0.28
广东	1	1.351	1	1	1.351	1	0.13	1	1	0.13
广西	1.856	0.722	1.339	1.386	1.34	1.161	0.391	1.074	1.082	0.454
海南	0.367	0.431	1	0.367	0.158	0.158	0.492	1	0.158	0.078
重庆	1.578	0.697	1.455	1.084	1.1	0.735	0.385	0.742	0.99	0.283
四川	0.45	0.791	0.455	0.989	0.356	0.311	0.439	0.357	0.871	0.137
贵州	1.255	0.908	1.494	0.84	1.139	1.19	0.271	1.231	0.967	0.322
云南	1.65	0.619	1.504	1.097	1.021	0.88	0.815	1.001	0.879	0.717
陕西	1.349	0.788	1.207	1.118	1.063	1.036	0.962	1.037	0.999	0.996
甘肃	1.756	0.786	1.124	1.561	1.381	1.935	0.61	1.358	1.425	1.18
青海	0.463	0.621	1	0.463	0.287	0.209	0.872	1	0.209	0.182
宁夏	1.696	0.816	1.007	1.684	1.383	0.69	0.286	0.925	0.746	0.198
新疆	3.216	0.764	1.421	2.263	2.458	2.756	0.402	1.513	1.821	1.109
平均值	1.222	0.778	1.146	1.066	0.951	0.857	0.402	0.943	0.909	0.345

	2009—2010年					2010—2011年				
	TEC	TC	PTEC	SEC	Malmquist指数	TEC	TC	PTEC	SEC	Malmquist指数
北京	1.5	0.781	1.102	1.361	1.171	0.609	0.992	0.518	1.176	0.604
天津	1	0.691	1	1	0.691	1	1.197	1	1	1.197
河北	0.937	1.028	0.95	0.986	0.963	1.638	0.878	1.564	1.047	1.438

（续表）

	2009—2010年					2010—2011年				
	TEC	TC	PTEC	SEC	Malmquist指数	TEC	TC	PTEC	SEC	Malmquist指数
山西	0.579	1.461	0.605	0.958	0.847	0.881	0.686	0.849	1.037	0.604
内蒙古	1.076	1.471	1.172	0.917	1.583	1.544	0.584	1.338	1.154	0.902
辽宁	2.627	0.843	2.403	1.093	2.213	0.606	0.921	0.685	0.885	0.558
吉林	3.988	1.119	3.163	1.261	4.464	0.703	0.743	0.89	0.79	0.522
黑龙江	1.645	0.795	1.104	1.49	1.308	1.147	0.928	1.434	0.8	1.064
上海	0.8	1.014	0.844	0.948	0.811	0.836	0.903	0.822	1.017	0.756
江苏	1.486	1.057	1.254	1.185	1.572	1.18	0.783	1.037	1.137	0.923
浙江	1.497	1.066	2.01	0.745	1.596	1.089	0.804	0.803	1.356	0.875
安徽	2.515	0.892	2.437	1.032	2.244	1.068	0.862	1.118	0.956	0.921
福建	1.108	0.877	1.092	1.014	0.971	1.006	0.852	1.003	1.003	0.857
江西	1.247	0.664	1.111	1.122	0.828	0.974	1.125	1.025	0.951	1.096
山东	1.642	0.786	1.422	1.154	1.29	0.754	1.087	0.829	0.909	0.82
河南	1.178	0.962	1.188	0.992	1.133	0.972	0.816	0.964	1.008	0.793
湖北	1.366	0.738	1.279	1.068	1.008	0.96	1.067	0.997	0.964	1.024
湖南	3.127	1.022	2.843	1.1	3.195	0.665	0.831	0.671	0.992	0.553
广东	1	0.995	1	1	0.995	1	0.835	1	1	0.835
广西	2.508	1.128	1.838	1.365	2.831	0.57	0.88	0.756	0.754	0.502
海南	3.449	1.18	1	3.449	4.069	1.126	0.746	1	1.126	0.84
重庆	1.852	1.289	1.806	1.025	2.386	0.599	0.639	0.61	0.981	0.383
四川	3.657	1.062	3.275	1.117	3.883	0.96	0.856	0.992	0.969	0.822
贵州	0.858	0.858	0.986	0.87	0.736	1.106	0.993	1.089	1.016	1.098
云南	1.291	1.481	1.251	1.032	1.912	0.471	0.725	0.779	0.605	0.341
陕西	1.241	0.678	1.134	1.095	0.842	0.762	1.11	0.829	0.919	0.846
甘肃	1.295	0.96	1.063	1.219	1.244	1.321	0.827	1.265	1.045	1.093
青海	11.334	1.461	1	11.334	16.563	1.106	0.584	1	1.106	0.646
宁夏	0.86	1.104	1.038	0.829	0.95	0.622	0.936	0.991	0.627	0.582
新疆	1.979	1.582	1.09	1.816	3.13	0.017	0.655	0.809	0.021	0.011
平均值	1.608	1.005	1.323	1.216	1.616	0.788	0.847	0.929	0.848	0.668

	2011—2012年					2012—2013年				
	TEC	TC	PTEC	SEC	Malmquist指数	TEC	TC	PTEC	SEC	Malmquist指数
北京	0.91	1.201	0.911	0.999	1.093	1.21	0.945	1.216	0.995	1.144
天津	1	1.173	1	1	1.173	1	0.906	1	1	0.906
河北	0.512	1.888	0.592	0.865	0.966	1.174	0.975	1.12	1.048	1.145
山西	0.308	2.274	0.497	0.619	0.7	1.129	1.019	1.048	1.077	1.15

（续表）

	2011—2012 年					2012—2013 年				
	TEC	TC	PTEC	SEC	Malmquist 指数	TEC	TC	PTEC	SEC	Malmquist 指数
内蒙古	0.606	2.597	0.716	0.846	1.573	0.199	0.999	0.441	0.451	0.199
辽宁	0.872	1.21	0.884	0.986	1.055	0.886	0.94	0.889	0.997	0.833
吉林	0.74	1.436	0.788	0.939	1.063	0.932	1.024	0.931	1	0.953
黑龙江	0.754	1.381	0.903	0.836	1.041	1.073	1.005	0.944	1.137	1.078
上海	0.778	1.154	0.786	0.991	0.898	1.134	0.95	1.131	1.003	1.077
江苏	0.715	1.11	0.86	0.832	0.794	1.046	0.966	1.163	0.899	1.011
浙江	0.801	1.384	0.807	0.993	1.109	0.989	1.007	0.989	1.001	0.997
安徽	0.596	1.363	0.621	0.96	0.812	1.103	0.977	1.069	1.031	1.077
福建	0.645	1.269	0.663	0.973	0.819	0.857	1.004	0.858	0.999	0.86
江西	0.891	1.189	0.887	1.005	1.06	1.041	0.921	1.009	1.031	0.958
山东	0.707	1.248	0.554	1.277	0.883	1.028	0.938	1.03	0.998	0.964
河南	4.745	3.173	4.608	1.03	15.057	1	1.019	1	1	1.019
湖北	0.82	1.17	0.833	0.984	0.959	1.118	0.935	1.097	1.019	1.045
湖南	1.114	1.497	1.149	0.97	1.668	1.039	0.964	1.034	1.005	1.002
广东	1	0.958	1	1	0.958	1	1.02	1	1	1.02
广西	0.951	1.525	0.923	1.031	1.45	0.937	0.979	0.941	0.996	0.918
海南	0.837	1.144	1	0.837	0.958	0.701	0.975	0.88	0.797	0.684
重庆	0.352	1.63	0.431	0.815	0.573	2.478	0.954	2.158	1.149	2.363
四川	0.887	1.122	0.879	1.009	0.995	1.225	0.968	1.205	1.017	1.186
贵州	0.95	0.994	0.933	1.019	0.945	1.205	0.955	1.095	1.1	1.15
云南	0.772	1.502	0.814	0.948	1.16	0.988	0.964	0.938	1.053	0.952
陕西	0.697	1.131	0.751	0.928	0.789	1.227	0.921	1.174	1.045	1.13
甘肃	0.314	2.112	0.679	0.462	0.663	1.269	0.989	0.963	1.318	1.255
青海	0.941	2.597	1	0.941	2.442	1.602	0.951	1	1.602	1.524
宁夏	0.666	1.486	0.798	0.834	0.989	0.883	1.017	0.845	1.045	0.898
新疆	22.596	2.385	1.261	17.915	53.9	0.448	0.951	0.726	0.618	0.426
平均值	0.861	1.466	0.851	1.011	1.262	0.997	0.971	1.002	0.995	0.968
	2013—2014 年									
	TEC	TC	PTEC	SEC	Malmquist 指数					
北京	0.734	1.165	0.727	1.01	0.855					
天津	0.849	0.994	0.857	0.991	0.844					
河北	0.991	1.091	0.995	0.996	1.081					
山西	1.386	1.034	1.863	0.744	1.433					
内蒙古	5.64	1.033	4.277	1.319	5.826					

（续表）

	2013—2014 年									
	TEC	TC	PTEC	SEC	Malmquist 指数					
辽宁	1.029	1.021	1.001	1.028	1.051					
吉林	0.841	1.114	0.905	0.93	0.937					
黑龙江	0.884	1.128	1.012	0.874	0.997					
上海	0.932	1.143	0.921	1.013	1.065					
江苏	0.884	1.161	1	0.884	1.026					
浙江	1.073	1.102	1.07	1.002	1.182					
安徽	1.201	1.201	1.164	1.032	1.442					
福建	0.858	1.104	0.863	0.994	0.947					
江西	1.089	1.056	1.072	1.015	1.15					
山东	1.4	0.998	1.398	1.002	1.397					
河南	1	1.073	1	1	1.073					
湖北	1.09	1.071	1.091	0.999	1.167					
湖南	1.152	1.057	1.137	1.013	1.219					
广东	1	1.075	1	1	1.075					
广西	0.763	1.18	0.939	0.812	0.9					
海南	0.89	1.045	0.915	0.973	0.931					
重庆	1.917	1.318	1.761	1.089	2.527					
四川	0.806	1.164	0.784	1.027	0.938					
贵州	0.79	1.031	0.814	0.971	0.815					
云南	0.616	1.257	0.774	0.796	0.774					
陕西	1.064	1.031	1.008	1.055	1.097					
甘肃	0.918	1.154	0.942	0.975	1.06					
青海	0.856	1.034	1	0.856	0.886					
宁夏	1.935	1.106	1.558	1.242	2.139					
新疆	10.139	0.98	2.997	3.383	9.933					
平均值	1.142	1.095	1.117	1.023	1.25					

横向比较各省的情况，2007—2008 年间，只有十二个省份全要素生产率小于 1，其中海南最低仅为 0.158；2008—2009 年间，只有内蒙古、山西、甘肃、新疆四个省份的全要素生产实现正增长，最高的是内蒙古的 2.294；2009—2010 年间，只有十个省份全要素生产率小于 1，值得注意的是青海的全要素生产率高达 16.563，其规模效率高达 11.334，都位列全国第一，进一步分析，发现青海的创新投入处于较低水平，期间，青海的试验发展经费、新产品经费、专利授权和试验发展人员投入四项投入指标的增长率分别 43.91%、－34.53%、－15.59%和 13.59%，较高的创新投入增长带动了青海的新产品销售收入的提

高，其增长率为 1436.10%；2010—2011 年间，有九个省份各项指标都小于 1，其中新疆的全要素生产率仅为 0.011，其规模效率仅为 0.021；2011—2012 年间，十四个省份全要素生产率大于 1，主要是依靠技术进步来拉动的，值得注意的是，河南的全要素生产率高达 15.057，其新产品销售收入和出口额出现巨大变动，变动比例分别为 1343%和 14224%，主要受到技术进步和纯技术效率提高的影响，另一方面，新疆的全要素生产率高达 53.9，其新产品销售收入也出现类似情况，变动幅度高达 902%，主要受到技术进步和规模效率的影响，进一步分析发现新疆的新产品销售收入总量全国最小，在 2011—2012 年，新疆的新产品经费支出下降 83%，但是其规模效率高达 17.915，说明之前新疆的新产品经费支出出现严重的浪费现象，在重视创新效率的情况下，控制并降低创新投入，大大提高全要素生产率，增加了创新产出；2012—2013 年间，十三个省份全要素生产率小于 1，值得注意的是，内蒙古和新疆由于新产品经费支出增速过快，分别为 381%和 96%，严重影响规模效率，另一方面，两者的技术进步不明显，因此其全要素生产率较低，分别为 0.199 和 0.426；2013—2014 年，十一个省份全要素生产率小于 1，主要是由于规模效率和纯技术效率较低引起的，值得注意的是，内蒙古和新疆都突破性地提高了其纯技术效率，分别为 4.277 和 2.997，另一方面，内蒙古将新产品经费支出下调了 53%，但是新疆增加了其创新投入，使得新疆的规模效率超过内蒙古，最终两者全要素生产率分别为 5.826 和 9.933。

如表 2－3－7 所示，除了 2008—2009 年、2010—2011 年，在 2007—2014 年，中西部地区全要素生产率均大于 1，尤其是西部地区，全要素生产率上升最快，应该是由于西部地区产品创新投入总量较少，还未达到饱和状态，创新投入的增加能够迅速反映到产出上，反观东部地区全要素生产率相对较低和稳定，可以看出主要受到纯技术效率和规模效率的影响，应该是由于其处于创新稳定期，接近饱和状态，需要开拓新的创新点来刺激技术进步、纯技术效率和规模效率的提高；三大都市圈在 2008—2009 年间，全要素生产率都低于 0.4，其技术出现大幅衰退现象，这应该是 2008 年金融危机所产生的影响所致，除了 2008—2009 年，三大都市圈全要素生产率都在 0.8－1.2 上下波动，值得注意的是 2009—2010 年，长三角都市圈的全要素生产率高达 1.556，主要是由于其纯技术效率上升了 63.9%，京津冀都市圈纯技术效率较低，需要提高技术研究的效率，而长三角都市圈的规模效率出现连续三年下滑趋势，进一步分析，在 2013 年《财富》中国企业 500 强中，长三角共有 110 家企业入选，实现营业收入 34930 亿元，占 500 强企业总营业收入的 13.4%，实现利润 2188 亿元，占

500 强企业总利润的 10.1%，但从平均营业收入和平均利润来看，长三角企业仅相当于全国平均水平的 60.6%和 45.8%，其企业的规模性和盈利能力仍需进一步提高，提高创新投入，拉动规模效率的增长。

表 2—3—7 产品创新阶段三大地区和三大都市圈动态效率

	2007—2008 年					2008—2009 年				
	TEC	TC	PTEC	SEC	Malmquist 指数	TEC	TC	PTEC	SEC	Malmquist 指数
东部地区	1.128	0.844	1.123	1.002	0.964	0.741	0.337	0.848	0.887	0.237
中部地区	1.267	0.792	1.236	1.026	1.002	1.087	0.444	1.108	0.985	0.511
西部地区	1.572	0.743	1.180	1.324	1.169	1.349	0.547	1.098	1.102	0.716
长三角	1.362	0.798	1.176	1.181	1.094	0.702	0.341	0.659	1.067	0.241
京津冀	1.094	0.772	1.103	0.993	0.844	0.752	0.452	0.863	0.870	0.325
珠三角	1.000	1.351	1.000	1.000	1.351	1.000	0.130	1.000	1.000	0.130
	2009—2010 年					2010—2011 年				
	TEC	TC	PTEC	SEC	Malmquist 指数	TEC	TC	PTEC	SEC	Malmquist 指数
东部地区	1.550	0.938	1.280	1.267	1.486	0.986	0.909	0.933	1.060	0.882
中部地区	1.956	0.957	1.716	1.128	1.878	0.921	0.882	0.994	0.937	0.822
西部地区	2.541	1.189	1.423	2.056	3.278	0.825	0.799	0.951	0.836	0.657
长三角	1.575	1.007	1.636	0.978	1.556	1.043	0.838	0.945	1.117	0.869
京津冀	1.146	0.833	1.017	1.116	0.942	1.082	1.022	1.027	1.074	1.080
珠三角	1.000	0.995	1.000	1.000	0.995	1.000	0.835	1.000	1.000	0.835
	2011—2012 年					2012—2013 年				
	TEC	TC	PTEC	SEC	Malmquist 指数	TEC	TC	PTEC	SEC	Malmquist 指数
东部地区	0.798	1.249	0.823	0.978	0.973	1.002	0.966	1.025	0.976	0.967
中部地区	1.246	1.685	1.286	0.918	2.795	1.054	0.983	1.017	1.038	1.035
西部地区	2.703	1.735	0.835	2.432	5.953	1.133	0.968	1.044	1.036	1.091
长三角	0.723	1.253	0.769	0.944	0.903	1.068	0.975	1.088	0.984	1.041
京津冀	0.807	1.421	0.834	0.955	1.077	1.128	0.942	1.112	1.014	1.065
珠三角	1.000	0.958	1.000	1.000	0.958	1.000	1.020	1.000	1.000	1.020
	2013—2014 年									
	TEC	TC	PTEC	SEC	Malmquist 指数					
东部地区	0.967	1.082	0.977	0.990	1.041					
中部地区	1.080	1.092	1.156	0.951	1.177					
西部地区	2.313	1.117	1.532	1.230	2.445					
长三角	1.023	1.152	1.039	0.983	1.179					

（续表）

	2013—2014 年									
	TEC	TC	PTEC	SEC	Malmquist 指数					
京津冀	0.858	1.083	0.860	0.999	0.927					
珠三角	1.000	1.075	1.000	1.000	1.075					

2.3.5 我国各省份创新效率分类

本章利用 SPSS19.0 对 2007—2014 年各省份的各创新阶段 Malmquist 指数均值进行聚类分析，将 30 个省、市、自治区分为三类：较低创新效率省份、中等创新效率省份、较高创新效率省份（如表 2－3－8、表 2－3－9、表 2－3－10、表 2－3－11、表 2－3－12、表 2－3－13）。

表 2－3－8 知识创新阶段分类

类别	省份
较低创新效率省份	广西、宁夏
中等创新效率省份	北京、山西、内蒙古、辽宁、吉林、上海、安徽、福建、江西、山东、河南、湖南、广东、海南、贵州、甘肃、青海、新疆
较高创新效率省份	天津、河北、黑龙江、江苏、浙江、湖北、重庆、四川、云南、陕西

表 2－3－9 科研创新阶段分类

类别	省份
较低创新效率省份	贵州、宁夏
中等创新效率省份	北京、天津、山西、内蒙古、辽宁、吉林、黑龙江、上海、江苏、浙江、福建、山东、河南、湖北、湖南、广东、广西、海南、云南、甘肃、青海、新疆
较高创新效率省份	河北、安徽、江西、重庆、四川、陕西

表 2－3－10 产品创新阶段分类

类别	省份
较低创新效率省份	福建、海南

（续表）

类别	省份
中等创新效率省份	北京、天津、河北、山西、辽宁、吉林、黑龙江、上海、江苏、浙江、安徽、江西、山东、湖北、湖南、广东、广西、重庆、四川、贵州、云南、陕西、甘肃、青海、宁夏
较高创新效率省份	内蒙古、河南、新疆

表 2—3—11　知识创新阶段平均效率

	TEC	TC	PTEC	SEC	Malmquist 指数
较低创新效率省份	0.938	0.879	0.952	0.985	0.823
中等创新效率省份	0.993	0.948	0.993	1.000	0.939
较高创新效率省份	1.038	1.002	1.029	1.009	1.039

表 2—3—12　科研创新阶段平均效率

	TEC	TC	PTEC	SEC	Malmquist 指数
较低创新效率省份	0.969	0.980	1.013	0.956	0.949
中等创新效率省份	1.007	1.105	1.001	1.004	1.108
较高创新效率省份	1.108	1.157	1.073	1.031	1.277

表 2—3—13　产品创新阶段平均效率

	TEC	TC	PTEC	SEC	Malmquist 指数
较低创新效率省份	0.818	0.790	0.936	0.878	0.645
中等创新效率省份	1.024	0.882	1.022	1.002	0.903
较高创新效率省份	1.428	0.972	1.252	1.141	1.386

通过三阶段对比发现，较高创新效率省份占比较少，三阶段都不超过十个省份，占比都小于 33.33%，同时可以看出知识创新阶段大多数省份属于技术退步和规模效率上升的状态，科研创新阶段整体都处于全要素生产率上升的状态，而产品创新阶段各省份基本都处于技术衰退的状态。进一步分析，在知识创新阶段，有三分之二的省份平均全要素生产率呈现下降趋势，主要是由技术退步和纯技术效率低下引起的，河北、黑龙江、云南三个省份虽然平均全要素生产率处于上行通道，但是仍出现技术退步的现象，需要当地政府加强对于技术的引进和提高；在科研创新阶段，虽然全国除了贵州、宁夏，其余各省的平均全

要素生产率都大于1，但是较高创新效率省份只有河北、安徽、江西、重庆、四川、陕西，值得注意的是只有上海、山西、辽宁、吉林、广东、河南、山东、新疆这几个省份的平均全要素生产率大于1但是其规模效率却在下降，需要适当调整对这些省份的创新投入，避免资源浪费现象；在产品创新阶段，只有八个省份的平均全要素生产率大于1，主要受到纯技术效率和规模效率的影响，值得注意的是，云南、河北、天津、四川、福建和海南各项指标均出现下降现象，需对纯技术效率和规模效率给予重视，合理分配资源，有效地发挥出技术进步的作用，对于创新投入规模过饱和的需要降低投入，对于创新投入规模低下的需要增加投入。

可以发现从静态和动态的角度来考察各地区的创新效率有所不同，主要原因是从静态角度考察的是各地区一段时期的平均创新效率，而从动态角度考察的是各地区创新效率的逐年变化，落后地区受到领先地区的技术影响，能够较快地吸收新的技术，迅速实现技术提升，而领先地区是技术的先驱者，研究并开发新的技术，导致落后地区的动态创新效率要高于领先地区的动态创新效率。

2.4 区域创新效率的空间收敛性研究

各个阶段不同地区之间的创新效率存在显著差异，进而提出新的问题，从长期的角度来看，各区域创新效率的变化趋势是呈现出什么样的态势？因此，本节将从空间的角度出发，对三个阶段的区域创新效率收敛性进行实证分析，探讨各阶段我国区域创新效率是否存在收敛性，并分析影响该收敛的主要原因。

2.4.1 研究方法

2.4.1.1 空间计量方法

创新活动在区域之间存在着复杂的联系，传统回归模型的实用性已经大大降低，需要使用空间计量模型。因此，本章将从结合收敛模型与空间计量的角度，分析我国区域创新效率的收敛性。

(1) 空间计量模型

根据模型中对空间自相关项设定的不同，空间计量模型主要分为空间滞后模型（SAR）和空间误差模型（SEM）。

空间滞后模型（SAR）指在模型中设置因变量空间自相关项的回归模型，主要用于研究一个区域对相邻区域的经济行为产生影响的情形。其公式为：

$$y_i = \lambda W y_i + X_i\beta + \varepsilon_i \tag{2.4.1}$$

其中，X_i 是自变量矩阵，y_i 是因变量矩阵，λ 为空间自回归系数，Wy_i 是因变量的空间自相关项，β 为自变量系数，ε_i 是随机误差项。

空间误差模型（SEM）指对模型中的误差项设置空间自相关项的回归模型，主要用于分析，由于地理位置的不同，使得各地区间的相互作用不同时，其作用效果的程度大小。其公式为：

$$y_i = X_i\beta + \mu_i\mu_i = \rho W\mu_i + \varepsilon_i \tag{2.4.2}$$

其中，μ_i 由空间自相关项 $W\mu_i$ 和随机误差项 ε_i 组成，ρ 是空间误差自相关系数。

（2）空间效应检验

空间效应的检验方法较多，常见的有 Moran's I 检验、LM－Lag 检验、LM－Error 检验、稳健 LM－Lag 检验和稳健 LM－Error 检验。

Moran's I 检验是最常用的空间相关性检验，其公式为：

$$I = \frac{\sum_{i=1}^{n}\sum_{j=1}^{n} W_{ij}(Y_i - \overline{Y})(Y_j - \overline{Y})}{S^2 \sum_{i=1}^{n}\sum_{j=1}^{n} W_{ij}} \tag{2.4.3}$$

其中，$S^2 = \sum_{i=1}^{n} Y_i - \overline{Y}, \overline{Y} = \frac{1}{n}\sum_{i=1}^{n} Y_i$，$Y_i$ 表示第 i 个地区的观测值，W_{ij} 为空间权重矩阵，n 为地区个数。

LM－Lag 检验和 LM－Error 检验是为了确定选择空间滞后模型还是空间误差模型。LM－Lag 检验的原假设是不存在因变量空间自相关；而 LM－Error 检验的原假设是不存在空间误差自相关。

上述 LM－Lag 检验和 LM－Error 检验在数据生成过程满足模型经典假设的条件下具有很强的功效，然而当数据生成过程不满足经典假设时，LM－Lag 检验和 LM－Error 检验的功效将减弱。于是，Bera 和 Yoon（1993）提出了误差项存在自相关但被忽略时的稳健 LM－Lag 检验和因变量存在自相关但被忽略时的 LM－Error 检验。

（3）空间权重矩阵

空间权重矩阵的选取是空间计量经济学模型中比较关键的步骤。一般的空间权重矩阵包括 rook 权重矩阵，queen 权重矩阵，K－最近邻权重矩阵和距离权重矩阵等。根据地理学第一定律，世界上任何事物之间都存在着相关性，距离越近，其相关性越强，距离越远，其相关性越弱。因此，本章选取距离矩阵（即两地区间距离的倒数作为该地区的权重）作为本章的空间权重矩阵。

2.4.1.2 空间收敛模型

从现有文献来看，β收敛模型应用较为普遍，本章将结合空间计量模型和β收敛模型，探讨各阶段我国区域创新效率是否存在收敛性，并分析影响该收敛的主要原因。

β收敛分为绝对β收敛和条件β收敛。绝对β收敛是指不同地区会达到相同的稳态增长速度和增长水平，条件β收敛表示各个地区由于某些方面条件的不同而收敛于各自的稳态。传统的绝对β收敛面板模型如下：

$$\frac{In\frac{y_{i,t+T}}{y_{i,t}}}{T}=\alpha+\beta In(y_{i,t})+\varepsilon_{i,t} \tag{2.4.4}$$

其中，$y_{i,t}$为各区域的全要素生产率，扰动项$\varepsilon_{i,t}\sim N(0,\sigma^2)$，$T=1$。将空间计量与传统绝对$\beta$收敛面板模型相结合，则得到：

空间滞后模型(SAR)为：

$$\frac{In\frac{y_{i,t+T}}{y_{i,t}}}{T}=\alpha+\lambda W\frac{In\frac{y_{i,t+T}}{y_{i,t}}}{T}+\beta In(y_{i,t})+\varepsilon_{i,t} \tag{2.4.5}$$

空间误差模型为(SEM)：

$$\frac{In\frac{y_{i,t+T}}{y_{i,t}}}{T}=\alpha+\beta In(y_{i,t})+\mu_{i,t},\mu_{i,t}=\rho W\mu_{i,t}+\varepsilon_{i,t} \tag{2.4.6}$$

传统的条件β收敛面板模型如下：

$$\frac{In\frac{y_{i,t+T}}{y_{i,t}}}{T}=\alpha+\beta In(y_{i,t})+\delta X_{i,t}+\varepsilon_{i,t} \tag{2.4.7}$$

其中，$X_{i,t}$是具有区域特征的创新活动的自变量。将空间计量与传统条件β收敛面板模型相结合，则得到：

SAR：

$$\frac{In\frac{y_{i,t+T}}{y_{i,t}}}{T}=\alpha+\lambda W\frac{In\frac{y_{i,t+T}}{y_{i,t}}}{T}+\delta X_{i,t}+\beta In(y_{i,t})+\varepsilon_{i,t} \tag{2.4.8}$$

SEM：

$$\frac{In\frac{y_{i,t+T}}{y_{i,t}}}{T}=\alpha+\beta In(y_{i,t})+\delta X_{i,t}+\mu_{i,t},\mu_{i,t}=\rho W\mu_{i,t}+\varepsilon_{i,t} \tag{2.4.9}$$

2.4.2 指标选择

本章是在同一理论框架下分析我国区域创新效率，主要探讨各阶段我国区域创新效率是否存在收敛性，并分析影响该收敛的主要原因，为了更好地进行实证分析，因变量选取各阶段的全要素生产率，并建立了如下指标体系，如表 2—4—1。

表 2—4—1　各创新阶段的指标选择

创新阶段	控制变量	解释
知识创新	1. 政府支持力度	采用各地区高校 R&D 经费内部支出中政府资金占比来表示
	2. 受教育水平	采用平均受教育年限来表示
	3. 教育投入水平	教育财政支出占 GDP 的比重来衡量
	4. 产学研高校	高校 R&D 经费内部支出中企业资金所占比例
	5. 人力资源存量	各地区每万人在校高等大学生人数
科研创新	1. 经济发展水平	采用当地人均 GDP 来衡量
	2. 政府支持力度	采用各地区研发机构 R&D 经费内部支出中政府资金占比来表示
	3. 产学研研发	采用科研机构 R&D 经费内部支出中企业资金所占比例
	4. 受教育水平	采用平均受教育年限来表示
	5. 教育投入水平	教育财政支出占 GDP 的比重来衡量
产品创新	1. 金融支持力度	采用各地区 R&D 经费内部支出中的其他资金占比来表示
	2. 市场化水平	采用了中国分省份市场化指数报告（2016）中的市场化指数
	3. 外商投资水平	采用一个地区外商投资企业投资额占当地 GDP 的比例来衡量
	4. 政府支持力度	采用各地区规模以上工业企业 R&D 经费内部支出中政府资金占比来表示
	5. 工业化程度	采用各地区第二产业增加值与各地区 GDP 的比值来表示

2.4.3　数据处理

数据来源为《中国科技统计年鉴》和《中国统计年鉴》。根据数据的可得性和完整性，选取我国内地 30 个省、市、自治区作为研究对象，不考虑西藏、香港、澳门和台湾地区，时间跨度为 2007—2014 年。依据本章所修改过后的空间收敛模型，利用 Matlab2014a 软件中的空间工具箱，对我国区域创新效率变动情况进行空间收敛分析。本章选取距离矩阵（即两地区间距离的倒数作为该地区的权重，数据采用各地的经纬度）作为本章的空间权重矩阵，以下结论都是基于距离矩阵的基础之上。在模型选择方面，由于选择的样本量为中国 30 个省级行政区，样本量为固定的，因此以下结论都是基于固定效应，而不是随机效应。

2.4.4 实证分析

2.4.4.1 知识创新阶段

(1) 绝对β收敛

利用matlab对该阶段的绝对β收敛模型进行空间相关性检验，结果如表2—4—2：

表2—4—2 知识创新阶段的绝对β收敛模型的空间相关性检验

Moran's I检验				
Moran's I	P值	平均值	标准差	
0.196	0.001	−0.012	0.063	
LM检验				
	含截距项	空间固定	时间固定	时空固定
LM—Lag	2.155 (0.142)	5.214** (0.022)	0.022 (0.881)	0.028 (0.866)
Robust LM—Lag	4.298** (0.038)	13.984*** (0.000)	0.394 (0.530)	3.092 (0.079)
LM—Error	9.001*** (0.003)	29.419*** (0.000)	0.057 (0.812)	2.450 (0.118)
Robust LM—Error	11.144** (0.001)	38.190*** (0.000)	0.428 (0.513)	5.514 (0.019)

注：***、**、*分别表示通过1%、5%和10%的显著性检验，括号内为P值。

从表2—4—2可以看出，Moran's I的值为0.196，并且通过了1%的显著性水平，说明了知识创新阶段的全要素生产效率在空间上存在着相关性，并且这种相关性是正向且显著的，即地区之间的全要素生产率在空间上呈现出集聚的情况，高值和高值集聚，低值和低值集聚。因此，在进行全要素生产效率的分析时一定要考虑空间相关性。表2—4—2也给出了空间滞后模型和空间误差模型的检验结果，其中后两个效应的结果都没有通过显著性检验，因此对含截距项的模型和空间固定效应的模型进行分析。在含截距项的模型检验结果中，只有LM—Lag没有通过显著性检验，说明了空间误差模型比较优。在空间固定效应模型中，LM—Error比LM—Lag通过的检验显著性水平更高，说明了空间误差模型比较优。综合以上结果，这里选择空间误差模型进行拟合。

表 2—4—3 空间误差模型

	含截距项	空间固定	时间固定	时空固定
C	−0.084** (0.014)			
β	−1.126*** (0.000)	−1.491*** (0.000)	−1.133*** (0.000)	−1.464*** (0.000)
λ	0.362*** (0.009)	0.553*** (0.000)	0.039 (0.816)	0.331** (0.021)
R2	0.434	0.565	0.533	0.690
Log−likelihood	22.892	39.572	27.843	47.582

注：***、**、* 分别表示通过 1%、5%和 10%的显著性检验，括号内为 P 值。

比较表 2—4—3 中含截距项模型和空间固定模型的 R2 和 Log−likelihood，可以看出空间固定效应模型的 R2 和 Log−likelihood 的值更大，因此，最终选择了空间误差模型中的空间固定效应进行分析。β 的值为−1.491，并且在 1%的水平上显著，说明了全要素生产率在空间上存在着绝对 β 收敛，落后地区在不断地向先进地区追赶，并最终会达到一个平稳的水平。

(2) 条件 β 收敛

利用 matlab 对该阶段的条件 β 收敛模型进行空间相关性检验，结果如表 2—4—4：

表 2—4—4 知识创新阶段的条件 β 收敛模型的空间相关性检验

Moran's I 检验				
Moran's I	P 值	平均值	标准差	
0.212	0.000	−0.012	0.044	
LM 检验				
	含截距项	空间固定	时间固定	时空固定
LM−Lag	12.037*** (0.001)	8.621*** (0.003)	0.005 (0.941)	0.044 (0.947)
Robust LM−Lag	0.451 (0.502)	1.801 (0.180)	0.238 (0.626)	0.159 (0.689)

（续表）

LM检验				
	含截距项	空间固定	时间固定	时空固定
LM－Error	21.211*** (0.000)	7.321*** (0.007)	0.122 (0.726)	0.112 (0.737)
Robust LM－Error	9.625*** (0.002)	0.501 (0.479)	0.355 (0.551)	0.267 (0.605)

注：***、**、*分别表示通过1%、5%和10%的显著性检验，括号内为P值。

首先对全要素生产效率的空间相关性进行检验，Moran's I的值为0.212，并且在1%的水平上显著，说明了全要素生产率存在着正向且显著的空间相关性，地区之间会相互影响。为了选择合理的空间计量经济学模型，表2－4－4对空间滞后模型和空间误差模型进行了相关检验，结果显示，后两个效应都没有通过显著性检验，在含截距项模型中，仅Robust LM－Lag则没有通过显著性检验，因此，空间误差模型比较优。

表2－4－5　空间误差模型

	含截距项	空间固定	时间固定	时空固定
C	0.627 (0.354)			
B	－1.158*** (0.000)	－1.293*** (0.000)	－1.218*** (0.000)	－1.333*** (0.000)
政府支持力度	－0.012 (0.965)	0.017 (0.561)	－0.134 (0.647)	0.059 (0.876)
受教育水平	－0.083 (0.108)	－0.022 (0.833)	－0.088* (0.082)	－0.154 (0.322)
教育投入水平	－4.485** (0.029)	－5.518 (0.321)	－2.675 (0.171)	－3.092 (0.603)
产学研高校	－0.208 (0.510)	－1.620** (0.001)	－0.301 (0.337)	－1.151** (0.041)
人力资本存量	0.172 (0.179)	－0.018 (0.960)	0.226* (0.067)	0.628* (0.094)

（续表）

	含截距项	空间固定	时间固定	时空固定
Λ	0.394*** (0.000)	0.337*** (0.000)	−0.046 (0.700)	−0.041** (0.726)
R2	0.363	0.506	0.516	0.615
Log−likelihood	−29.202	−10.401	−13.598	6.982

注：***、**、*分别表示通过1%、5%和10%的显著性检验，括号内为P值。

从表2−4−5中的R2和Log−likelihood可以看出，空间固定效应模型的结果要优于含截距项模型的结果，因此，这里选择空间固定效应进行分析。收敛系数β小于0，并且在1%的水平上显著，说明了知识创新阶段的全要素生产率在空间上存在着条件收敛，说明了各地区的全要素生产效率最终都会稳定与各个地区的一个平衡状态。政府支持力度对全要素生产效率的影响系数为0.017，受教育水平的影响系数为−0.022，教育投入水平的影响系数为−5.518，人力资本存量的影响系数为−0.018，但是四者都没有通过显著性检验，并不能很好的说明政府支持力度，受教育水平，教育投入水平和人力资本存量对全要素生产效率会产生显著的作用。产学研高校的系数为−1.620，在5%的水平上显著，说明了产学研高校对全要素生产率具有显著的影响，并且呈现出消极的影响，主要是因为高校是从学术角度出发，以项目的科学性和严谨性为核心，这往往会与企业的初衷以及方向有偏差，造成研究经费支出、研究人员投入以及研究成果的浪费，导致全要素生产率的下降。空间误差项为0.337，并且通过了显著性检验，说明了模型的误差项在空间上存在着相关性，即一些没有考虑的影响地区之间全要素生产率的因素在空间上存在着空间相关性。

2.4.4.2　科研创新阶段

（1）绝对β收敛

利用matlab对该阶段的绝对β收敛模型进行空间相关性检验，结果如表2−4−6。对科研创新阶段全要素生产效率的全局空间相关性进行检验，结果显示，Moran's I为正并且在5%的水平上通过了显著性检验，说明了全要素生产效率在空间上存在正向且显著的空间相关性，即存在着集聚效应。因此，在进行模型拟合时，一定要考虑空间相关性的存在。针对两个模型的相关检验结果如表2−4−6所示，其中后两个效应都没有通过显著性检验，而空间固定和含截距项的模型中仅LM−Lag和Robust LM−Lag都没有通过检验，因此，空间误差模型比较优，并且空间误差模型中的含截距项和空间固定模型比较优。

表 2—4—6 科研创新阶段的绝对β收敛模型的空间相关性检验

Moran's I 检验				
Moran's I	P 值	平均值	标准差	
0.113	0.044	−0.013	0.063	
LM 检验				
	含截距项	空间固定	时间固定	时空固定
LM—Lag	0.335 (0.563)	1.020 (0.312)	0.006 (0.939)	0.830 (0.362)
Robust LM—Lag	1.396 (0.237)	0.598 (0.439)	2.064 (0.151)	0.000 (0.994)
LM—Error	2.997 * (0.083)	5.586** (0.018)	1.225 (0.268)	1.417 (0.234)
Robust LM—Error	4.058** (0.044)	5.164** (0.023)	3.282 * (0.070)	0.587 (0.444)

注：***、**、* 分别表示通过 1%、5%和 10%的显著性检验，括号内为 P 值。

表 2—4—7 给出了空间误差模型中的含截距项，空间效应，时间效应和时空效应的结果，根据表 2—4—7 中的结果，这里我们只对含截距项和空间效应模型进行分析，综合这两个模型的 R2 和 Log—likelihood 结果来看，空间固定效应结果的 R2 和 Log—likelihood 都大于含截距项的结果，因此，空间固定效应的结果更优。收敛系数 β 的值为−1.386，P=0.000，通过了 1%水平的显著性检验，说明了全要素生产率在空间上存在着绝对 β 收敛，即各个地区的全要素生产率最终都会趋向于一个稳定的状态。空间误差系数为 0.365，也通过了 1%的显著性检验，说明了一些未考虑的影响因素在空间上存在着相关性，并且这些相关性是不能忽略的。

表 2—4—7 空间误差模型

	含截距项	空间固定	时间固定	时空固定
C	0.145*** (0.000)			
β	−1.107*** (0.000)	−1.386*** (0.000)	−1.103*** (0.000)	−1.408*** (0.000)

（续表）

	含截距项	空间固定	时间固定	时空固定
λ	0.277 * (0.062)	0.365*** (0.009)	0.198 (0.204)	0.322** (0.025)
R2	0.491	0.687	0.510	0.711
Log－likelihood	15.493	35.409	16.369	40.291

注：***、**、* 分别表示通过 1%、5%和 10%的显著性检验，括号内为 P 值。

（2）条件 β 收敛

利用 matlab 对该阶段的条件 β 收敛模型进行空间相关性检验，结果如表 2－4－8。全局 Moran's I 为 0.215，在 1%的水平上显著，说明了科研创新阶段的条件 β 收敛模型具有空间相关性，传统的统计模型已经不能满足这个需求，因此采用空间计量经济学模型进行模拟。四种固定效应的结果如表 2－4－8 所示，可以看出，后两个效应都没有通过显著性检验，说明了时间固定和时空固定不适合进行分析。而含截距项和空间效应是比较优的。在含截距项的和空间效应中，仅 Robust LM－Lag 没有通过检验，因此，这里选择空间误差模型进行拟合，说明空间误差模型更优。

表 2－4－8　科研创新阶段的条件 β 收敛模型的空间相关性检验

Moran's I 检验				
Moran's I	P 值	平均值	标准差	
0.215	0.000	－0.013	0.044	
LM 检验				
	含截距项	空间固定	时间固定	时空固定
LM－Lag	14.126*** (0.000)	12.524*** (0.000)	0.447 (0.503)	0.485 (0.486)
Robust LM－Lag	0.305 (0.581)	0.185 (0.667)	0.094 (0.758)	0.001 (0.983)
LM－Error	21.756*** (0.000)	21.867*** (0.000)	1.206 (0.272)	0.791 (0.37)
Robust LM－Error	7.935*** (0.005)	9.528*** (0.002)	0.853 (0.356)	0.307 (0.580)

注：***、**、* 分别表示通过 1%、5%和 10%的显著性检验，括号内为 P 值。

表2—4—9给出了空间误差模型的四种结果，比较含截距项和空间固定模型可以发现，空间固定模型的R2和Log—likelihood都要大于含截距项，因此，这里我们只对空间固定效应进行分析。由收敛系数β可以看到，其值为—1.339，通过了1%的显著性检验，说明了全要素生产率具有条件β收敛的效应，即各个地区的全要素生产率都会达到本地区的一个稳定状态。经济发展水平的系数为—0.047，政府支持力度的系数为0.286，产学研研发的系数为0.573，但是这些因素并没有通过显著性检验，说明了经济发展水平，政府支持力度和产学研研发在科研创新阶段对全要素生产率并没有产生重要的作用。受教育水平的系数为—0.218，通过了10%的显著性检验，并且这种影响为消极影响，说明了受教育水平不利于全要素生产率的提高，受教育水平的提高意味着在岗员工学历的提升，因此，将提升科技成果产出的效率，但是由于员工学历的普遍提高，对于同等级别的研究项目，研发机构投入更多的人力资源和经费，造成了创新资源的低效。教育投入水平的系数为9.785，同样通过10%的显著性水平检验，说明了教育投入水平对全要素生产率具有积极的，显著的作用，这是因为教育投入的增加提高了基础教育设施，创造更好的基础教育环境，能有效提高研发机构研究经费的利用，并且，教育投入的增加提高创新团队整体创新能力和技术研发效率，进而提高全要素生产率。空间滞后系数为0.443，在1%的水平上显著，说明了全要素生产率在空间上存在着溢出效应，即周边地区的全要素生产率对本地区的全要素生产率具有积极的促进作用，要协调与周边地区的发展。

表2—4—9　空间误差模型

	含截距项	空间固定	时间固定	时空固定
C	0.915 (0.008)			
B	—1.198*** (0.000)	—1.339*** (0.000)	—1.164*** (0.000)	—1.299*** (0.000)
经济发展水平	—0.007 (0.755)	—0.047 (0.379)	—0.014 (0.499)	0.001 (0.993)
政府支持	0.283 (0.218)	0.286 (0.422)	0.186 (0.398)	0.097 (0.790)

（续表）

	含截距项	空间固定	时间固定	时空固定
产学研研发	0.063 (0.906)	0.573 (0.389)	0.174 (0.743)	0.710 (0.291)
受教育水平	−0.004 (0.916)	−0.218 * (0.072)	0.010 (0.795)	−0.130 (0.387)
教育投入水平	3.590** (0.052)	9.785 * (0.082)	3.322 * (0.077)	13.859** (0.033)
Λ	0.412*** (0.000)	0.443*** (0.000)	0.131 (0.247)	0.214** (0.049)
R2	0.547	0.604	0.629	0.680
Log−likelihood	−20.305	−8.269	−10.214	3.118

注：***、**、* 分别表示通过 1%、5%和 10%的显著性检验，括号内为 P 值。

2.4.4.3　产品创新阶段

(1) 绝对 β 收敛

利用 matlab 对该阶段的绝对 β 收敛模型进行空间相关性检验，结果如表 2−4−10。首先对产品创新阶段的全要素生产率的空间相关性进行检验，Moran's I 的值为−0.002，对应的 P 值为 0.875，没有通过显著性水平检验，说明了全要素生产率在空间上不存在相关性。因此，采用一般的模型进行回归。表 2−4−10 给出了固定效应模型的不同结果，其中空间固定模型的 R2 最大，而时空固定模型的 Log−likelihood 的值最大，综合来看，空间固定模型的拟合效果最好，这里采用空间固定效应模型进行分析。结果显示，收敛系数 β 为−1.538，并且通过了 1%的显著性水平检验。

表 2−4−10　产品创新阶段的绝对 β 收敛模型的空间相关性检验

Moran's I 检验				
Moran's I	P 值	平均值	标准差	
−0.002	0.875	−0.012	0.063	
普通回归模型				
	含截距项	空间固定	时间固定	时空固定
C	0.108 * (0.065)			

（续表）

普通回归模型				
	含截距项	空间固定	时间固定	时空固定
B	－1.479*** (0.000)	－1.538*** (0.000)	－1.484*** (0.000)	－1.551*** (0.000)
R2	0.822	0.907	0.809	0.901
Loglikehood	－72.542	－38.411	－71.863	－36.746

注：***、**、*分别表示通过1%、5%和10%的显著性检验，括号内为P值。

（2）条件β收敛

利用matlab对该阶段的条件β收敛模型进行空间相关性检验，结果如表2－4－11。全要素生产率的Moran's I为0.015（P＝0.546），没有通过显著性检验，说明了其在空间上不存在相关性。因此采用不含有空间效应的一般回归模型进行拟合。由于样本量是固定的30个地区，因此采用固定效应模型。表2－4－11给出了含截距项，时间固定，空间固定和时空固定的固定效应模型的结果，综合R2和Log－likelihood的值，得出时空固定效应模型的效果最优。β的系数为－258.670，在5%的水平上显著，说明了全要素生产率在产品创新阶段在空间上存在条件β收敛。其影响因素如政府支持力度，金融支持力度，市场化水平，外商投资水平和工业化程度虽然对全要素生产率产生了影响，但是这些影响都不显著，不能很好地说明其内在的关系。

表2－4－11　产品创新阶段的条件β收敛模型的空间相关性检验

Moran's I检验				
Moran's I	P值	平均值	标准差	
0.015	0.546	－0.011	0.044	
普通回归模型				
	含截距项	空间固定	时间固定	时空固定
C	598.125 ** (0.030)			
β	－175.408*** (0.000)	－175.464*** (0.000)	－250.114*** (0.000)	－258.670** (0.000)
金融支持力度	－976.064 (0.314)	2020.674 (0.750)	150.030 (0.884)	－83.920 (0.950)

（续表）

普通回归模型				
	含截距项	空间固定	时间固定	时空固定
市场化水平	−46.691*** (0.009)	−51.474 (0.415)	−47.060*** (0.006)	−73.874 (0.332)
外商投资水平	−74.337 (0.102)	−72.087 (0.233)	−67.948 (0.133)	−58.667 (0.327)
政府支持力度	−959.417 (0.158)	760.164 (0.649)	−1108.467* (0.088)	558.539 (0.730)
工业化程度	−405.314 (0.316)	−142.085 (0.888)	−182.539 (0.648)	−267.954 (0.790)
R2	0.200	0.233	0.253	0.297
Log−likelihood	−1296.9	−1277.1	−1288.1	−1266.2

注：***、**、*分别表示通过1%、5%和10%的显著性检验，括号内为P值。

2.5　区域创新效率提升的对策建议

2.5.1　政策层面

应充分协调各地区创新资源合理配置，保障和提升技术创新效率。围绕各地区发展需求，重点提升当地领先企业的技术创新效率，形成省市之间高技术企业协同发展格局，同时，各地政府需要继续增加对高等院校、研发机构的科技活动经费投入，吸引、鼓励高技术人才积极参与创新活动，并且加大对本地高新技术产业的政策导向和扶持力度，进一步减轻企业发展的税收负担。随着我国实行的中部崛起、西部大开发政策的不断深入落实，目前已取得一定的成效，但是地区间现实存在的经济、科技差距仍是实现我国区域协调发展的最大障碍。应调整我国各区域创新资源分配比重，加快落后地区的市场化进程，以产业园区的规划和产业结构的布局为出发点，以创新效率的提升为中心，坚持投资与效率并重，走精益式发展之路。地方政府应通过界定高技术企业提供相应优惠的政策，吸引并鼓励企业进行科研创新。此外，当地政府应当着力打造完善的创新融资体系，严格监管融资渠道及去向，引导社会资本流向高技术企业的创新活动。政府在产学研协同创新中发挥着重要作用，能够以较少的资金带动企业和社会的大量研发投入，因此，需要凝练多样的政府支持产学研协同创新的政策工具，加强政府的引导和支持，创造有利于产学研协同创新的政策环境，搭建协同创新平台及调整创新体制。

2.5.2 主体层面

较低的技术效率、技术退步是制约我国区域创新效率提高的重要因素。区域创新系统需要各创新主体明确自己的职能，发挥自身最大功效的同时加强与其他创新主体的联系与合作。其一，充分利用市场机制在配置资源中的基础性作用。建立各地人才信息库和搭建成果转化平台，加强各地区之间的技术协作和交流，将高校、科研机构和企业的智力资源和社会资源结合，通过信息库和平台进行传递，形成知识流，达到快速转化科研成果、提高创新效率的目的。其二，合理调整产学研协同创新投入资源配置。对于技术有效的产业，重点应强化协同创新机制而非盲目的扩大资源投入，对于技术无效的产业，需要重新探索合适的投入规模，重在调整资源的有效利用，对于效率偏低且处于规模报酬递增阶段的产业应更应适当增加其投入水平，加大协同创新资金和人才的投入力度，谋求协同创新的规模收益。其三，推动以市场为导向的产学研主体间协同创新方式。产学研协同创新是一项涉及较多主体参与的复杂系统工程，因此，为了开展高效的产学研协同创新，应加强产学研协同各方的沟通机制，促进产学研协同主体间的交流。另外，协同创新主体间存在不同的价值观念和利益导向，因此应在积极营造和谐创新氛围的基础上，建立产学研创新连动机制，构建基于市场导向的产学研协同创新网络及协同创新方式。其四，各产业间的协同创新效率、规模收益、产出不足或投入冗余等各方面都存在较大异质性，因此应该基于产业的具体特征出台具有产业针对性的创新支持政策与措施。

2.5.3 企业层面

企业应继续增加对高等院校、研发机构的科技活动经费投入和合作交流，吸引、鼓励高技术人才积极参与创新活动。其一，合理变动科技研发力度。以各自行业的领军企业为参考，以自身情况为考量，以技术的科学发展为导向，通过改变薪资制度、提高福利制度等举措，激发内部创新人员的创新潜力，通过提升科研经费、优化创新人才引进制度等举措，吸引优秀的研发人才，提高自身技术研发效率和改进速度。其二，优化创新投入结构。在技术创新的过程中，企业首先需要引进技术，接着是对技术的吸收，最后是对技术的再创新，在这个过程中，企业需要随着阶段的深入，合理改变研发结构，从高技术购买费用逐渐转变为高技术改造费用，将研发人员的任务重心从吸收转变为再创新，从而加快技术的吸收转化及再创新，避免创新资源的浪费。其三，建立完善的知识管理制度。加强与高校、科研机构之间的合作交流，实现知识获取、知识交流、知识共享、知识积累和知识转化的一整套机制，由知识创新带动企业核心竞争力。

2.6　本章小结

从静态效率角度分析，我国2007—2014年各阶段创新效率中规模因素处于主导地位。东中西部地区在知识创新阶段都表现出纯技术效率虚低的情况，在科研创新阶段和产品创新阶段都表现出纯技术效率虚低、规模效率虚高的情况。从动态效率角度分析，在2007—2014年间，在知识阶段我国大多数省份属于技术退步和规模效率上升的状态，各地区平均全要素生产率的变动主要取决于技术变动；在科研创新阶段，我国全要素生产率基本都处于上升状态；在产品创新阶段，我国创新效率在产品创新阶段上下波动，增减交替前行，各省份基本都处于技术衰退的状态。从空间收敛性的角度来看，在知识创新阶段和科研创新阶段，我国各省份的全要素生产率呈现出显著的空间相关性，存在绝对β收敛和条件β收敛，且都主要表现为空间误差自相关。为了提升中国区域创新效率，中国政府应该从政策层面、主体层面和企业层面提出有针对性的对策措施。

参考文献

［1］约瑟夫·阿洛伊斯·熊彼特（Joseph Alois Schumpeter）著，叶华译．经济发展理论［M］．南昌：江西教育出版社，2014．

［2］Cooke P．Regional Innovation Systems：Competitive Regulation in the New Europe［J］．Geoforum，1992，23（3）：365－382．

［3］Farrell M．J．The measurement of productive efficiency［J］．Journal of the Royal Statistical Society．Series A（General），1957，120（3）：253－290．

[4] 克里斯托夫. 弗里曼. 技术政策与经济绩效：来自日本的经验 [M]. 南京：东南大学出版社，2008.

[5] Khunkitti H. E. S. The Life Sciences Innovation Value Chain：The Importance of Life Sciences Innovation to APEC [C] //Life Sciences Innovation Forum，Phuket，Thailand. 2003.

[6] Hansen M. T. and Birkinshaw，J. The innovation value chain [J]. Harvard Business Review，2007，85 (6)：121—135.

[7] Ganotakis P.，Love J. H. The innovation value chain in new technology - based firms：Evidence from the uk [J]. Journal of product innovation management，2012，29 (5)：839—860.

[8] Love J. H.，Roper S，Bryson J R. Openness，knowledge，innovation and growth in UK business services [J]. Research Policy，2011，40 (10)：1438—1452.

[9] 张晓林，吴育华. 创新价值链及其有效运作的机制分析 [J]. 大连理工大学学报 (社会科学版)，2005 (03)：23—26.

[10] 刘志彪. 战略性新兴产业的高端化：基于“链”的经济分析 [J]. 产业经济研究，2012 (3)：9—17.

[11] 刘家树，菅利荣. 知识来源，知识产出与科技成果转化绩效——基于创新价值链的视角 [J]. 科学学与科学技术管理，2011，32 (6)：33—40.

[12] 余泳泽. 我国高技术产业技术创新效率及其影响因素研究——基于价值链视角下的两阶段分析 [J]. 经济科学，2009 (4)：62—74.

[13] 庞瑞芝，杨慧，白雪洁. 转型时期中国大中型工业企业技术创新绩效研究一基于 1997—2005 年工业企业数据的实证考察 [J]. 产业经济研究，2009，2009 (2)：63—69.

[14] Hansen M. T. Birkinshaw J. The innovation value chain [J]. Harvard Business Review，2007，85 (6)：121—130.

[15] Romer P. M. “Capital Accumulation in the Theory of Long—run Growth”，RECR Working Papers，1989.

[16] Wang E. C. R&D efficiency and economic performance：A cross—country analysis using the stochastic frontier approach [J]. Journal of Policy Modeling，2007，29 (2)：345—360.

[17] 余泳泽. 政府支持、制度环境、FDI 与我国区域创新体系建设 [J]. 产业经济研究，2011 (1)：47—55.

[18] 潘雄锋，刘凤朝．中国区域工业企业技术创新效率变动及其收敛性研究 [J]．管理评论，2010（2）：59－64.

[19] Sexton T. R., Lewis H. F. Two－stage DEA: An application to major league baseball [J]. Journal of Productivity Analysis, 2003, 19（2－3）：227－249.

[20] 肖泽磊，封思贤，韩顺法．我国高技术产业两阶段效率的测算及其提升路径分析——基于改进 SBM 方向性距离函数的实证 [J]．产业经济研究，2012（4）：10－18.

[21] 刘和东，陈程．中国原创性高新技术产业技术效率测度研究——基于创新链视角的两阶段分析 [J]．科技进步与对策，2011，28（12）：119－124.

[22] 高远帆，张建辉．基于 CCA—DEA 的山西装备制造业技术创新效率比较研究 [J]．科技管理研究，2012，32（20）：93－97.

[23] 段婕，刘勇，王艳红．基于 DEA 改进模型的装备制造业技术创新效率实证研究 [J]．科技进步与对策，2012，29（6）：65－69.

[24] 张娇，殷群．我国企业孵化器运行效率差异研究——基于 DEA 及聚类分析方法 [J]．科学学与科学技术管理，2010，31（5）：171－177.

[25] 黄贤凤，武博，王建华．中国制造业技术创新投入产出效率的 DEA 聚类分析 [J]．工业技术经济，2013（3）：90－96.

[26] 赵琳，范德成．我国高技术产业技术创新效率的测度及动态演化分析——基于因子分析定权法的分析 [J]．科技进步与对策，2011，28（11）：111－115.

[27] 王锐淇，张宗益．区域创新能力影响因素的空间面板数据分析 [J]．科研管理，2010，31（3）：17－26.

[28] 李婧，谭清美，白俊红．中国区域创新生产能空间计量分析——基于静态与动态空间面板模型的实证研究 [J]．管理世界，2010（7）：43－55.

[29] 余泳泽，刘大勇．我国区域创新效率的空间外溢效应与价值链外溢效应——创新价值链视角下的多维空间面板模型研究 [J]．管理世界，2013（7）：6－20.

[30] 周迪，程慧平．创新价值链视角下的区域创新活动收敛分析——基于空间面板模型 [J]．科技进步与对策，2015，32（1）：36－41.

[31Porter M. E., Porter M. P. Location, Clusters, and the "New" Microeconomics of Competition [J]. Business Economics, 1998, 33（1）：7－13.

[32] 胡志坚，苏靖. 区域创新系统理论的提出与发展 [J]. 中国科技论坛，1999 (6)：21—24.

[33] 陈德宁，沈玉芳. 区域创新系统理论研究综述 [J]. 生产力研究，2004 (4)：189—191.

[34] 官建成，余进. 基于 DEA 的国家创新能力分析 [J]. 研究与发展管理，2005 (3)：8—15.

[35] 杜军，朱建新，冯志军. 基于二阶段 DEA 模型的区域科技创新效率的实证分析 [J]. 学术交流，2009 (11)：96—98.

[36] 黄舜，管燕. 基于过程的高技术产业技术创新效率测度 [J]. 工业技术经济，2010，29 (1)：92—97.

[37] 陈伟，冯志军，姜贺敏，康鑫. 中国区域创新系统创新效率的评价研究——基于链式关联网络 DEA 模型的新视角 [J]. 情报杂志，2010，29 (12)：24—29.

[38] 肖仁桥，钱丽，陈忠卫. 中国高技术产业创新效率及其影响因素研究 [J]. 管理科学，2012，25 (05)：85—98.

[39] 解鑫，刘芳芳，冯锋. 以企业为主体视角下的我国区域创新效率评价研究——基于 30 个省域面板数据 [J]. 科技管理研究，2015，35 (1)：49—53.

[40] 马云俊. 创新价值链视角下我国大中型制造企业创新效率评价 [D]. 辽宁大学，2013.

[41] 约瑟夫·阿洛伊斯·熊彼得，熊彼得，杜贞旭，等. 经济发展理论：财富创新的秘密 [M]. 中国商业出版社，2009.

[42] Fried H. O.，Yaisawarng S. Accounting for Environmental Effects and Statistical Noise in Data Envelopment Analysis [J]. Journal of Productivity Analysis，2002，17 (1)：157—174.

[43] Jondrow J. M.，Chase D E，Gamble C L. The Price Differential between Domestic and Imported Steel [J]. Journal of Business，1982，55 (3)：383—399.

[44] 陈钊，陆铭，金煜. 中国人力资本和教育发展的区域差异：对于面板数据的估算 [J]. 世界经济，2004 (12)：25—31.

[45] Furman J. L.，Porter M E，Stern S. The determinants of national innovative capacity [J]. Research Policy，2000，31 (6)：899—933.

[46] 白俊红，蒋伏心. 考虑环境因素的区域创新效率研究——基于三阶段 DEA 方法 [J]. 财贸经济，2011 (10)：104—112.

[47] Nasierowski W., Arcelus F. J. On the efficiency of national innovation systems [J]. Socio－Economic Planning Sciences，2003，37 (37)：215－234.

[48] Bera A. K., Yoon M. J. Specification Testing with Locally Misspecified Alternatives [J]. Econometric Theory，1993，9 (4)：649－658.

第3章

“一带一路”沿线省市农产品出口格局演化

本章基于贸易扩展边际模型和分析框架，利用“一带一路”沿线18个省市区2000—2015年的农产品出口HS数据，从贸易额、产品种类和效力三个维度详细阐述各省市区农产品出口扩展边际的特征事实，构建扩展的贸易引力模型，利用面板数据与Bootstrap因果检验方法相结合，验证并揭示扩展边际模型的决定性驱动因素，探究各因素的影响程度，最终结合事实和预期提出一些促进中国“一带一路”沿线省市农产品出口的对策建议。

引　言

加入世贸组织以来，中国农产品出口增长量明显，中国也因此成为世界性的农产品贸易大国，2002年出口总额达到180.2亿美元，进口额为124.1亿美元。此后除了2006年中国贸易逆差极小之外，农产品的进口增速均超过出口增速。据商务部统计，2002—2009年，中国农产品进口年均增速为24.71%，出口年均增速是12.22%。[①] 2012年和2013年，农产品对外贸易逆差分别为491.9亿美元和510.3亿美元，逆差额呈逐步扩大之势。2014年和2015年，逆差分别为501.4亿美元和457.4亿美元，逆差额初见减小趋势。

农产品出口波动趋势与出口波动产品趋势比较相符，如1993年经济大通胀时期、1997年亚洲金融危机、2001中国入世、2008年金融危机、2015中国外贸恶化等农产品出口波动都十分明显。由此可见，中国出口产品中农产品在面临外部风险时的弱势局面。针对农业出口逆差扩大，应关注中国农产品的出口特征、农产品基础产业的转型升级，以及利用优势保障农业产业发展壮大、中

① 中华人民共和国商务部《2009年中国农产品出口分析报》：http：//wms. mofcom. gov. cn/article/ztxx/ncpmy/.

国粮食安全供给等相关问题。

随着2015年“一带一路”倡议的提出与逐步实施，新的经济空间效应逐渐显现，中国处于“一带一路”建设的重要战略机遇期，进一步扩大和深化农业对外开放，加快推动农产品出口贸易，统筹利用国际国内两种资源两个市场，对保障主要农产品有效供应、推进农业发展方式转变和结构调整具有重要意义。中国与“一带一路”沿线国家之间的经贸往来将更加频繁，目标地的农产品市场的潜力巨大，因此，对于“一带一路”沿线省市农产品出口贸易的深入研究便显得尤为重要。

3.1 农产品相关文献梳理

3.1.1 农产品贸易理论

农产品出口贸易是国际贸易的一部分，其理论基础来自于古典国际贸易理论、新古典国际贸易理论、新新贸易理论、新兴古典贸易理论等。

古典国际贸易理论从劳动力的生产技术存在差异的角度解释国际贸易的起因与影响，在该理论中，劳动作为唯一的生产要素，各国生产技术差异具化为劳动生产率的差异，进而引发产品交换（亚当. 斯密，1776）。劳动生产率的高低取决于先天优势（自然条件）和后天优势（技术、经验），国际贸易中各国产品的出口取决于该国在自然资源、技术以及人才上的劳动力优势。大卫·李嘉图（1817）认为劳动是主要的生产要素，劳动和资本在国家间不能自由转移。一国选择集中力量生产成本相对比较低廉或不利程度相对较小而相对效率较高的产品才能获得比较优势，通过国际贸易，各国均能达到获利状态。

新古典国际贸易理论又称为要素禀赋理论。要素之间组合供给比例和组合生产比率的不同是各国比较优势和生产贸易模式差异的重要因素，这些因素导致厂商生产利润差异，进而使各国在国际贸易中处于不同的地位。在国际贸易中，出口密集使用本国充裕生产要素的产品会使收益递增，密集使用本国稀缺生产要素的行为会损失利益。此外，人们开始运用一般均衡的分析方法研究国际贸易与要素变动的关联性。贸易影响交易市场上的产品价格和要素价格，价格的变动影响各国的生产和消费需求，供需矛盾的变化影响生产要素的再分配环节，最终，要素在产业间及产业内的流动及储备比例的动态变动反作用于一国的生产活动和贸易模式（埃利·赫克歇尔，1919；伯尔蒂尔·俄林，1930；

保罗·萨缪尔森，1948）。

新新贸易理论进一步考虑了更多的生产要素，如自然资源、技术、人力资本、研发及科技投入、信息管理、价值观、文化、历史等。其研究建立在规模递增和不完全竞争条件下，新新贸易理论从产业内、企业内层面研究出口产品的差异与企业生产行为的差异。两国家平均消费水平和需求偏好的相似是产品在国家间出口的重要因素，而国际贸易的动态发展也依托于各国间技术生产的差异、产品生命周期的差异、产品生产差异化以及生产技术外溢的差异。差异造就创新优势，企业成长与产业的发展以及国家的竞争优势均来源于和而不同的创新优势（Krugman、Helpma and lancaster，1980；Bernard and Jensen，1995；Melitz，2003）。

新兴古典贸易理论，引入了专业化经济和交易费用作为核心概念，运用超边际分析的方法，在新框架下重新组合古典经济学中的经济元素，系统地解释了现代经济中的各种微观和宏观经济现象。该学派认为劳动分工的内生演进引发各种经济效应，专业化的分工造就产业内比较优势，生产专业化与消费多样化的矛盾，通过贸易解决，贸易又产生交易费用，若交易成本高于分工专业化成本，则贸易不会产生，若分工经济大于交易费用，就会产生专业化，产品的出口来源于劳动力的专业分工。新兴古典贸易理论不仅将内生性贯彻到底，而且以动态的、整合性的思维模式和研究方法阐释绝对优势、比较优势等贸易理论，是在新的框架下对传统的贸易理论的推陈出新（张永生，1980；杨小凯，2001）。

3.1.2 中国农产品出口贸易研究

现有文献大多利用二元边际分析法（即集约边际和扩展边际）从国家、产品或者企业层面研究中国农产品出口贸易。部分学者认为中国贸易增长依赖于集约边际（Amiti，2007；Freund，2008；Bernard，2009；施炳展，2010；杨春艳，2011；陈勇兵，2012）。而钱学锋（2010）则认为新增的扩展性贸易比重能够有效抗击外贸风险，不仅稳固国内进出口平衡而且可以提升国内福利经济水平。外贸的集约性边际增长方式不符合世界市场的贸易多样性需求，长期发展下去可能会恶化贸易，降低风险管控水平。杨春艳与孔庆峰（2011）研究得出中国出口高新技术产品的增长是典型的集约边际增长。在中美贸易中易受需求波动的风险冲击，长此以往，中国的高新技术产品制造业会落入“比较优势陷阱”，只能跟随发达国家的技术分布，被锁定在发达国家全球价值链布局的末端。Besedes（2011）指出贸易增长不仅受二元边际影响，而且与贸易关系的持续平稳永续有关。

对于中国农业本身种植收益低、生产资料成本高的原发性问题。学者们的研究集中于提升人力资本与产业集聚规模，以人才优势和产业效应提升中国农业的原发动力。如王悦新与张周来（2012）认为中国与东盟国家在杂交水稻产业上有相似的地缘优势和技术优势，可以通过技术交流，联合培养水稻育和种植人才，在东南亚地区建立国家级杂交水稻技术示范合作基地，实现中国杂交水稻的“走出去”。强始学等（2013）提出如果在国内外成立规模化的农业技术示范基地，将提升农业的规模集群效应，减少农企出口农业生产资料的运营成本。

对于农产品本身面临的供给和需求矛盾，耿献辉等（2013）分析归纳出国家经济实力、人口规模、地理区位、产品需求结构和政策环境等因素对中印农产品出口额影响，贸易额将随着两国之间需求结构差异的扩大而提升。对于农产品出口国外环境不宽松，面临高壁垒的问题。学者们的研究集中于提升农企人力资本，引进和培养熟悉国际环境与规则的高质复合型人才。翟雪玲（2017）建议应分别从财政、保险、税收等方面制定支持政策，建立专项发展基金，完善中国税收优惠政策体系、政府做好服务与管理。杨光与张晨（2013）专门对农产品出口贸易的金融支持政策体系（贷款、保险和外汇管理）进行梳理，认为应建立系统的农产品出口贸易税收支持政策。

中国各省市农产品出口问题研究中，郑远芳（2015）建议重庆政府应主要从推广农业标准化体系和辅助构建农产品信息平台入手，加大出口资金扶持力度和配套服务。企业应注重自身品牌建设，并需要及时调整出口产品的生产结构。李豫新与杨萍（2015）研究结果表明新疆对哈萨克斯坦、塔吉克斯坦、乌兹别克斯坦、吉尔吉斯斯坦、蒙古国农产品出口贸易潜力较大，而对俄罗斯、印度、巴基斯坦农产品出口贸易潜力较小，对阿富汗农产品出口贸易潜力变动较大；周边贸易伙伴国对外开放水平、上合组织、关税壁垒、贸易便利化及政体民主环境是影响新疆农产品出口贸易的主要因素。

汪海涛（2013）对山东省农产品出口存在的技术壁垒日趋苛刻、经营成本大幅上升、企业核心竞争力不强、国内外市场需加强拓展、传统农业生产的弊端等问题进行了分析。李双元（2015）认为青藏高原应立足于特有的资源优势，完善青稞、畜牧业等具备地域特色的农产品产业链，形成有竞争力的特色农产品产销体系。李辉与韩晶玉（2008）描述了辽宁农产品出口发展情况，指明农产品附加值低、严格的农产品贸易壁垒、农产品质量差异、农产品国际竞争力弱以及农产品出口市场集中等中国农产品出口贸易的主要问题。李丽云（2013）认为浙江实施农业“走出去”战略，加大浙江农产品的对外开放程度。

3.2 "一带一路"沿线省市农产品出口贸易现状

3.2.1 农产品出口规模

由表 3－2－1 可知，路上丝绸之陆和海上丝绸之路沿线省市出口农产品规模总计占全国出口农产品总和的一半左右，2001—2005 年出口比重超过 50%，2006—2014 年出口比重有所下降，直至 2015 年比重重新达到 50%，这与金融危机下中国出口形势不佳密切相关。各省市各月出口金额明显呈上升趋势，且波动幅度比较大。

表 3－2－1 2001—2015 年各省市农产品出口金额

（单位：亿美元）

省市/年	2001	2002	2003	2004	2005	2006	2007	2008	2009	2010	2011	2012	2013	2014	2015
新疆	1.9	3.8	3.2	2.8	4.0	4.0	6.0	8.2	1.8	8.5	9.4	8.4	8.5	9.0	8.7
重庆	0.7	0.8	0.8	1.0	1.2	1.2	1.3	1.8	1.6	1.7	2.2	2.4	3.7	3.1	3.2
陕西	1.1	1.1	1.4	2.0	2.7	3.8	7.9	7.3	0.3	5.6	6.9	8.1	7.0	5.6	5.1
甘肃	0.4	0.5	0.7	1.1	1.6	1.6	2.3	2.8	0.1	2.8	3.1	3.8	3.4	4.0	4.3
宁夏	0.1	0.1	0.1	0.1	0.2	0.3	0.4	0.4	0.0	0.7	0.8	0.8	1.1	1.9	1.1
青海	0.1	0.1	0.1	0.1	0.1	0.1	0.1	0.1	0.0	0.2	0.4	0.3	0.3	0.2	0.2
内蒙古	0.9	2.3	3.1	1.9	2.9	2.3	3.8	2.6	2.4	2.9	3.1	4.0	3.5	4.3	6.4
黑龙江	3.4	4.0	6.8	4.5	6.2	6.5	6.9	8.7	6.2	7.0	8.0	8.0	9.0	9.6	8.6
吉林	7.2	10.2	13.1	4.8	8.6	8.0	8.8	10.5	9.4	10.3	11.8	12.0	12.1	12.0	11.0
辽宁	12.3	14.4	17.1	18.6	21.6	24.1	30.7	33.5	30.6	35.9	44.2	47.8	51.3	53.4	47.9
广西	1.5	2.2	2.8	2.9	3.2	3.8	4.6	7.9	8.8	9.6	11.6	14.5	15.7	20.7	18.0
云南	2.9	3.0	3.7	4.3	4.8	5.5	6.7	8.0	4.8	13.1	17.7	20.5	24.3	28.9	40.6
西藏	0.1	0.1	0.1	0.3	0.3	0.5	0.6	0.3	0.0	0.6	0.4	0.4	0.5	0.3	0.2
上海	5.9	6.2	6.7	7.8	8.9	10.6	12.6	13.0	12.1	14.9	17.0	17.6	18.0	19.3	18.6
福建	12.4	13.0	12.9	17.9	19.6	24.1	27.5	30.3	34.2	49.6	68.9	75.5	82.3	87.8	87.5
广东	23.5	26.8	29.0	34.4	35.8	38.5	41.4	46.3	48.8	56.7	69.7	75.1	81.3	84.3	86.5
浙江	15.2	15.4	17.8	22.4	24.5	0.0	0.0	0.0	0.0	0.0	0.0	0.0	0.0	0.0	0.0
海南	0.9	1.0	1.0	1.2	1.5	0.0	0.0	0.0	0.0	0.0	0.0	0.0	0.0	0.0	0.0

数据来源：中华人民共和国商务部农产品出口贸易月度统计报告中相关数据计算整理所得。

3.2.2 农产品出口产品结构

21世纪以来，中国在水、海产品，食用蔬菜、食用水果及坚果，咖啡、茶、马黛茶及调味香料，谷物，油料、工业用或药用植物、稻草、秸秆及饲料，肉类制品，水产品制品，蔬菜、水果、坚果等制品，杂项食品等种类的产品类目上出口比重较大（表3—2—2）。目前，中国出口农产品的结构变化和中国农产品的比较优势是相符的。2002年，所有出口农产品中，水产品及其制品、蔬菜水果及其制品、畜禽产品的占比总计54.4%，依次为25∶20.2∶9.2。2010年，畜禽产品出口占比为9%，总出口额为44.3亿美元。2015年，水产品及其制品出口额为195.9亿美元。虽然中国蔬菜、水果、原料类水产品、蜂蜜出口量巨大，但对于主要出口国的市场依存度较高，均在50%以上，一旦某个出口目标国给予药物残留、卫生检疫类的SPS措施，将会导致所有出口国的连锁性封闭，引发巨大的市场风险。

表3—2—2 农产品分类别出口金额

（单位：万美元）

	农产品类别	2002年	2006年	2010年	2013年	2015年
1	活动物	34387.9	33304.8	45396.3	58062.5	59773.1
2	畜肉及杂碎	26371.5	57968	56695.4	47318.3	44986.5
3	禽肉及杂碎	40080.1	16708.7	42759.5	51534.2	60774
4	水、海产品	287418.5	474289.9	881379.4	1252562.6	1332436.6
5	乳品、蛋品、蜂蜜及其他食用动物产品	19439.2	30199.1	40447.8	62389	69741.8
6	其它动物产品	64954.5	99558.9	135757.5	220071	177193.8
7	活植物及花卉	4307.20	10518.6	20579.2	27636.8	29963.7
8	食用蔬菜	188320.20	371490	747767	787138.5	902399.6
9	食用水果及坚果	55463.30	128075.6	267954.3	417226.2	516198.6
10	咖啡、茶、马黛茶及调味香料	55162.00	98901.3	165672.5	224587.6	253540.8
11	谷物	164987.20	103800.6	53943.6	51396.2	32180.8
12	制粉工业产品	11832.30	23570	55075.3	61049.7	59354.3
13	油料、工业用或药用植物、稻草、秸秆及饲料	93980.90	132558.5	204858.2	292481	289949.8
14	植物液、汁	7724.70	15497.7	64686.5	115115.2	127311.9
15	编织用植物材料	4386.50	5321.7	6368	8926	12473.1
16	动植物油脂及其分解产品	10810.70	39099.1	36993.6	60653.3	66656.9

（续表）

	农产品类别	2002 年	2006 年	2010 年	2013 年	2015 年
17	肉类制品	69556.90	126565	144646.8	205489.8	174112.1
18	水产品制品	163150.00	422532.9	442057.8	692707.9	626505
19	糖及糖食	22699.30	46244.1	105991.8	145188.7	156249
20	可可及其制品	3598.90	12368.5	21263.5	38625.3	44238.5
21	谷物、粮食粉、淀粉制品及糕点	45507.60	86111.6	115900.2	145273	143574.1
22	蔬菜、水果、坚果等制品	175836.50	378144.9	554694.2	785430	738880
23	杂项食品	46051.00	91123.6	156351.8	246387.5	297678.1
24	饮料、酒及醋	59719.30	109051.4	99499.3	134123.1	199387.1
25	食品工业的残渣、废料配制的动物饲料	40831.80	51521.9	195482.6	273450.7	266485.5
26	烟草及其制品	43295.50	56560.3	102030.3	132102.5	135146.6
27	其他农产品	61979.80	81500.7	124066.3	172682.7	201256.6

数据来源：由中华人民共和国农产品出口月度统计报告相关数据整理所得。

3.2.3 农产品出口市场情况

影响农产品出口市场的两个因素是产品和环境。从表 3－2－3 来看，2006 年沿线省市农产品主要出口市场为日本、韩国、美国、东盟和欧盟 15 国，出口金额共计 246.4 亿美元，占中国农产品出口总额的 79.41%。其中，日本市场占 26.46%，美国市场占 12.18%，韩国市场占 9.31%，欧盟 15 国市场占 13.02%，东盟市场占 9.83%。2015 年中国农产品出口市场转变很大，日本市场仅占 0.56%，欧盟成员国范围继续扩大，在这一地区农产品出口额为 81.5 亿美元，比重为 7.0%。美国市场出口额 246.5 亿美元，占 21.2%。东盟市场出口额 158.1 亿美元，占 13.6。韩国市场下降严重，出口金额为 43.4 亿美元，占 3.7%。从 2014 年开始统计的中国对“一带一路”沿线方向出口总额为 210.32 亿美元，占 2014 年全部农产品出口总额的 34.1%，2015 年，出口金额为 218.13 亿美元，占比为 34.9%。两年比例均超过 30%，可见中国各省市在“一带一路”倡议下能获得良好的农业出口市场。

表 3－2－3 2006 年和 2015 年沿线省市农产品出口主要市场对比

农产品出口主要市场	2006 出口金额（亿美元）	占农产品出口总额的比重（%）	2015 出口金额（亿美元）	占农产品出口总额的比重（%）
日本	82.1	26.5	6.5	0.6

（续表）

农产品出口主要市场	2006 出口金额（亿美元）	占农产品出口总额的比重（%）	2015 出口金额（亿美元）	占农产品出口总额的比重（%）
欧盟	40.4	13.0	81.5	7.0
美国	37.8	12.2	246.5	21.2
东盟	30.5	9.8	158.1	13.6
韩国	28.9	9.3	43.4	3.7

数据来源：根据中华人民共和国商务部网站数据整理所得。

由于农业对于国家安全的特殊性，各国对这一领域实行严重的贸易保护手段，世界平均关税约束达到 62%的水平。各国也逐渐将贸易壁垒转化为隐蔽性的制度和合法的规则，农产品出口的制度性阻碍比重增多。近二十年间，“一带一路”沿线各省市农产品出口市场的变化与各国和各地区组织对于农产品设定的关税壁垒有很大关联性。自 2001 年以来，中国农产品贸易快速增长，美国、日本、欧盟以及一些新兴国家都是中国农产品出口的重要市场。

中国 75%以上的农产品出口企业均为出口额在 500 万美元以下的中小企业，由于信息渠道不畅，对国内外贸易形势缺乏了解，抵御外来风险的能力弱，因而比其他行业的出口企业面临更大的压力。厘清这些市场中遭受贸易壁垒的原因和事件，有利于之后各省市的农产品出口。表 3－2－4 显示了各省市在以往的农产品贸易中主要受到关税壁垒、技术壁垒、各国为保护本国农业发展实施的贸易救济措施的影响。

表 3－2－4　近年来主要出口市场遭受贸易壁垒事件及原因

出口市场	事件	原因
美国	暖水虾案、蜂蜜案、大蒜案、蜡烛案子、浓缩苹果汁案、小龙虾案、蘑菇罐头案例	市场经济地位问题、“市场导向行业”问题、替代国的选择以及替代国价格的确定、分别税率资格问题、“归零”问题、反倾销反补贴的双重计算问题

（续表）

出口市场	事件	原因
欧盟	1. 几乎所有中国输欧优势农产品均受关税高峰影响： ——大蒜、蘑菇罐头、禽肉制品限量配额且不可累积和转让 ——水果、蔬菜或园艺产品征收季节 ——深加工农产品增收关税 ——对部分糖产品、可可食品、饼干、面包、马铃薯征收进口关税夹带成分附加税	欧盟对肉、蛋、糖、谷类关税保护程度高，保护本国农产品限制进口数量，征收季节税，附加税并实施关税升级
	2. 花生黄曲霉菌检测、化学品注册评估、茶叶的农药最大残留限量标准、水产品法令	技术性壁垒、卫生与植物卫生措施
	3. 橘子罐头、冷冻草莓、蜡烛案件	反倾销
日本	1. 牛肉、奶、淀粉类、咖啡类	关税高峰、关税配额、关税升级
	2. “肯定列表制度”	卫生与植物卫生措施、贸易歧视，外紧内松的评判标准
新兴国家	1. 土耳其、印度、俄罗斯和墨西哥的鲜冷牛羊猪肉、酸奶、糖类、果蔬、茶叶、水产品	关税高峰、关税配额、关税升级
	2. 大蒜蘑菇、糖、酒类	进口限制与通关环节壁垒
	3. 进出口动物案件	卫生与植物卫生措施
	4. 巴西肉鸡案	贸易救济

资料来源：中华人民共和国商务部《农产品出口贸易壁垒调查报告》，http：//www.mofcom. gov. cn/mofcom//yewufenlei. shtml＃z02

3.2.4 农产品出口地域

2015年中国出口大区依次为“一带一路”沿线、东盟、欧盟、中东、独联体、拉美地区（表3－2－4）。这些区域与中国路上丝绸之陆和海上丝绸之路可以地域连接。沿线国家农业市场潜力巨大，中亚地区连接欧洲大陆和亚洲大陆，土地面积广阔，农业市场空间充足。该地区农业需求以种植业和畜牧业为主。在粮食、棉花、果蔬、油料作物的生产能力上地区差距较大，除哈萨克斯坦粮食生产能力和供应能力较强之外，其余四国特别是塔吉克斯坦和吉尔吉斯斯坦两国粮食缺口较大。中亚国家是重要的优质长绒棉生产国，乌兹别克斯坦、土库曼斯坦、塔吉克斯坦是主要产棉国。另外，畜牧业历史悠久，基础较好，与中国西藏、新疆、内蒙古、甘肃、陕西等城市的资源禀赋相似，市场需求也相似。目前中国与中亚农产品贸易规模较小，以边境小额贸易为主，中国与该地区交易的农产品主要有药材、水果、畜产品、粮食制品、糖料、棉麻丝、饼粕、坚果、蔬菜等。

表 3—2—4 2012—2015 年中国农产品出口主要市场

（单位：亿美元）

地区	2012	2013	2014	2015
东盟	161.40	148.40	135.39	147.54
* 中东	4.80	7.77	26.77	28.26
* 欧盟 27 国	83.64	102.09	84.32	81.21
* 欧盟 28 国	83.65	102.10	84.58	81.46
* 独联体	25.39	28.21	30.36	24.31
* 南非关税区	4.25	5.05	3.36	2.97
* 海合会	1.44	2.70	9.73	9.82
* 拉美地区	286.00	330.21	22.08	21.89
* 加勒比地区（15 国）	0.02	0.02	1.17	1.20
* 中东欧 16 国	1.89	3.36	7.48	6.89
* 一带一路	0.00	0.00	210.32	218.13

数据来源：根据中国农产品出口月度统计报告数据整理所得。

东北三省连接中亚、俄罗斯最终到达欧洲。近年来，由于欧美在经济上制裁俄罗斯以及俄罗斯乌克兰危机等政治事件，使中国与俄罗斯等独联体国家农产品贸易往来频繁。目前俄罗斯对中国出口主要产品为粮食、食品及海产品，包括玉米、面粉、坚果、大豆、植物油以及鱼虾等。中国向俄罗斯出口的农产品以蔬菜、水果、坚果等制品、肉、鱼、甲壳动物、植物鲜花制品等（尚静，2015）。

广西、云南、西藏以及上海、福建、广东、浙江、海南 5 省主要面对东南亚和南亚地区。中国—东盟自由贸易区建立推动中国农企与东南亚、南亚国家的商业合作（陈晓梅与李然，2011）。中国“一带一路”沿线各省市对东盟国家的出口以大宗农产品、园艺产品和加工后的农产品为主。

3.2.5 主要农产品出口伙伴贸易互补性

RCA_{xik} 为产品 k 的出口显性比较优势，是一国某类产品出口额占该国所有产品出口总额的份额与世界该类产品出口额占世界所有产品出口总额份额的比值。x 表示出口，i 表示地区及国家。通常，这一指数是大于 0 的自然数。$0 < RCA_{xik} < 0.8$ 表示该国或地区第 k 类产品具有弱比较优势。$0.8 < RCA_{xik} < 1.25$ 为一般优势。$1.25 < RCA_{xik} < 2.5$ 为较强竞争优势，> 2.5 为优势极强。

同理，RCA_{mjk} 表示进口基础上 j 国的比较优势。m 表示进口，j 表示国家或地区。RCA_{mjk} 越大，说明该国该地区进口比例越大。公式如下：

$$RCA_{xik} = \frac{(Xi^k/Xi)}{(W^k/W)} \tag{3.2.1}$$

$$RCA_{mjk} = \frac{(Mj^k/Mj)}{(W^k/W)} \tag{3.2.2}$$

式中 Xi^k 表示 i 国的农产品出口额，Xi 表示 i 国（地区）货物总额，Mj^k 表示 j 国 k 产品进口总额，Mj 表示 j 国或地区的货物进口总额，W^k 表示世界范围内 k 产品的出口额，W 表示世界货物的总出口量。

Cij 是贸易互补性指数，该指数可以衡量一国或同一地区出口产品与目的地国家的产品种类吻合度。$Cij > 1$ 表示贸易互补性强，$Cij < 1$ 表示贸易互补性弱，公式如下：

$$Cij = RCA_{xik} * RCA_{mjk} = \frac{(Xi^k/Xi)}{(W^k/W)} * \frac{(Mj^k/Mj)}{(W^k/W)} \tag{3.2.3}$$

根据公式（3.2.3）计算出沿线各省市与主要贸易国 2006—2015 年的农产品出口总额显性比较优势指数。

由表 3－2－5，“一带一路”沿线 18 省市农产在 2000—2003 年具有极强的显性比较优势，出口显性比较优势值在 2.5 以上。2004—2007 年中国沿线省市农产品的出口显性比较优势明显下降，但仍具有较强的优势，2008—2009 年间，沿线各省农产品出口显性比较优势指数均低于 1.25，位于低谷期。随着 2010 年后经济形势的缓慢恢复，各省农产品出口竞争优势也有所提升。

表 3－2－5 2006—2015 年沿线各省市农产品出口显性比较优势指数

年份	2000	2001	2002	2003	2004	2005	2006	2007
RCA	2.55	2.62	2.71	2.74	1.80	1.77	1.78	1.51

（续表）

年份	2008	2009	2010	2011	2012	2013	2014	2015
RCA	1.24	1.16	1.65	1.78	1.77	1.88	1.83	1.89

数据来源：中国国家统计局及 World bank WITS 贸易数据库相关数据整理分析所得。

由表 3－2－6 可知，2000—2015 年日本、非洲、俄罗斯的进口显性比较优势基本均大于 0.8，也即日本、非洲、俄罗斯在农产品方面更多地依赖进口，具有较强的比较优势，相比美国、欧盟、东盟、韩国、西亚等国家及地区，在农产品出口方面不具有比较优势。美国、韩国、西亚、东盟的农产品进口比较优势较弱。"一带一路"沿线省市农产品出口有显性比较优势与日本、非洲、俄罗斯的进口优势形成明显的互补关系。

表 3－2－6　2000—2010 年主要贸易国的农产品贸易进口显性比较优势指数

年份	美国	日本	欧盟	韩国	东盟	俄罗斯	西亚	非洲
2000	0.89	1.06	0.77	0.57	0.64	1.75	0.03	1.14
2001	0.91	1.06	0.75	0.63	0.62	1.73	0.03	1.03
2002	0.81	1.10	0.79	0.65	0.82	1.70	0.04	1.24
2003	0.76	1.08	0.83	0.61	0.62	1.67	0.04	0.96
2004	0.86	1.06	0.77	0.55	0.53	1.50	0.03	0.98
2005	0.92	0.99	0.76	0.51	0.56	1.46	0.03	1.00
2006	0.95	0.94	0.71	0.51	0.71	1.51	0.04	1.03
2007	0.89	0.91	0.72	0.51	0.79	1.36	0.03	1.14
2008	0.96	0.89	0.74	0.52	0.67	1.23	0.04	1.67
2009	0.99	1.00	0.86	0.59	0.70	1.57	0.05	0.84
2010	0.86	0.96	0.84	0.56	0.65	1.53	0.15	1.08
2011	0.74	0.99	0.85	0.53	0.75	1.26	0.27	1.66
2012	0.82	0.98	0.85	0.57	0.75	1.46	0.54	1.87
2013	0.86	0.98	0.85	0.58	0.65	1.25	0.13	1.38
2014	0.94	0.96	0.84	0.63	0.58	1.78	0.53	1.59
2015	0.98	0.95	0.73	0.65	0.59	1.74	0.54	1.87

数据来源：FAO《粮农统计年鉴》，《中国统计年鉴》，World bank WITS 贸易数据库相关数据整理计算得出。

利用贸易互补性指数对与美国、日本、欧盟、韩国、东盟、俄罗斯、西亚、非洲的农产品贸易互补性进行核算，可以得出结果见表3－2－7。2000—2015年省市与日本、俄罗斯、非洲、欧盟、东盟之间的农产品贸易互补性指数相对较高。

表3－2－7 2000—2015年主要贸易伙伴的农产品贸易互补性指数

年份	美国	日本	欧盟	韩国	东盟	俄罗斯	西亚	非洲
2000	0.8910	1.2426	2.1750	0.7317	0.9526	1.4048	0.249	1.6565
2001	0.7005	1.2615	2.1839	0.7548	0.9536	1.4171	0.329	1.6529
2002	0.8023	1.2724	2.1962	0.8619	0.9056	1.4202	0.371	1.6063
2003	0.9128	1.2669	2.2065	0.8398	0.8429	1.4124	0.359	1.7449
2004	0.9712	1.1658	2.1206	0.8856	0.8832	1.2337	0.361	1.6526
2005	0.9640	1.1468	2.1127	0.9759	0.9867	1.2193	0.325	1.8459
2006	0.8624	1.1294	2.0978	0.8775	1.0966	1.2082	0.310	0.9452
2007	0.8579	1.1132	2.0888	0.8622	1.0967	1.1661	0.503	0.7380
2008	0.8438	1.0955	2.0795	0.8558	1.0727	1.1372	0.642	0.7156
2009	0.8609	1.1227	2.1043	0.7720	1.0854	1.1966	0.557	0.8156
2010	0.8511	1.1406	2.1313	0.7827	1.0942	1.2226	0.503	1.0589
2011	0.9529	1.1459	2.1786	0.8786	1.0956	2.0774	0.678	1.3269
2012	0.9579	1.1655	2.0977	0.8836	1.0986	2.3784	0.864	1.0668
2013	0.7478	1.1543	2.0878	0.8890	2.0789	2.4738	0.956	1.9678
2014	0.8600	1.1556	2.0899	0.7766	2.0834	2.3890	1.0521	1.8657
2015	0.7577	1.2677	2.0768	0.9778	2.0789	2.2778	1.0557	1.9634

数据来源：FAO《粮农统计年鉴》、《中国统计统计》、WITS贸易数据库相关数据计算得出。

3.3 “一带一路”沿线省市农产品出口扩展边际分析

3.3.1 理论分析

基于规模经济递增、产品多样性偏好的假设，新新贸易理论学者提出扩展边际是能够解释出口增长的唯一渠道（Krugman，1980）。集约边际，即持续出口产品的贸易增加额占上年贸易总额的比重；扩展边际，即当年退出产品与新进入产品的贸易额之和占上年贸易总额的比重。Melitz（2003）在企业异质性和贸易成本两大假设的基础上构建异质性贸易模型，此方法为研究贸易扩展边际另辟蹊径。谭晶荣（2016）从三个维度对农产品出口扩展边际进行测算，并引入扩展边际效力测度，本研究借鉴其分析方法对“一带一路”沿线省市的农产品出口扩展边际进行实证检验。同时归纳总结设定两个命题，从两方面来分析“一带一路”沿线 18 个省市区农产品出口的扩展边际是否会推动出口增长。

命题 1：农产品扩展边际的提升对于出口增长有贡献作用。企业在出口贸易中并非仅出口一种产品，而是在同一时期向同一市场（或不同市场）出口数种产品。其中来自于新旧产品更替逐渐形成的产品种类维度的扩大也能推动产品市场更广阔。因此沿线各省市在对外贸易中新出口产品种类的扩大会增加其贸易维度，市场需求的范围扩大具有累积集聚效应，在长期，会实现农产品出口的扩展。

命题 2：农产品效力维度的产品增加能够推动出口增长贡献。占据固定出口份额的农产品具备贸易效力，一定时期内两国间具有贸易潜力的产品集合中持续有贸易关系的产品份额（即潜在贸易关系使用率）的扩大会促进出口贸易。不管是在“一带一路”倡议初始阶段，还是未来发展阶段，沿线省市保证出口具备产品效力的农产品，才能实现出口总量提升的良性预期。

3.3.2 模型建构

（1）产品贸易额度和产品种类测度

从市场中产品贸易来说，扩展边际测度的是市场中老产品退出和新产品加入引起的出口变化比率。其中 $O_{i,t}$ 表示仅在 t 时期内出口的农产品。由于该产品在下一时间会退出市场，因此被称为“退出品”。$N_{i,t+1}$ 表示在 $t+1$ 内的“新进入品”，“新进入品”在 $t+1$ 时期才开始出现。$O_{i,t}+N_{i,t+1}$ 是农产品出口扩展的基本。

假定 $g^k_{ij,t}$ 为 i 国在 t 时期向 j 国出口 k 产品的贸易额，$g^k_{i,t}=\sum_j g^k_{ij,t}$ 表示 i 国在 t 时期的 k 产品总出口额，k 产品各年出口变动额 $\Delta g^k_{i,t+1}=g^k_{i,t+1}-g^k_i$，所有产品出口变动额 $\Delta g_{i,t+1}=\sum_k \Delta g^k_{i,t+1}$。所以，各省农产品出口增长的扩展边际测算方法如下：

$$\Delta g_{ei,t+1}=-\sum_{k\in O_{i,t}} g^k_{i,t}+\sum_{k\in N_{i,t+1}} g^k_{i,t+1} \tag{3.3.1}$$

其中，$-\sum_{k\in O_{i,t}} g^k_{i,t}$ 表示老产品退出过程中的产品贸易总额，$\sum_{k\in N_{i,t+1}} g^k_{i,t+1}$ 表

示新产品加入时期的贸易总额；上述列式两端同时除以 $g_{i,t}$，得到扩展的边际值：

$$EM=\frac{\Delta g_{ei,t+1}}{g_{i,t}}=\frac{-\sum_{k\in O_{i,t}}g_{i,t+1}^{k}+\sum_{k\in N_{i,t+1}}g_{i,t+1}^{k}}{g_{i,t}} \tag{3.3.2}$$

将(3－3－2)式两端同时乘以 $\frac{g_{i,t}}{\Delta g_{i,t+1}}$ 得，进行简化后得到扩展边际的贡献率：

$$EM'=\frac{\sum_{k\in O_i}\Delta g_{i,t+1}^{k}+\sum_{k\in N_i}\Delta g_{i,t+1}^{k}}{\Delta g_{i,t+1}} \tag{3.3.3}$$

(2) 效力维度测算扩展边际

假设 u 国和 i 国之间存在贸易。一个产品 X 可以从 u 国出口到任意市场，i 国也可以从世界上任意市场进口 X。我们把 i 国专门从 u 国进口 X 产品的行为称为两国之间对于 X 有贸易潜力。X 被称为长期在两国之间保证一定的出口量的具备贸易潜力产品。因此可以有以下(3－3－4)、(3－3－5)式子表明该情况：

$$P_u^x=\begin{cases}1 & ifV_{uit}^x>0,t\in T,i\in C\\0 & otherwise\end{cases} \tag{3.3.4}$$

$$P_i^x=\begin{cases}1 & ifV_{uit}^x>0,t\in T,i\in C\\0 & otherwise\end{cases} \tag{3.3.5}$$

V_{uit}^x 表示 u 国在 t 年出口 X 产品的总和，T 表示样本时期。C 表示产品出口的国家集合。i 为在观测期内 i 国进口 X 产品总和。

若产品同时具备上述两式子的条件。即：

$$P_{ui}^x=P_u^x*P_i^x \tag{3.3.6}$$

其中 P_{ui}^x 为 u 国和 i 国之间关于 X 产品的贸易效力值。如果在观测期内，u 国持续向 i 国出口 X，这说明未来具备贸易活力。(A_{ua}^x 为 u 国与 i 国之间 X 产品的贸易活跃值)

$$A_{ui}^x=\begin{cases}1 & ifV_{uit}^x>0,t\in T,i\in C\\0 & otherwise\end{cases} \tag{3.3.7}$$

依据贸易活力值和潜力值的比值，定义 u 国农产品的扩展边际效力值为：

$$Utilization_u=\frac{active_u}{potential_u}=\frac{\sum_i\sum_x A_{ui}^x}{\sum_i\sum_x P_{ui}^x} \tag{3.3.8}$$

3.3.3 边际测算

本研究中数据来自中华人民共和国商务部对外贸易司农产品贸易专题进出

口月度报告和国别报告以及 World bank WITS 贸易数据库。本研究将陆上丝绸之路沿线省市的农产品出口总额和海上丝绸之路沿线省市农产品出口的贸易总额分别归总，从产品贸易额度计算扩展边际所占比重及贡献率（图 3－3－1 和图 3－3－2）。2008 年以前，受对外开放度的加大和广阔的海外市场影响。海上丝绸之路沿线省市扩展边际值较大。陆上丝绸之路沿线由于地缘劣势，政策反馈滞后，人才流失，农企生产水平落后等因素的影响，出口扩展落后于海上丝绸之路沿线。2008 年后受到金融危机的影响，出口扩展边际值迅速减小，且陆上丝绸之路沿线省市的波动性稍强，但在 2014 年以后，不利地位有所扭转。

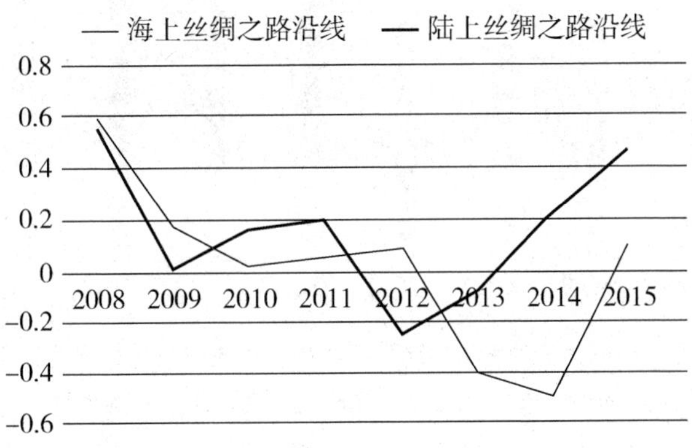

图 3－3－1 沿线省市农产品出口扩展边际

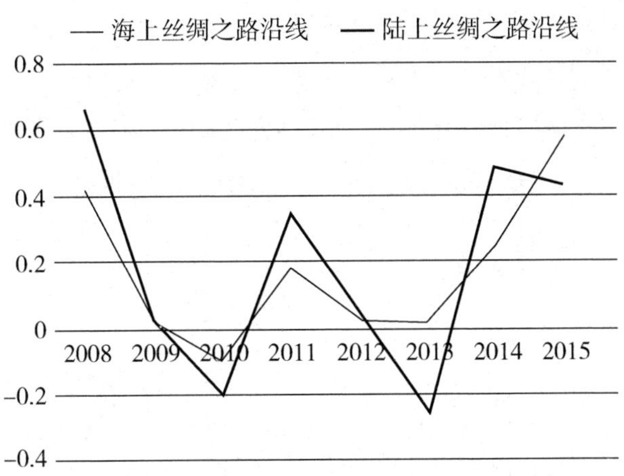

图 3－3－2 沿线省市出口扩展边际贡献率

2008 年后两个方向上贡献率均骤降，直到 2013 年，贡献率始终处于较低水平（均值低于 5%），其中，2011 年出现反弹（图 3－3－3）。陆上丝绸之路和海上丝绸之路沿线平均贡献率达到 0.3，路上丝绸之路的波动幅度更大。缺乏出口多样性、技术性瓶颈以及不熟悉国际规则和标准是中国企业难以适应复杂的国际贸易环境的本质原因，从而在出口贸易条件明显恶化时中国农产品出口呈现出抗外部冲击能力脆弱的局面。

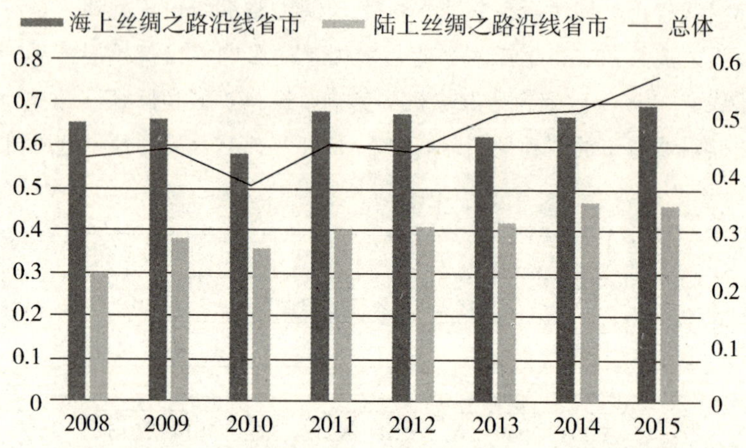

图 3—3—3 “一带一路”沿线各省市农产品出口变化比率

注：以海上丝绸之路沿线省市为例，2008 年海上丝绸之路沿线 5 省市地区农产品出口变化比率为 0.64，在全部的农产品种类中有 64%的产品实现出口，那么该地区出口扩展边际值即为 0.64。

为了从产品维度上探讨，本研究参照 Leamer（1984）和邓强（2013）使用的农产品分类依据，依据 HS 编码将研究对象细分为六大类（如表 3－3－1），从产品维度方面更细致地测算 18 个省市区农产品出口增长。

表 3—3—1 农产品分类与 HS 编码对比表

产品分类	HS 码	产品分类	HS 码
原材料	25、26	热带农产品	06、07、08、09、17、18、20、22、23
林木产品	13、14	动物产品	01、02、03、04、05、15、16
其他农产品		谷物	10、11、12、19、21

在产品维度方面，各产品类别扩展边际在 2002—2004 年间比较平稳，2004—2006 年间波动较大，2008—2014 开始逐步恢复平稳水平，2008 年以后仅有其他农产品出口扩展边际出现明显的增长趋势，林产品出口扩展边际一直呈现出明显的下降趋势，在农产品内部结构中的扩展边际各具特色（图 3－3－4）。

在效力维度测算方面，本研究中贸易对象设定为全世界，即 i 国指全世界，

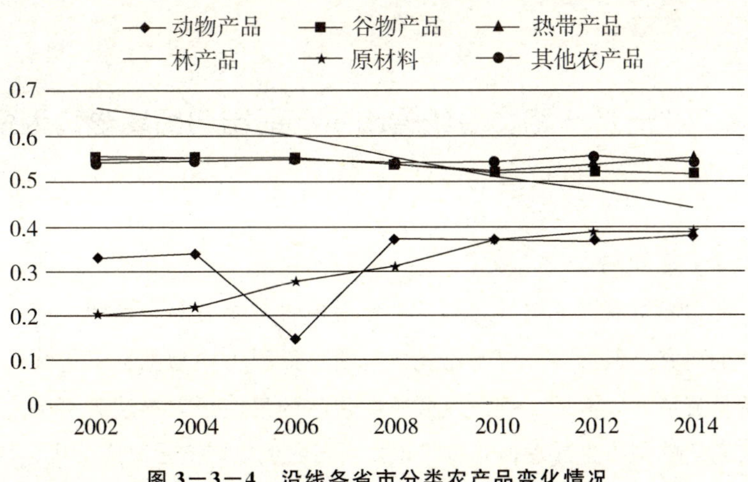

图3—3—4 沿线各省市分类农产品变化情况

假设世界可以从其他国家进口到所有目标产品。所以 $P_{xi}=1$，表3—3—2结果是与全世界边际值相比。由表3—3—2可知，陆上丝绸之路和海上丝绸之路沿线省市的农产品出口扩展边际效力分别为47%和28%，表明各市区在扩展边际维度也存在提升机会。陆上丝绸之路和海上丝绸之路沿线地区还有不同程度的差异。首先，欧美发达国家水平约为50%—60%，与海上丝绸之路沿线的中东部沿海省市扩展边际效力相似。其次，发展中国家水平约为20%—30%，与陆上丝绸之路沿线省市的效力值相近。最后，西藏以5%的边际效力值位于全国末尾。中国大多省市区的扩展边际效力与欧美发达国家差距比较大。

表3—3—2 中国18个省市区农产品出口扩展边际效力

海上丝绸之路	边际效力值	陆上丝绸之路	边际效力值
上海	0.50	甘肃	0.21
浙江	0.49	青海	0.06
福建	0.51	宁夏	0.16
广东	0.67	内蒙古	0.24
海南	0.19	黑龙江	0.36
均值	0.47	吉林	0.40
		辽宁	0.60
陆上丝绸之路		广西	0.39
新疆	0.17	云南	0.33
重庆	0.18	西藏	0.05
陕西	0.24	均值	0.28

3.4 “一带一路”沿线省市农产品出口贸易影响因素

3.4.1 理论分析

传统的国际贸易理论对贸易基础、贸易模式甚至贸易产生的福利效应进行了深入性的研究，但忽视了贸易流量的分析。而引力模型弥补了传统的贸易缺点，将贸易流量加以考量。引力模型所要传达的思想可以描述为两国之间的贸易流量与它们的国内生产总值总量成正比，与它们之间的距离成反比。具体为：

$$X_{ij} = \frac{A(Y_i Y_j)}{D_{ij}} \tag{3.4.1}$$

其中 X_{ij} 指 i 国对 j 国的出口额，A 是常数项，Y_i 和 Y_j 分别表示 i 国的国内生产总值和 j 国的国内生产总值，D_{ij} 表示两国之间首都或者经济中心的距离。对引力模型的公式取对数，使用线性模型拟合计量数据。即：

$$LnX_i = \beta_0 + \beta_1 \ln(Y_i Y_j) + \beta_2 \ln D_{ij} + u_{ij} \tag{3.4.2}$$

其中，β_0、β_1、β_2 为系数，u_{ij} 代表随机误差项。

Tingergen（1962）和 Poyhonen（1963）是较早的将贸易引力模型用于研究国际贸易流量的学者，他们通过实证研究发现两国之间的贸易量与其经济发展水平成正比，与其之间的相互距离成反比。随后专家学者不断对贸易引力模型进行扩展，加入了人力资本、人均收入、汇率。而之后的贸易引力模型研究中，还探讨了包含两国是否拥有共同的边界、是否使用共同的语言或货币、是否同属于一个自由贸易区等虚拟变量（Linnemann，1996；Bergstrand，1989）。

20 世纪 80 年代以来，学者将引力模型应用于研究国际贸易问题，包括以下分类：(1) 检验某一产品标准对贸易的影响。通过利用贸易引力模型对相关问题及变量进行回归检验，分析回归系数及系数值的大小来判断变量对贸易的影响。(2) 检验并测算边境效应。“边境效应”是指拥有共同的边境对双方贸易额具有显著的关系。两国边境越接近，市场融合程度越高，产品需求相似度越高，越有利于双边贸易，反之则不利于双方贸易（麦卡伦姆，1995；格罗斯曼，1998）。(3) 测算双边贸易潜力。在贸易双方的“自然”状态下，地理空间远近决定该国从哪一国家进行产品进出口。这是关乎贸易成本和贸易潜力的重要因素（卢卡贝内迪克蒂斯，2005）。

3.4.2 模型构建

本节依据理论基础和现实依据，针对"一带一路"沿线省市农产品对外贸易的实际情况，试图建立反映各省市与主要农产品出口贸易伙伴之间的引力模型。该模型本质上是对扩展边际路径上的贸易流进行影响因素的分析。引入农业增加值、人均国内生产总值差异和经济开放程度等解释变量，也加入丝绸之路经济带沿线国家是否与中国具有共同边界和是否加入某一经济组织等虚拟变量。基本模型表述如下：

$$\begin{aligned} LnT_{it} = {} & \beta_0 + \beta_1 LnGDP_{it} + \beta_2 LnPOP_{it} + \beta_3 LnAGR_{it} + \beta_4 LnDIS_{it} \\ & + \beta_5 LnDG_{it} + \beta_6 PI_{it} + \beta_7 OPEN_{it} + \beta_8 LnTR_{it} \\ & + \beta_9 BOR_{it} + \beta_{10} PTA_{it} + u_{it} \end{aligned} \tag{3.4.3}$$

其中，为使得计量数据更好拟合模型，对所有连续变量都取了对数。其中，T_{it} 为观测期内各省市农产品出口总额。GDP_{it} 为各省市国内生产总值，用来表示该省份的经济规模，POP_{it} 为该省市农业劳动人口，AGR_{it} 表示各省市农业生产总值占国民收入比，这两个指标是衡量该省市农业发展水平的指标。DIS_{it} 为该省市与个出口目的国首都之间的平均距离，用来衡量各省市与目标市场的不变贸易成本。DG_{it} 为各省市人均国内生产总值与目标国之间人均国内生产总值的差异，用来指代各省市的可变贸易成本。PI_{it} 指代农业技术因素，用出口的农产品加工业产值衡量。$OPEN_{it}$ 表示各省市农产品开放程度，属于农产品贸易中的多边贸易阻力，用农产品出口额占总出口额比衡量。用来指代 TR_{it} 为虚拟变量，指代各省市出口农产品征收税收等级，若征收则为 1，若实行出口补贴则为 0。BOR_{it} 为虚拟变量，表示各省市是否与出口贸易国有共同边界，如果两国相邻则取 1，否则取 0。PAT_{it} 代表出口目标国是否和中国同时加入了一个国际组织，这两个指标用来作为虚拟变量。u_{it} 代表随机误差项。

计量经济学中常用的因果检验方法是格兰杰因果检验，如果解释变量的过去信息有助于提高对被解释变量的预测，则表明解释变量是被解释变量的格兰杰原因，被解释变量也可能是解释变量的格兰杰原因。但是格兰杰检验中特别注意截面相依和斜率异质性，（Tekin，2012）总结得出 3 种带有截面相依的因果检验方法：一种是基于向量误差修正模型广义矩估计（GMM），当 T 截面比较大时更有效，缺点是除非斜率系数是同质的，否则仍可能存在参数估计误差。第二种是 Hurlin（2008）的控制斜率异质性因果检验方法，但它并没有处理好截面相依的问题。第三种是由 Kónya（2006）提出的 Bootstrap 面板因果验模型，除了利用截面维度和时间维度的多重信息，还可以针对面板数据中基于某一条件进行单一具体分析，且能够处理截面相依与斜率异质性。Bootstrap 检验系数显著性的基本思想是假设样本是从母体中随机抽取的，通过反复从样本中抽取来模拟母体的分布。它是完全依赖样本重复抽样检验的蒙特卡洛模拟非参数方法，因此无需预先对面板单位根和协整进行检验。Bootstrap 面板因果检验是由面板个体向量自回归方程合成的系统构成，并充分利用面板数据中截面相依的公共信息提高方程的估计精度，对面板个体中的变量关系做具体分析，有别于以往只能对面板整体的变量关系做出检验，这也是 Bootstrap 面板因果检验法的最大特色和优势所在。

表 3－4－1　关于解释变量的含义及理论预测和说明

解释变量	含义	预期符号	理论说明
GDP_{it}	各省市 i 的国内生产总值	+	反映各省市的对国际市场的供给量，国内生产总值越大，潜在农产品生产能力越强，出口量越大。
POP_{it}	各省市的农业劳动力	+或－	省市农业劳动力越多，生产能力越强。
AGR_{it}	农业增加值占国民生产总值比重	+	一省国内生产总值中农业产出所占比重越大，其发生农产品贸易的可能性越大
DIS_{it}	各省市与目标省市距离	－	反映了贸易的运输成本，距离远，运输成本高，距离可能成为阻碍贸易的重要因素。
DG_{it}	各省市与目标市场人均国内生产总值差的绝对值	－	资源禀赋所决定的农产品贸易，国家经济发展水平差别越大，贸易量越小
PI_{it}	各省市出口深加工农产品产额	+	农产品科技含量约高，出口越受欢迎，逐渐形成贸易比较优势。
$OPEN_{it}$	各省市农产品开放程度，以农产品出口额占总出口额比表示。	+	经济开放程度越高出口额越高。

（续表）

解释变量	含义	预期符号	理论说明
TR_{it}	各省市主要农产品是否在目标国内被征税，征税后是否被补贴。征税后值为1，国内有补贴则为0。无补贴继续为1	−	出口农产品受到目标国税收壁垒不利于农产品出口。如国内对该省市进行税收补贴则会继续出口。
BOR_{it}	虚拟变量，i 省是否与 j 国接壤，如果接壤取值为1，否则为0	+	当双方地缘上具有共同的边界时，贸易成本将大幅度下降，双边贸易流量也会明显增加。
PAT_{it}	虚拟变量，当中国与目标国属于相同的贸易组织时取1，否则取0	+	当两国均属于某个贸易组织时，基于优惠贸易安排，相应双边贸易流量将会上升。

各解释变量数据均来自于2000年至2015年《中华人民共和国商务部农产品进出口月度统计报告》、World bank WITS贸易数据库、wind数据库以及2013年《中国交通地图册》与《世界交通地图册》。

3.4.3 实证检验

首先，对面板数据模型进行统计描述，具体情况见表3－4－2，然后进行了内生性检验和过度识别检验，具体情况见表3－4－3。根据Davidson－MacKinnon（1993）检验，P值为0.110不能拒绝原假设，即模型的内生性问题对OLS的估计结果影响不大。我们将模型中的解释变量农业劳动力（POP_{it}）作为可能的内生变量，因为农业劳动人口增加的同时也有可能引发对农产品需求量的上升。采用TR_{it}、BOR_{it}、PAT_{it}作为农产品出口贸易量的工具变量，在随后的过度识别检验中，P值为0.2157，无法拒绝原假设，所以工具变量的设置是合理的。与税收、地理位置、和组织制度有一定的关系同时又与其他干扰项不相关。

表3－4－2 各变量的描述性统计

变量	均值	标准差	最大值	最小值
T_{it}（千美元）	164480.3	313717.1	2170546	33.66
GDP_{it}（亿元）	3000280.1	189239.42	744127.20	679.10
POP_{it}（万）	2.95	0.40	3.89	2.36

（续表）

变量	均值	标准差	最大值	最小值
AGR_{it}（%）	9.79	10.44	40.50	4.80
DIS_{it}（公里）	7026.30	2208.70	15515.50	3025.66
DG_{it}（千美元）	3.42	3.59	15.53	0.00
PI_{it}（%）	12.97	4.99	24.00	4.20
$OPEN_{it}$（%）	36.53	34.12	180.38	18.64
TR_{it}	0.33	0.45	1	0
BOR_{it}	0.13	0.34	1	0
SCO	0.10	0.30	1	0
CIS	0.27	0.45	1	0
OECD	0.29	0.44	1	0
WTO	0.81	0.39	1	0
EAEC	0.13	0.34	1	0
CAREC	0.15	0.36	1	0

表 3-4-3 计量模型检验

解释变量	（1）Fe	（2）fe _ iv
$LnGDP_{it}$	1.443 * (0.056)	1.447*** (0.055)
$LnPOP_{it}$	−0.617*** (−0.197)	−0.197 * (−0.096)
$LnAGR_{it}$	−0.242 * (−0.126)	0.083 (0.102)
$LnDIS_{it}$	−1.028** (−0.471)	−1.077** (−0.471)
$LnDG_{it}$	−0.044** (−0.019)	−0.047 * (−0.019)
$LnPI_{it}$	0.115 * (0.046)	0.116 * (0.048)

（续表）

解释变量	(1) *Fe*	(2) *fe _ iv*
$OPEN_{it}$	0.769*** (0.119)	0.745*** (0.116)
_ cons	14.398*** (3.393)	11.367*** (2.764)
R2	0.948	
R2w	0.948	0.819
DM P−value	0.110	
Sargan−Hansen test	0.2157	

表 3−4−4 为分别使用了 OLS，IV，GMM，分位数回归等方法对面板数据进行估计，并使用 Bootstrap 方法列出计量结果。各回归估计的 R^2 均介于 0.8 以上，说明回归模型显著有效。能够很好地拟合解释变量对被解释变量的影响。以下分析结果基于无偏的 GMM 估计。

表 3−4−4　计量模型回归结果

解释变量	(1) OLS	(2) OLS _ BS	(3) IV _ BS	(4) GMM _ BS	(5) P75	(6) P75 _ BS
$LnGDP_{it}$	1.032*** (0.068)	1.032*** (0.046)	1.388 (1.05)	1.47*** (0.055)	0.598*** (5.63)	0.598 (1.17)
$LnPOP_{it}$	−0.362 (−0.84)	−0.362 (−0.40)	−0.388 (−1.05)	−0.606 * (−1.37)	−1.335*** (−5.04)	−1.335 (−0.98)
$LnAGR_{it}$	−0.248 (−0.077)	−0.248 (−0.065)	−3.360*** (−3.82)	−0.083*** (−0.102)	0.0728 (0.01)	0.0728 (0.00)
$LnDIS_{it}$	−0.239 (−0.159)	−0.239 (−0.101)	−2.724*** (−3.07)	−4.083*** (−4.57)	5.742*** (13.25)	5.742 * (2.25)
$LnDG_{it}$	0.017 (0.024)	0.017 (0.016)	−0.409** (−2.65)	−0.773** (−4.70)	0.577** (6.33)	0.577** (2.46)
$LnPI_{it}$	0.163*** (0.074)	0.163*** (0.066)	0.442 * (4.93)	0.528 * (6.16)	0.468*** (8.34)	0.468*** (1.51)
$OPEN_{it}$	0.762*** (0.112)	0.762*** (0.112)	0.315 * (1.78)	0.663 * (3.44)	0.921*** (12.12)	0.921*** (1.75)

（续表）

解释变量	(1) OLS	(2) OLS _ BS	(3) IV _ BS	(4) GMM _ BS	(5) P75	(6) P75 _ BS
TR_{it}	0.192 (0.55)	0.192 (0.30)			−0.181** (−0.89)	−0.181** (−0.20)
BOR_{it}	0.310* (2.69)	0.310 (1.86)			0.0893* (1.65)	0.0893* (0.41)
PAT_{it}	−0.085 (−0.143)	−0.085 (−0.128)			1.335*** (5.04)	1.335 (0.98)
_ cons	−19.36*** (−2.764)	−19.36*** (−2.013)	−7.229** (−2.04)	−3.627** (−0.89)	−0.164 (−0.06)	−0.164 (−0.01)
R2	0.9347	0.9347	0.9235	0.9098	0.8622	0.8622

除了代表农业增加值变量的系数符号与结果相反并且不显著外，代表丝绸之路沿线省市国内生产总值、人口规模、人均国内生产总值差异和经济开放程度变量的系数符号和显著性程度都与预期相近。

（1）从经济规模、劳动力规模来看，各省国内生产总值和POP对农产品出口扩展影响系数与预期一致，系数分别为1.47和−0.606，这表明，各省市国内生产总值每增加1%，农产品出口量会上升1.47%，各省市劳动人口每增加1%，农产品出口量下降0.606%，可见，一省的经济规模对农产品出口起促进作用，劳动力规模阻碍农产品出口。

（2）从农业发展水平上看，AGR_{it}指标系数为负，在1%水平上显著。丝绸之路经济带沿线省市农业增加值比重越高反而越不利于农产品的出口。不仅国内生产总值整体上影响贸易出口，国内生产总值中农业产出所占的比重也会在很大程度上影响沿线省市农产品的出口贸易，这是从行业细分角度分析对农产品双边贸易的影响因素。从回归结果显示，当沿线省市农业产出占国内生产总值比重每增加1%，其农产品出口额减少0.083%。这与理论预期不符，可能是因为一国农业增加值所占比重越大，会吸引省内及省际间的农产品消费需求。从农业技术因素指标PI_{it}来看，深加工农产品产值的增长有利于一省农产品出口，农业加工贸易每上升1%，农产品出口提升0.528%。

（3）从不可变贸易成本上看，距离越远，会使得贸易双方的运输费用和物力人力损耗越高，从而成为阻碍贸易的重要因素。当贸易距离每增加1%时，会使农产品出口量减少4.083%。

（4）从可变贸易成本来看，沿线各省市向沿线国家农产品出口符合林德假说。表3－4－4中代表林德项的变量DG_{it}的系数为－0.773，并通过了5％的显著性检验，反映了林德所提出的发展水平越接近，相互间经济来往越频繁，意味着丝绸之路沿线上的省市与目标市场的经济差距会阻碍农产品出口贸易。

（5）从对外开放程度上来看，一省经济开放程度越高，其农产品出口贸易越大。回归结果显示，代表各省市经济开放程度的变量系数为0.663，并在10％的水平上显著。这表明，各省市开放程度每增加1％，中国对其农产出口额增加0.663％，符合理论预期，因为经济开放程度越高，其对贸易的依存度越高，出口农产品的可能性越大。

（6）在GMM估计中，由于将用税收TR_{it}、地理边界BOR_{it}、组织制度PAT_{it}作为工具变量。GMM估计中并未给出计量结果，但在75百分位回归结果中显示，农产品被征收税率对产品出口贸易有负面影响，当征税时，会有0.81％的可能性减少农产品出口，地理边界接壤会起显著地正向影响作用，如果当两国均属于某个贸易组织时，由于优惠贸易安排，相应双边贸易流量将会上升。

3.5 “一带一路”沿线省市农产品出口贸易的战略选择

3.5.1 推进机制体制创新

第一，确立农业企业开放文化。农产品技术含量的提升是农产品出口的内生动力，作为直接操作中国农产品出口的各类农企，应加强企业的研发投入力度，农产品深加工类和农业服务类企业，应提升研发质量和成果转化率，注重提升企业技术改造率和高新企业和高新企业创新投资率。企业开放的文化本质是资源共享，由于资源但是稀缺的，因此合作和竞争同时存在，确立开放的文化可以形成“鲶鱼效应”激活农产品出口市场。

第二，发挥政府能动性。在各省市力量分散的情况下，政府应充分主动发挥效力。督促企业建立贸易可追溯体制，从源头上监管不良生产问题。设立具有法律地位和效力的收集、咨询和管理的专门机构，督促农产品技术性贸易壁垒预警机制的建立、完善和顺利实施。结合中国出口农产品案例，有针对性地收集遭遇到的国外的技术性贸易壁垒方面的信息。及时向出口企业发布预警信息和动态消息，及时为企业提供专业抗风险信息咨询服务，使农产品适应和满足国际标准的同时把控新的技术壁垒走向。

第三，加强土地流转。土地流转是农村土地流转是指农村家庭承包的土地通过合法的形式，保留承包权，将经营权转让给其他农户或其他经济组织的行为。土地流转可以更大程度地解放农村劳动力，促进农业人力资本分流，让一部分熟悉市场经验和规律的人从事农业专业化经营和服务，另一部分具备生产经验和生产耐力的人从事密集型生产。这种生产和经营人力良性互动的配合可以实现农业生产能力和出口能力的提升。

第四，推动银行金融改革。应积极推动大宗商品的人民币计价，使人民币在“一带一路”沿线国家进行大宗农产品商品计价结算，从而提升农业资金的稳定性。建立沿线区域性贸易和投资的结算支付体系。商业银行应积极推进人民币与沿线国家货币的报价和直接交易，进一步扩大人民币在农产品交易中的使用频率，降低使用第三国货币对农产品贸易带来的风险。扩大资本输出规模和便利度。银行可考虑通过适当贴息等优惠政策吸引大型农企业以跨国并购、设立境外产业园区等形式，在转移产能、扩大市场、抢占渠道和获取高新技术等领域，提升农业对外直接投资的便利度。

3.5.2 提高农产品国际竞争力

第一，优化出口产品结构。针对市场的激烈竞争，沿线各省市一方面必须提高出口产品档次，避免低价竞争，应实施差异化战略，发挥比较优势，相似禀赋的农产品应打破省市地域壁垒，实现农产品组合出口。针对同种产品事项，各省市组团建立优势产业链，实现单一农产品附加值的提升和农产品组合的多元优化。

第二，提升农产品增值能力。从事农产品出口的各类企业，一方面要着力调整出口结构，利用多元化出口策略分担市场风险。另一方面，提升产品附加值和技术含量，以优质优服的特点参与国际市场分工环节。

第三，重视农业品牌营销。中国作为农业大国，但在世界上的农业品牌却屈指可数。农产品的出口除了要求质量以外，还应该寻求与沿线省市共同的文化认同，再好的农产品，因为品牌导向引发价值观的冲突就不会获得出口潜力。各省市多注重区域品牌推广、原产地保护、农产品地理标志保护，实施区域性商标注册，通过提升农产品品牌档次，提升中国农产品的世界认同感。

第四，建立农产品出口平台。农产品检疫检验的复杂和特殊性，未来农产品出口借助外贸平台是必然选择。近年来，中国出现了阿里巴巴、顺丰优选、谷登电商、我买网、一亩田等大批农产品跨境电子商务交易平台。农业平台的搭建可以减少农业交易成本，实现农业交易信息的传递，改进农业交易方式。

3.5.3 加强投资风险评估制建设

第一，协调好贸易标准。“一带一路”沿线覆盖面积广泛，涵盖中亚。南亚、西亚、欧洲、非洲等多个地域，地理空间极为广泛，当前以中国为主导的农产品向该地区出口力量比较单一，国际世贸组织的成立虽能够很好地解决贸易争端，但许多机制体制还不够完善，国与国之间农产品交易的规则复杂多变。因此中国应多联合其他发展中国家，以广大发展中国家的欲求推动建立更完善的机制体制，主动谋求在世界贸易组织框架内，推动制定涉及食品安全与技术性贸易措施的多边规则，以合理合法的规范约束不合理、任意的贸易保护主义。并在国际食品法典委员会、世界动物卫生组织等国际组织中，积极提升自身地位，争取制定对发展中国家合理和有利的国际标准，保障自身合法权益，降低风险损失。如类似以《中日韩三国关于食品安全合作备忘录》等来提前谋求应对农业食品安全流通方面将会遇到的难题。

第二，审慎评估贸易对象。“一带一路”沿线新兴经济体和发展中国家比重比较大，虽然农业合作潜力很大，但新兴市场的开拓往往比成熟经济体面临更多困难，在各省市农产品出口贸易过程中，将面临沿线国家交通通信等硬件设施缺乏、制度体制不兼容、市场开放难度大、文化宗教冲突深、地缘政治风险高、政局动荡不稳等一系列挑战，这会对大规模农业对外投资和农业国际合作项目建设带来潜在风险，因而，在“一带一路”建设中应强化相关风险控制。中国目前的农业对外项目风险评估、预警、应急和保险机制尚不健全，信息渠道、人才储备、应急管理能力都有待提升。因此，要确保“一带一路”沿线省市农产品出口的提升，必须高度警惕各类贸易风险，增加风险咨询服务，增强风险识别、预警和管理能力建设，完善统筹协调机制。

第三，建立损害补偿机制。对于农产品出口中遭遇出口国贸易经济的案例，政府要加强高端层面的交涉，为中国各省市农企争取合法权益。其次还要营造宽松的国际环境。注意明确和提升自身在国际组织中的身份地位，以保障和享有公正的权利和权益。作为世界贸易组织的正式成员，主动承担起反倾销的责任和义务。对农产品出口行业协会来说，要建立健全农产品出口安全预警机制，充分利用现有资源，建立起重要农产品的数量、价格监测系统，一旦发现对某一市场销售价格降低和出口数量大幅增加时，要调查原因，发出预警，从而争取产业保护的主动权。

第四，建立“一带一路”跨国仲裁机制。针对可能发生的农产品出口贸易争端，应尽快建立“一带一路”跨国仲裁机构，保证在稳妥、审慎的前提下循序渐进实施农产品贸易出口。根据中国的各地区农业资源禀赋和出口农产品特点，有针对性地收集国外的技术性贸易壁垒方面的情报，及时传递其他成员国制定的技术法规、合格评定程序和卫生检验检疫方面的信息，总结国内外农产品企业突破技术性贸易壁垒限制的经验与教训，及时向出口企业发布预警信息，并为企业提供信息咨询服务，使农产品适应和满足国际标准和进口国的要求。同时，要密切注视全球技术性贸易壁垒变化的新动向，避免陷入技术性贸易壁垒的陷阱，学会化解潜在贸易摩擦。同时，联合发展中国家，推动建立专门的农产品贸易国际仲裁机构。针对农业反倾销案件和出口贸易壁垒联合仲裁，维护良好的出口秩序。

3.6 本章小结

本章通过研究“一带一路”沿线省市农产品资源禀赋，得出国内农业以分散经营的小农经济形态为主，一带一味，各地特色农产品很多。但根据各省市农业出口的阶段性和其自身特征判断，不同地域特有的农产品，却因为物流不畅通、渠道链条太长等因素难以走出去。近年来，世界各国的农业竞争已经表现为整个农业产业链的竞争，各省市依托原生自然资源禀赋农产品加工业飞速发展，但其加工深度不够、附加值低，难以在国际市场上获得高利润。分析沿线省市农产品出口的拓展边际得出：受世界经济减缓影响，世界大宗商品需求低迷，价格连续三年下跌，谷物、能源等大宗商品处于价格洼地。而涉农企业数量少、规模小，投资能力较弱，中国对丝绸之路经济带国家农产品出口主要产品和市场集中在欧洲轴线上的国家。海上丝绸之路沿线省市的农产品出口扩展边际效力接近欧美发达国家水平，中西部省市区的效力值仍处于发展中国家水平。这就需要进一步打开市场，挖掘中亚和西亚轴线上国家的潜力。对“一带一路”沿线省市农产品出口贸易决定因素分析发现：经济规模、劳动力规模、技术水平、贸易距离、运输成本、税收、地理区位、组织制度等因素起重要作用。最终提出要坚定开放决心，敢于尝试创新；依托资源禀赋，提高农产品国际竞争力；加强投资风险评估与风险防控机制建设等方面的政策建议。

参考文献

[1] 亚当·斯密. 国富论 [M]. 唐日松，译. 北京：华夏出版社，2012.

[2] 大卫·李嘉图. 政治经济学及赋税原理 [M]. 周洁，译. 北京：华夏出版社，2005.

[3] 施炳展. 中国出口增长的三元边际 [J]. 经济学（季刊），2010，9 (04)：1311—1330.

[4] 杨春艳. 基于出口贸易增长的二元边际研究述评 [J]. 求索，2011 (01)：44—46.

[5] 钱学锋，熊平. 中国出口增长的二元边际及其因素决定 [J]. 经济研究，2010，45 (01)：65—79.

[6] 杨春艳，孔庆峰. 中国对美国高新技术产品出口结构——基于贸易二元边际的研究 [J]. 商业经济与管理，2011 (03)：54—60.

[7] 李兆伟，强始学. 基于生产比较优势的中国农业“走出去”区域选择 [J]. 世界农业，2013 (08)：147—151.

[8] 耿献辉，张晓恒，林连升. 中印农产品出口的影响因素与潜力比较——基于引力模型的实证分析 [J]. 湖南农业大学学报（社会科学版），2013，14 (01)：1—7.

[9] 杨光，张晨，张芸. 农业“走出去”金融政策现状问题及对策 [J]. 世界农业，2013 (9)：11—13.

[10] 郑远芳. 重庆农产品出口的现状及对策分析 [J]. 中外企业家，2015 (34)：148—149+172.

[11] 李豫新，杨萍. 新疆对周边国家农产品出口贸易潜力及其影响因素研究——基于随机前沿引力模型的实证分析 [J]. 价格月刊，2015 (10)：86—91.

[12] 汪海涛. 山东省农产品出口贸易问题与对策研究 [D]. 山东师范大学，2013.

[13] 李双元. 高原牧区生态畜牧业合作社绩效评价——基于青海牧区 55 家合作社的数据 [J]. 西南民族大学学报（人文社科版），2015，36 (08)：152—157.

[14] 李辉，韩晶玉. 辽宁农产品出口贸易发展的现状、问题及对策 [J].

沈阳工业大学学报（社会科学版），2008（04）：309—313.

[15] 李丽云. 浙江农产品出口贸易对农民收入的影响 [D]. 浙江农林大学，2013.

[16] 尚静. 中俄农产品贸易发展动态与互补性研究 [J]. 世界农业，2015（03）：76—80.

[17] 陈晓梅，李然. 中国—东盟自由贸易区对我国农产品出口贸易的影响 [J]. 同济大学学报（社会科学版），2011，22（05）：102—109.

[18] Krugman，Paul. "Scale Economies，Product Differentiation，and the Pattern of Trade." *The American Economic Review*，vol. 70，no. 5，1980，pp. 950 - 959. *JSTOR*，JSTOR，www. jstor. org/stable/1805774.

[19] Melitz M. J. The Impact of Trade on Intra - Industry Reallocations and Aggregate Industry Productivity [J]. Econometrica，2003，71（6）：1695—1725.

[20] 谭晶荣. 中日韩三国服务贸易的比较研究 [J]. 国际贸易问题，2006（07）：71—77.

[21] 谭晶荣，华曦. 贸易便利化对中国农产品出口的影响研究——基于丝绸之路沿线国家的实证分析 [J]. 国际贸易问题，2016，（05）：39—49.

[22] 邓强. 中国出口农产品转型升级问题研究 [D]. 浙江工业大学，2013.

[23] 童晓乐，徐晨杰，谭晶荣. 中国在丝绸之路经济带的农产品贸易效率分析 [J]. 浙江工业大学学报：社会科学版，2016，15（1）：25—30.

[24] Tinbergen J. Shaping the World Economy：Suggestions for an International Economic Policy. NewYork：The Twentieth Century Fund，Vol.，1962，71，No. 3.

[25] Poyhonen，Pentti. A Tentative Model for the Volume of Trade Between Countries. WeltwirtschaftlichesArchiv，Vol.，1963，90，No. 4.

[26] 田东文，叶科艺. 安全标准与农产品贸易：中国与主要贸易伙伴的实证研究 [J]. 国际贸易问题，2007（09）：108—113.

第 4 章

"长三角"物流基础设施格局发展演化

本章以长三角经济圈 16 个地市为例，探讨区域物流基础设施的发展演化格局态势、影响机制、存在问题和优化策略。首先，对长三角经济圈物流基础设施的投入现状进行总体分析。其次，借用相对差距指标变异系数、绝对差距指标极差率、"数字鸿沟系数"理论等研究方法测度和分析长三角经济圈 16 个城市物流基础设施投入差距，同时进一步分析经济发展水平对物流基础设施投入差距的影响，对"十三五"规划期间物流基础设施投入差距进行预测分析。最后，从制度层面、政策层面和方法层面，构建长三角经济圈物流基础设施一体化规划建设三维方案体系。

引　言

物流基础设施是指站在供应链整体或某些环节功能上用来满足物流组织与管理需求、拥有单一或综合功能的组织或场所的统称，通常包括公路、铁路、内河航道、航空、管道等运输枢纽以及物流园区、仓储中心、配送中心、物流通信基础设施等。自上世纪 80 年代以来，物流产业在我国逐步兴起，历经 30 多年的发展，物流业已经成为国民经济的支柱产业。近年来，伴随着"十三五"规划、"一带一路"倡议的出台，我国物流业又将迎来新的历史机遇。其中物流基础设施无疑是实现物流业发展的重要条件，也对物流基础设施的建设提出了全新要求。

物流基础设施是实现区域物流业协调与发展的最根本保证，是区域一切物流活动的承载体，其承载能力应该与社会经济活动需求相匹配，这样才能保证区域经济井然有序地进行，也才能够改善区域之间和区域内部的流通条件，以促使交易成本的降低，保证各类资源在更广的区域范围内便捷地流动，实现资源的优化配置。经济要发展，物流当先行，放眼世界经济的发展，区域物流自始至终在区域一体化进程中和区域经济合作中起着重要的助推器的作用。

总体来看，长三角区域物流基础设施投入存在不均衡，物流产业布局及网络体系等缺乏协调性。当前，长三角区域各个城市都建立了各自的物流发展规划纲要，但在物流园区、仓储中心等物流基础设施等各个方面，却存在着重复建设、定位冲突、投资效率不高、人为混乱、资源浪费等诸多问题，这极大地约束了长三角区域对接国际物流系统，阻碍了长三角区域经济一体化进程的速度。为此，应尽快均衡长三角 16 个地市物流基础设施的投入，提高其运营效率，联动规划建设和优化布局，降低运作成本，建立高效的区域物流体系，实现区域内资源的合理配置和充分利用，逐步带动长三角经济快速发展，促使长三角地区高质量一体化协同发展。

4.1 基础设施相关文献梳理

4.1.1 基础设施与区域经济研究

Smith A. (1984) 得出国家应当修建道路、桥梁、运河、港口等公共基础设施来促进经济的增长。Hirschman A. (1991) 认为促进经济增长的重要保障是交通等基础设施的积累。Aschauer (1989) 通过对美国国内的生产率与国家公共资本的关系进行实证研究，得出公路基础设施、民用机场等的建设对美国国内的生产率有显著促进作用，这次实证开创了定量研究基础设施建设与经济增长的先河，为后期学者的研究奠定了基础。之后，大多学者都基于时间序列数据或是面板数据，运用向量自回归模型、生产函数法、误差修正模型等方法研究交通基础设施与区域经济增长之间的关系 (Munnell，1990；Holt—Eakin and Sehwart，1995)。

Boarnet (1998) 发现公路基础设施在各区域竞争生产要素时会产生显著的负溢出效应，也就是说，本地区公路基础设施水平的提升，会加速生产要素流从周边地区转向本地区，给本地区带来积极作用的同时，对周边地区产生不利影响。Cohen and Paul (2004) 运用成本函数模型研究公共基础设施投资对企业成本和生产力的影响，得出某地区基础设施的发展能降低周边地区的运输成本，对周边地区产生正向空间溢出效应。H. Yuan and J. Kuang (2010) 对我国东、中、西部物流业发展水平同经济增长的关系进行分析，得出我国三大经济区域差异较为突出，基础设施建设对经济增长的作用与区域经济发达程度有直接关系，实证得出区域越发达，对经济增长的作用就越明显。J. Hong，Z. Chu 和 Q. Wang (2011)

研究结果表明基础设施其对经济增长作用较为明显，陆路、水路基础设施对于经济增长的贡献度大于航空运输。Kevin X.、Li 等（2017）运用误差修正模型评估物流基础设施对经济增长的作用，同时还比较了发达与欠发达地区物流基础设施的影响水平，得出欠发达地区要加大航空运输发展来缩小与发达地区的差距。

周庆明（2004）采用生产函数模型研究浙江省主要城市交通基础设施建设对区域经济增长的溢出效应，结果表明省内 11 个城市之间存在交通基础设施的正溢出作用。刘勇（2010）以 1978—2008 年我国省级行政单位的面板数据，研究公路、水运等交通固定资本存量对经济增长的溢出作用，结果表明交通固定资本存量具有正向促进经济增长的作用，但因地区差异而差异、时间不同而有所不同。刘生龙与胡鞍钢（2010）同样分析了交通基础设施对经济增长的作用，同时还检验了交通基础设施建设为何导致区域发展差异，研究表明其发展水平对经济增长正向显著，建议要求我国北部、西部欠发达地区加大投资力度，这将有助于经济增长和区域的协调发展。杨帆韩与传峰（2011）研究结果表明两者之间存在长期的均衡关系，交通基础设施是经济增长的 Granger 原因，反之却不成立。张志与周浩（2012）对我国交通基础设施的空间溢出效应进行研究，研究结果表明，经济联系是导致交通基础设施空间效应的途径。刘俊华等（2013）运用误差修正模型和系统动力学方法对近几年我国物流业固定资产投资与经济增长的互动关系进行研究，利用误差修正模型得出，物流基础设施建设与经济增长呈稳定均衡关系，同时，利用系统动力学模型拟合得到增加对物流业的投资能推动经济增长。冯雪萍（2014）研究结果表明基础设施建设对经济增长有推动作用。张林等（2016）对物流业的投入、产出指标及以物流基础设施所代表外部发展环境进行灰色关联度分析。王东岳（2016）通过对区域经济与物流产业的协调发展进行研究，得出两者具有相互促进作用。

4.1.2 基础设施投入的协调问题研究

敖淑清与阎子刚（2004）通过对我国东、中、西部物流基础设施及交通基础设施投入的现状进行分析，得出在数量上抑或是质量上，东中部地区明显领先于西部地区，未来我国三大经济区域特别是西部地区要加大基础设施的整合力度，进行空间上的合理布局和统筹规划。钱芝网（2006）认为长三角经济圈应根据经济一体化的发展态势，在统筹考虑交通干线、主枢纽规划建设的基础上，充分调查生产力的布局，根据运输方式的衔接状况，在区域内进行合理规划布局，避免盲目、重复建设。后锐与张毕西（2006）指出要充分考虑城市空间演化特征的城市物流设施布局与规划模型，在规划布局城市物流基础设施时，将空间演化影响纳入到考量范畴。朱振宇（2006）研究结果表明，我国基础设施的布局存在地区差异。甘筱青等（2006）认为应当逐步完善交通网络体系促使运输能力提升实现地区之间的互联互通。马永刚（2008）认为地区间的行政壁垒严重阻碍了区域物流一体化进程，不利于物流园区等基础设施布局的集约化，要实现区域物流、区域经济的一体化，应当打破不同行政壁垒，实行跨行政区域的系统规划方案。郭湖斌（2007）对长三角地区物流基础设施与资源整合的理论基础、经济效应、基础条件等进行研究，提出应协调区域内各级政府的关系、合理规划基础设施建设体系、构建区域物流发展的平台、建立区域基础设施建设协调机制等相关对策建议。

蒋满元（2008）指出要实现长三角区域基础设施的协调发展，关键是要求淡化行政利益，将重点关注到资源的可持续利用上来，切实建设好重点经济带，合理布局区域经济活动，从而带动其他区域的协调发展。王能洲等（2011）在区域经济一体化的大环境、大背景下，运用 GIS、变异系数及区位商等多种区域分析方法，研究了长三角区域物流的空间结构和演化特征。孙玥（2011）的研究结果显示当前的哈大齐工业走廊在物流基础设施的数量上、布局分配等诸多方面存在问题，最为迫切的是需要加强资源整合力度来缓解困境。戢晓峰等（2015）研究发现长江经济带城市群物流一体化存在着显著“中心—外围”特征，层级结构差异较为明显。

4.2 长三角物流基础设施投入概况

长三角地区物流基础设施投入稳步提升。2015 年长三角区域物流业固定资产投资额达到 3960.05 亿元，年增长率为 19.16%。其中公路、铁路、内河航道、民用航空、港口、物流园区、仓储中心及物流信息化等方面的物流基础设施建设也得到了良好发展，物流设施综合布局更趋于完善。2015 年长三角地区公路里程数达到 167026 公里，增长率为 0.90%，其中高速公路里程数达到 6105 公里，增长率为 0.78%，一级公路里程达到 12724 公里（上海除外），二级公路里程数达到 19846 公里（上海除外）。2015 年长三角地区内河航道里程数略有下降，通行里程达到 25074 公里，增长率为－0.47%。民用航空建设方面，当前，长三角 16 个城市拥有的机场数量已扩大至 11 个，覆盖了长三角地区的 11 座城市，各主要机场的航班起降架次、货邮吞吐量及开通的航线数量等指标基本有所提升。铁路运输方面，除舟山市以外，其他城市均有铁路覆盖，其中甬舟铁路（宁波—舟山）已在规划筹建之中，相信未来数年里，铁路将全面覆盖长三角区域各个角落，真正实现长三角 1—2 小时经济圈。

港口、物流园区、仓储中心等物流节点基础设施的投入同样是衡量一个地区物流基础设施投入的指标。港口建设方面，长三角地区规模以上沿海港口有 3 个，规模以上内河港口数量有 7 个，上海沿海和内河港口的各项指标均相对靠前。从长三角地区物流园区和物流企业数量看，国内 50 强的物流园区中，长三角地区已经达到 25 个，占比高达 50%；国内 50 强的物流企业中，长三角地区已经达到 16 个，占比 32%。就国内 50 强物流园区和物流企业在长三角地区的分布格局来看，大型物流园区和物流企业主要集中在上海、南京、杭州和苏州等经济发达、人口规模较大的城市，而经济欠发达地区则寥寥无几。同样，大型仓储中心依旧分布在上海、杭州、苏州等一线城市。

物流信息化建设是衡量物流基础设施建设的另一指标。目前，长三角地区物流信息化建设也取得了较快发展，2015 年长三角地区固定宽带接入用户数达到 3194 万户，5 年内平均增长率为 6.31%。同时，长三角 16 个各城市互联网普及率也有了较大的提升。

物流业作为第三产业的重要组成部分，是我国经济发展的基础和先导，对国民经济的健康发展起到了举足轻重的作用，其发展水平也成为衡量一个国家综合实力的重要指标，拥有经济发展“加速器”的美誉。长三角地区五年来的投入总额呈逐年攀升，由 2011 年的 2177.09 亿元增加到 2015 年的 3952.13 亿元，年平均增长率为 16.08%（图 4—2—1）。

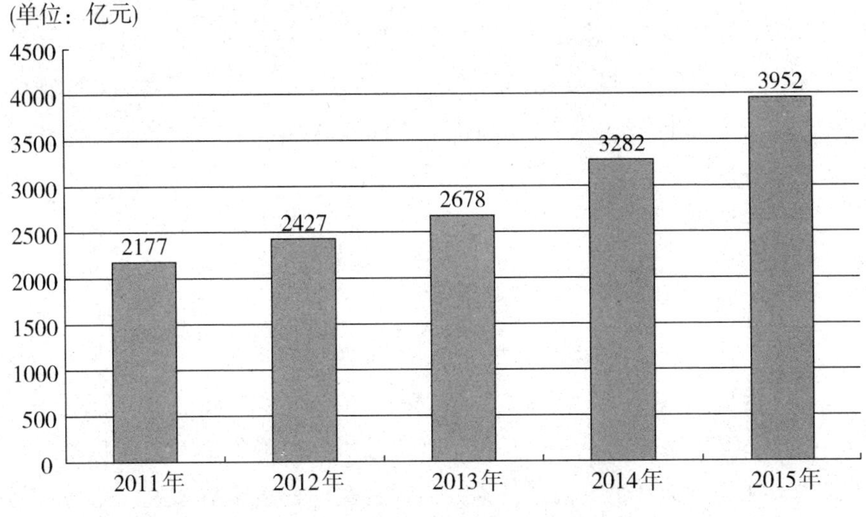

图 4—2—1　2011—2015 年长三角物流基础设施投入额

长三角经济圈各城市物流基础设施投入额和人均投入额各城市间投入差距较大（图 4－2－2）。上海、南京和宁波位居前三，其中上海的投入总额高达 585.36 亿元，是湖州市投入的 10 倍之多。从人均投入值的角度来看，除了舟山市达到 1.93 亿元/万人，其他 15 个城市间的差距相对平稳。舟山市深处长三角经济腹地，拥有良好的地理环境，这造就物流业发达的区位优势。

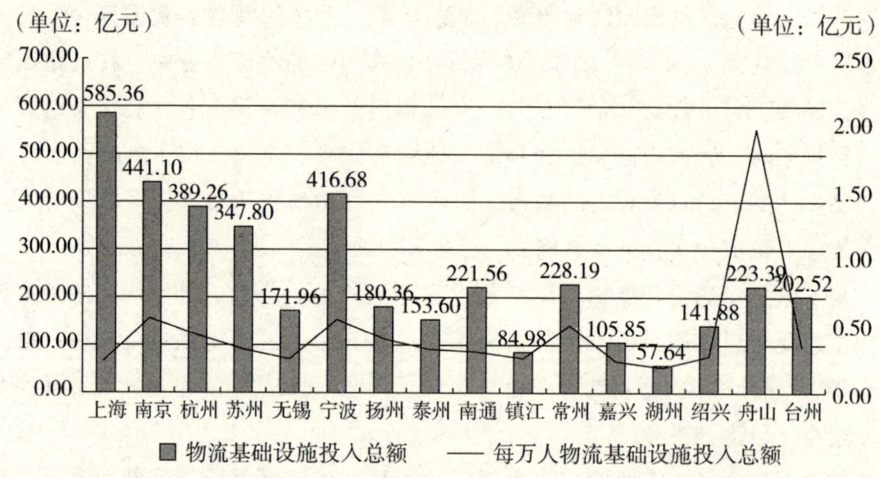

图 4－2－2　2015 年长三角各城市及人均物流基础设施投入额

4.2.1　长三角物流线路设施投入

4.2.1.1　公路基础设施

近年来，长三角公路建设取得了较快的发展。“十二五”期间，长三角公路总里程数由 156788 公里增长到 167026 公里，其中 2012 年增长率最快为 3.13%，2014 年最慢为 0.70%，期间年平均增长率为 1.59%（图 4－2－3）。

长三角各城市的公路里程数绝对数额有较大差异，平均里程数达到 10439 公里，其中南通市公路里程数最高为 18255 公里，舟山市最低为 1925 公里；从相对数额的人均公路里程数来看，16 个城市平均每万人公路里程数达到 17.97 公里，其中湖州市最高为 25.99 公里，上海市最低为 5.46 公里（图 4－2－4）。

长三角 16 个城市的公路网密度差异比较明显（图 4－2－5）。上海市公路网最为稠密，达到 2.08 公里/每平方公里，杭州市最低为 0.98 公里/每平方公里，区域内平均公路网密度为 1.58 公里/每平方公里。无论从绝对数还是相对数公路里程看，抑或是排除土地面积因素，通过公路网密度来看，长三角城市间公路基础设施投入差距显著存在。

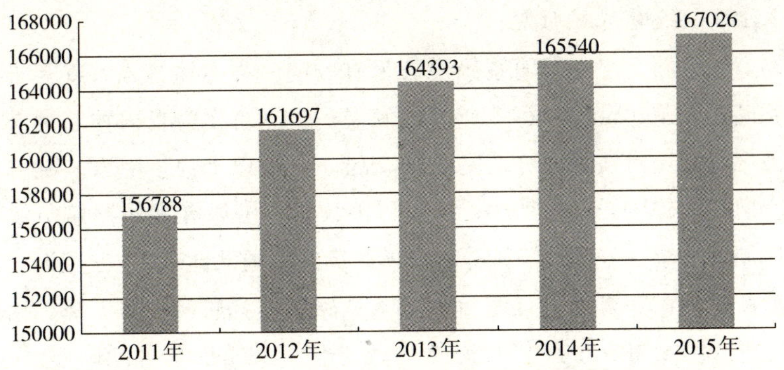

图4-2-3 2011—2015年长三角各地区的公路总里程数

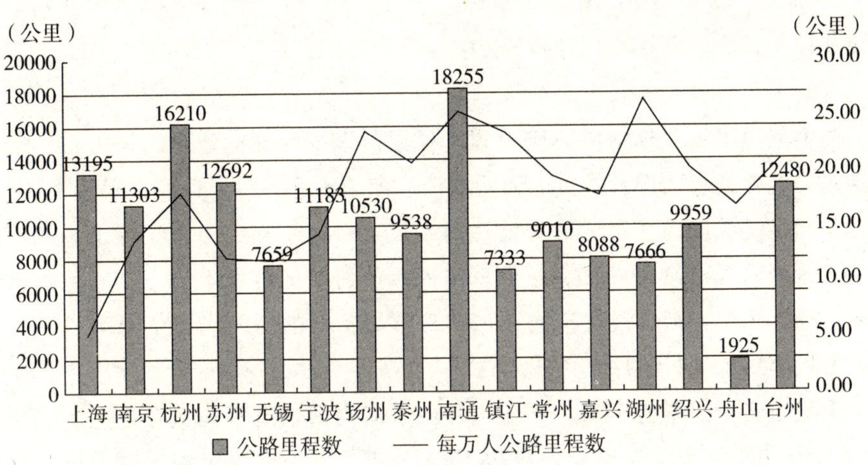

图4-2-4 2015年长三角各城市的公路里程数及人均公路里程数

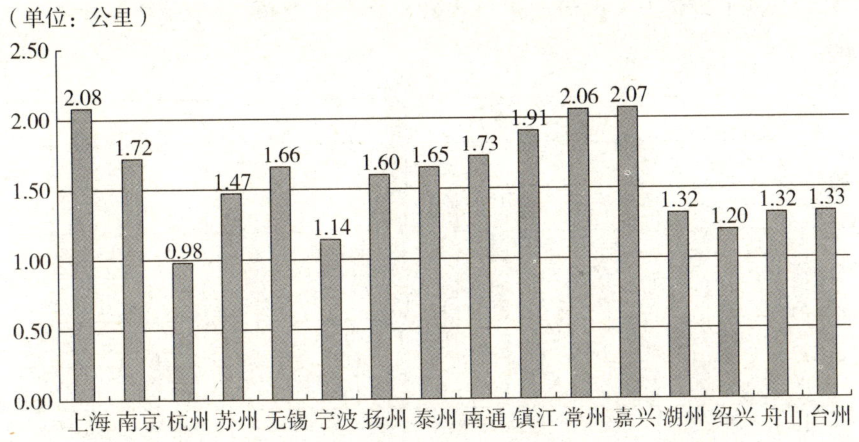

图4-2-5 2015年长三角各城市每平方公里的公路里程数

4.2.1.2 铁路基础设施

铁路运输是路上交通运输系统中较为有效的一种运输方式。近年来长三角地区铁路基础设施建设也取得了较好的发展。长三角作为我国铁路网布局中较为稠密地区，区域内铁路网可谓是纵横交错，主要以上海、南京、杭州三座城市为中心向四周辐射。其中京沪、沪昆、沪汉蓉、沿海等多条铁路干线均经过长三角区域，沪宁、沪杭、宁杭等多条城际高铁四通八达。“十三五”期间长三角正筹划新建苏湖、盐通、杭绍台等多条铁路线路，届时，以上海、南京、杭州为中心的长三角将真正意义上实现1—2小时“经济圈”。目前，上海市2015年底铁路营运总里程达到465.1公里，年增长率为1.97%；江苏省为2679公里，年增长率为2.79%；浙江省为2527公里，年增长率为9.39%。基于市级铁路里程数未公布，这里不做分析。

4.2.1.3 内河航道

内河航道里程又称内河通航里程，根据国家统计局的解释，是指在一定的时期内，能够通航船舶及排筏的天然河流、湖泊水库、运河以及渠道等的长度。长三角地区是我国内河水运最为发达的区域之一，长江、钱塘江等水系就流经于此，区域内含有众多湖泊、运河、水库。内河航运资源十分丰富、河网纵横交错，通江达海，高等级航道网正加速形成。富足的内河航运资源为长三角物流业发展提供了通行条件。

受城市区位因素的影响，长三角各城市的内河航道里程也存在差距，长三角16个城市平均内河航道里程数达1567公里，其中南通市内河航道里程数最高为3522公里，由于舟山市是以群岛建制的地级市，即不存在内河航道（图4—2—6）。从平均每万人内河航道里程数来看，长三角16个城市平均每万人内

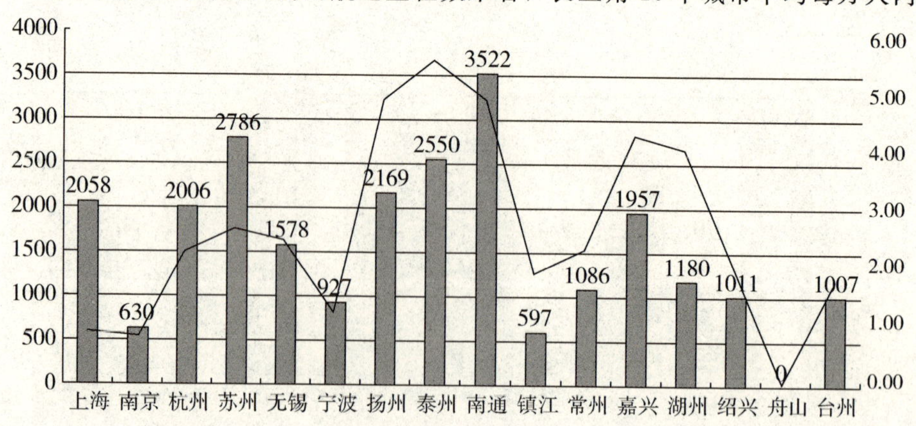

图4—2—6 2015年长三角各城市的内河航道里程数和人均内河航道里程数

河航道里程数达到 2.59 公里，其中泰州市最高为 5.49 公里。

图 4—2—7 给出了 2015 年长三角各城市的内河航道网密度，从中可知，嘉兴市内河航道网最密，达到 0.50 公里/每平方公里，除舟山市外，宁波市最低为 0.09 公里/每平方公里，区域内内河航道网平均密度为 0.23 公里/每平方公里。

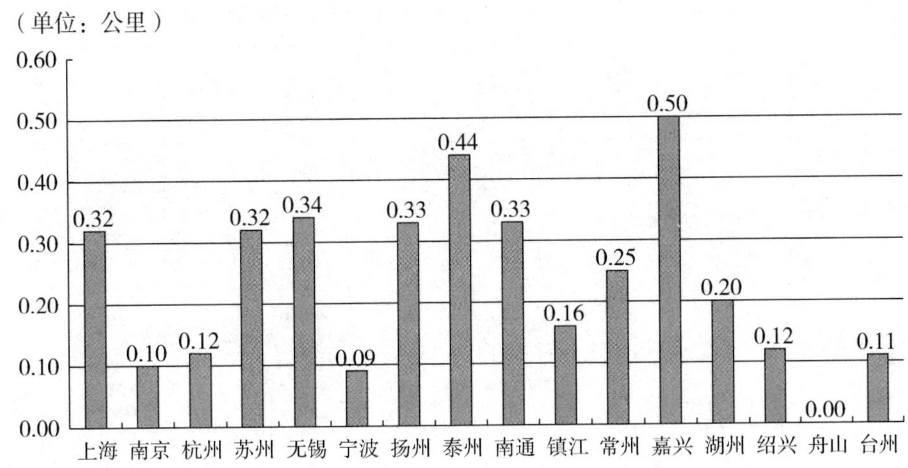

图 4—2—7 2015 年长三角各城市每平方公里内河航道里程数

4.2.1.4 民用航空基础设施

航空运输是在具备航空运输路线和飞机场的条件下，运用飞机作为运输工具进行货物运输的一种运输方式。航空运输具有货物破损率低、安全性高、送达速度快等优点，因此而得到广泛应用。表 4—2—1 给出了当前长三角区域内 16 个城市的机场数及各机场已开通的航线数量，由于统计年鉴并未对航线数量作精确梳理，此数据是根据相关机场的官网数据整理得到。目前，长三角 16 个城市拥有的机场数量已扩大至 11 个，上海坐拥浦东和虹桥两大机场；其中，扬州和泰州共用一个机场，该机场是由扬州市和泰州市政府共建的民用机场；苏州、镇江、常州、嘉兴和绍兴这 5 座城市暂时没有机场。从上述 11 个机场拥有的航线数量来看，差异相对较大，上海浦东和虹桥机场两大机场共开辟了 280 条左右的运输航线，在长三角地区遥遥领先，杭州萧山机场、南京禄口机场紧随其后，而其他剩余机场拥有的航线数量还较为靠后。

表 4—2—2 给出了 2015 年长三角各机场货邮吞吐量和航班起降架次等指标。总体看，多数机场的货邮吞吐量、航班起降架次有所上升。其中，上海浦东机场在货邮吞吐量和航班起降架次方面绝对领先，仅 2015 年一年，浦东机场

的货邮吞吐量就达到了 328 万吨，航班起降架次逼近 50 万次。而扬州泰州机场虽然在绝对数量上不占优势，但其增长率在 16 个城市中居于领先地位，同比增速分别为 28.7%和 33.4%。纵观长三角机场分布格局，受地理位置、人口规模和经济发展水平等因素的影响，个别城市暂时还没有独立的民用机场。在已有的 11 个机场中，机场等级也存在着较大差异，从 4F、4E 到 4D、4C 等都有。

表 4—2—1 长三角各城市拥有的机场数量和航线数量

指标	上海		南京	杭州	苏州	无锡	宁波	扬州泰州
	浦东	虹桥						
机场数量（个）	2	1	1	0	1	1	1	
航线数量（条）	280	150	240		35	95	45	
机场等级	4F	4E	4F	4F		4E	4E	4E
指标	南通	镇江	常州	嘉兴	湖州	绍兴	舟山	台州
机场数量（个）	1	0	1	0	0	0	1	1
航线数量（条）	30						20	10
机场等级	4D		4E				4D	4C

表 4—2—2 2015 年长三角各机场货邮吞吐量等指标

指标	吞吐量（吨）	同比增速	起降架次	同比增速
上海浦东	3275231.1	2.9%	449171	11.7%
上海虹桥	433600.1	0.3%	256603	1.3%
南京禄口	326026.5	7.1%	166858	15.7%
杭州萧山	424932.7	6.6%	232079	8.8%
无锡硕放	89060.0	—7.3%	38569	7.8%
宁波栎社	77054.2	—1.2%	56110	4.1%
扬州泰州	6169.9	28.7%	30614	33.4%
南通兴东	31345.3	11.8%	22537	—13.7%
常州奔牛	17619.7	—3.4%	26347	17.4%
舟山普陀山	391.7	25.4%	20527	30.8%
台州路桥	5985.1	—19.2%	4708	—16.8%

注：数据来源于 2016 年中国民用航空局（经整理得到）。

4.2.2 长三角物流节点设施投入

4.2.2.1 港口基础设施

港口是具有水陆联运设备和条件，能为船舶的进出和停泊提供服务的运输枢纽，港口的建设为我国集装箱运输系统的建立创造了条件，极大地推动了我国贸易的发展，实现了我国国内地区之间以及同周边各国之间的融合，同时在共同利益机制的推动下，促进了物流资源的优化配置，加速长三角一体化进程。当前，长三角地区主要规模以上的沿海港口数量为 3 个，分别是上海港、宁波一舟山港和台州港，主要规模以上的内河港口数量达到 7 个（表 4—2—3）。

表 4—2—3 2015 年长三角主要规模以上港口码头泊位数

指标	名称	码头长度（米）	泊位个数（个）	万吨级泊位个数（个）
沿海港口	上海	126921	1238	188
	宁波一舟山	86789	703	157
	台州	13139	185	9
内河港口	上海	97465	1984	
	南京	32122	284	57
	扬州	8029	49	25
	泰州	17080	123	59
	常州	3488	28	8
	镇江	22187	209	44
	南通	18095	105	51

注：数据来源于 2016 中国统计年鉴。

在沿海港口方面，上海拥有的码头长度为 126921 米，泊位个数为 1238 个，其中万吨级泊位个数达 188 个；宁波一舟山港正成为我国沿海乃至世界的重要港口之一，截至 2015 年底，宁波一舟山港拥有的码头长度、泊位个数及万吨级泊位个数分别为 86789 米、703 个和 157 个，均仅次于上海港；规模以上沿海港口中台州港的各项指标均相对靠后。而像南通、嘉兴这些沿海城市，其在沿海港口方面的建设明显落后上海、宁波、舟山和台州。在内河港口方面，上海港码头长度达 97465 米，泊位个数为 1984 个，绝对数遥遥领先，南京紧随其后，码头长度、泊位个数及万吨级泊位个数分别为 32122 米、284 个和 57 个，其他 5

个城市规模以上内河港口建设相对靠后。长三角区域内16城市在码头泊位个数、万吨级泊位和所建造的码头长度等方面存在显著差距。

4.2.2.2 物流园区基础设施

物流园区是指在物流作业相对集中的区域，在多种运输方式地，将多种物流基础设施和不同类型的物流企业在空间上集聚布局的场所。表4—2—4是由中国物流与采购联合会所公布的中国物流园区50强长三角地区的分布情况，2015年区域内50强物流园区数量已到达25个，占全国比重的50%，其中，上海、苏州相对较高，分别为9个和6个，占长三角地区比重的36%和24%。

表4—2—4 中国物流园区50强长三角地区数量汇总

（单位：个）

指标	上海	南京	杭州	苏州	无锡	宁波	扬州	泰州
中国物流园区50强	9	3	1	6	1	1	0	1
指标	南通	镇江	常州	嘉兴	湖州	绍兴	舟山	台州
中国物流园区50强	2	0	0	1	0	0	0	0

表4—2—5给出了2015年中国物流企业50强长三角地区的分布情况，在中国50强物流企业中，长三角地区已达到16个，占比32%，其中分布最多的在南京和上海两个城市，分别为6个和4个，占长三角地区比重的37.5%和25%。长三角物流园区和物流企业主要还是集中在长三角一线城市，这说明长三角各城市对物流园区建设的投入力度还很不均衡，上海、南京、苏州、杭州在物流园区建设方面已初具规模，其他城市发展还相对较缓。纵观大型物流园区的分布情况可以看出，其大致以上海、南京和杭州为中心向外围扩散。

表4—2—5 中国物流企业50强长三角地区数量汇总

（单位：个）

指标	上海	南京	杭州	苏州	无锡	宁波	扬州	泰州
中国物流企业50强	4	6	1	1	1	0	0	1
指标	南通	镇江	常州	嘉兴	湖州	绍兴	舟山	台州
中国物流企业50强	2	0	0	0	0	0	0	0

注：数据来源于2016年中国物流与采购联合会。

4.2.2.3 仓储基础设施

仓储中心是存放物品的场所，也可以是大型容器、房屋建筑或其他特定的场地，其具有保护物品的功能。而仓储就是在特定的场所储存物品的行为。由于仓储中心的数据无法统计，可用仓储企业进行代替说明。由表 4—2—6 表可知长三角地区的上海、南京、杭州和苏州等 7 个城市的 27 家仓储企业挤进了国内前 100，占到全国比重的 27%。其中上海共有 20 家仓储企业位列其中，占全国比重的 20%，占长三角地区比重的 74.07%，上海无论在通用、地产、冷藏和危险品仓储以及危险品储罐方面都居于领先；而其他 6 个城市只有少数一两家企业挤进国内前 100，从仓库占地面积和冷库、储罐容积来看，与特大城市上海有一定差距；另外，长三角地区剩余 9 个城市的仓储业发展较这几座城市明显靠后。

表 4—2—6　中国仓储企业 100 强长三角地区数量及仓储面积汇总

城市	类名	个数	面积/容积
上海	通用仓储	4	165w · m^2
	地产仓储	4	2014w · m^2
	冷藏仓储	5	344w · m^3
	危险品仓储	6	43w · m^2
	危险品储罐	1	36w · m^3
南京	危险品仓储	1	3w. m^2
杭州	冷藏仓储	1	30w · m^3
苏州	地产仓储	1	120w · m^2
	危险品储罐	1	34w · m^3
无锡	危险品储罐	1	31w · m^3
扬州	通用仓储	1	13w · m^2
舟山	危险品储罐	1	80w · m^3

注：数据来源于 2016 年中国仓储协会（经整理得到）。

4.2.3　物流信息化基础设施

物流信息化是指物流企业运用现代信息技术对物流过程中产生的信息进行处理，以实现对货物流动过程的控制，达到降低成本、提高效益的作用。在评价物流信息化程度的众多指标中，固定宽带接入用户数是衡量物流信息化水平的基础性指标。2011—2015 年来长三角固定宽带接入用户数稳步提升，由 2011 年的 2422 万户累计增长到 2015 年的 3094 万户，增长速度相对平稳，平均增长率为 6.31%（图 4—2—8）。

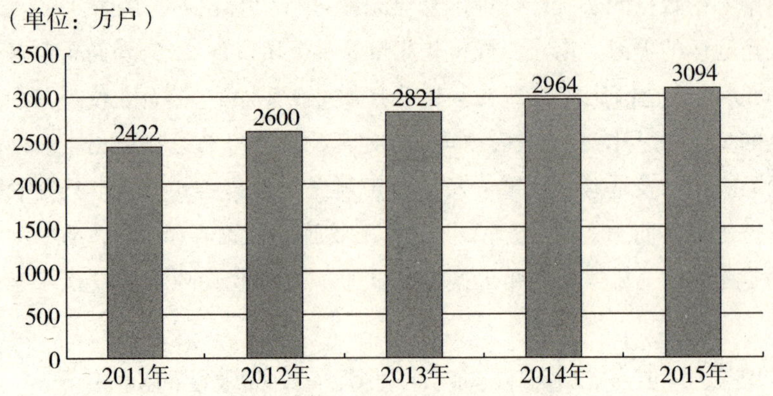

图 4—2—8　2011—2015 年长三角地区固定宽带接入用户数

2015 年长三角各城市固定宽带接入用户数的绝对用户数量有较大差距，其中上海市拥有的固定宽带接入用户数最高为 551 万户，舟山市最低仅为 63 万户，长三角地区平均互联网用户数为 193 万户。从长三角 16 个城市的互联网普及率来看，也存在显著差异。截至 2015 年末，杭州市互联网普及率最高，达到了 81.20%，侧面反映出杭州市在物流信息化基础设施方面的投入力度最大；其次是苏州、宁波和上海这 3 个城市，互联网普及率位于 70%—80%，分别为 74.0%、73.80%和 73.10%，在长三角经济圈 16 个城市中处于较高水平；南京、常州和嘉兴等 3 个城市的互联网普及率也均超过 60%；而无锡、湖州等 9 个城市的互联网普及率均在 50%—60%之间，普及率相对较低。

4.3　长三角物流基础设施投入差距模型

4.3.1　测度方法

物流业基础设施投入所涉及的指标众多，不仅包括对公路、铁路、内河航道、民用航空等交通运输基础设施的投入，还包括对港口、物流园区、仓储中心等物流节点建设的投入。目前用来测定差距的方法很多，如极差率、变异系数、数字鸿沟系数、基尼系数、泰尔系数、广义熵指数等，但任何一种测度方法均都有各自的局限性，为规避上述缺点，本研究综合选用极差率、变异系数、数字鸿沟系数这三种方法来进行测定。

4.3.1.1 变异系数

变异系数又被称作为标准差率，是一组数据的标准差与平均数的比值，是衡量一组数据变异程度的统计量。当数据的度量单位或者平均数不同时，可以较好地反映数据的离散程度，变异系数值越大，表示数据组的离散程度越大，差异就越大；变异系数值越小，表示数据组的离散程度越小，差异就越小。平均数、标准差、变异系数的计算公式分别为公式（4.3.1）、（4.3.2）、（4.3.3）所示：

$$Ex = \frac{1}{n}\sum_{1}^{n} xi \tag{4.3.1}$$

$$\sigma x = \sqrt{\frac{1}{n}\sum_{i=1}^{n}(xi - Ex)^2} \tag{4.3.2}$$

$$Vx = \sigma x / Ex \tag{4.3.3}$$

4.3.1.2 指标极差率

极差率用来反映样本数据的离散程度，文中极差率定义为长三角各城市人均物流基础设施投入最大值与该年度各城市人均物流基础设施投入的最小值的比值。当比值等于 1 时，表示绝对公平；当比值大于 1 时，表示不公平，比值越大越不公平，一定程度上可以反映各城市人均物流基础设施投入的差异程度。计算公式如下（4.3.4）所示：

$$R = I_{\max} / I_{\min} \tag{4.3.4}$$

其中，R 表示各城市人均物流业基础设施的投入的极差率，$I_{\max}$ 代表各城市人均物流业基础设施投入的最大值，$I_{\min}$ 代表各城市人均物流业基础设施投入的最小值。

4.3.1.3 数字鸿沟系数测度法

为了充分衡量不同城市之间的人均物流基础设施投入差距，借鉴"数字鸿沟"理论，采用如公式（4.3.5）所示的物流基础设施投入鸿沟系数 LID（Logistics Investment Divide）进行测定。方法是首先计算所有各市人均物流基础设施投入密度并进行排序，然后计算密度最高的 5 个城市的平均密度以及密度最低的 5 个城市的平均密度，二者之比为人均物流基础设施投入鸿沟系数。该系数越大，说明地区人均物流基础设施投入差距越大。为了便于比较，同时也用类似的方法计算出地区人均生产总值鸿沟系数。

$$\mathrm{HIG} = \frac{\sum_{i=1}^{5}(IH_i / PH_i)/5}{\sum_{i=1}^{5}(IL_i / PL_i)/5} \tag{4.3.5}$$

其中，$IH_i(IL_i)$ 变量表示人均物流基础设施投入密度最高(低)的5个城市每个城市的投入值。$PH_i(PL_i)$ 表示人均物流基础设施投入密度最高(低)的5个城市每个城市的人口数(万人)。因此，公式(4.3.5)中分子值表示物流基础设施投入较高的5个城市的人均投入，分母值表示物流基础设施投入较低的5个城市的人均投入。二者比值表示人均物流业基础设施投入的不均衡系数。

4.3.2 面板数据及计量模型设定

4.3.2.1 面板数据

面板数据又称"平行数据"，指在时间序列上取多个截面，在这些截面上同时选取样本观测值所构成的样本数据。单方程面板数据模型的一般形式如(4.3.6)所示：

$$y_{it} = \alpha_i + X_{it}\beta_i + \mu_{it} \quad (4.3.6)$$
$$i = 1, \cdots, n$$
$$t = 1, \cdots, T$$

其中，x_{it} 为 $1 * K$ 向量，β_i 为 $K * 1$ 向量，K 为解释变量的数目。该模型常用的有以下三种情形如下表4-3-1所示：

表4-3-1 面板数据模型分类——参数情况

情形1	$\alpha_i = \alpha_j$	$\beta_i = \beta_j$
情形2	$\alpha_i \neq \alpha_j$	$\beta_i = \beta_j$
情形3	$\alpha_i \neq \alpha_j$	$\beta_i \neq \beta_j$

情形一：横截面上无个体影响、经济结构上也不存在变化，普通最小二乘估计（OLS）给出了α、β的一致有效估计，类似于将多时期的截面数据作为样本数据堆放在一起。

情形二：被称为变截距模型，在截面上个体影响不同，个体影响表现为模型中被忽略的反映个体差异的变量的影响，可分为固定影响和随机影响。

情形三：被称为变系数模型，除了有个体影响外，在横截面上还有经济结构的变化，因此结构参数在不同的截面单位上是不同的。典型的面板数据模型是时期数较少而截面数较多的数据。

采用面板数据增加了自由度，同时减少了解释变量之间的共线性，可以从多方面、多角度对经济问题进行分析。因为本研究所研究的长三角16个城市的物流基础设施投入明显存在着个体差异，同时，一些解释变量数据不能获得，因而运用面板数据能很好解决上述问题。此外，对于不同个体，解释变量的回归系数有显著性差异时，可建立起回归系数不同的面板数据模型，来体现回归系数间的差异。

4.3.2.2 计量模型设定

影响一个城市物流基础设施投入的因素众多，但总体上一个城市的经济发展水平对城市物流业基础设施投入的影响最大，文章对面板数据采用回归分析的方法进行实证研究，公式如（4.3.7）所示。

$$LnRI = LnA + a_1 LnRGDP + \mu \tag{4.3.7}$$

其中，RI 人均物流业基础设施投入，A 为常数，$RGDP$ 为人均地区生产总值，μ 为随机误差项，其中，a_1 为系数，表示为弹性，代表人均地区生产总值每上升1%，能导致人均物流业基础设施投入上升的百分比。

4.3.3 灰色预测模型

灰色系统预测理论是研究“贫信息”“小样本”等这类不确定性问题的新方法，其对于系统科学领域的研究有着重要作用。经过多年的发展，在工业、农业、交通和环境等领域得到了广泛运用。为了对长三角 16 个城市人均物流业基础设施投入差距的变化情况进行预测，选用针对振荡序列较为有效的 GM（1，1）幂模型。一方面是因为每座城市的人均投入值存在着偶然性，各城市数据的变化趋势很不一致，由于不同的数据变化趋势适用于不同的预测模型，所以不存在统一的模型对其进行预测，但是变异系数、极差率和数字鸿沟系数的变化趋势相类似，适用于同种预测模型。另一方面，为降低偶然因素，这里从长三角地区整体出发，对反映整体差距的变异系数、极差率、数字鸿沟系数进行预测，因而使得整个预测过程更为方便和科学。

4.3.3.1 GM（1，1）幂模型的构建

设 $X^{(0)} = \{X^{(0)}(1), X^{(0)}(2), \cdots, X^{(0)}(n)\}$ 为原始序列数据，$X^{(1)} = \{X^{(1)}(1), X^{(1)}(2), \cdots, X^{(1)}(n)\}$ 为一阶累加生成序列，其中：

$$X^{(1)}(k) = \sum_{i=1}^{k} X^{(0)}(i), k = 1,2,\cdots,n \tag{4.3.8}$$

称 $X^{(0)}(k) + a X^{(1)}(k) = b$ 为 GM（1，1）模型的原始形式。

$Z^{(1)} = \{Z^{(1)}(1), Z^{(1)}(2), \cdots, Z^{(1)}(n)\}$ 是 $X^{(1)}$ 紧邻的生成序列，其中：

$$Z^{(1)}(k) = \frac{1}{2}[X^{(1)}(k) + X^{(1)}(k-1)], k = 2,3,\cdots,n \tag{4.3.9}$$

定义 $X^{(0)}(k) + a Z^{(1)}(k) = b[Z^{(1)}(k)]^r$ 为 GM(1,1) 幂模型的形式。参数 a 为发展系数，b 为灰色作用量。

4.3.3.2 GM（1，1）幂模型参数的计算公式

(1) GM（1，1）幂模型一幂指数 r 的求解方法

$$r = \frac{1}{n-2}\sum_{k=2}^{n-1} rk \tag{4.3.10}$$

$$rk = \frac{[X_{(k+1)}^{(0)} - X_{(k)}^{(0)}]Z_{(k+1)}^{(1)} Z_{(k)}^{(1)} X_{(k)}^{(0)} - [X_{(k)}^{(0)} - X_{(k-1)}^{(0)}]Z_{(k+1)}^{(1)} Z_{(k)}^{(1)} X_{(k+1)}^{(0)}}{X_{(k+1)}^{(0)} X_{(k+1)}^{(0)} X_{(k)}^{(0)} Z_{(k)}^{(1)} - X_{(k)}^{(0)} X_{(k)}^{(0)} Z_{(k+1)}^{(1)} X_{(k+1)}^{(0)}} \tag{4.3.11}$$

(2) 若 $\hat{a} = [a\ ,b]$ 为参数列，且

$$B = \begin{bmatrix} -Z^{(1)}(2) & [Z^{(1)}(2)]r \\ -Z^{(1)}(3) & [Z^{(1)}(3)]r \\ \vdots & \vdots \\ -Z^{(1)}(n) & [Z^{(1)}(n)]r \end{bmatrix} \tag{4.3.12}$$

$$Y = \begin{bmatrix} X^{(0)}(2) \\ X^{(0)}(3) \\ \vdots \\ X^{(0)}(n) \end{bmatrix} \tag{4.3.13}$$

则 GM（1，1）模型 $X^{(0)}(k) + a\,Z^{(1)}(k) = b$ 的最小二乘估计参数列满足：

$$B\hat{a} = Y \Rightarrow \hat{a} = B^{-1}Y \Rightarrow \hat{a} = B^{-1}\ (B^{T})^{-1}B^{T}Y \Rightarrow \hat{a} = (B^{T}B)^{-1}B^{T}Y \tag{4.3.14}$$

4.3.3.3 GM（1，1）幂模型的时间响应序列

$$\hat{X}^{(0)}(k+1) = \left\{\frac{b}{a} + \left[[X^{(0)}(1)]^{1-r} - \frac{b}{a}\right]e^{-(1-r)ak}\right\}^{\frac{1}{1-r}},\quad k = 1,2,\cdots,n \tag{4.3.15}$$

其中还原值为：

$$\hat{X}_{(k+1)}^{(0)} = \hat{X}_{(k+1)}^{(1)} - \hat{X}_{(k)}^{(1)} \tag{4.3.16}$$

4.3.3.4 GM（1，1）幂模型的误差检验

以时间点 k 为例计算预测结果的相对误差，记为 $RE(k)$，计算公式为

$$RE(k) = \left|\frac{\hat{x}_k^{(0)} - x_k^{(0)}}{x_k^{(0)}}\right| \times 100\% \tag{4.3.17}$$

所有时间点的相对误差的平均值，记为 $ARE(k)$，计算公式为

$$ARE(k) = \frac{1}{n}\sum_{k=2}^{n} RE(k) \tag{4.3.18}$$

当 $k \leqslant n$，时，称 $RE(k)$ 为 $GM(1,1)$ 幂模型的拟合相对误差，由此所计算出的

$ARE(k)$,可以用来判断 $GM(1,1)$ 幂模型的结构质量;当 $k > n$ 时,称 $ARE(k)$ 为 $GM(1,1)$ 幂模型预测相对误差,主要是用来判断评价预测能力。

4.4 长三角物流基础设施投入差距实证分析

4.4.1 基于变异系数指标分析

表4—4—1分别给出了2011—2015年长三角16个城市人均物流基础设施投入的平均值、标准差和变异系数。平均值和标准差按照公式(4.3.1)、(4.3.2)计算得出,变异系数由公式(4.3.3)计算得出,即平均值与标准差的比值。

表4—4—1 长三角人均物流基础设施投入相对差距

(单位:元)

指标	2011年	2012年	2013年	2014年	2015年
标准差	1861.62	2518.04	3303.36	3608.46	3980.80
平均值	2284.08	2645.44	3046.75	3743.07	4460.02
变异系数	81.50%	95.18%	108.42%	96.40%	89.26%

2011—2015年期间,长三角平均值呈不断增大的趋势。2011年平均值为2284.08元,经过5年时间,平均值于2015年达到了4460.02元。就2012—2015年的增长率数据来看,分别为15.82%、15.17%、22.85%和19.15%,增长率经历了先增长后下降的过程,于2014年达到最高值。通过上述平均值的变化可以说明,"十二五"期间,随着长三角区域经济的发展,区域整体物流水平也提升到了一个新的高度,城际间平均物流基础设施水平实现了翻一番。

而长三角城际间人均物流业基础设施投入额的变异系数大致上可分为两个阶段,即2011—2013年的快速增长阶段,变异系数由2011年的81.50%增加到2013年的108.42%,达到最高值,期间增长率分别为16.78%和13.91%,表明这段时期区域内人均物流业基础设施投入额相对差距不断扩大。而在2013—2015年间,数据处于下降阶段,于2015年变异系数降低至89.26%,稍高于初始值,表明这段时期区域间的差距是在缩小,呈现出良好发展态势,但是5年内的变异系数值都高于80%,可见差距依然不小。

4.4.2 基于极差率指标分析

表4—4—2分别给出了2011—2015年长三角16个城市物流业人均基础设施投入的最大值、最小值、极差值和极差率，其中极差值为当期的投入最大值与投入最小值之间的差距，极差率按照公式（4.3.4）可计算得出。

表4—4—2 长三角人均物流基础设施人均投入绝对差距

（单位：元）

指标	2011	2012	2013	2014	2015
最大值	8674.58	11500.88	15086.69	16764.40	19391.49
最小值	1059.21	900.17	978.08	880.09	2222.37
极差值	7615.37	10600.71	14108.61	15884.31	17169.12
极差率	8.19	12.77	15.42	19.05	8.73

2011—2015年间长三角城际间最高城市人均物流业基础设施投入与最低城市人均物流业基础设施投入的差距在不断拉大。这一投入差距在2011—2015年中，分别达到7615.37、10600.71、14108.61、15884.31和17169.12，最末年份是初始年份的2.25倍之多。虽然绝对差距在不断拉大，但是就每年的增长率来看，差距是随着时间的推移呈逐步放缓的趋势，2012—2015年的增长率，分别为39.20％、33.09％、12.59％和8.09％。

从极差率的角度来看，变化趋势图主要以2014年为转折点，可以分为两个阶段，第一阶段为2011—2014年，极差率折线图呈上升趋势，第二阶段为2014年以后，极差率折线图呈快速下降趋势。说明2011—2014年间长三角城际间人均物流基础设施投入绝对差距在拉大，2014年达到峰值19.05，此后一年极差率快速下跌至8.73，与初始年份差距相当。

从极差值和极差率的变化情况来看，2014年以后，城际间的绝对差距有了一定程度的抑制，呈现出缩小的态势，波动的不确定性依然存在。但由于数据的可获得性，未能全面反映这种差距的未来变化趋势。综上，当前长三角城际间的物流业基础设施投入的差距还较为突出。

4.4.3 基于数字鸿沟系数指标分析

在进行长三角城际间人均物流业基础设施投入鸿沟系数的计算时，首先用16个城市的物流基础设施投入额分别除以16个城市的人口数量，然后按照所得密度进行降序排序，接着根据公式（4.3.5）的计算方法，计算出人均物流基础设施投入最高的 5 个城市的平均物流基础设施投入，然后计算出人均物流基础设施投入最低的 5 个城市的平均物流基础设施投入，二者之比即为鸿沟系数。表 4—4—3 所示分别给出了长三角各城市人均物流基础设施投入值。

表 4—4—3　长三角城际间人均物流基础设施投入差距

（单位：元）

指标	2011 年	2012 年	2013 年	2014 年	2015 年	平均增速
各市平均值	2284.08	2645.44	3046.75	3743.07	4460.02	18.25%
最高 5 市平均值	4210.86	5171.17	6074.95	6920.08	7848.49	16.90%
最低 5 市平均值	1145.31	1280.65	1365.70	1655.94	2454.18	21.98%
鸿沟系数	3.68	4.04	4.45	4.18	3.20	

长三角 16 个城市人均物流基础设施投入的差距确实存在。“十二五”期间，区域内最发达 5 个城市的人均物流基础设施投入与最不发达 5 个城市的比值（鸿沟系数）有较大的波动，经历了先上升后下降的趋势，鸿沟系数于 2013 年达到最高值 4.45，进而两年逐步下降，到 2015 年跌至 3.20，甚至低于 2011 年的 3.68，表明长三角各城市人均物流基础设施投入差距正在缩小。而城际间人均生产总值的差距相对稳定，保持在 1.67 左右。长三角各城市可能结合自身的经济状况而对各自物流基础设施投入产生差异。

从平均增长速度来看，人均物流基础设施投入较高的 5 个城市的平均增长率低于长三角 16 个城市的平均增长率，而人均物流基础设施投入较低的 5 个城市的平均增长率高于长三角 16 个城市的平均增长率。这说明经济欠发达的城市比经济发达的城市更加注重对物流基础设施的投入力度，以求缩小长三角城际间的差距。

4.4.4　物流基础设施投入差距与经济发展水平的关系

地区经济发展水平的高低将直接影响政府的财政收入，因而将影响政府对物流基础设施的投入力度。经济发展水平较高的城市，政府就会有更多的财政收入，因此具备建设物流基础设施、改善物流设施空间布局的资金和能力。而经济发展水平较低的城市，由于政府没有足够的资金做支持，即使有完善物流基础设施布局的意愿，但会受困于现实条件，产生“心有余而力不足”的困境。经济发展水平较高的地区，城市的对外开放水平、居民的消费水平和二、三产业的比重等都相对较高，在经济较好的地区，城市的人口总量也相对较大，这一系列因素都给当地政府完善物流基础设施建设提出了要求。

本部分基于长三角16城市2011—2015年的面板数据，使用Eviews8.0统计软件，选用面板变系数固定效应模型进行实证分析。为了消除数据中可能存在的异方差问题，首先对各变量进行对数化处理，处理后的人均*GDP*用*Ln*(*RGDP*)表示，人均物流业基础设施投入用*Ln*(*RI*)表示。为便于分类比较，此处也给出了5年数据的混合回归结果，如(4.4.1)式所示。

$$LnRI = -4.391 + 1.079LnRGDP + \mu \quad (4.4.1)$$

$$(-1.500)(4.171)$$

$$R^2 = 0.812n = 80$$

从表4—4—4面板数据的处理结果可以看出，除了宁波、上海和无锡这三个城市的*t*检验值较小，没有通过显著性检验，其他13个城市的*t*检验值都相对较高，都在10%的显著性水平上通过了检验，R^2值相对较大，解释了长三角各城市物流业基础设施投入与经济发展水平的关系的93.48%。

表4—4—4 面板数据分析结果

序号	地区	自变量	常数项	自变量系数	t检验值	概率
1	常州	Ln (RGDP)	−24.215	4.068	5.848	0.000
2	台州	Ln (RGDP)	−20.107	3.891	3.586	0.001
3	绍兴	Ln (RGDP)	−8.662	2.736	2.981	0.005
4	苏州	Ln (RGDP)	−9.287	2.722	2.956	0.005
5	扬州	Ln (RGDP)	−8.006	2.705	4.318	0.000
6	舟山	Ln (RGDP)	−2.811	2.392	2.989	0.004
7	南通	Ln (RGDP)	−0.011	2.006	3.099	0.003
8	泰州	Ln (RGDP)	0.446	1.973	3.108	0.003
9	湖州	Ln (RGDP)	0.457	1.952	2.190	0.033
10	嘉兴	Ln (RGDP)	4.289	1.584	1.582	0.090
11	杭州	Ln (RGDP)	4.607	1.582	1.917	0.061
12	南京	Ln (RGDP)	6.207	1.481	2.409	0.020
13	镇江	Ln (RGDP)	8.861	1.164	1.769	0.083
14	无锡	Ln (RGDP)	12.954	0.818	0.597	0.553
15	上海	Ln (RGDP)	14.413	0.681	0.632	0.531
16	宁波	Ln (RGDP)	20.866	0.193	0.183	0.856

其中，常州和台州的回归系数较高，分别为4.068和3.891，在16个城市中居于前两位。表明常州和台州市人均生产总值每提升1%，对物流业基础设施的投入值会提升4.068%和3.891%。另外，绍兴、苏州、扬州、舟山和南通的回归系数值均大于2，也都通过了1%的显著性检验，表明城市经济的发展对推动物流业发展水平有显著的正向促进作用。长三角所剩其他城市中除无锡、上海、宁波外，回归系数都位于1—2之间。长三角大致上经济欠发达地区的弹性系数稍大于经济发达的地区，说明欠发达地区的人均物流业基础设施投入弹性相对充足，而发达地区的弹性相对不足。

4.4.5 长三角物流基础设施投入差距预测

本部分以2011—2015年反映长三角人均物流基础设施投入差距的变异系数值为例进行灰色预测，具体计算过程如下：

第一步：2011—2015长三角人均物流基础设施投入变异系数原始值：

$$X^{(0)}=\{X^{(0)}(1),X^{(0)}(2),\cdots,X^{(0)}(5)\}$$
$$=\{0.8115,0.9518,1.0842,0.964,0.8926\}$$

第二步：将原始时间序列数据代入公式（4.3.8）得累加生成数列：

$$X^{(1)}=\{X^{(1)}(1),X^{(1)}(2),\cdots,X^{(1)}(5)\}$$
$$=\{0.8115,1.7633,2.036,2.0482,1.8566\}$$

第三步：利用公式（4.3.9）计算$X^{(1)}$的紧邻均值生成序列得：

$$Z^{(1)}=\{Z^{(1)}(2),Z^{(1)}(3),\cdots,Z^{(1)}(5)\}=\{1.2874,2.3054,3.3295,4.2578\}$$

第四步：利用公式（4.3.10）、（4.3.11）计算GM（1，1）幂模型的幂指数r。

$$r=\frac{1}{n-2}\sum_{k=2}^{n-1}rk=\frac{1}{3}\sum_{k=2}^{4}rk=\frac{1}{3}(0.1609+1.2812-0.4346)$$
$$=0.3358,n=5$$

第五步：将步骤一、三、四得到的有关结果代入公式（4.3.12）、（4.3.13）得到矩阵B和Y：

$$B=\begin{bmatrix}-1.2874 & 1.0885\\ -2.3054 & 1.3238\\ -3.3295 & 1.4977\\ -4.2578 & 1.6267\end{bmatrix}\qquad Y=\begin{bmatrix}0.9518\\ 1.0842\\ 0.9640\\ 0.8926\end{bmatrix}$$

第六步：将步骤五得到的矩阵代入公式（4.3.14）得：

$$\hat{a}=[a,b]^{T}=(B^{T}B)^{-1}B^{T}Y=[0.2484,1.2053]^{T}$$

第七步：将有关数据代入公式（4.3.15）和公式（4.3.16），得到 $GM(1,1)$ 幂模型的时间响应序列：

$$\hat{X}^{(0)}(k+1)=\{+[[X^{(0)}(1)]1-r-]e^{-(1-r)ak}\}^{\frac{1}{}}$$

$$=\{0.8514-3.9810e^{0.1650k}\}1.5056, k=1,2,\cdots,n$$

还原值为：$\hat{X}^{(0)}_{(k+1)}=\hat{X}^{(1)}_{(k+1)}-\hat{X}^{(1)}_{(k)}$

第八步：计算得出2016—2020年的 $X^{(0)}$ 的预测值，即“十三五”期间长三角人均投入差距的变异系数值：

$$\hat{X}^{(0)}=\{0.7238, 0.6368, 0.5560, 0.4827, 0.4172\}$$

此外，运用上述模型预测出“十三五”期间长三角人均物流业投入值的极差率和数字鸿沟系数，受篇幅所限，这里不一一列示，直接根据灰色预测结果进行分析。

第九步：运用公式（4.3.17）、（4.3.18）计算预测值得相对误差，结果如下表4—4—5所示：

表4—4—5 变异系数预测值得误差结果

年份	原始序列	预测值	相对误差	平均相对误差（2011除外）
2011	0.8115	0.8115	0.00%	
2012	0.9518	1.0198	7.14%	
2013	1.0842	0.9778	9.81%	8.03%
2014	0.9640	0.9024	6.39%	
2015	0.8926	0.8142	8.78%	
2016	/	0.7238	/	/
2017	/	0.6368	/	/
2018	/	0.5560	/	/
2019	/	0.4827	/	/
2020	/	0.4172	/	/

从上表4—4—5中可以看出，2011—2015年（2011年除外）的变异系数预测值与原始值的相对误差，分别为7.14%、9.81%、6.39%和8.78%，相对误差率较为平稳，大致稳定在8%左右，其平均相对误差为8.03%。此结果可以表明，运用GM（1，1）幂模型在预测振荡时间序列问题时，有较好的拟合度。

图4—4—1、4—4—2和4—4—3，分别运用GM（1，1）幂模型得出的变异系数、极差率和数字鸿沟系数的预测值。

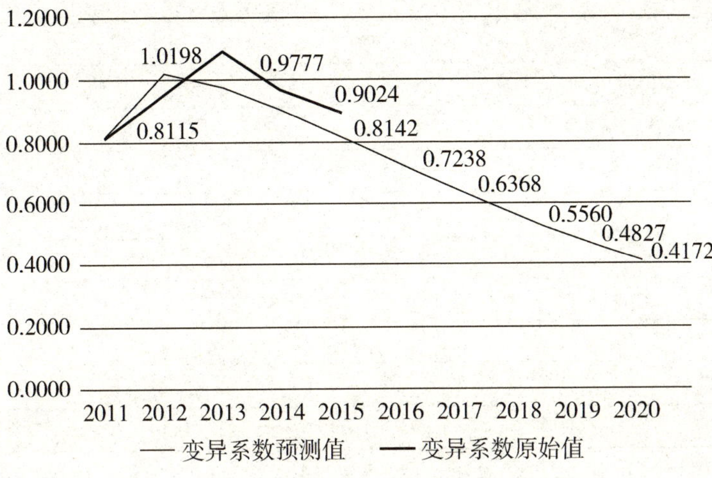

图 4—4—1 变异系数预测值折线图

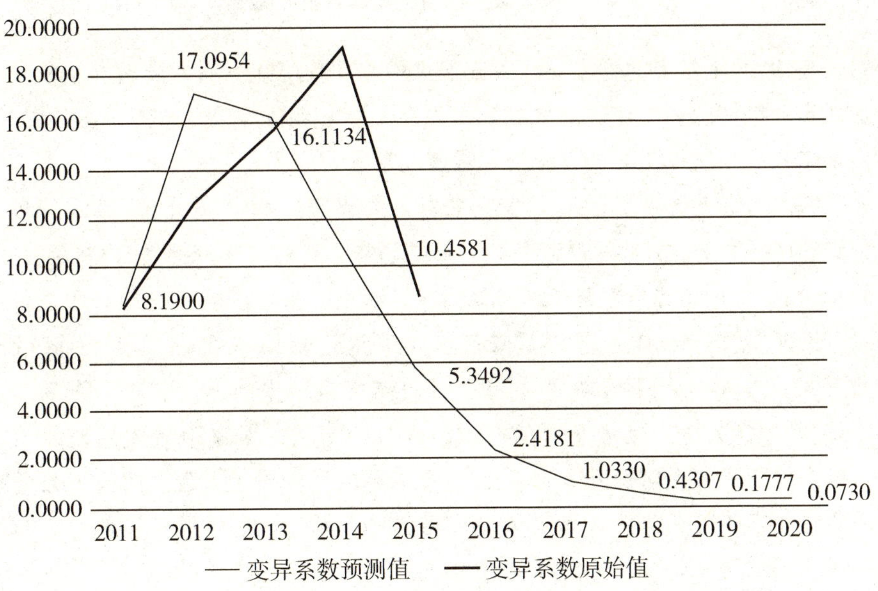

图 4—4—2 极差率预测值折线图

基于灰色系统预测理论，构建了 GM（1，1）幂指数模型对“十三五”规划期间长三角经济圈 16 个城市的物流基础设施投入差距的变异系数、极差率和数字鸿沟系数值的结果进行预测，结果显示平均相对误差为 8.03%，除了图 4—4—2极差率的预测值与原始值之间的相对误差稍大以外，其他预测值指标的精确度较好。长三角人均物流基础设施投入额差距未来可能会进一步缩小，这

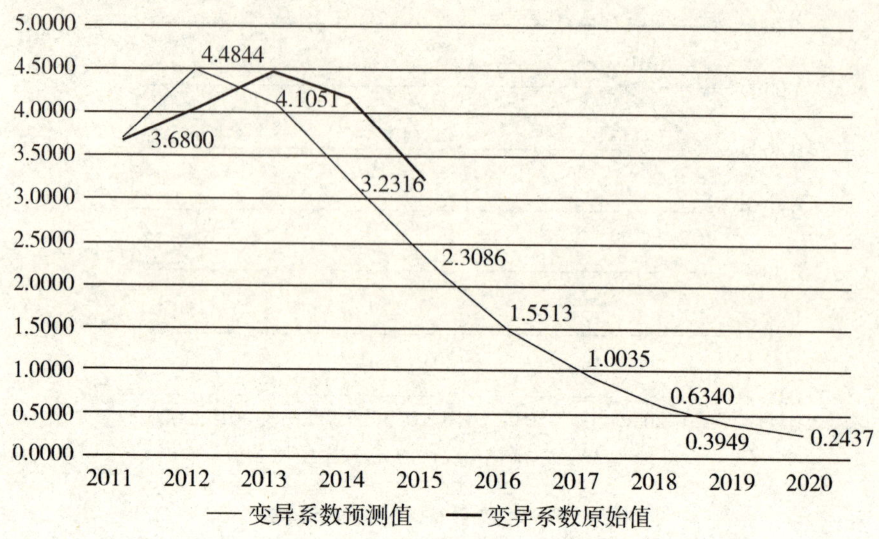

图 4－4－3 数字鸿沟系数预测值折线图

表明长三角 16 个城市间物流资源的分配进一步向均等化方向发展，有利于长三角地区实现经济的一体化。如果配合相关制度、宏观政策以及合理方法的引导，相信未来长三角物流资源的分配会逐步迈向均衡。

就特定指标变异系数的变化情况来看，系数值从 2016 年的 0.7238 逐步降低到 2020 年的 0.4172，差距呈平稳下降的趋势，年平均下降率为 12.87%，与初始年份 2011 年相比整整降低了 48.59%。纵观极差率值的变化趋势图，可以看出，极差率整体同样呈现出下降趋势，预测值由 2016 年的 2.4181 降低到 2020 年的 0.0730，且下降幅度随着时间的推移而逐步变小，平均下降率达到 58.31%，最终会逐步接近于 0 值。该结果表明，从绝对差距指标极差率值来看，未来地区间的人均物流基础设施投入差距也将会缩小。数字鸿沟系数的折线图的变化趋势与极差率值得变化趋势相类似，呈先快后慢的下降趋势，预测结果由 2016 年的 1.5513 变化到 2020 年的 0.2437。

4.5 长三角物流基础设施建设的建议

要推动长三角区域物流基础设施一体化发展，最终实现区域经济一体化进程，需要更多法律上的保护和支持。可以制定促进长三角区域协调发展，实现区域经济、物流一体化的基本法。该基本法的出发点和落脚点都在长三角区域，主要是促进区域内物流协调发展的管理机制，主要内容是关于长三角区域协调发展的体制性规定，包括促进区域主体协调发展的调控权限、调控范围、调控原则、调控方式和手段、有关主体的权利和义务等各个方面。为了促进长三角区域协调发展，构建区域经济、物流一体化，需要一个完善的金融体系，此时可以建立一个强有力的具有独立性、多元式的银行制度。长三角地区可以设立区域发展银行，让其充分管理、负责长三角整个区域内的金融活动，该政策更有利于根据区域整体开发和发展的需要。

当前，长三角欠发达地区物流基础设施投入相对较低，同发达地区有一定的差距，物流信息化水平也偏低，大型物流园区、物流企业等多方面建设也明显不足。长三角区域公路网布局存在着缺陷，沪杭、沪宁、宁杭等干线公路通行能力已经接近饱和，部分县级市的公路网密度暂且不够，给区域协调发展造成了一定的障碍。要充分优化长三角区域内各级公路设施的布局，把高速公路的优化放在更加突出的位置。

随着长三角整体经济水平的提升和科技的进步，跨海、过江的铁路建设已经提上了议程。可以规划筹建：(1) 上海—南通—泰州—南京；(2) 南通—苏州—嘉兴；(3) 上海—苏州—湖州；(4) 舟山—宁波—台州等多条铁路线路。这些铁路线路的建设，不仅对于完善长三角区域铁路跨海、过江通道布局，推进沿海铁路通道的形成、保障过江铁路的顺利通畅具有重要的意义。

长江水系流经南京、镇江、扬州、泰州、常州、苏州、南通、上海等市，是连接上海和江苏、苏南和苏北的重要水上通道。要充分运用长江这一天然干线航道作用，同时积极开发长江支流航道，拓宽长三角水路运输的纵深，实现水路互联互通，提升区域货物运输能力。港口方面，以上海国际航运中心为核心，优化整合沿海沿江港口，形成分工合理、协同发展的长三角现代化港口群。民用航空方面，构建长三角多层级机场体系，以上海为中心，拓展浦东国际机场的辐射范围，加强上海虹桥、南京禄口、杭州萧山机场的枢纽能力，提升宁波栎社、无锡硕放等干线机场能力，规划筹建一些支线机场，地级市可以根据自身经济状况、城市和人口规模加强城市间的合作，效仿扬泰两市共建机场。

物流园区、物流企业、仓储中心和物流信息化方面。要对物流园区、物流企业和仓储中心进行合理布局，不仅要考虑成本最优，还要考虑效率最优，同时要给予投资者政策、土地、资金等方面的优惠，促其改善投资方向，实现合理布局。可以建设交通基础设施、物流园区信息平台等，将电子数据交换技术、无限射频技术等先进科技运用到区域物流基础设施一体化建设的方方面面。

4.6 本章小结

长三角经济相对发达城市，已建成的公路里程数、港口码头泊位数、大型物流园区数等在相关专项排位上都相对靠前，而经济欠发达城市相对靠后；若从人均值和每平方公里的公路网、水路网等密度值来看，同样存在着显著的不均衡现象。长三角地区人均物流基础设施投入差距均呈现出先拉大后缩小的趋势，但是差距依然客观存在；人均物流基础设施投入与经济发展存在着一定的相关性，经济欠发达地区的弹性系数一般大于经济发达地区。伴随着长三角公路、铁路、民用航空等物流基础的投入的加大，未来长三角区域 16 个城市的物流基础设施投入差距将会所有减小，区域物流一体化将稳步推进。

在加快推进长三角区域物流一体化、经济一体化的进程中，面临着诸多问题，如物流资源分配不均、资源整合力度不够、物流信息化水平不高等问题，一定程度上阻碍了区域物流一体化的实现。制度层面上应当建立相关的法律法规，从法律的高度支持和保护长三角区域经济欠发达地区物流基础设施发展。政策层面上需要从金融、财政、税收、人口等多方面政策入手进行宏观调控。具体策略层面上认为要加大长三角区域，尤其是经济欠发达地区的公路、铁路、内河航道、民用航空等交通基础设施的互联互通程度，构建起长三角区域物流基础设施的综合网络；同时要加强区域物流园区、仓储中心等的合理布局，给予投资者在土地、金融、税收等方面上的优惠，促其将投资方向转向欠发达地区；要充分运用先进科技来推动区域欠发达地区物流信息化水平。

参考文献

[1] 亚当·斯密. 国民财富的性质和原因研究 [M]. 王大力，王亚楠，译. 北京：商务印书馆，1983.

[2] 弗里德里希·李斯特. 政治经济学的自然体系 [M]. 杨春学，译. 北京：商务印书馆，1997.

[3] Aschauer D. A. Is Public Expenditure Productive [J]. Journal of Monetary Economics，1989，23 (2)：177—200.

[4] Munnell，L. M. Cook. How does public infrastructure affect region-

al economic performance? [J]. New England Economic review, 1990, 30 (9): 69—112.

[5] Holtz — EakinD. Public — Sector Capital and the productivity Puzzle [J]. The Review of Economics and Statistics, 1995, 76 (1): 12—21.

[6] Boarnet. Spillovers and the Locational Effects of public infrastructure [J]. Journal of Regional Science, 1998, 38 (3): 381—400.

[7] Cohen, Paul. Public Infrastructure Investment, Interstate Spatial Spillovers, and Manu— fanufacturing Costs [J]. The Review of Economics and Statistics, 2004, 86 (02): 551— 560.

[8] H. Yuan, J. Kuang. The relationship between region logistics and economic growth based on panel data [J]. International Conference of Logistics Engineering& Management, 2010: 618—623.

[9] J. Hong, Z. Chu, Q. Wang. Transport infrastructure and regional economic growth: Evidence from China [J]. Transportation, 2011, 38 (5): 737—752.

[10] Kevin X. Li, Mengjiejin, GuanqiuQi, etal. Logistics as a driving force for de—velpopment under the Belt and Road Initiative—the Chinese model for development countries [J]. Transport Reviews, 2017, 37 (8): 1—22.

[11] 周庆明. 交通基础设施对区域经济增长的空间溢出作用研究 [D]. 浙江大学, 2004.

[12] 刘勇. 交通基础设施投资、区域经济增长及空间溢出作用——基于公路、水运交通的面板数据分析 [J]. 中国工业经济, 2010, (12): 37—46.

[13] 刘生龙, 胡鞍钢. 交通基础设施与经济增长: 中国区域差距的视角 [J]. 中国工业经济, 2010, (04): 14—23.

[14] 杨帆, 韩传峰. 中国交通基础设施与经济增长的关系实证 [J]. 中国人口·资源与环境, 2011, 21 (10): 147—152.

[15] 张志, 周浩. 交通基础设施的溢出效应及其产业差异——基于空间计量的比较分析 [J]. 财经研究, 2012, 38 (03): 124—134.

[16] 刘俊华, 李瑶琴, 长青. 物流基础设施投资与经济增长关系研究——基于系统动力学与误差修正模型 [J]. 华东经济管理, 2013, 27 (12): 65—70.

[17] 冯雪萍. 物流基础设施建设与区域经济增长关系的实证研究——基于广西主要年份的实际数据 [J]. 物流技术, 2014, 33 (05): 132—135.

[18] 张林, 董千里, 申亮. 节点城市物流产业与区域经济的协同发展研究

——基于全国性物流节点城市面板数据 [J]. 华东经济管理，2015，29 (02)：67—73.

[19] 王东岳. 我国区域经济与物流产业的协调发展研究 [J]. 价格月刊，2016 (06)：76—79.

[20] 敖淑清，阎子刚. 区域物流基础设施及其运输设施差距分析 [J]. 内蒙古大大学报 (人文社会科学版)，2004，(04)：112—117.

[21] 钱芝网. 长三角经济圈区域物流一体化探析 [J]. 生产力研究，2006，(10)：119—120+210.

[22] 后锐，张毕西. 基于城市空间演化的物流设施布局与规划 [J]. 城市问题，2006，(04)：32—35.

[23] 朱振宇. 中国区域物流基础设施的协调与发展 [D]. 对外经济贸易大学，2006.

[24] 甘筱青，陈跃刚，阮陆宁. 我国中部地区基础设施平台的发展研究 [J]. 江西社会科学，2006 (06)：22—27.

[25] 马永刚. 长江三角洲物流基础设施布局优化研究 [J]. 中国流通经济，2008，(01)：13—15.

[26] 郭湖斌. 长三角物流基础设施与资源整合的机制和对策探讨 [J]. 物流科技，2007，30 (02)：115—118.

[27] 蒋满元. 区域物流基础设施资源整合的作用分析与对策探讨——以长江三角洲地区为例 [J]. 中共南宁市委党校学报，2008，(02)：27—29.

[28] 王能洲，沈玉芳，张倩等. 区域物流空间整合研究——基于长三角一体化的实 [J]. 地域研究与开发，2011，30 (04)：36—41.

[29] 孙玥. 哈大齐工业走廊物流基础设施资源整合规划研究 [J]. 现代经济信息，2011 (2)：242—246.

[30] 戢晓峰，张玲，陈方. 物流一体化视角下城市群空间组织优化研究——以长江经济带城市群为例 [J]. 地域研究与开发，2015，34 (5)：24—28.

[31] Nguyen M. D.，Kim S. J.，Jeong J. S. Evaluation of Logistics Infrastructure of Evaluation of Logistics Infrastructure of Container Terminals in Northern Vietnam [J]. Journal of Korean Navigation and Port Reserch，2016，40 (5)：305—310.

第 5 章

长三角浙江省产业集群的集聚机制演化

产业集群是中国块状经济最为重要的特征之一，长三角浙江省是中国产业集群最为典型的区域之一。本章运用新经济地理学的分析框架，讨论了新经济地理因素对工业集聚的影响，并根据浙江的实际情况，修正了原有的垂直联系和地区溢出模型，建立了一个附加中间产品变量的地区溢出模型，并在分析 2005—2015 年浙江省 11 个地市的面板数据基础上，着重探讨当前浙江产业群发展中存在的问题；并提出促进长三角浙江省产业集群健康发展的对策建议。

引　言

改革开放以来，在中国区域经济发展中，广东、福建、浙江、江苏等省出现了一个个专业化产业区，呈现出产业地方化、地方专业化的特征。产业集群形成的区块经济成为中国区域经济一个重要特色和显著特征。在中国众多省份的产业集聚中，尤以浙江的产业集聚经济最具特色。

从地理资源来说，浙江地处沿海，陆域资源匮乏，有关数据显示 2017 年浙江省人均耕地只有 0.54 亩，仅为全国水平的三分之一；在产业结构方面，原来农业比重大，工业基础薄弱，缺少国家投资和外商投资；此外，浙江也没有享受国家的特殊待遇。然而，改革开放 40 多年来，浙江已经由一个“资源小省”成为“经济大省”。“浙江现象”逐渐受到人们的关注。“浙江现象”除产权清晰的微观主体外，最引人注目者当属集聚经济。

根据第三届世界互联网大会官方网站公布的数据显示，2016 年全省有 500 多个年产值超过 1 亿的块状经济，涉及的行业多达 175 个。① 以中小企业、家族企业、专业市场为主要特征的浙江产业群落是浙江经济增长的源泉。如温州鹿

① 参见 http：//www. wicwuzhen. cn/

城区的鞋、服、眼镜、打火机；永嘉桥头的纽扣；瓯海泵阀、阀门；柳州低压电器；苍南金乡标牌、包装；钱库印刷；湖前塑料纺织；宜山再生纺织；虹口电子元件；萧山轴承、冥币；湖州织里镇的童装；上虞松厦制伞；嘉善木条；濮苑羊毛衫；分水笔；绍兴柯桥的轻纺、化纤；永康小五金；海宁皮革、服装等等。这些已成为浙江块状经济的代名词。

浙江一些地方的产业集聚有着深厚的根基，但某些地方的产业集聚却并无历史渊源。由此人们不禁提出一个问题：既然一国之中生产要素的流动并无更多的限制，为什么仍有那么多的经济活动集聚？产业集聚究竟是如何形成的？对于这些问题，本章试图基于一个新的新经济地理学模型来探讨浙江省产业集聚的机制演化解释理论。对于浙江省产业集群集聚机制的探讨，有助于中国政府根据国际经济形势演变和中国经济社会发展基础条件变化，提出推动中国产业集群健康发展的有针对性的对策建议。

5.1 国内外产业集聚研究进展

经济理论界对产业集聚机制问题方面早有研究。马歇尔（Alfred Mashall，1890）从“外部经济”角度进行探讨，并认为专门人才、原材料供给、运输便利以及技术扩散是产业集聚的动力；韦伯（Alfred Weber，1909）从区位因素角度进行分析，认为大量集聚因素是产业集聚的动力；扬格（Allen Young，1928）从“规模报酬理论”角度，探讨了不同的产业集群生成动力。

法国经济学家佩鲁（F. Perroux，1950）为代表的“增长极理论”、胡佛（Hoover，1975）的“集聚体”的规模效益角度、“创新理论”（Nelson，1993；Lundvall，1992 等）、到倡导垂直分离、弹性专精、根植性的“新产业区”学派（Park 和 Markusen，1995；Markusen，1996 等）、“社会经济网络理论”（Storper，1997）和波特（1998）的“集群”学派，从不同的侧面探讨了促进产业集聚的各种因素。

自波特（M. Porter）提出产业集群理论以来，关于产业集群理论的研究基本上可以分为两类：一类是关于产业集群发展阶段特征的研究，一类是关于产业集群发展演进机理的研究（陈佳贵和王钦，2005）。两类研究分别从产业集群生命周期理论和产业集群发展演进理论（Bergman，2008；Menzel，2010），以及不同国家和地区产业集群现象的经验发展等不同角度上进行研究（左和平和杨建仁，2011；曹黎娟和王佳妮，2013；黄纯和龙海波，2016），这些研究一定程度上揭示了产业集群产生、发展和衰落的过程及其发展机制。由于集群的多样性，许多学者在研究过程中对产业集群进行了不同分类，归纳了不同的集群模式，如阿明（Amin，1994）根据产业集群的产业特征和系统复杂性将产业集群划分为以手工业为基础的传统产业集群、以高新技术为基础的高科技产业集群和基于大企业的产业集群；佩德森（Pederson，1997）根据产业集群内部企业的协作关系把产业集群划分为以垂直专业化为基础的多元化产业集群和以水平专业化为基础的转包型产业集群；汉弗莱（Humphrey，1995）以商品链的概念把产业集群划分为生产者驱动的产业集群（主要是资本技术密集型产业）和消费者驱动的产业集群；霍恩（Hoen，1997）根据产业集群体内实体之间的关系提出了通过分散合作进行新技术、产品创新进而形成创新链的产业集群和通过形成产品链和增值链的产业集群；诺因格等（Knorringa，Stamer，1998）在对发展中国家的产业集群研究中，借鉴马库森（Markusen，1996）对产业区的分类方法，把产业集群分为强调分工与合作的意大利式的产业集群、基于低廉劳动力成本的卫星式产业集群和存在明显等级制度的轮轴式产业集群；米泰勒克等（Mytelka and Farinelli，2000）基于产业集群的内在关系把产业集群分为自发的非正式的产业集群、有组织的产业集群和创新型的产业集群。

中国学者针对我国的产业集群现象指出现实中存在着传统型的产业集群模式、品牌型产业集群模式、外资推动型的集群模式、创新型的集群模式及资源型的集群模式（仇保兴，1999；王辑慈，2001；池仁勇，2005；陈佳贵与王钦，2005；刘媛媛与孙慧，2014），有学者从产业部门、集群机制以及企业关系角度将产业集群划分为基于核心技术的产业集群（以拥有核心技术的大企业为主）、基于销售网络的产业集群（主要是商贸服务性产业集群）、基于品牌的产业集群以及基于知识共享的产业集群（盛世豪与郑燕伟，2003）。有学者则把我国的产业集群概括为嵌入型、原发型或内生型、衍生型三种集群模式（仇保兴，1999；金祥荣与朱希伟，2002；王珺，2005；等等）。

从上述的理论综述中可以发现，大部分学者对产业集聚的动力机制研究越来越偏向于非主流经济学的研究方法。例如“社会经济网络理论”、波特的“集群”学派理论以及“新产业区”学派理论等。而且，在研究组织间联系时，现有的研究更注重公司活动产生的非物质联系（如信息、技术联系）和非正式联系（如人际关系间基于信任的联系），而忽视了组织间的市场联系。因此，我们有必要寻找一种主流经济学的理论来解释产业集群的聚集机制。

在新经济地理学产生之前，传统经济理论认为经济活动空间分布的差异源自地区自身特征的不同，如地理环境、禀赋、技术或政策等“第一性”因素①；而在新古典分析里，对产业分布差异提供的解释中发展最完备的是比较优势理论。但是，这些解释无法说明“第一性”因素相同或接近的地区为什么会有完全不同的生产结构，为什么有的会变成“中心”而有的成为“外围”。

正是超越简单的经济地理因素寻找工业集聚的原因促成了新经济地理学的崛起。新经济地理学理论抓住了导致工业集聚的最为本质的经济力量——收益递增，其核心思想是，即使两个地区在自然条件方面非常接近，也可能由于一些偶然的因素（例如历史事件）导致产业开始在其中一个地方集聚，由于经济力量的收益递增作用，在地区间交易成本没有大到足以分割市场的条件下，就可能导致工业的集聚。新经济地理学主要是通过分散力（分散力是指阻碍产业向某一地区聚集的各种机制）和集聚力（集聚力是指促进产业向某一地区聚集的各种机制）的互动，来模拟聚集经济的形成过程，解释了受这两种力量影响的经济地理分布和这两种力背后厂商的微观决定。需要指出的是，新经济地理学的产生并没有否定一些传统的经济地理因素的影响，事实上，一些地理因素的影响在新经济地理学的理论中变成了间接的影响，甚至我们可以把两个地区间的经济地理的差异也看作一种偶然因素，这种纯经济地理因素可以导致初始的工业集聚，然后再通过新经济地理因素的收益递增影响而对工业集聚产生作用。

5.2 产业集聚的理论分析框架

5.2.1 新经济地理学模型的一般特征

5.2.1.1 新经济地理学中的集聚力和分散力

新经济地理学模型的最大特点就是，大部分模型都包含集聚力和分散力这两种力量。在克鲁格曼等（2005）的“核心—边缘”模型中，集聚力来自于厂商层次的规模报酬递增、消费者多样化以及运输成本之间相互作用所产生的本地市场效应和价格指数效应，分散力来自于对分散生产的农产品的需求。Venable（1996）所提出的产业的上下游联系产生集聚的过程，就是借鉴了赫希曼的

① 在新经济地理学文献中，常把传统经济理论强调的这些因素给一个地区带来的优势称为“第一性”（firstnature）的优势，参见 Schmutzler（1999）。

前后向关联的思想。而在 Brakman 的模型中，他假定随着产品种类数的增长，边际成本和固定成本都会上升，这实际上隐含了因集聚所产生的拥挤、地价上升的现象（谢燮和杨开忠，2005）。

对于集聚力，克鲁格曼借鉴了马歇尔的地方化外部经济的概念和赫希曼的前后联系的概念。他认为集聚力有两种：一种是本地市场效应（又称后向联系）；另一种是价格指数效应（又称前向联系）。本地市场效应指的是生产分布的变化会引起区域相对市场规模的同向变化，而区域市场规模的变化又导致生产活动的进一步集中，需求在空间上的变化是上述机制的杠杆；价格指数效应指的是生产活动向某一区域的集中导致该区域相对价格指数的下降，而在名义收入水平相同的情况下，价格指数的下降意味着实际收入的提高，而实际收入的提高使得该区域更具有吸引力，生活成本的变动是上述机制的杠杆。对于分散力，克鲁格曼按照城市经济学的传统，考虑了土地、自然资源、国家间的劳动力等不可流动的要素、租金的作用，以及诸如拥挤成本等外部不经济的效应。这种分散力来自于市场竞争，是促进现代部门扩散的力量，促使现代部门在空间上的均匀分布。

5.2.1.2　分散力和集聚力的度量

那么如何度量这两种力量呢？交易成本是一个重要的测度。这里的交易成本包括制度成本和运输成本。

克鲁格曼认为，分散力主要受“核心—边缘”地区之间贸易自由化水平高低的影响，一般说来，分散力是随着贸易自由化的加强而逐渐下降的。当“核心—边缘”地区贸易完全自由化时，来自另外一个地区厂商的竞争和来自于当地厂商的竞争是一样的，此时，竞争不是当地化的，从边缘区到核心区的劳动力移动对厂商收入和对工人所付工资是没有影响的；如果“核心—边缘”地区之间禁止贸易，两地之间的贸易成本很高时，当地企业数量对当地竞争和工人工资的支付水平有很大的影响。

集聚力同样也受“核心—边缘”地区之间贸易自由化水平的影响。如果两地之间的贸易自由化水平很高，贸易成本相对较低时，不管厂商生产的空间如何布局，两地商品的价格就没有太大的差别，厂商生产区位的转移对相对生活成本的影响就比较小；如果两地之间的贸易自由化水平很低，两地之间的贸易成本相对较高时，当地生产商品的市场份额对市场价格的影响很大，厂商生产区位的转移就会影响对当地的生活成本，当地生活成本的下降对另一地区的劳动力来说就越具有吸引力；与此同时，随着该地区劳动力的增加，生活成本效应将导致当地名义收入的提高，对另一地区厂商也有吸引力，则该地区的市场准入效应就越强。

根据以上的分析可知，集聚力和分散力都随两地贸易自由化程度的提高而不断下降，但它们随着贸易自由化水平的提高而不断下降的幅度是不同的。当贸易成本很高时，离心力比集聚力要大得多，但随着贸易成本的递减，离心力的下降速度比集聚力下降的速度快得多。当贸易成本下降到某种程度（均衡点）时，集聚力将会超过离心力，并且会自我启动循环积累因果效应，使得所有工业都位于一个地区，进而形成行业的地理集中。

5.2.1.3　新经济地理学中的累积因果循环机制

新经济地理学的集聚力是自我加强的。“累积因果循环”用来体现这种经济活动的反馈现象：上游生产部门的扩张能够导致下游生产部门的扩张，而下游生产部门的扩张反过来又导致上游生产部门的扩张，这样形成了互为因果的正循环反馈。与本地市场效应类似，“累积因果循环”并非仅仅具有新经济地理学的特征，同时也具有地方外部性的模型的特征，无论是金钱外部性（是指与供给与需求相联系的外部性，适合于分析大规模的产业集聚），还是技术外部性（强调知识外溢对生产的贡献，只适合分析几个厂商之间的相互影响及其带来的小规模集聚），都能体现累积因果循环的过程。新经济地理学所强调的是与贸易壁垒水平相关的累积因果循环。新经济地理学的累积因果循环机制大致可以被总结为四种：劳动力流动、中间产品的投入—产出联系、要素积累与跨时联动和历史预期。

劳动力流动产生集聚。集聚程度较高的地区的消费者对他们所消费的大多数产品种类没有运输成本，所以消费价格指数在集聚的区域相对较低（这一现象被称为“价格指数效应”）。更多厂商的进入导致对劳动力更多的需求，所以名义工资在比较集聚的区域也会更高。厂商支付更高的名义工资与其集聚所获得的收益相抵消，这样，在更为集聚的区域的劳动力的真实工资就更高，这种劳动力的真实工资差异鼓励劳动力从其他区域迁入。劳动力的迁入会引致名义工资的下降。名义工资的下降接着又给厂商一定的利润空间，促使厂商的迁入，从而形成一个累积循环的过程。

新经济地理学的累积因果循环的第二种机制是通过中间产品的投入—产出联系起作用的。在区域之间的劳动力流动相对较弱时，产业的区位变化不是通过劳动力流动来实现的，而是通过中间产品部门以及上下游产业的联系来实现的。通过中间产品作为媒介所形成的集聚机制：在一个更为集聚的区域，最终产品部门的生产对中间产品有更大的需求，从而使上游产业可以在更大生产规模下从事生产。对中间产品部门而言，其规模报酬递增意味着中间产品的生产成本较低，相应的其利润空间越大，这促使中间产品厂商的迁入。与此同时，对最终产品部门而言，中间产品部门更大规模下的生产意味着中间产品的价格降低，相应的其生产成本降低，这促使其他地区的最终产品部门的厂商的迁入。

通过内生增长和跨时联动所产生的集聚机制是新经济地理学与内生增长理论融合而产生的，引发了增长与集聚相互增强的过程。马丁等人的模型中，假定R&D部门使用复合的差别化产品作为投入品生产新产品种类，该部门就成为大多数R&D活动增长的引擎。这使得接近更多R&D活动的产业有更快的增长。通过这种增长联系，增长和集聚相互加强。

因为新经济地理学模型具有多重均衡的特征，因此历史与预期可能成为经济走向哪个均衡结果的决定力量。比如，两个区域的经济规模如果有一个小的初始差异，这样的一个小的非对称性就可能产生一个集聚的过程。历史的原因可以导致起初相同的区域存在小的非对称性，从而产生了集聚过程。克鲁格曼引用了系统科学的突变概念来解释这种突变的集聚现象：模型中的一些关键参数的改变（比如产品之间的替代弹性、某个地区的产业份额、运输成本等）可能导致经济跳跃式地、非连续地走向完全不同的均衡结果。然而，自我强化的预期可能超过历史的作用，最终使得被历史所忽略的区域成为核心，但这要在锁定效应、运输与迁移成本不太高的情况下才可能发生。

5.2.2 新经济地理学的地区溢出模型

该模型是鲍德温、马丁和奥塔维诺提出的，在这个模型中，资本存量产出的溢出效应对新资本形成成本的影响在不同的空间内是有差别的（Baldwin, Martin, Ottaviano, 2001）。因此，该模型把溢出效应与空间结合起来，分析了溢出效应经济空间活动的分布的影响。

5.2.2.1 基本假设

(1) 本模型由两个区域（南部和北部，北部即核心区、南部即边缘区）、两个部门（农业部门A和工业部门M）和两种要素（资本与劳动）组成。农业部门以瓦尔拉斯一般均衡（规模报酬不变和完全竞争）为特征，只使用劳动力生产同质产品，单位劳动生产单位农产品，并以单位农产品作为计价单位，农产品的区际交易和区内交易是无成本的。工业部门以迪克希特—斯蒂格利茨的垄断竞争、规模收益递增为特征；工业部门以资本为固定成本，生产每种差异化的工业产品使用一单位资本；劳动作为可变成本，每单位产出利用a_M单位的劳动；工业产品的区际交易存在冰山交易成本，即每运输τ单位产品，只有一单位产品到达目的地，工业产品的区内交易无成本。

(2) 每个区域的劳动力禀赋各占一半，区域间不能流动，且假定两个区域的劳动禀赋是长期不变的。资本是通过资本创造部门创造，且存在折旧。新资本的形成需要消耗劳动，资本折旧率用 δ 来表示，即每个时期资本品的 δ 部分被折旧。资本不能跨区流动。

(3) 消费者的效用函数：

$$U = C_M^{\mu} C_A^{1-\mu}, C_M = \left(\int_{i=0}^{n^w} c_i^{\ 1-1/\sigma} di\right)^{1/(1-1/\sigma)},$$
$$0 < \mu < 1 < \sigma \tag{5.2.1}$$

其中，C_M 和 C_A 分别为工业产品（不同工业产品的集合）的消费品和农产品（只有一种产品）的消费量。n^w 是所有工业产品种类数目，μ 是消费者总支出中对工业品的支出所占的份额，c_i 为消费者对第 i 种工业品的消费量，σ 是个常数，代表任意两种工业品之间的替代弹性。消费者面对的工业品价格指数为：

$$P_M = \left(\int_{i=0}^{n^w} p_i^{1-\sigma} di\right)^{1/(1-\sigma)} \tag{5.2.2}$$

消费者的生活成本指数为：

$$P = p_A^{-(1-\mu)} P_M^{-\mu} \tag{5.2.3}$$

如果消费者的名义支出为 E（也等于收入），则其实际购买力（即经过生活成本指数折算后的购买力）就是 EP，也就是消费者可以达到的最大效用水平，即间接效用。为方便起见，用 $\Delta = \left(\int_0^{n^w} p_i^{1-\sigma} di\right)/n^w$ 来表示可购买到的工业品价格指数的平均值，则 $P_M = (\Delta n^w)^{1/(1-\sigma)}$，这样间接效用函数可以写成：

$$E = EP = EP_A^{-(1-\mu)} P_M^{-\mu} = EP_A^{-(1-\mu)} (\Delta n^w)^a, a = \mu/(\sigma - 1) \tag{5.2.4}$$

其中，E 表示名义总支出（也等于名义总收入），p_A 为农产品价格，p_i 为工业产品 i 的消费价格，南部消费者的效用函数与北部消费者的效用函数一样，不过为了区别开来，我们用“*”来表示南部的所有变量。

(4) 由于每单位知识资本都与某一产品种类联系在一起，因此，知识资本的持续扩张意味着产品种类的不断扩大。在迪克希特—斯蒂格利茨框架内，这种产品种类的不断扩大必然使得每种产品的经营利润下降。那么，如果创造一单位新资本的成本不变，则新的产品所带来的经营利润的现值无法弥补创造新资本的边际成本，此时资本存量停止增长，产品种类的扩大和经济增长也将停止。显然，如果仍在迪克希特—斯蒂格利茨框架内讨论上述问题，单位新资本的生产成本必须随时间下降。那么何种经济学逻辑可以满足这种成本下降的需求呢？显然，根据学习曲线来表述这种成本下降是合适的。在此，我们假定创造单位知识资本的成本随知识资本的积累而降低（知识溢出提高学习效应）。并进一步假设：知识资本创造部门（用I来表示知识创造部门）只利用劳动来生产新的知识资本，每单位资本 K 的生产需要 a_I 单位的劳动投入。因此，如果用 F 来表示创造单位资本的边际成本，则 $F = w_L a_I$。I 部门的学习曲线，就意味着知识生产部门的 a_I 随 I 部门产出的增加而在逐渐下降，原因是存在学习效应，或者说存在技术的溢出效应。而且，模型还假设一个区域的研发成本取决于资本的区位，这需要对 I 部门的学习曲线进行一些修改，使得空间因素影响不同空间的资本形成成本。区域的资本形成成本的表达式分别为：

$$F = w_L a_I \tag{5.2.5}$$

$$a_I = 1/(K^w A) \tag{5.2.6}$$

$$A = s_K + \lambda(1 - s_K) \tag{5.2.7}$$

$$F^* = w_L a_I{}^* \tag{5.2.8}$$

$$a_I{}^* = 1/(K^w A^*) \tag{5.2.9}$$

$$A^* = \lambda s_K + 1 - s_K \tag{5.2.10}$$

I 部门的知识产出分为两种：一种是私人知识，它可以获得专利并卖给他人来生产产品；另一种是公共知识，它无法获得专利，可以广泛传播并迅速被其他企业消化吸收，因此可以通过较小的努力创造新的知识资本。

λ 反映公共知识在空间传播的难易程度，以北部为例，λ 越大，传播就越容易，外区的知识传播到本区时衰减的就越少，A 也就越大，新资本形成的成本就越小；λ 越小，则传播的障碍越大，外区的知识传播到本区时衰减的就越多，A 就越小，新资本形成的成本就越大。从某种意义上说，正像 ϕ 度量空间贸易自由度一样，$\lambda \in [0,1]$ 则度量知识在空间传播的自由度；$\lambda = 1$ 表示公共知识资本完全自由地传播；$\lambda = 0$ 表示公共知识资本不能传播（知识溢出只限于当地）；在 $0 < \lambda < 1$ 范围内，可以认为 $1 - \lambda$ 是公共知识在传播到其他区域时损耗的部分。对于私人知识资本，我们仍然假设它在区域间不能流动。由于私人知识资本专门用于新产品发明和新企业的创建，所以私人知识资本的数量等于企业数量（因为一种差异化产品的生产需要一单位资本作为固定成本）。根据假设，$s_n = s_K$，$s_n{}^* = s_K{}^*$，其中 s_K 和 $s_K{}^*$ 分别表示北部和南部私人知识资本所占份额。

5.2.2.2　产出量的决定

根据总支出约束下总效用最大化的一阶条件，可以推导出对工业产品的支出在总支出中所占的份额为 μ，对农产品的支出在总支出中所占份额为 $1 - \mu$。在对工业产品支出份额已知的情况下，根据工业品效用函数 $C_M = \left(\int_{i=0}^{n^w} c_i{}^{1-1/\sigma} di\right)^{1/(1-1/\sigma)}$ 最大化一阶条件，可以得出每种工业品的需求函数 c_j，即

$$c_j = \mu E \frac{p_j^{-\sigma}}{\sum_{i=1}^{N} p_i^{1-\sigma}} \tag{5.2.11}$$

推导过程如下：消费者对工业品集合消费所带来的子效用可以用下面的 CES 函数来表示：

$$C_M = \left[\sum_{i=1}^{N} c(i)^{(\sigma-1)/\sigma}\right]^{\sigma/(\sigma-1)}, \sigma > 1 \tag{5.2.12}$$

上式中 $c(i)$ 为消费者对第 i 种工业品的消费量，p_i 是第 i 种工业品的价格，σ 为任两种工业品之间的替代弹性。在对工业品支出 $\sum_{i=1}^{N} p_i c_i = \mu E$ 的预算约束下，使子效用 C_M 最大化。为此，建立拉格朗日方程，

$$L = \left[\sum_{i=1}^{N} c(i)^{(\sigma-1)/\sigma}\right]^{\sigma/(\sigma-1)} + \lambda\left[\sum_{i=1}^{N} p_i c_i - \mu E\right] \tag{5.2.13}$$

对 c_i 求导并令该导数为零，可得：

$$\left[\sum_{i=1}^{N} c(i)^{(\sigma-1)/\sigma}\right]^{1/(\sigma-1)} c_i^{-1/\sigma} = -\lambda p_i \tag{5.2.14}$$

(1) 式两边都 $-\sigma$ 次方得到：

$$\left[\sum_{i=1}^{N} c(i)^{(\sigma-1)/\sigma}\right]^{-\sigma/(\sigma-1)} c_i = -\lambda^{-\sigma} p_i^{-\sigma} \tag{5.2.15}$$

(2) 式所代表的 N 个式子两边同乘以 p_i(i 从 1 到 N)，并相加 N 个式子得到下式：

$$\left[\sum_{i=1}^{N} c(i)^{(\sigma-1)/\sigma}\right]^{-\sigma/(\sigma-1)} \mu E = -\lambda^{-\sigma} \sum_{i=1}^{N} p_i^{1-\sigma} \tag{5.2.16}$$

将(5－2) 和(5－3) 两式相比，并将 i 换作 j 可得到：

$$c_j = \mu E \frac{p_j^{-\sigma}}{\sum_{i=1}^{N} p_i^{1-\sigma}} \tag{5.2.17}$$

当将工业品种类看作连续变量时，将分母中离散变量求和改为连续变量求和，则可得到要证明的关系式：

$$\mu E \frac{p_j^{-\sigma}}{\Delta n^w}, \Delta n^w = \int_{i=0}^{n^w} p_i^{1-\sigma} di。 \tag{5.2.18}$$

5.2.2.3　产品价格

在迪克希特 — 斯 蒂格利茨垄断竞争模型中，企业是自由进入和退出的，因而均衡时企业的利润为零。此时，厂商的最优定价是根据边际成本定价的。当实现均衡时，各个企业都实现均衡产量和均衡价格。由于跨区域交易存在“冰山” 交易成本，因此北部产品在南部出售时的价格和在北部本地的出售时的价格之比为 τ，进

而得出下式：

$$p=\frac{a_M P_p}{1-(1/\sigma)},p^*=\frac{\tau a_M P_p}{1-(1/\sigma)}$$

其中，p 为北部企业把产品出售在本地市场时的产品价格；

p^* 为北部企业在出口市场出售时的产品价格；

P_p 为完全价格指数。

推导过程为：

由前面推导的式子 $c_j=p_j^{-\sigma}\mu E/\sum_{i=0}^{N}p_i^{1-\sigma}$ 可知，对第 j 种产品而言，如果忽略 p_i 对 $\sum_{i=0}^{N}p_i^{1-\sigma}$ 的影响，那么 $\sum_{i=0}^{N}p_i^{1-\sigma}$ 和 μE 就是常数。第 j 产品的价格和产量之间的关系可以写成：

$$c_j=kp_j^{-\sigma}，其中，k=\mu E/\sum_{i=0}^{N}p_i^{1-\sigma}。$$

生产 j 产品的厂商利润可以写成：$\pi=p_jc_j-(w+a_Mc_jP_p)$，

$$(P_p=w_L{}^{1-\mu}(\Delta n^w)^{-\mu/\sigma-1})$$

w 为企业家的名义收入，也等于单位人力资本的名义收益率；a_M 为边际投入要素；P_p 是生产价格指数。在 $c_j=kp_j^{-\sigma}$ 的约束下，建立厂商利润的拉格朗日方程，则：

$$\pi=p_jc_j-(w+a_Mc_jP_p)+\lambda(c_j-kp_j^{-\sigma}) \tag{5.2.19}$$

在上式，分别对 c_j 和 p_j 求导：

$$\frac{d\pi}{dp_j}=c_j+\lambda k\sigma p_j^{-\sigma-1}=0$$

$$\frac{d\pi}{dc_j}=p_j-a_MP_p+\lambda=0$$

最后可得到：

$$p_j=\frac{a_MP_p}{1-(1/\sigma)} \tag{5.2.20}$$

由于 N 个厂商为对称性厂商，所有厂商的产出和价格都相等，因此可以把下标 j 去掉，则：

$$p=\frac{a_MP_p}{1-(1/\sigma)} \tag{5.2.21}$$

在此模型中，每个厂商的固定成本为一个单位人力资本，而可变成本为每单位产出需劳动和中间产品共 a_M 个，因此增加每一单位产出，增加的成本为 a_MP_p。故，从 $p=\frac{a_MP_p}{1-(1/\sigma)}$ 中可以看出，单位价格中可变价格成本 a_MP_p 所占份额为 1－

$1/\sigma$，固定成本 w 所占的份额为 $1/\sigma$。

5.2.2.4 企业利润

由于 $c=\mu E\dfrac{p^{-\sigma}}{P_M^{-(1-\sigma)}}, c^*=\mu E^*\dfrac{(p^*)^{-\sigma}}{(P^*_{\ M})^{-(1-\sigma)}}=\mu E^*\dfrac{(\tau p)^{-\sigma}}{(P^*_{\ M})^{-(1-\sigma)}}$。因此，$px$ 又等于如下式子：$px=\mu p^{1-\sigma}(EP_M^{-(1-\sigma)}+E^*\tau^{1-\sigma}(P_M^*)^{-(1-\sigma)})$。因此，如果知道两个区域的工业品价格指数，然后把它代入资本收益表达式 $\pi=px/\sigma$ 中，就可以求出利润函数。

下面分别计算两区域的工业品价格指数：

$$P_M^{1-\sigma}=\int_0^{n^w}p^{1-\sigma}di=np^{1-\sigma}+n^*(\tau p)^{1-\sigma}=n^w p^{1-\sigma}[s_n+\phi(1-s_n)]=\Delta n^w \tag{5.2.22}$$

$$(P_M^*)^{1-\sigma}=\int_0^{n^w}p^{1-\sigma}di=n(\tau p)^{1-\sigma}+n^*p^{1-\sigma}=n^w p^{1-\sigma}[\phi s_n+(1-s_n)]=\Delta^* n^w \tag{5.2.23}$$

其中 $\phi=\tau^{1-\sigma}, s_n=n/n^w$ 为北部企业所占份额，$1-s_n=n^*/n^w$ 为南部企业所占份额。把上面两个式子带入 π 的表达式，则：

$$\pi=px/\sigma=\frac{\mu}{\sigma n^w}\left[\frac{E}{\Delta}p^{1-\sigma}+\frac{E^*}{\Delta^*}(p^*)^{1-\sigma}\right]=b\frac{E^w}{n^w}\left[\frac{s_E}{\Delta}p^{1-\sigma}+\frac{1-s_E}{\Delta^*}\tau^{1-\sigma}p^{1-\sigma}\right]$$

$$=b\frac{E^w}{n^w}p^{1-\sigma}\left[\frac{s_E}{\Delta}+\phi\frac{1-s_E}{\Delta^*}\right] \tag{5.2.24}$$

$$\pi=bB\frac{E^w}{n^w}, B=p^{1-\sigma}\left[\frac{s_E}{\Delta}+\phi\frac{1-s_E}{\Delta^*}\right]$$

南部的情况与此相似。

5.2.2.5 标准化

$a_A=1$，因为农产品的区际交易是无成本的，因此就可以得到 $p_A=p_A^*=w=w^*=1$。接下来我们对 a_M 进行标准化，设 $a_M=1-1/\sigma, F=1/\sigma$。最后，我们定义 s_n 为北部拥有的企业数目份额；因此就可得到：

$$p=1, p^*=\tau, p_A=p_A^*=w_L=w_L^*=1, n^w\equiv n+n^*,$$

$$n=s_n n^w, n^*=(1-s_n)n^w, F=1/\sigma, a_M=1-1/\sigma, L^w=1-\mu, s_n=s_K$$

5.2.2.6 长期均衡区位

g 和资本的空间分布 s_K 达到稳态水平，因此，经济总收入也达到稳态水平并保持不变。而资本的总收益（总经营利润）$\pi s_n K^w+\pi^*(1-s_n)K^w=bE^w$ 在 E^w 不变的情况下，也是一个定值。另一方面，由于资本存量以 g 的速率积累，资本存量的增加意味着经济中工业品种类变多，而单位资本的经营利润以 g 的速率在下降，

即 $\pi(t)=\pi e^{-gt}$，$\pi^*(t)=\pi^* e^{-gt}$。再者，资本还面临着一个固定的折旧率，单位资本在未来仍可使用的资本部分为 $e^{-\delta t}$；另外还要考虑资本所有者对未来收益的折现值 $v=\int_0^\infty e^{-\rho t}e^{-\delta t}(\pi e^{-gt})dt=\dfrac{\pi}{\rho+\delta+g}$。

q 值等于 1 的条件：$q=\dfrac{v}{F}=\dfrac{\pi}{(\rho+\delta+g)F}=1\Rightarrow\pi=(\rho+\delta+g)F$，北部的资本经营利润(资本收益)为 $\pi K=(\rho+\delta+g)FK$，所以北部的总支出为 $E=L+(\rho+\delta+g)FK-(g+\delta)KF+Pa_Mx=\dfrac{L^w}{2}+\dfrac{\rho s_K}{A}+Pa_Mx$，同样可以得到南部的总支出 $E^*=L^*+\rho K^*F^*+P^*a_Mx^*$，两者相加可得经济的总支出，即：

$$E^w=L^w+\rho K^w[s_KF+(1-s_K)F^*] \tag{5.2.25}$$

$$s_E=\frac{E}{E^w}=\frac{\dfrac{L^w}{2}+\dfrac{\rho s_K}{A}}{L^w+\rho K^w[s_KF+(1-s_K)F^*]}=\frac{\dfrac{L^w}{2}+\dfrac{\rho s_K}{A}}{L^w+\rho(\dfrac{s_K}{A}+\dfrac{1-s_K}{A^*})} \tag{5.2.26}$$

5.2.2.7 对称均衡的稳定性分析

本小节主要研究 s_K 的微小变动对北部的资本创造和总支出产生的影响。这需要在对称均衡点附近通过托宾 q 值对资本的分布的增量进行微分。如果 dq/ds_k 的值在对称点是正的，那么 s_K 的正向扰动存在自我强化的机制，因为该扰动会加速北部的资本创造，阻碍南部的资本创造。如果是负值，则存在自我纠正的机制。

$$q=\frac{v}{F}=\frac{\pi K^wA}{\rho+g+\delta}=\frac{bE^wAB}{\rho+g+\delta} \tag{5.2.27}$$

在对称均衡点，$s_E=s_K=1/2$，$B|_{sym}=P^{1-\sigma}$，$A|_{sym}=(1+\lambda)/2$，

$$q|_{sym}=\frac{bE^w(1+\lambda)P^{1-\sigma}}{2(\rho+g+\delta)}$$

$$dq|_{sym}=\frac{bE^w}{2(\rho+g+\delta)}(AdB+BdA)_{sym}=\frac{bE^w}{\rho+g+\delta}\left(\frac{1+\lambda}{2}dB+P^{1-\sigma}dA\right)_{sym}$$

$$dA=(1-\lambda)ds_K$$

$$dB|_{sym}=P^{1-\sigma}\left[\frac{2(1-\phi^2)}{(1+\phi)^2}ds_E-\frac{2(1-\phi)^2}{(1+\phi)^2}ds_K\right]$$

$dq|_{sym}$ 中，则：

$$dq|_{sym}=\frac{bE^wP^{1-\sigma}}{\rho+g+\delta}\left\{(1+\lambda)\left[\frac{(1-\phi^2)}{(1+\phi)^2}ds_E-\frac{(1-\phi)^2}{(1+\phi)^2}ds_K\right]+(1-\lambda)ds_K\right\},$$

$$\left.\frac{dq}{q}\right|_{sym}=\frac{2(1-\phi^2)}{(1+\phi)^2}ds_E-\frac{2(1-\phi)^2}{(1+\phi)^2}ds_K+\frac{2(1-\lambda)}{1+\lambda}ds_K$$

5.2.3 修正的模型——产业集聚的新经济地理学模型

在本节中，我们借助新经济地理学建模的一般思路，并结合浙江产业发展的自身特点，对原有的地方溢出模型进行修正。本模型在原有的地区溢出模型中，引入中间产品价格这个关键变量，重新分析决定产业区位的两种力量，以此来解释浙江产业集聚的相关原因。新模型的第1部分至第4部分与地区溢出模型相同，所修正的部分为原有模型的第5部分至第7部分。

5.2.3.1 标准化

因为农产品的区际交易是无成本的，因此 $a_A=1$，可以得到 $p_A=p_A^*=w=w^*=1$；这就意味着生产价格指数和消费价格指数相同，即 $P=P_p$ 以及 $P^*=P_p^*$。接下来我们对 a_M 进行标准化，设 $a_M=1-1/\sigma$，$F=1/\sigma$；最后，我们定义 s_n 为北部拥有的企业数目份额；因此就可得到：

$$p=P, p^*=\tau P, p_A=p_A^*=w_L=w_L^*=1, n^w\equiv n+n^*,$$

$$n=s_n n^w, n^*=(1-s_n)n^w, F=1/\sigma, a_M=1-1/\sigma, L^w=1-\mu, s_n=s_K$$

5.2.3.2 长期均衡区位

g 和资本的空间分布 s_K 达到稳态水平，因此，经济总收入也达到稳态水平并保持不变。而资本的总收益（总经营利润）$\pi s_n K^w+\pi^*(1-s_n)K^w=bE^w$ 在 E^w 不变的情况下，也是一个定值。另一方面，由于资本存量以 g 的速率积累，资本存量的增加意味着经济中工业品种类变多，而单位资本的经营利润以 g 的速率在下降，即 $\pi(t)=\pi e^{-gt}$，$\pi^*(t)=\pi^* e^{-gt}$。再者，资本还面临着一个固定的折旧率，单位资本在未来仍可使用的资本部分为 $e^{-\delta t}$；另外还要考虑资本所有者对未来收益的折现值。

$$v=\int_0^\infty e^{-\rho t}e^{-\delta t}(\pi e^{-gt})dt=\frac{\pi}{\rho+\delta+g} \tag{5.2.28}$$

q 值等于1的条件：$q=\dfrac{v}{F}=\dfrac{\pi}{(\rho+\delta+g)F}=1\Rightarrow\pi=(\rho+\delta+g)F$，北部的资本经营利润（资本收益）为 $\pi K=(\rho+\delta+g)FK$，所以北部的总支出为 $E=L+(\rho+\delta+g)FK-(g+\delta)KF+Pa_M x=\dfrac{L^w}{2}+\dfrac{\rho s_K}{A}+Pa_M x$，同样可以得到南部的总支出 $E^*=L^*+\rho K^* F^*+P^* a_M x^*$，两者相加可得经济的总支出，即：

$$E^w=L^w+\rho K^w[s_K F+(1-s_K)F^*]+P^* a_M x^*+Pa_M x$$

$$s_E=\frac{E}{E^w}=\frac{\dfrac{L^w}{2}+\dfrac{\rho s_K}{A}}{L^w+\rho K^w[s_K F+(1-s_K)F^*]+P^* a_M x^*+Pa_M x}$$

$$= \frac{\frac{L^w}{2} + \frac{\rho s_K}{A}}{L^w + \rho(\frac{s_K}{A} + \frac{1-s_K}{A^*}) + P^* a_M x^* + P a_M x} \tag{5.2.29}$$

上式反映了资本分布和中间产品的价格对支出分布的影响。由此我们得到：

命题一：当 s_K 长期不变时，北部的中间产品的价格越低，北部对产品的支出就越多。

5.2.3.3　对称均衡的稳定性分析

本小节主要研究 s_K 的微小变动对北部的资本创造和总支出产生的影响。这需要在对称均衡点附近通过托宾 q 值对资本的分布的增量进行微分。如果 dq/ds_k 的值在对称点是正的，那么 s_K 的正向扰动存在自我强化的机制，因为该扰动会加速北部的资本创造，阻碍南部的资本创造。如果是负值，则存在自我纠正的机制。

$$q = \frac{v}{F} = \frac{\pi K^w A}{\rho + g + \delta} = \frac{bE^w AB}{\rho + g + \delta} \tag{5.2.30}$$

在对称均衡点，$s_E = s_K = 1/2, B|_{sym} = P^{1-\sigma}, A|_{sym} = (1+\lambda)/2$，

$$q|_{sym} = \frac{bE^w(1+\lambda)P^{1-\sigma}}{2(\rho+g+\delta)}$$

$$dq|_{sym} = \frac{bE^w}{2(\rho+g+\delta)}(AdB + BdA)_{sym} = \frac{bE^w}{\rho+g+\delta}\left(\frac{1+\lambda}{2}dB + P^{1-\sigma}dA\right)_{sym}$$

$$dA = (1-\lambda)ds_K$$

$$dB|_{sym} = P^{1-\sigma}\left[\frac{2(1-\phi^2)}{(1+\phi)^2}ds_E - \frac{2(1-\phi)^2}{(1+\phi)^2}ds_K\right]$$

$dq|_{sym}$ 中，则：

$$dq|_{sym} = \frac{bE^w P^{1-\sigma}}{\rho+g+\delta}\left\{(1+\lambda)\left[\frac{(1-\phi^2)}{(1+\phi)^2}ds_E - \frac{(1-\phi)^2}{(1+\phi)^2}ds_K\right] + (1-\lambda)ds_K\right\},$$

$$\left.\frac{dq}{q}\right|_{sym} = \frac{2(1-\phi^2)}{(1+\phi)^2}ds_E - \frac{2(1-\phi)^2}{(1+\phi)^2}ds_K + \frac{2(1-\lambda)}{1+\lambda}ds_K \tag{5.2.31}$$

5.2.3.4　修正模型的基本含义

式(5－2－29)反映了资本分布和中间产品的价格对支出分布的影响。由此我们得到：

命题一：当 s_K 长期不变，及其它变量不变时，北部的中间产品的价格越低，北部对产品的支出就越多。

从式(5－2－31)中我们可以发现：第一项为需求关联效应，资本分布 s_K 的空间变化引起支出 s_E 的空间变化，当 s_E 增大时，$2(1-\phi)/(1+\phi) > 0$ 又使得 q 增加。因此，北部开始创造资本，资本份额不断增加，表现为资本在北部集聚。这是集聚

的力量。由此得到：

命题二：当 s_E 增大时，贸易自由度 ϕ 越大，资本越向北部集聚。

第二项是一种分散力，阻碍资本向一个地方集聚。资本份额的上升引起竞争的加剧，此时，$-2(1-\phi)^2/(1+\phi)^2<0$ 使得 q 降低，北部资本创造速度减缓乃至停止，这样资本不会在北部聚集起来。该项是维持对称均衡稳定的力量。由此得到：

命题三：当 $ds_K>0$ 时，贸易自由度 ϕ 越大，资本之间的竞争越会阻碍资本向北部聚集。

还有第三种作用力，这由第三项所反映，称为“资本溢出效应”。一个区域资本份额的上升，使得本区域资本形成成本下降，本区域对资本形成更有吸引力，因此这一项也是促进集聚的力量。λ 越小，$2(1-\lambda)/(1+\lambda)$ 越大，也就是资本溢出随着空间距离的变小而增强，因此本地的资本溢出效应更明显，促进本区资本创造的作用也更强。容易看到，这种溢出效应与贸易自由度无关，当溢出效应在区域间无障碍时，这一促进集聚的力量也就不存在。由此得到：

命题四：当 λ 越小，$ds_K>0$ 时，资本形成成本越低，促进北部资本创造的作用也越强，资本越向北部聚集。

从以上四个命题中，我们可以归纳出在长期均衡，即北部资本份额 s_K 不变的前提下，中间产品价格对北部的支出产生影响。而在考虑北部资本份额 s_K 变化的情形时，中间产品价格这个变量并未对产业的集聚产生影响。虽然在现实的经济中，一个地区资本量不可能一成不变，但是在资本无法流动的情况下，中间产品价格这个变量应该作为影响产业集聚的重要因素来研究。因此，浙江产业集聚的集聚力和分散力分别为：中间产品的价格下降、需求的上升、资本形成成本下降都是促进产业集聚的力量；而资本之间的竞争效应是导致集聚分散的力量。

5.3 产业集群集聚机制的实证研究

5.3.1 变量选取与计量模型设定

5.3.1.1 数据说明

本部分选取浙江省 11 个地级以上城市 2005—2015 年的数据进行面板回归分析。数据均来自历年《浙江省统计年鉴》以及各地级以上城市历年国民经济与社会发展统计公报，对于少量缺失的数据，本章采取线性插值等方法进行填补。

5.3.1.2　变量说明及回归模型

(1) 本计量模型的因变量为集聚度（y）。在这里，它表示各年各地区工业产值占当年全省的 GDP 的比重。如果一个地区工业的份额上升，则表明在这个地方发生了工业的集聚趋势。

(2) 基于上一章理论模型的基本结论，我们可以把集聚度的影响因素划分为以下 5 种因素：产业外部性、地区消费者需求、贸易自由度、中间产品和人力资本。在新经济地理学中，影响工业集聚的重要因素包括：

第一，企业数量。企业的数量越多，新进入企业就越容易得到原材料的供给，同时他们生产的产品在当地销售也更容易，所以工业会在企业数量多的地方集聚。但同时，企业之间也会发生竞争，由命题三可知，资本之间的竞争效应会阻碍企业向一个地区集聚。若该因素对集聚度的影响为正，那么说明产业区中正的外部性强于负的外部性，反之则相反；

第二，人力资本。人力资本水平高，新进入企业就容易招聘到所需要的人才，同时，较高的人力资本意味着形成新的知识资本的成本较低。由命题四可知，一个地区的人力资本水平越高，其他地区的资本就越是向这个地方聚集；

第三，消费者的购买力。如果一个地区消费者的购买力强，那么对于消费品的需求就会多，会导致本地消费品价格的上升，吸引企业进入这一市场。同时企业在本地的集聚也引致工资的上升，消费者的购买力进一步提高，从而形成地区工业发展的良性循环。此观点得到命题一的支持；

第四，交通运输条件。我们知道新经济地理学将交通费用视为影响工业集聚的最重要的影响因素之一。只要交通费用不至于高到成为地区间贸易的天然障碍，那么由于工业集聚产生的收益就仍可能超过由于地区间贸易产生的成本损耗，集聚就会产生，并且在收益递增的作用下自我加强。在本研究的命题二、命题三中贸易成本这个变量也会对产业集聚度产生影响。

第五，中间产品。在一个更为集聚的区域，最终产品部门的生产对中间产品有更大需求，从而使上游产业可以在更大生产规模下从事生产。对中间产品部门而言，中间产品部门的规模报酬递增意味着中间产品的生产成本较低，相应的其利润空间就大，这促使中间产品厂商的迁入。与此同时，对最终产品部门而言，中间产品部门在更大规模下生产意味着中间产品的价格较低，相应的，其生产成本较低，这促使其他地区的最终产品部门的厂商迁入。命题一阐述了中间产品价格对地区支出进而对产业的集聚产生的影响。

为了检验上述 5 种因素，我们构造了以下指标：(1) 用地区企业数量比重衡量产业外部性。我们使用各年各市的工业企业数量与该年全省的企业数量之比来衡量该市的产业外部性。(2) 对于地区消费者需求因素，我们使用各年各市的人均 GDP 与全省均值之比度量一个地区消费者的相对购买力。(3) 贸易自由度作为新经济地理学中的一个很重要的变量，它的计量也是令人关注的。在大多数文献中，贸易自由度的指标为边界效应（杨宝良，2005）。但是，很遗憾的是由于无法获得浙江省投入产出表中的相关数据，本研究只能选用邮电业务总量和公路通车里数来衡量贸易自由度。邮电通信和交通运输条件的改善有助于降低交易成本，因此也有利于工业集聚。为了证实这一点，我们引入了各年各市邮电通信产出占各年各市 GDP 的百分比来度量信息化对工业化的支持，同时，我们用各年各个地区的公路里程数占该年全省公路里程数的比重代表相对的交通运输条件。(4) 我们用各年各市的工业总产值与工业增加值的差作为衡量中间产品数量的指标。工业总产值是指工业企业在一定时期内以货币表示的工业企业生产的产品总量，也就是全部工业产品价值的总和。它既包括在生产过程中物质消耗转移的价值，也包括新创造的价值。而工业增加值是指工业企业在一定时期内工业生产活动创造的价值，是工业总产出中扣除中间消耗以后的价值。因此，本研究把工业总产值与增加值之差来衡量中间产品消耗的价值。(5) 最后，我们将各个年份各市的高等学校学生数量与该年份的全省高等学校学生人数之比作为衡量人力资本水平的指标。该指标能在一定程度上衡量各个地区的人力资本的相对水平，反映了人力资本在各个地区的集聚程度。

综上所述，我们得到的最后的回归方程如下：

$$Y_{it} = \alpha_0 + \alpha_1 firm_{it} + \alpha_2 pergdp_{it} + \alpha_3 com_{it} + \alpha_4 road_{it} + \alpha_5 semipro_{it} + \alpha_6 humcap_{it} + \varepsilon_{it} \quad (5.3.1)$$

5.3.2 实证回归结果

本研究运用 Eviews8.0 统计软件进行计算，回归结果如表 5－3－1。各个变量（除邮电产出变量之外）确实对地理聚集的增加有着显著的正向作用。

表 5－3－1 工业集聚度的决定因素估计

变量	系数	标准误	T 值	P 值
常数（c）	－0.058516**	0.022903	－2.554957	0.0119
地区企业数量比重（firm）	1.128934***	0.112418	10.04227	0.0000
地区消费者的相对购买力（pergdp）	0.063886***	0.015702	4.068689	0.0001

续表

变量	系数	标准误	T 值	P 值
邮电产出占 GDP 百分比（com）	−0.252360	0.410626	−0.614572	0.5401
交通运输条件（road）	0.232757 *	0.132255	1.759914	0.0811
中间产品数量（semi product）	5.53E−06**	2.62E−06	2.105043	0.0375
人力资本水平（hum capital）	0.171487***	0.047837	3.584811	0.0005
修正的 R^2	0.917879			
P 值	0.000000			

注：***、**、* 分别表示结果在 1%、5%、10%下显著。

外部性对工业集聚度的正面影响作用排在第一位，回归系数值为 1.130，在 1%的显著性水平下通过检验，表明由一个地区企业数量衡量的产业外部性对于工业集聚度的作用显著为正，产业的外部性提升 1 个单位，则导致产业工业集聚度提升 1.13 个单位。

地区的需求因素和人力资本水平对浙江工业集聚度影响也显著为正，回归系数值分别为 0.064 和 0.171，同样在 1%的显著性水平下通过检验，表明地区消费者需求能力和人力资本水平每提升 1 个单位，导致浙江省工业集聚度度提升 0.064 和 0.171 个单位。

中间产品的数量对浙江工业的集聚的回归系数相对较小，表明中间产品的数量对提升工业集聚度有一定的积极作用。

在通信和道路基础设施建设方面，实证结果显示，道路基础设施的回归系数为 0.233，在 10%的显著性水平下通过检验，表明道路基础设施的建设和完善对推动浙江省工业集聚度有一定的积极作用；而从反映信息化的邮电产出的指标可以看出，回归系数为负值，不过未通过显著性检验，这可能与当前浙江省工业化进程所处的阶段有关，工业集聚对信息化水平的要求也并不高。接下来，本研究将主要分析产业外部性、地区需求和中间产品对浙江产业集聚的影响作用。

产业外部性对工业集聚度的正面影响作用显著。外部性对工业集聚度的正面影响作用排在第二位。发育良好的产业集群提供了一个深层次的专业化的供给源，为企业高效率地获取专业化人才和其他投入品提供了更好的途径和手段。群内企业可以利用现有的各种专业化、有经验的人员，从而降低他们在招聘过程中的搜索成本和交易成本。产业集群又为高度专业化的人才创造了一个共享的劳动力市场，这个良好的市场对劳动力和企业都十分有利。对劳动力而言，由于大量属于同道工序的企业的存在，工人在某种技艺上（例如制作模具）的专门化，即人力资本投资，就不会因某家企业的倒闭，或者中止合同关系而遭受重大损失，相反，能轻而易举地进入其他企业。对厂商而言，则减少了劳动力短缺情况出现的概率，而且还能轻易地从其他地区吸引优秀人才。对于某些产业来说，这是具有决定作用的优势。

一个充满活力的产业集群还为获得其他重要的投入要素提供了一条有效的途径。从产业集群里面而不是从遥远的外部获得资源，有助于使存货降到最低，削减进货成本，降低因拖延交货等带来的损失，而且因为本地信誉起重要作用，又降低了供应商抬价和违约的风险。地理位置的接近使企业容易建立信息沟通和协调机制，减少了企业契约的搜寻、谈判与履行成本，减少了机会主义行为，这些都有利于降低交易成本。更重要的是，产业集群不但增加了对特定专门投入的需求，而且也增加了有效供给。大量企业集聚在一起，能形成某种单项功能操作的联合需求，足够高的联合需求可确保各种各样的专业化供应商得以生存，这能进一步促进供应商的专业化。产业集群的规模越大，专业化分工就越深、越广，整个产业集群的竞争力就越强，出现良性循环的局面。

地区需求因素和中间产品因素对工业集聚度的正面影响作用显著。地区需求因素和中间产品的数量这两个变量也对浙江产业的集聚产生了一定的积极的作用。地区需求因素这个指标反映的是人们对产品的需求。浙江专业市场的交易量大，在一定程度上说明了该地区的商品需求旺盛，其交易量越大需求越旺盛。而对于中间产品的指标，我们可以从分工受市场范围的限制进行解释。斯密定理的具体含义是，只有当对某一产品或服务的需求随着市场范围的扩大增长到一定程度时，专业化的生产者才能实际出现和存在。随着市场范围的扩大，分工和专业化的程度不断提高。反过来说，如果市场范围没有大到一定程度，即需求没有多到使专业生产者的剩余产品能够全部卖掉时，专业生产者不会实际存在。在这里，斯密定理可以反过来表述：市场范围的扩展是分工发展的必要条件。在浙江的产业集群中，有很多企业进行生产领域的分工协作，即单独进行原材料生产或某一种产品生产、专注于某一加工工序，从而形成众多小而专、小而精、小而特的生产企业，而这些上下游企业之间的产品交易大多也是在专业市场中完成的。因此，由于浙江专业市场的存在，除了使地区的商品需求不断上升之外，还促进了周边企业的专业化分工，产生了大量的中间产品，并在工业品专业市场进行交易。

专业市场体系的特点与市场上的主打商品的特点有密切的联系。商品的个性即各类商品本身所具有的内在特点，才能使得某一种商品可以融入专业市场体系。为什么经营者需要依赖一个完整的市场体系呢？或者说一个健全的市场体系能为商品的生产者、经营者提供哪些自身无法创造的条件呢？

经营范围和经营规模是专业市场集群两个特有的概念。就集群整体而言，商品交易量必须达到一定的规模，而且种类丰富多样。经营范围是指单个经营户或市场机群的商品种类，种类越多，表示经营范围越广泛；经营规模是指单个商品种类、经营户、分类市场乃至专业市场的交易量，交易量越大则市场经营规模越大。在专业市场集群的内部，每一类商品就其交易规模而言，都可以单独成为商品专门化的市场。在这一市场中，集中了大量规模相当、经营范围相似的个体经营户，它们之间无法排斥和脱离竞争性。这一看似矛盾之处体现了古典经济学提出的专业化分工与市场范围这一个基本“两难”。实际上，这是专业市场集群的一个显著的特点，在日用品市场体现得非常明显。而解决这一“两难”的机制便是市场集群。

浙江区域特色产业集群的成长历程，其实是中小企业集聚和专业市场培育壮大的过程。在区域特色产业集群发展过程中，由于专业市场的兴起，激发并发展了当地的优势产业；而区域特色产业集群的发展，反过来又促进了专业市场的进一步扩大，形成了产业集群依托市场、市场促进产业集群、市场和产业集群互为依托、共同发展的区域经济增长模式。得益于市场效应，围绕着专业市场，浙江省使 110 多个工业行业、大大小小 13 万家生产企业集群在不同区域形成了小商品大市场、小企业大生产的独特的区域规模经济。目前，全省有数千个以生产单一产品为主的专业村、专业乡（镇），形成了颇具特色的“一村一品”的特色产业集群，各专业市场都与当地的特色产业相得益彰。这种专业市场与特色产业的互动式发展，构成了浙江经济增长方式的重要内容。

专业市场对区域特色产业集群发展具有巨大的推动力。国内许多研究表明，专业市场的形成和发展，不仅在一定程度上克服了中小企业分散布局所造成的低效状态，而且能以其独特的组织形式为中小企业和区域特色产业集群的发展提供诸多的方便。其主要原因在于：一是专业市场为企业提供了一个共享式的销售网络，大大降低了中小企业的销售成本，使中小企业特别是农村工业能以较低成本进入流通领域，并且专业市场集中大量同类产品的品种、款式等，大大降低了买卖双方供需不均衡引致的交易失败的概率；二是专业市场为每个企业提供了可共享的信息网络，有利于企业获得更多技术和经济信息，及时调整生产，不断改进技术，创新产品，参与市场竞争，从而不断提高技术水平和劳动生产率，推动产业升级；三是由于专业市场与行业规模的直接关联，使众多没有品牌的中小企业拥有了共同的“区域品牌”，使得营销费用大大降低。特别是一些自身营销能力弱、没有品牌优势的中小企业，可以通过市场网络，获得企业和行业外部经济利益，并依靠专业市场本身的集散功能开拓市场。

5.4 长三角浙江省产业集群存在问题

5.4.1 处于价值链的低端

浙江产业群的优势仍然主要体现在低成本、低价格的中低档产品的生产制作上，只能以加工制造基地的角色参与全球劳动分工网络。而发达国家的这些产业逐渐向开发设计、品牌经营、产品营销等高附加值领域发展。尽管浙江很多企业都已经在全国范围内建立起自己的销售网络，但是在国外市场方面仍以代加工业务为主。企业的品牌和知名度都十分有限。产业竞争力的强弱不仅取决于本产业的相关技术要素，还依赖于相关配套产业部门的现实水平。比如服装产业中的面料制作、服装设计等，由于本地及国内无法提供高质量面料，所以必须从国外进口高档面料。迈克·波特认为：当一个国家把竞争优势建立在初级生产要素时，它通常是浮动不稳的，一旦新的国家踏上发展相同的阶段，也就是该国竞争优势结束之时。当前，浙江省决定未来这些产业发展的重要资源要素（技术、设计、文化、品牌等）是稀缺的，而这正是浙江产业集群的最薄弱环节。

5.4.2 专业人才资源匮乏

近几年来，尽管浙江各地大力引进各种专业技术人才，成绩显著，但由于产业集群内企业对人才、技术、品牌意识相当淡薄，加上历史的惯性和积累效应，“引才、用才、育才、聚才”的机制和气候短时间内难以形成。浙江许多中小企业都带有很深的家族烙印，管理人员素质低、思路窄、视野狭小，导致“经营讲关系、管理凭经验、决策靠勇气”的现象随处可见，集中体现为企业运作手段雷同、创新能力不足。而现阶段，浙江几大产业集群均已不属于简单的劳动密集型行业，都开始进入一个开发、设计品牌文化及艺术内涵的综合性产业时代，对人才，尤其是对管理人才（如职业经理人）的需求日益增加，因此，培养合适的专业人才刻不容缓。

5.4.3　中介服务体系不健全

中小企业集聚的地方，最需要中介服务机构。但在浙江的几大产业群中，除了几个行业协会以外，专业性的中介服务机构非常缺乏。即使有行业协会，也未发挥应有的作用。一方面行业中没有形成足够的凝聚力，缺乏合适的政策；另一方面，由大企业主宰的行业协会，对小企业的认同度有限，吸引力不够，使小企业获取和利用国内外信息的程度较低，信息搜索的成本较高，进而使得知识资本的创造成本较高，不利于知识资本在本地区的集聚，从而造成产品开发、市场定位、资金投向等方面存在较大的盲目性，也制约了小企业的进一步发展。

5.4.4　过度竞争导致“集群陷阱”

由于在产业群内部企业之间的交易关系并不是依靠契约来维持，而是通过企业主之间的信任和承诺来进行协调。这样一来，在面临外部市场剧烈竞争的情况下，产业群虽然有整体反应快、弹性度大和生产成本低的优势，但也极易发生内部过度竞争而出现竞相偷工减料、伪劣产品泛滥的局面。企业主之间正常的信任和承诺关系网络也就会在顷刻间土崩瓦解。人文环境的恶化，更加剧了偷工减料之风的蔓延。这两者相伴而生，互相强化，导致恶性循环，最终不仅损害了全体业主的利益，而且也会使产业群所在地区形象受损，从而影响长期的发展，甚至导致整个中小企业集群的毁灭。这是产品质量信息分布不对称性所致的“柠檬市场”效应，不能将其简单地归结为产品同构、技术档次低和个体私营企业业主“赚一票”的短期行为。

此外，浙江产业群中企业数量虽然较多，但企业单打独斗的状况比较普遍。行政体制的条块分割阻碍着各县镇之间生产要素的合理流动，产业群内竞争与合作的协调变得很困难。同类企业之间尤其是同类的大中企业之间以及与本地其他企业之间的合作甚少，对中小企业有意识的带动作用甚微。产业群内企业合作氛围淡薄、企业之间交流少、缺乏信任，结果导致正式的产业合作十分有限。产业群内人气似乎很旺，但实力不足，无法增强集体效率。这样也导致集群内部单个企业生产能力无法合理充分地利用，出现集体生产能力过剩、重复建设过多的低效现象。产业内合作程度低，广大的中小企业处于市场竞争的劣势地位，一些中小企业生存空间极为有限。中小企业的弱势并不在于它们的规模小，而是由于其孤立。孤立的中小企业为了生存，就必须善于钻市场空隙或依附于大企业。以中小企业网为特征的产业群本身能够与大企业鼎足而立，但如果产业群内合作程度低下，则集群的效果将大打折扣，甚至会是一盘散沙。一旦有外来资本或品牌入侵，就会有全军覆没的危险。

5.5 长三角浙江省产业集群健康发展建议

5.5.1 提高产品附加值和产品档次

推动产品及技术创新，推进劳动密集型产品出口的效益化。首先，以比较优势调整产品结构，并引导产业群向产业链高端上游发展，争夺高利润区。由于高新技术不断向传统产业渗透，劳动密集型产业内垂直分工发生变化，劳动密集型产品的内涵逐渐丰富，表现在国际市场上，档次较低的产品（如服装类）需求弹性较小；中高档次的产品（如机电产品）的需求弹性大。浙江应不断加强后者的竞争优势，大力开发新技术、新产品。其次，充分挖掘目标市场需求，要把目光放在发达国家及新兴工业化国家和地区的目标市场上来，重点培育和发展相对应的技术及产品。浙江产业群的柔性专业化特征明显，内生的创新能力较强，然而产业群内部具有高度根植性的地方网络还不能产生很强的技术和产品创新能力。就短期而言，除了鼓励本地企业创新以外，还要借助于产业群以外的技术转移。

积极引进外资，培育本地力量。现在国内各地引进外资热情高涨，而就浙江的发展而言，走的主要是依靠自我积累的内源式发展道路。浙江乡镇企业、个体私营经济较发达，其涉及的产业和产品的领域与一些外商投资的目标相近。浙江经济发展需要通过结构调整，实现产业升级，发展符合现代管理要求的大规模企业，以促进经济的持续增长，而这也需要吸引海外规模较大、具有高技术的企业的投资，达到较快实现经济结构调整的目的。因此，积极利用外资将成为浙江今后快速发展的一个主要动力，是一条见效快的路子。但是，引进外资尤其是以跨国大企业为主体的资本进入，对本地的创新及持续发展能力会造成一定的削弱。因此，引进外资要注意方式和方法。浙江要继续发挥民营企业家的积极性，不断繁殖衍生中小企业，培育本地供应商、本地品牌、本地科研力量和企业家队伍。与外商直接投资形成的珠江三角洲产业集群模式不同，浙江产业集群出口的主体是民营企业，这些企业在本土生长发展，利用当地生产要素进行生产，很少进行“三来一补”等加工贸易。浙江产业集群形成的主要资本基础是本土资本而不是国外资本，集群延续的主要途径是通过国际市场而不是国内市场，总之，浙江产业集群模式应是本土资本与国际市场相结合型的。

5.5.2　培养地方企业家群体

地方企业家不仅是地方网络的重要主体，企业家群体还是促进产业群发展的重要的地方人力资源。企业家群体的创业以及在技术与制度上的创新活动不但决定了企业自身的成长历程，而且还通过他们的地方生产网络对网络成员产生深刻影响，从而最终影响创业群的整体发展轨迹。斯蒂格利茨曾指出："在许多发展中国家中，一个关键性问题是缺少企业家。"这一论断非常符合浙江产业群内目前的实际情况，即过多的老板、过少的企业家。应通过积极培育企业家精神，营造以创新、开拓、竞争与合作为核心的地方文化，从而培养一批批具有现代管理精神和理念的企业家。

除此之外，培养优秀的专业人才同样重要。意大利产品能够立足国际市场与他们的劳工素质有很大的关系。意大利职业教育的独到之处还在于使产业知识和技术发展高度专业化，学生走出校门就能够熟练掌握如纺织、服装、瓷砖制作等企业需要的专业知识。更重要的是厂商对职业技术院校特别青睐，给予资金上的赞助和技术上的支持要比政府多得多，这样互动式的发展，造就了意大利名牌技术院校。相比之下，浙江省的职业教育制度与意大利存在比较大的差距。

5.5.3　加大行业协会建设

国外行业协会的操作模式对浙江的行业协会的建设与发展具有很强的借鉴意义。意大利的行业协会既要赞助技术研究机构、收集散布产业信息、推广出口、开拓国际国内市场、刺激与促进基础设施发展，还要负责与政府打交道，争取政府对产业政策的支持。行业协会完全是企业资助的，政府不用掏钱。随着国际竞争的加剧，政府从保护本国市场的目的出发，应该对行业协会更加重视、依靠和支持。试想如果不是强大而有力的行业协会的作用，单个的、弱小的中小企业如何能面向世界。这种以行业协会的力量拓展海外市场的做法值得我们借鉴。

浙江省的行业协会刚刚起步，许多应该由行业协会一样的中介组织完成的事现在由政府在做。浙江省近年来出口规模日益增大，但由于出口的产品大多数价格低、质量不高，因此来自国际市场的制约因素也不断增多。我们的企业要真正走出去面向国际市场，必须学习和借鉴国外先进的经验，加强行业协会的建设，引导、培育和规范自己的行业协会，发挥行业协会在市场体系中的作用。

5.5.4 提升产业集群分工与合作

由于相似产业群的存在，才造成不同地区及产业群之间的竞争压力，并进而增强地区产业创新动力和经济活力。另一方面，迫切需要若干个相邻的产业群在分工明确的基础上，通过地区联合共同构成大产业群，以增强区域整体竞争力。由于产品具有互补性，不同产业群的相互合作日益加深，会促使新的市场机会、新的产业群的不断涌现。产业集群的发展都会遇到过度竞争问题，由于产业的同质性，生产企业的管理水平、技术能力和人员素质都呈现相同或相近的局限，企业在一个较窄小的范围内选择必然造成相关产品短时期内迅速扩张，形成过度竞争。

意大利成功的产业经济区和具有国际竞争力的产业，大都由经济规模比较小、以合作代替结盟的企业所组成，避开标准化、利润低的产品，战略上则力求满足各种客户的不同需求、开发造型特殊的产品。相对于低成本、扩张型竞争优势，差异化竞争通过向客户提供独特而优异的使用价值，实现产品和服务附加值的不断提高。此外，信息网络技术正在迅速地改变着现代经济和商务模式。而作为国际贸易电子商务比较发达的浙江（如杭州、宁波等市），则更应该利用电子商务为产业群的发展和广大中小企业发展提供新的机会，打开新的市场，找到新的经济增长点。根据目前浙江实际应用情况和广大中小企业信息化现状，应首先发展企业间电子商务（B2B），包括国际贸易电子商务、行业电子商务和网络联盟型电子商务。

5.6 本章小结

本研究利用浙江 2005—2015 年的面板数据检验了新经济地理因素对浙江工业集聚的作用，结果表明，产业外部性、需求、贸易自由度中的交通运输条件、中间产品数量和人力资本等变量对产业地理集聚的作用是显著正向的，这与本研究构建的理论模型相一致。而贸易自由度中的邮电产出这一变量对地理集聚的作用为负向，这与理论逻辑相悖，这可能与当前浙江省工业化进程所处的阶段有关，工业集聚对信息化水平的要求并不高。我们结合浙江的实际情况，为新经济地理学的理论提供了实证证据。

浙江产业集群发展中存在高附加值的核心链条薄弱，产品档次低；人力资本投入少，专业人才资源匮乏；中介服务体系不健全，功能很难充分发挥；过度竞争导致“集群陷阱”等相关问题。浙江产业集群未来健康发展需要提高产品附加值和提升产品档次、培养地方企业家群体及相关技术人员、加大浙江行业协会建设力度以及企业之间开展分工合作等。

参考文献

[1] 马歇尔. 经济学原理（中译本）[M]. 上海：华夏出版社，2005.

[2] Young. Increasing Returns and Economic Progress [J]. Economic Journal. 1928，3 (3)：239—243.

[3] Perroux F. THE DOMINATION EFFECT AND MODERN ECONOMIC THEORY [J]. Social Research，1950，17 (2)：188—206.

[4] 埃德加·M. 胡弗. 区域经济学的导论（中译本）[M]. 上海：商务印书馆，1990.

[5] Nelson，R. National Innovation Systems [M]. A Comparative Analysis，1993.

[6] Markusen. Sticky places in slippery space：a typology of industrial districts [J]. Economic Geography. 1996，72 (5)：293—313.

[7] Park，Markusen. Generalizing new industrial districts：a theoretical agenda and an application from a non—Western economy [J]. Environment and Planning. 1995，27 (7)：84—104.

[8] Storper，M. The Regional World：Territorial Development in a Global Economy [J]. 1997，123—234.

[9] Porter. The Adam Smith address：location，clusters，and the “new” microeconomics of competition [J]. The National Association of Business Economists. 1998，142.

[10] Porter. Cluster and the New Economics of Competition [J]. Harvard Business Review. 1998，76 (6)：22—54.

[11] 陈佳贵，王钦. 中国产业集群可持续发展与公共政策选择 [J]. 中国工业经济，2005 (9)：5—10.

[12] Bergman E. M. Cluster life—cycles：an emerging synthesis. Handbook of，Research on Clusters：Theories，Policies and Case Studies，2007.

[13] Menzel M. P., Fornahl D. Cluster Life Cycles — Dimensions and Rationales of Cluster Development [J]. Jena Economic Research Papers, 2007, 19 (1): 205－238.

[14] 曹黎娟，王佳妮. 技术扩散与跨区域产业集群互动发展——基于长三角地区 385 家企业调查问卷的实证研究 [J]. 财经研究，2013，39 (10)：106－118.

[15] Humphrey J. D. Mechanics of the arterial wall: review and directions. [J]. Critical Reviews in Biomedical Engineering, 1995, 23 (1－2): 1.

[16] Hoen H. W. Is Economic Theory Able to Underpin the Transition to a Market Economy in Eastern Europe? [M]. Emergency care in the streets, 1997.

[17] Lynn K. Mytelka. Local Systems of Innovation in A Globalized World Economy [J]. Industry & Innovation, 2000, 7 (1): 15－32.

[18] 仇保兴. 小企业集群研究 [M]. 上海，复旦大学出版社，1999.

[19] 王缉慈，童昕. 论全球化背景下的地方产业群——地方竞争优势的源泉 [J]. 战略与管理. 2001，32 (6)：28－36.

[20] 刘媛媛，孙慧. 资源型产业集群形成机理分析与实证 [J]. 中国人口·资源与环境，2014，24 (11)：103－111.

[21] 盛世豪，郑燕伟. "浙江现象"产业集群与区域经济发展 [M]. 北京：清华大学出版社，2004.

[22] 金祥荣，朱希伟. 专业化产业区的起源与演化——一个历史与理论视角的考察 [J]. 经济研究，2002 (8)：74－82＋95.

[23] 王珺. 衍生型集群：珠江三角洲西岸地区产业集群生成机制研究 [J]. 管理世界，2005 (8)：80－86.

[24] 藤田昌久，保罗·克鲁格曼，安东尼·J. 维纳布尔斯. 空间经济学——城市、区域与国际贸易 [M]. 北京：中国人民大学出版社，2005.

[25] Venables. Equilibrium location of vertically linked industries [J]. International EconomicReview, 1996.

[26] 谢燮，杨开忠. 劳动力流动与区域经济差异——新经济地理学透视 [M]. 北京：新华出版社，2005.

[27] Baldwin, Martin, Ottaviano. Global Income Divergence, Trade and Industrialization: The Geography of Growth Take－off [J]. Journal of Economic Growth. 2001, 6 (3): 5－37.

[28] Ottaviano，Puga. Agglomeration in the Global Economy：A Survey of the New Economic Geography. Centre for Economic Performance，Discussion Paper. 1997，365 (4)：121－134.

[29] Martin，Ottaviano. Growing Locations：Industry in a Model of Endogenous Growth [J]. European Economic Review. 1999，43 (4)，281－302.

[30] 杨宝良. 我国渐进式改革中的产业地理集聚与国际贸易 [M]. 上海：复旦大学出社，2005.

第 6 章

"长三角"宁波都市圈空间结构演化

宁波作为长三角南翼经济中心，依托上海、杭州，正在形成一个集先进制造业基地、现代物流中心和交通枢纽为一体的区域统筹和城乡统筹一体化发展的都市圈。本章从地理空间、行政区划、交通联系、经济联系的角度分别讨论了宁波都市圈的范围，使用经济联系强度模型来定量分析宁波都市圈的经济空间范围，进一步通过城市专门化指数、分型特征、区位商和城市流强度模型，对宁波都市圈空间结构演化特征和动力机制进行分析，并剖析宁波都市圈的发展存在问题，最后结合宁波都市圈三个圈层的发展目标，提出长三角宁波都市圈空间结构的优化策略。

引　言

随着改革开放的不断深入和经济体制的不断转变，我国城市结构由计划经济时期的孤立的、分散的空间结构向开放的、规模化和体系化的空间结构新格局转变。目前我国正处于工业化中后期，新的城市体系，如都市圈、城市群等正在不断完善与发展，这就需要对城市体系的空间结构演化趋势有更加深入的研究，以调整发展战略，促进都市圈和城市群的可持续健康发展。

当前，我国的经济与社会进入了新一轮的转型期，更加注重市场经济规律，城市体系通过集聚—扩散因子的作用，形成了各具特色的都市圈空间结构，人口和产业调整加速，这些新的发展趋势更加需要我们对都市圈的空间结构演化的历程、阶段与动力机制有更加清晰的把握。随着改革开放的日益深入，长江三角洲城市群已经逐步成为我国经济发展最活跃的地区和经济增长的龙头。长三角经济在持续快速发展的同时，其城市化形态、空间结构等也呈现快速演化态势。

宁波都市圈是长三角重要的工业基地和外向型经济基地。随着改革开放的深入以及工业化、城镇化进程的加快，宁波都市圈呈现出快速的重构、分异以及城乡一体化的演化态势。宁波都市圈是中国东部沿海发达地区的典型代表，它的成长和演化是中国东部沿海外向型经济在空间上的响应结果。探讨宁波都市圈空间结构的演化，有助于我们理解在全球化和本土化双重作用机制下，中国东部沿海发达地区都市圈演化路径和态势。

6.1 都市圈空间结构研究进展

关于都市圈的概念，可以追溯到20世纪初的美国。1910年，美国提出了“Metropolitan Distant”的概念，它的定义是都市圈是由一个以上的有一定规模数量的人口的中心城市和相邻城镇组成的区域。1949年，美国提出了一套比较完整的大都市区统计标准（SMSA），20世纪80年代初修订为“大都市统计区”（包括MSA、PMSA和CMSA），20世纪90年代后统称为“大都市区”（MA，Metropolitan Area）并沿用至今。

真正使用“都市圈”这一术语的国家是日本。20世纪50年代，木内信藏（1951）提出了“三地带学说”，其思想进一步发展成为“都市圈”概念。日本行政管理厅提出“都市圈”定义是以一日为周期，可以接受城市（规定其人口规模在10万以上）某一方面功能服务的地域范围。日本的研究主要以“日通勤圈”为核心，在考虑到人口通勤状况的同时，侧重于中心城市与邻近区域的空间相互作用、产业结构与城市功能等。

而我国的城市体系研究始于20世纪80年代，代表人物和理论有“巨大城市带”（于洪俊与宁越敏，1983）；“都市连绵区”（周一星，1986）；城市经济圈（高汝熹，1990）；城市群（姚士谋，1992）；“城市群组和巨大都市带”（崔功豪与杜国庆，1992），并借鉴日本的相关经验，于20世纪80年代末引入了“都市圈”这一概念。其中高汝熹与罗明义（1998）对都市圈研究做了深入的探讨，认为都市圈就是以经济比较发达并具有较强城市功能的中心城市为核心，与其有经济内在联系的和地域相邻的若干周边城镇做覆盖的区域共同组成，其经济吸引和经济辐射能力能够达到并能促进相应地区经济发展的最大地域范围。

关于城市空间结构，一般认为Bourne（1982）的定义具有一定的权威性。Bourne认为城市空间结构使用一套组织规则，连接城市形态和子系统内部的行为及相互作用，并将这些子系统连接成一个城市系统。城市空间结构即包括城市形态和要素的空间分布，又包括内在的相互作用机制。国内对城市空间结构的研究开始于20世纪80年代，顾朝林（2000）认为城市空间结构主要指城市职能在城市地域上的配置及组合状况，即通常所说的各种功能分区或城市用地在空间上的排列和组合关系，是在一定的自然环境条件下，人类社会经济活动的长期历史积累而逐步形成的。冯健和周一星（2003）认为我国的研究可以分为人口分布和密度、经济空间结构、社会空间结构和城市郊区化等四个方面研究。总体上讲，城市空间结构一般包括三方面内涵：首先是城市内部空间，是以主城区为主的内部空间，包括土地结构、居住结构和社会结构等；第二是城市的外部空间，包括以城市的郊区卫星城和专业产业区为主的区域结构和等级体系；第三是城市群体空间，主要是城市间的区位关系和功能分工。

“核心—边缘”理论又称为“中心—边缘”或“中心—外围”理论，由弗里德曼（F. Friedmann）于1966年提出，成为当代学者研究空间结构演化的核心理论。他认为：在区域经济增长过程中，往往存在着率先发展的“核心区”与发展缓慢的“边缘区”，核心区居于主导地位，边缘区依存于中心区，形成次级发展结构。但两者的空间结构地位不是一成不变的，核心区与边缘区的边界会发生变化，区域的空间关系会不断调整，最终达到区域空间一体化。弗里德曼试图通过“核心—边缘”理论来解释区域空间结构演化问题：区域内成员由互不关联、孤立发展不断向相互关联的平衡发展的演化过程，并将区域空间结构的演化分为四个阶段：独立的无等级的地方中心阶段、强大的单核心—边缘阶段、单核心和强大的边缘次中心并存阶段、功能一体化的空间体系阶段。

1996年，保罗·克鲁格曼（Paul Krugman）在“杜能环”“中央区理论”和“分割模型”（Segregation Model）基础上，提出了“多中心城市结构的空间自组织模型”，为都市圈空间结构演化提供了新的理论思路。克鲁格曼从理论上研究了一种空间经济从单一中心城市向分级的城市体系演化的条件和路径，认为“一个城市结构的形成是该城市中厂商之间的向心力和离心力相互作用的自组织结果”。

2000年，克鲁格曼与藤田（Masahisa Fujita）提出了新空间经济理论和一个空间经济的正式模型（AFormal Model of a Spatial Economy）。新空间经济理论认为：城市体系空间结构的均衡状态与城市地区的人口规模、产业层次、空间距离成本等因素密切相关；随着城市地区人口规模的扩大和产业层次水平的提高等因素，城市体系的空间结构将不断从单一中心结构向两中心结构等演变，城市的发展一般要经历从单一中心（单核）到多中心（多核）再到城市分层的演变过程。

6.2 宁波都市圈空间范围研究

6.2.1 区域节点划分处理

本节在划分区域内各节点时采用区县一级的数据，首先，将各地级市市辖区合并作为一个节点，即"某某市区"，比如将台州市的椒江区、黄岩区、路桥区三区合并，统称为"台州市区"；其次，将地级市下辖的县（包括县级市）作为独立的节点。

6.2.2 行政和地理视角

从地理因素和行政区划的角度，宁波都市圈指以宁波市区为中心，半径 120—150 公里以内的区域，从内到外又可以分为以下 3 层：中心区（中心城区）、内圈层（核心圈层）、外圈层（紧密圈层），具体划分如下：

（1）中心区（中心城区）：以宁波中心城区为主体，半径 30 公里左右，包括三江片（海曙、江东、江北三区）、北仑区、镇海区、鄞州区等 6 个区。

（2）内圈层（核心圈层）：中心区半径 60 公里左右以内的各主要节点，以中心区为核心，其他地区为慈溪、余姚、奉化、宁海、象山，即宁波市辖区范围、外围的 5 个县市。

（3）外圈层（紧密圈层）：中心区半径 60—150 公里左右以内的各主要节点，围绕在宁波都市圈核心圈层周围，又包含舟山市区、岱山县、嵊泗县；嘉兴市区（秀城区和南湖区）、平湖市、海盐县；绍兴市区（越城区）、上虞市、嵊州市、新昌县；台州市区（椒江区、黄岩区、路桥区）、天台县、临海市、温岭市、三门县、仙居县；金华的磐安县、东阳市，共 18 个节点。

（4）联动层，包括绍兴、台州、嘉兴、金华等其他地区。

6.2.3 交通联系视角

国外一般使用通勤率作为确定都市圈范围和划分的指标之一，但由于国内异地之间交通便捷性不足和行政区划、户籍的限制，异地通勤情况较少，相关的统计数据也并未得到重视，国内很少应用通勤率这一指标。国内部分学者一般使用中心城市与其他节点的交通通达性或公路、铁路客流量作为替代通勤率的指标进行研究。宁波中心区与周边城市的日交通客运班次如表6—2—1所示。

表6—2—1 宁波中心区与周边城市的日交通客运班次（2018年）①

日交通班次情况	公路客运	火车客运	轮船客运	日交通班次情况	公路客运	火车客运	轮船客运
	班次	班次	班次（有、无）		班次	班次	班次
慈溪	39	0	“0”无	绍兴市区	19	89	“0”无
余姚	21	79	“0”无	上虞市	6	12	“0”无
奉化	40	13	“0”无	嵊州市	20	0	“0”无
宁海	55	21	“0”无	新昌县	21	0	“0”无
象山	68	0	“0”无	台州市区	22	45	“0”无
舟山市区	211	0	“—”有	天台县	11	0	“0”无
岱山县	12	0	“—”有	临海市	7	22	“0”无
嵊泗县	1	0	“—”有	温岭市	2	36	“0”无
嘉兴市区	12	39	“0”无	三门县	10	18	“0”无
平湖市	8	0	“0”无	仙居县	6	0	“0”无
海盐县	4	0	“0”无	磐安县	3	0	“0”无
				东阳市	11	0	“0”无

资料来源：公路、火车客运汽车班次数据均为2018版，公路班次数据来源于车次网（www. checi. cn）和去哪儿网（https：//www. qunar. com/）等相关网站经整理得到；火车班次数据来源于中国铁路官方网站（http：//www. 12306. cn/mormhweb/），数据均由以上站点收录，与实际或有偏差；舟山市区及县市轮船客运班次具体数量无法查阅，“—”表示数据缺失。

从交通客运情况来看，宁波中心区与其他节点的联系度符合距离衰减规律，中心区与内圈层的其他5个节点联系最强，主要以公路和铁路客运为主。从公

① 说明：本表为日客流班次表，时间为2018年5月，均为直达班次，本表显示的是2018年的数据，由于2016年的数据无法查阅，本研究运用2018年交通客运班次数据代替衡量2016年的班次；由于舟山市是以群岛建制的地级市，目前没有铁路客运，固舟山市铁路班次为零。

路和铁路的交通客运综合来看来看，外圈层节点又可以分为三部分。

第一部分是舟山市区、台州市区、绍兴市区和嘉兴市区客运班次较多，人流量大，可以看作宁波都市圈的次核心；第二部分是岱山县、嵊泗县、平湖市、海盐县、嵊州市、新昌县、天台县、仙居县和金华的磐安县、东阳市，这 10 个节点与中心区的交通联系很弱，可以看作宁波都市圈的边缘区域；第三部分是外圈层其他 4 个市县，交通联系度处于一般水平，可以看作宁波都市圈的一般节点。在“舟嘉绍台”四个地级市中，无论从公路还是铁路客运班次看，宁波与嘉兴的交通联系相对较弱，主要是由于嘉兴处于上海、宁波、杭州和苏州的中间，与其他三市相比，宁波对嘉兴的辐射最弱，一般都将嘉兴作为上海或杭州的经济腹地。

6.2.4 经济联系视角

经济联系视角即通过构建经济联系模型，判断宁波都市圈各个节点之间的经济联系，从而判断不同节点的经济空间影响范围。

6.2.4.1 经济联系强度模型

测量区域地区空间联系的模型有两个：引力模型和潜力模型。标准的引力模型如下：

$$I_{ij} = K_{ij} \frac{M_i^{a_i} M_j^{a_j}}{{D_{ij}}^b} \tag{6.2.1}$$

I_{ij} 表示两地之间的引力，M_i 和 M_j 表示两地的规模大小(如城市人口、GDP、工业产值、区域面积等)，a_i 和 a_j 为引力指数，K_{ij} 为修正系数(如交通联系度、城市半径、经济强度系数等)，D_{ij} 为两地之间的距离(如空间距离、公路距离或经济距离等)，b 为距离系数。

引力模型常常用来测度两个地区(或中心、节点等)之间的空间交流强度，在都市圈空间范围界定与结构的研究中得到了广泛的引用。本研究使用的是中心区与其他地区的经济联系模型，从引力模型演变而来，主要用来测量中心城区对周边城区的经济辐射力度，模型如下：

$$I_i = \frac{\sqrt{PV} \times \sqrt{P_i V_i}}{{D_i}^2} \tag{6.2.2}$$

P、V 分别代表宁波都市圈中心区总人口(万人)、GDP(亿元)，P_i、V_i 分别为宁波都市圈节点 i 城市人口(万人)、GDP(亿元)，D_i 为节点 i 距中心区的空间距离。I_i 表征各节点与中心区的绝对经济联系量。

其次，定义经济联系隶属度 L_i

$$L_i = I_i / \sum_{i=1}^{n} I_i \tag{6.2.3}$$

公式中，n 为都市圈内节点个数，L_i 表征各节点的经济联系度的相对大小。

第三，定义各节点的经济联系强度 C_i，反映宁波中心区的对外经济联系范围。

$$C_i = \frac{\sqrt{PV}}{{D_i}^2} \tag{6.2.4}$$

6.2.4.2　经济距离计算

在本公式中，D_i 指的是各节点距离宁波中心城区的空间距离。但对于城市尤其是都市圈来说，地区间的经济发展、交通和地形等因素对空间距离的影响巨大，因此，本研究借鉴并修改高汝熹等（1998、2006）和李彦军（2008）的公式，定义并计算两地之间的经济距离，公式如下：

$$E_i = \alpha \cdot \beta \cdot D_i \tag{6.2.5}$$

E_i 为节点城镇到中心区的经济距离，D_i 为公式（6.2.2）中的空间距离，α 为通勤距离修正权数（第一次修正），主要取决于两地间的客运交通状况，β 为经济落差修正权数（第二次修正），表征节点与中心区的经济发展差距，取值由两地间人均 GDP 比值决定，具体取值系数如下表①。

表 6—2—2　都市圈经济距离修正权数 α 与 β 的赋值

通勤距离修正权数 α	交通工具	火车	汽车	轮渡	火车与汽车	汽车与轮渡	火车、汽车与轮渡
	赋值	1	1.2	1.5	0.7	1.1	0.5
经济落差修正权数 β	人均 GDP 比值	＞70%		45%≤比值≤70%		＜45%	
	赋值	0.8		1		1.2	

根据表 6—2—2，测算出各备选节点的经济距离，如表 6—2—3 所示。

将公式（6.2.5）带入公式（6.2.2）和（6.2.3）得新的经济联系量和强度：

$$I_i = \frac{\sqrt{PV} \times \sqrt{P_i V_i}}{(\alpha\beta D_i)^2} \tag{6.2.6}$$

$$C_i = \frac{\sqrt{PV}}{(\alpha\beta D_i)^2} \tag{6.2.7}$$

① 注：本研究在公式（6.2.2）中提出的经济联系强度模型缺乏修正系数（即公式（6.2.1）中的 K_{ij}），在此应用经济距离，实际上将公式（6.2.1）中的 K_{ij} 移动到分母上与 D_{ij} 进行合并处理。

表 6-2-3 备选节点与宁波中心区的经济距离

候选节点	空间距离（公里）	α	通勤距离修正（公里）	与中心区人均 GDP 比值	β	经济距离（公里）
余姚市	42.0	0.7	29.4	0.62	1.0	29.4
奉化市	28.0	0.7	19.6	0.69	1.0	19.6
慈溪市	42.4	1.2	50.9	0.61	1.0	50.9
绍兴市区	94.0	0.7	65.8	0.55	1.0	65.8
舟山市区	64.5	1.1	71.0	0.74	0.8	61.9
象山县	54.5	1.2	65.4	0.60	1.0	65.4
宁海县	66.0	0.7	46.2	0.51	1.0	46.2
上虞市	67.0	0.7	46.9	0.71	0.8	37.5
新昌县	74.5	1.2	89.4	0.70	1.0	89.4
嵊州市	76.0	1.2	91.2	0.50	1.0	91.2
三门县	88.7	0.7	62.1	0.39	1.2	74.5
岱山县	75.0	1.1	82.5	0.82	0.8	72.0
天台县	97.0	1.2	116.4	0.37	1.2	139.7
台州市区	136.4	0.7	95.5	0.52	1.0	95.5
临海市	120.0	0.7	84.0	0.36	1.2	100.8
嵊泗县	128.0	1.1	140.8	0.95	0.8	122.9
仙居县	138.8	1.2	166.6	0.39	1.2	199.9
磐安县	140.0	1.2	168.0	0.33	1.2	201.6
东阳市	141.0	1.2	169.2	0.43	1.2	203.0
温岭市	167.0	0.7	116.9	0.46	1.0	116.9

注：空间距离根据百度地图和 Google earth 地图测算得到，α 根据表 6-2-2 得出。

表 6—2—4　判定值与判定向量划分标准①

组号/判定值	1	2	3	4
经济距离 E	0≤E<60	60≤E≤120	120<E≤200	E>200
经济联系量	I>100	50<I≤100	10<I≤50	I≤10
强度	C>0.5	0.1<C≤0.5	0.05<C≤0.1	C≤0.05

6.2.4.3　计算结果

根据公式(6.2.5)、公式(6.2.6)和公式(6.2.7)，计算出各备选节点的经济距离 E_i，经济联系量 I_i 以及强度 C_i，并根据大小将其分为4组(组号1、2、3和4)，将组号赋值给对应的判定值：E'_i、I'_i 和 C'_i，组成判定向量(E'_i，I'_i，C'_i)，如果其中有两个判定值为4，则该节点不划入都市圈空间范围；反之，则划入。其中，经济距离越大的组号越大，经济联系量及强度越大的组号越小，判定值和判定向量的划分标准如表6—2—4所示。

根据表6—2—2、表6—2—3和表6—2—4，结合候选节点的相关数据，计算出各节点地区的判定向量，确定宁波都市圈的空间范围，如表6—2—5所示。

表 6—2—5　宁波都市圈候选节点的初步界定

候选节点	经济距离	GDP(亿元)	总人口(万人)	经济联系量	隶属度 L_i	强度	判定向量	是否划入都市圈
奉化市	19.6	494.75	48.38	440.82	27.51%	2.849	(1，1，1)	是
余姚市	29.4	904.75	83.77	348.64	21.76%	1.266	(1，1，1)	是
上虞市	37.5	788.04	78.03	193.02	12.05%	0.778	(1，1，1)	是
慈溪市	50.9	1276.17	104.94	154.61	9.65%	0.423	(1，1，2)	是
宁海县	46.2	486.69	63.00	89.80	5.60%	0.513	(1，2，1)	是
舟山市区	61.9	908.17	71.11	72.60	4.53%	0.286	(2，2，2)	是
绍兴市区	65.8	754.05	75.60	60.36	3.77%	0.253	(2，2，2)	是
台州市区	95.5	1412.53	160.10	57.07	3.56%	0.120	(2，2，2)	是
象山县	65.4	444.22	55.04	40.02	2.50%	0.256	(2，3，2)	是

① 注：关于经济距离 E 和判定值 E'，划分标准不同。高汝熹等人使用的1—4组号分别为：0—100公里，100—200公里，200—300公里，300公里以上；他使用这个标准主要是针对长三角都市圈的研究，都市圈范围广，使用地市一级的数据。而后续的研究一般是根据自身都市圈的实际情况，适当调整判定值的范围。这里研究的是中型都市圈，是长三角都市圈的“圈中圈”，因此本研究根据宁波等市的实际情况将判定值 E' 的范围做了修改，并适当调整了 I' 和 C' 的判定范围。

（续表）

候选节点	经济距离	GDP（亿元）	总人口（万人）	经济联系量	隶属度 L_i	强度	判定向量	是否划入都市圈
临海市	100.8	530.62	119.98	27.18	1.70%	0.108	(2, 3, 2)	是
温岭市	116.9	899.14	121.67	26.49	1.65%	0.080	(2, 3, 3)	是
嵊州市	91.2	485.39	72.99	24.77	1.55%	0.132	(2, 3, 2)	是
三门县	74.5	186.02	44.36	17.91	1.12%	0.197	(2, 3, 2)	是
新昌县	89.4	380.00	43.58	17.63	1.10%	0.137	(2, 3, 2)	是
岱山县	72.0	234.44	18.51	13.91	0.87%	0.211	(2, 3, 2)	是
天台县	139.7	207.05	59.85	6.24	0.39%	0.056	(3, 4, 3)	是
东阳市	203.0	506.49	83.95	5.48	0.34%	0.027	(4, 4, 4)	否
仙居县	199.9	190.10	51.03	2.70	0.17%	0.027	(3, 4, 4)	是
嵊泗县	122.9	98.62	7.70	2.00	0.12%	0.072	(3, 4, 3)	是
磐安县	201.6	83.88	21.23	1.14	0.07%	0.027	(4, 4, 4)	否

注：各候选节点 GDP、总人口数（户籍人口）等数据来自《浙江统计年鉴 2017》，本表根据经济联系量降序排序。

根据表 6—2—5 的分析，金华东阳市、金华磐安县被排除在宁波都市圈空间范围外，这几个节点大都位于都市圈的边缘，与中心区经济距离在 200 公里左右，受辐射较低，这与前文交通联系分析吻合。

6.2.5 宁波都市圈的空间范围

结合以上分析，得出宁波都市圈空间范围包括：宁波中心区、慈溪、余姚、奉化、宁海、象山、舟山市区、岱山县、嵊泗县、绍兴市区、上虞市、嵊州市、新昌县、台州市区、温岭市、仙居县、临海市、天台县和三门县共 24 个区县（含县级市），分为 19 个节点①。根据经济距离 E 联系隶属度 L 及强度 C，以及前文中的行政、地理、交通等因素，对宁波都市圈进行圈层分类，以宁波市区为中心，呈典型的圈层体系结构，共可以划分为 3 个圈层。

(1) 中心区，即宁波市区范围，由宁波下辖 6 区组成，2016 年 GDP 占都市圈的 32%左右，是宁波都市圈的首位城市，从内部结构来看，又以老城区即三江片为中心层，城区建设与产业结构体系较为完善，主要承担技术服务与金融支持等功能，外围的镇海镇海区、北仑区、鄞州区为增长极，以港口、化工、

① 注：本研究将地级市的市辖区算作 1 个节点，所以节点数要少于区县数，划分方法在 6.2.1 中已作详细描述

高新技术产业为主。

(2) 内圈层，主要从行政区划角度出发，即宁波市域范围，是宁波都市圈的核心区域。内圈层以宁波中心区为核心，今后的发展方向应该是多功能组团、产业结构较为完善的区域核心地区。其中，紧密区域为慈溪、余姚两市，经济发展迅速，既是宁波市区的附属城市，又是宁波联系嘉兴、绍兴和杭州的节点城市，是宁波都市圈接轨长三角的重要区域，是宁波都市圈发展和规划的重点。奉化市虽然从地理上来说离宁波中心区最近，但其产业结构以旅游和文化为主，其发展目标应该是与鄞州南部相连，并入中心区。象山应以象山港作为规划重点，发展成为副中心港口。而宁海位于宁波中心区的南部，经济与交通发展潜力较大，主要作为中心区功能的延伸，并作为联系台州市的节点。

(3) 外圈层，主要从经济联系的角度划分，即宁波都市圈的全部范围，其中，以宁波内圈层为核心，舟山市区、绍兴市区、台州市区为次中心，以余姚、慈溪、宁海为节点，共24个区县4个组团。

6.3 宁波都市圈空间结构的演化特征

6.3.1 中心区空间结构演化

6.3.1.1 空间形态演化

宁波自古以来一直是我国重要的港口和商埠城市；目前是长江三角洲南翼重要的经济中心城市和重化工业基地、浙江省经济中心。宁波作为国家历史文化名城，历史悠久，可追溯至春秋越国属地，唐（621年）改置鄞州，在“三江口”设州，标志宁波城区的出现。从历史发展来看，宁波中心区有分为两类：第一是海曙、江东、江北三区，是宁波的老城区，很长一段时间内是宁波的代表和重点发展区域；第二是北仑、镇海、鄞州三区，是自改革开放后才逐步形成的“边缘地”。宁波中心区的空间结构演化基本遵循“同心圆”模式与“核心—边缘”理论，可以分为三个时期。

(1) 中心城区（三江片）形成和扩展阶段。又可以细分为两个时期，首先，从621年唐朝设州到1840鸦片战争以前，在余姚江、奉化江、甬江三江交界处，建有零星的城镇，成为中心城区的雏形。第二，是中心城区扩展并连成一片的阶段。鸦片战争后，宁波被迫列入通商口岸之一，城市空间逐步扩大，江东、江北城区面积扩大，城区跨过三江，逐步连为一体，形成统一的中心城区。

新中国成立以后，宁波市先后进行了7次编制工作，其中，第1次至第4次的规划和发展重点都是"三江片"，即分别于1957年、1959年、1964年（未完成）、1974年进行了4次编制。1957年的编制规划了城市规模、工业布局和城市功能，确定了宁波以化工、机械和食品工业等为主，基本形成了以"三江片"为核心的空间发展格局。其他3次规划因为各种原因，大致参照1957年的规划，变化不大，城市功能和城区面积并没有多大的扩展。宁波市区围绕"三江片"呈同心圆状蔓延，基本形成现代城市结构。

(2) 边缘地扩展阶段。改革开放后，城市功能得到扩展，为支持北仑港的发展成立了北仑区，发展临港工业；在镇海区以石化炼化为核心的化工产业兴起，这种经济结构上的变化使得宁波两个边缘地得到发展，以原来的老市区为核心，形成"一核两带"的发展轴。

宁波于1986年被列为全国历史文化名城，1987年经国务院批准，成为计划单列市，宁波中心城区得到了空前的发展机遇，城区面积、范围得到大幅度的扩展，基础设置逐步完善。因此，宁波在20世纪80年代初和90年代初又分别进行了两次城市规划编制（即第5次和第6次），对城市功能进行了重新定位，主要变化有：1986年正式确定"建设华东地区重要的工业城市、对外贸易口岸"以及"浙江的经济中心"，正式成为华东地区的区域性城市；1999年正式确定为"长三角南翼经济中心，我国东南沿海重要的港口城市，国家历史文化名城"，第一次突出城市的三大主导功能。

(3) 多核组团发展阶段。随着城市经济的发展，城区规模偏小的瓶颈逐渐显现，尤其是进入新世纪以来，城市经济和功能不断完善，老城区的城市空间开始向郊区扩展，人口流动加速。1999年，宁波提出"城市东扩政策"，在江北区和鄞州建立高科技园区，开始由传统化工、机械等制造业向高新技术产业转型，老城区开始向东扩展。2002年，经国务院批准成立鄞州区，承接老城区的部分功能，逐步形成门类齐全的产业体系。2005年6月核心区"四横三纵"路网工程启动建设，东部新城开发建设全面铺开。经过10年左右的发展，鄞州区已经与"三江片"基本实现无缝对接，北仑区和镇海区向外延伸并连成一片，并与老城区相向发展，交通联系日益密切，形成主中心、次中心的多核组团发展结构。随着中心区规模的又一次扩大，传统的城市功能和规划已经落后，因此，宁波在进行了多次城市规划编制，以缩短北仑、镇海与"三江片"的空间距离和中心城区向南、向北、向东扩展为发展目标。

6.3.1.2 规模变动态势

表6-3-1显示的是1990年以来宁波中心城区规模变动的相关指标。从建

成区面积来看，其变化趋势与空间形态演化相一致。1990—1999 年，建成区面积略有扩大，但基本保持不变，10 年间仅扩大了 6 km^2；1999 年开始，政府提出城市东扩政策，“三江片”开始向东扩展，从 2000 年的 69 km^2 扩大到 2002 年的 110 km^2；2003 开始，随着鄞州区的成立和东部新城的建设，宁波的建成区面积从 2003 年 110 km^2 扩大到 2006 年的 215 km^2，4 年来几乎扩大了一倍；此后的数年，由于“城市北进”宣言的提出，随着两江北岸一大批基础设施及公共配套设施等的建设，宁波的建成区面积进一步扩大，于 2016 年达到 331 km^2，近期仍有稳定扩大的趋势。

表 6—3—1　宁波中心区规模变动趋势（1990—2016 年）

年份	建成区面积（km^2）	人口密度（人/km^2）	市区非农业人口总量（万人）	年份	建成区面积（km^2）	人口密度（人/km^2）	市区非农业人口总量（万人）
1990	60	1050.7	55.25	2004	115	822.1	116.27
1991	63	1059.5	56.16	2005	121	833.6	121.43
1992	63	1069.1	57.32	2006	215	843.0	125.76
1993	63	1082.7	59.30	2007	221	886.2	129.20
1994	63	1095.4	61.20	2008	242	894.0	132.10
1995	61	1105.8	63.21	2009	251	901.0	134.42
1996	62	1124.9	65.37	2010	272	907.0	136.50
1997	63	1141.1	67.53	2011	285	913.0	138.69
1998	64	1158.7	70.46	2012	290	916.0	141.32
1999	66	1181.0	74.42	2013	295	922.0	143.41
2000	69	1201.0	77.22	2014	309	933.0	146.04
2001	74	1221.0	80.69	2015	322	943.0	149.11
2002	102	1269.0	86.43	2016	331	958.0	153.00
2003	110	808.2	109.95				

注：数据来自《中国城市统计年鉴》1991—2017 年度，由于 2014 年下半年，国务院公布了《关于进一步推进户籍制度改革的意见》，已不再统计非农人口数量，本研究根据宁波都市圈内圈层各节点 2011—2014 年非农人口占总人口中的比重的平均增长率推算出来。

从人口密度和非农业人口看，变动幅度较为平稳，人口密度在 1000 人/km^2 左右（2003 年，鄞州区成立，造成市区面积在统计上的扩大，从而使得人口密度突然下降，但从整体趋势来看，呈现缓慢上升），而非农业人口的规模从 1990 年的 55.25 万人增长到了 2016 年的 153 万人，年平均增长率约为 4%。可见，宁波中心区的城市人口规模仍旧偏小。

6.3.2 内圈层空间结构演化

6.3.2.1 人口与城镇体系演化

宁波都市圈的内圈层即宁波行政区划的范围，除中心城区外辖三市两县。在宁波中心城区逐步扩展的同时，宁波下辖 5 县市也都发展迅速，2006 年以来全部进入全国百强县（市），尤其是余姚和慈溪两地，经济发展迅速，已经成为宁波今后发展的重点地区。宁波市在本世纪初已经形成了“一核五副”的松散结构，即以中心城区为主核，周边围绕余姚、慈溪、奉化、宁海和象山 5 个副中心城市。2004 年以来，宁波提出“东扩、北联、南统筹、中提升”的区域发展战略，除了建设东部新城，扩展城市空间外；在北部，促进余姚和慈溪地区融合，形成北部都市区中心；在南部，统筹象山港发展，建设象山和宁海县城，加强基础设施建设和生态保护，并完善中心城区服务功能，提高城市的辐射效应，经过近几年的建设，内圈层已经初步形成多核化、体系化发展，产业结构分工明确，已经成为宁波都市圈的核心区域。

宁波市城镇体系在改革开放后得到不断完善，在“小城镇战略”影响下，一批发展完善的地区逐渐被确立为建制镇。20 世纪 80 年代后，宁波建制镇镇数量从 1950 年的 10 座和 1960 年为 18 座发展到 1980 年的 24 座，1985 年的 68 座，1990 年的 96 座，1995 年更是达到了 115 座。① 从 1995 年开始，宁波市区功能得到了不断完善，乡镇改革力度加大，有部分镇被划入城区，另外一些建制镇互相合并，使得建制镇的数据有所减少，2001 年为 103 座，减少至 2016 年的 75 座；其中 2016 年共有 10 个乡、69 个街道，城镇户籍人口也从 2001 年的 133 万增加至 2016 年 226.08 万（表 6—3—2）。

表 6—3—2 宁波乡镇数目和人口基本情况（2001、2005、2009 与 2016 年）

年度	2001 年					2005 年				
指标	总人口	非农人口	镇	乡	街道	总人口	非农人口	镇	乡	街道
	万人	万人	个	个	个	万人	万人	个	个	个
海曙区	27.20	25.70	1	1	6	30.10	29.70			8
江东区	21.60	6.00	2	5	49	25.20	25.20			7

① 注：数据来源：中共宁波市委政策研究室：《宁波中心镇改革与发展》。

（续表）

年度	2001 年					2005 年				
指标	总人口	非农人口	镇	乡	街道	总人口	非农人口	镇	乡	街道
	万人	万人	个	个	个	万人	万人	个	个	个
江北区	22.70	13.80	4	4	56	23.00	14.10	1		7
北仑区	33.10	10.30	7	2	1	35.00	15.70	2	1	6
镇海区	21.60	11.30	2	4	25	22.50	14.20	2		4
鄞州区	73.30	14.00	21	2	43	77.70	22.40	17	1	4
余姚市	82.80	15.60	17	2	4	82.60	16.90	14	1	6
慈溪市	100.80	14.60	17	3	91	101.50	16.10	17		3
奉化市	48.80	9.60	9	2	26	47.90	10.10	6		5
象山县	53.00	9.70	10	5	3	52.70	10.40	10	5	3
宁海县	58.40	6.60	13	4	33	58.50	7.70	11	3	4
总计	543.00	133.00	103	34	337	557.00	183.00	80	11	57

年度	2009 年					2016 年				
指标	总人口	非农人口	镇	乡	街道	总人口	非农人口	镇	乡	街道
	万人	万人	个	个	个	万人	万人	个	个	个
海曙区	30.50	30.50			8	29.65	29.65	7	1	9
江东区	27.60	27.60			8	28.54	28.54			
江北区	23.70	15.10	1		7	24.75	16.83	1		7
北仑区	37.30	19.20	2	1	7	40.37	24.75			11
镇海区	22.50	16.10	2		4	24.12	18.39	2		5
鄞州区	80.30	25.90	17	1	6	88.41	34.84	10		14
余姚市	83.20	18.20	14	1	6	83.77	19.47	14	1	6
慈溪市	103.50	18.30	15		5	104.94	20.16	14		5
奉化市	48.20	10.70	6		5	43.38	11.24	6		5
象山县	53.70	11.10	10	5	3	55.04	11.74	10	5	3
宁海县	60.50	9.40	11	3	4	63.00	10.46	11	3	4

（续表）

年度	2009 年					2016 年				
指标	总人口	非农人口	镇	乡	街道	总人口	非农人口	镇	乡	街道
	万人	万人	个	个	个	万人	万人	个	个	个
总计	571.00	202.00	78	11	63	590.96	226.08	75	10	69

注：(1) 本表根据宁波统计年鉴 2002 年、2006 年、2010 年和 2017 年整理而成，总人口与非农人口皆为户籍人口。街道指街道办事处，与 2005 年、2009 年和 2016 年相比，2001 年部分地区街道办事处数目较多，可能与街道办改革和行政区划调整有关。(2) 2016 年 9 月宁波市江东区划归宁波市鄞州区管辖，故 2016 年宁波市鄞州区镇、乡和街道个数已包含原江东区镇、乡和街道个数，江东区未单独给出。(3) 由于 2014 年下半年，国务院公布了《关于进一步推进户籍制度改革的意见》，已不再对非农人口数量做统计，本研究根据宁波都市圈内圈层各节点 2011—2014 年非农人口占总人口中的比重的平均增长率推算出来。

宁波城镇体系在“十五”期间得到完善。以“三江片”为主的市辖区得到扩展，部分乡镇并入市区，并进行街道改革，副中心城市也不断扩张。整个城镇体系从 20 世纪 90 年代的“中心城—县级市区（或县城）—建制镇”的三层结构扩展为“中心城区—副中心城市—重点镇——般建制镇”，如图 6－3－1。中心城即宁波市辖区，副中心城市为余姚、慈溪、奉化、宁海和象山 5 个，重点镇包括泗门—郎霞、梁弄、周巷—低塘、观城—师桥、慈城—乍浦、骆驼—贵驷、东钱湖—云龙、集士港—横街—古林、咸祥、溪口、莼湖、西店、岔路—前童、石浦—昌国，共 14 个节点，重点发展工贸和旅游产业；一般建制镇共 54 个。受制于经济区位、交通和地理条件，宁波城镇体系呈现“北密集南松散”的特点。北部余慈地区靠近杭州湾，受长三角辐射力度较大，城镇分布密集并且经济发达，中部地区受宁波市区辐射力度较强，不少城镇以市区卫星城市为建设目标，城镇也比较密集。而南部地区多丘陵地带，切靠近金华、台州，城镇比较松散，经济发展较慢。

2005 年以来，宁波建制镇调整不大，相比 2005 年，2009 年仅减少 2 个乡镇，增加 6 个街道，户籍总人口 571 万，非农业人口达到 202 人，城镇体系趋于稳定。“十一五”期间，宁波规划并建设东部新城，中心城区得到扩展。围绕中心城区，在东北部，镇海和北仑区连成一片，已经成为国家石化基地和临港产业集聚地，与舟山市区建成高速公路，港口、交通一体化程度加强；在北部，余慈地区得到统筹，着重发展先进制造业和物流。在南部，以高新技术产业和旅游产业为核心的奉化—鄞南副中心基本形成。宁波城市总体规划（2006—

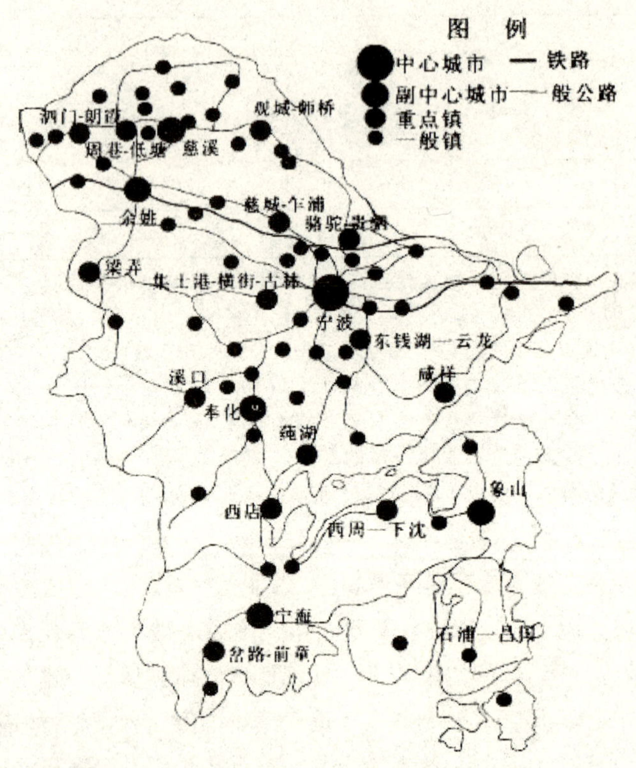

图 6－3－1 宁波城镇体系发展图（2001—2005 年）

资料来源：李加林等，2002

2020 年）显示，宁波城镇职能等级也有所变化，分为都市区核心（三江片和东部新城区），都市区外部组团（镇海—北仑区、余慈地区、奉化—鄞南），二级中心城市（宁海、象山），中心镇（13 个），一般建制镇（41 个）5 级，逐步实现“1521”的城镇规划体系①。

6.3.2.2 产业结构演化

根据中国统计年鉴，把国民经济行业分为 19 类（国际组织除外）②，分类较为细致，根据研究对象，将 19 个行业重新归纳整理分为 10 个类别，如表 6－3－3所示。

① “1521”指 1 个都市区核心，5 个都市区副中心功能组团以及 21 个都市区城镇组团，资料来源中共宁波市委政策研究室：《宁波中心镇改革与发展》。

② 《中国统计年鉴》中行业分为 18 个行业，详见表 6－3－3，但由于部分产业是最近几年的新型产业：如信息、计算机、通信等，因此在 2000 年前的分类不全面。

表 6－3－3 国民经济行业重新分类表

现编号	现名称	原行业
1	农业	（1）农、林、牧、渔业
2	工业	（2）采矿业；（3）制造业；（4）电力、燃气及水的生产和供应业
3	建筑	（5）建筑业
4	交通运输	（6）交通运输、仓储和邮电通信业
5	信息	（7）信息传输、计算机服务和软件业
6	商贸业	（8）批发和零售贸易；（9）住宿和餐饮业；（10）租赁和商务服务业
7	金融与房地产	（11）金融业；（12）房地产业
8	社会服务与管理	（14）水利、环境和公共设施管理业；（15）居民服务和其他服务业；（19）公共管理和社会组织
9	科技与教育	（13）科学研究、技术服务和地质勘查业；（16）教育
10	文体卫生与社保	（17）卫生、社会保障和社会福利业；（18）文化、体育和娱乐业

根据表 6－3－3 中的分类，计算出宁波内圈层节点 2000 年、2009 年和 2016 年度①分地区分行业 GDP 占全市 GDP 的比重表，如表 6－3－4 所示。

表 6－3－4 宁波 2000 年、2009 年和 2016 年度分地区分行业 GDP 比重

指标	2000 年分地区分行业 GDP 比重（%）					
	中心城区	余姚	慈溪	奉化	象山	宁海
农业	2.21	1.70	1.53	0.80	1.68	1.01
工业	31.41	5.06	6.60	1.65	1.22	1.53
建筑	4.39	0.69	0.67	0.20	0.50	0.22
交通运输	2.96	0.24	0.36	0.14	0.15	0.13
信息	—	—	—	—	—	—
商贸业	6.94	1.43	1.93	0.68	0.70	0.60

① 本来应该使用 2000 年、2008 年和 2016 年的数据，但 2008 年中部分行业数据不全面，所以在此使用 2009 年的数据。

（续表）

指标	2000 年分地区分行业 GDP 比重（%）					
	中心城区	余姚	慈溪	奉化	象山	宁海
金融与房地产	7.20	1.18	1.20	0.36	0.15	0.11
社会服务与管理	3.56	0.38	0.40	0.45	0.48	0.38
科技与教育	1.47	0.36	0.35	0.29	0.22	0.26
文体卫生与社保	1.06	0.21	0.22	0.15	0.13	0.10
地区总计	61.21	11.25	13.26	4.71	5.23	4.34
指标	2009 年分地区分行业 GDP 比重（%）					
	中心城区	余姚	慈溪	奉化	象山	宁海
农业	0.97	0.68	0.72	0.43	0.85	0.58
工业	27.79	6.28	8.02	1.94	1.96	2.77
建筑	3.68	0.4	0.56	0.22	0.67	0.28
交通运输	3.18	0.27	0.28	0.19	0.24	0.21
信息	1.02	0.1	0.23	0.06	0.06	0.08
商贸业	7.54	1.19	2.11	0.59	0.72	0.58
金融与房地产	9.21	1.29	1.34	0.48	0.48	0.38
社会服务与管理	2.45	0.6	0.57	0.29	0.24	0.28
科技与教育	1.91	0.33	0.35	0.12	0.14	0.17
文体卫生与社保	1.13	0.17	0.24	0.14	0.1	0.11
地区总计	58.88	11.3	14.44	4.48	5.45	5.46
指标	2016 年分地区分行业 GDP 比重（%）					
	中心城区	余姚	慈溪	奉化	象山	宁海
农业	0.75	0.53	0.62	0.35	0.78	0.51
工业	24.85	5.31	8.2	3.22	1.7	2.55
建筑	3.2	0.53	0.58	0.24	0.59	0.35
交通运输	2.99	0.3	0.4	0.17	0.19	0.26
信息	1.13	0.11	0.15	0.04	0.06	0.05
商贸业	11.01	1.55	2.45	0.6	0.78	0.84
金融与房地产	7.86	0.74	0.96	0.3	0.35	0.32

（续表）

指标	2016年分地区分行业GDP比重（%）					
	中心城区	余姚	慈溪	奉化	象山	宁海
社会服务与管理	2.71	0.76	0.69	0.41	0.33	0.37
科技与教育	2.45	0.33	0.38	0.16	0.18	0.2
文体卫生与社保	1.54	0.26	0.25	0.18	0.15	0.17
地区总计	58.49	10.42	14.68	5.67	5.11	5.62

注：数据来源为《宁波统计年鉴》2001、2010和2017年度，2000年度没有信息产业的统计数据。

宁波市（行政区域）主要以工业为主，从2000年、2009年和2016年的数据对比来看，三次产业总体发展平稳，第二产业保持相对稳定，第一产业呈下降趋势，第三产业总体呈稳步上升中。10个产业类别中，商贸业发展最快，从2000年的6.94%上升到2016年11.01%；同时，金融与房地产行业呈现出先上升后下降的趋势，从2000年的7.20%上升到2009年的9.21%，而后又逐步降低至2016年的7.86%；在其他的行业中，信息产业、教研和教育业的比重虽有所提升，但是比重依然不大。

从各节点来看，宁波中心区的GDP占全市60%左右，核心程度较高，而内圈层其他节点中，余姚和慈溪两地的经济发展较快，已经具备成为北部次中心的条件，南部三地发展速度较慢。

本章运用离散系数的变型，来计算各节点城市职能专门化程度，对内圈层的各组团城区进行职能研究。构建如下的城市专门化指数：

$$P_{ij} = \frac{X_{ij} - \overline{X}_j}{\sigma_j} \tag{6.3.1}$$

式中：$\overline{X}_{j\ i} = \frac{1}{n}\sum_{i=1}^{n} X_{ij}$，$\sigma_j = \sqrt{\frac{\sum_{i=1}^{n}(X_{ij} - \overline{X}_j)^2}{n}}$

其中，i表示各节点：宁波中心区、余姚、慈溪、奉化、象山和宁海；j表示城市产业行业分类，P_{ij}为专门化职能指数，X_{ij}为i节点的j行业GDP占i节点GDP的比重，$\overline{X}_{j\ i}$为所有节点j行业GDP比重的平均值。当$P_{ij}>1$时，认为该产业为该地区节点的专门化产业，P越大，专门化程度越高。根据公式(6.3.1)和表6－3－4的数据，可以计算内圈层各节点2000年、2009年和2016年的专门化程度，如表6－3－5所示。

表 6-3-5　内圈层各节点专门化程度（2000 年、2009 年和 2016 年）

行业名称/地区	2000 年各节点专门化程度					
	中心城区	余姚	慈溪	奉化	象山	宁海
农业	−1.51	−0.22	−0.62	−0.02	1.68	0.69
工业	1.16	0.52	0.57	−0.51	−1.69	−0.48
建筑	0.55	−0.02	−0.66	−1.14	1.89	−0.63
交通运输	0.91	−1.10	−0.47	0.65	0.30	0.18
信息	—	—	—	—	—	—
商贸业	−0.25	−0.64	1.06	0.91	0.05	−0.46
金融与房地产	1.23	0.87	−0.48	0.07	−1.29	−1.36
社会服务与管理	−1.29	−0.20	−1.33	1.06	−0.96	0.20
科技与教育	1.12	−0.58	−0.97	0.38	−0.05	0.75
文体卫生与社保	−0.85	−0.68	−1.00	1.89	0.40	0.24
行业名称/地区	2009 年各节点专门化程度					
	中心城区	余姚	慈溪	奉化	象山	宁海
农业	−1.44	−0.46	−0.69	0.35	1.67	0.58
工业	1.12	1.08	1.07	−0.68	−1.75	0.4
建筑	0.09	−0.83	−0.71	−0.38	2.13	−0.29
交通运输	1.4	−1.14	−1.47	0.42	0.62	0.16
信息	1.13	−1.66	0.77	0.22	−1.01	0.54
商贸业	0.21	−1.34	1.46	0.51	0.43	−1.27
金融与房地产	1.89	0.35	−0.43	0.12	−0.62	−1.31
社会服务与管理	−0.88	0.42	−1.08	1.84	−0.62	0.32
科技与教育	1.41	0.39	−1.34	−0.43	−0.98	0.96
文体卫生与社保	−0.19	−0.99	−0.62	2.11	−0.39	0.08
行业名称/地区	2016 年各节点专门化程度					
	中心城区	余姚	慈溪	奉化	象山	宁海
农业	−1.15	−0.37	−0.54	−0.14	1.74	0.46
工业	−0.55	0.40	0.93	1.03	−1.60	−0.22
建筑	−0.23	−0.36	−0.76	−0.65	1.95	0.04

(续表)

行业名称/地区	2016年各节点专门化程度					
	中心城区	余姚	慈溪	奉化	象山	宁海
交通运输	1.46	−0.80	−0.97	−0.67	0.05	0.92
信息	1.88	−0.27	−0.20	−0.87	0.21	−0.75
商贸业	1.32	−0.11	0.54	−1.72	0.02	−0.06
金融与房地产	1.99	−0.13	−0.31	−0.72	−0.22	−0.60
社会服务与管理	−1.27	0.95	−1.22	0.88	0.32	0.33
科技与教育	1.50	−0.30	−1.26	−0.83	0.39	0.50
文体卫生与社保	−0.02	−0.34	−1.77	1.10	0.42	0.60

通过三个时点的行业专门化程度值可以看出，宁波中心区一直都是以交通运输、信息、金融与房地产、科技与教育事业等为主，基本符合中心城区的特点。从工业部门专业化程度的变化情况可以看出，其专业化水平逐步降低，表明工业已经开始向其他地区转移，而第三产业的专门化程度都有一定程度的提高，城市功能正在加强，除了商贸业专业化程度上升较快以外，其余的社会服务与管理、文体卫和社保业等还不发达。

余姚和慈溪位于中心区的北部，主要承担工业中心的职能，从2000年到2009年两地工业专门化程度均提高了将近2倍，不过从2009年至2016年时段，两地工业化程度都有所降低，不过余姚跌幅更大；此时间段内，奉化的工业化程度有较快提升，其专业化程度于2016年达到1.03。余姚和慈溪二者相比，慈溪的商贸业较为突出，余姚的社会服务与管理业发展较快，因此，两地今后应加大统筹发展。

南部地区中，奉化的主要职能是社会服务、文体卫生职能，体现了宁波国家历史文化名城地位，今后发展方向应是融入中心区，更加注重交通和商贸业等的发展。在三个时点上可以看出，象山一直以农业和建筑业为主，宁海则是一直以科研和教育为主，这和其城市功能定位较为符合。

从总体上看，内圈层的产业职能指数都不高，除象山的农业和建筑业以及中心城区的金融与房地产行业以外，其余指数大体都在1.5以下，区域分工不明显，尤其是信息业、金融与房地产行业（中心城区除外）发展较差。

6.3.2.3 宁波市域百强企业发展演化

龙头企业的地域和分类也可以反映出地区的产业结构情况，因此，列举了宁波市域经济百强企业，以此作为宁波都市圈内圈层的产业分布及结构的补充说明，由于宁波自2005年才开始评估百强企业，因此选取了2009年与2016年两个年度的宁波市域百强企业，对其分布情况进行分析，如表6—3—6所示。

表6—3—6 宁波市百强企业名单分布（2009年和2016年）

指标	2009年各节点百强企业名单		
	营业收入总额（亿元）	企业数	行业
鄞州	1060.87	18	教育、文具、服装、建材、金融、房地产、商贸
江东	905.8	13	商贸、造船、建筑
镇海	898.16	4	石化、纺织
余姚	844.69	9	商贸、机电、冶金
海曙	610.68	18	纺织、机电、商贸、房地产、建筑
北仑	589.54	11	石化、冶金、造纸、纺织、机电、物流
江北	371.06	4	冶金、房地产
象山	284.95	9	建筑、机电
慈溪	151.6	6	商贸、机电、冶金、食品、纺织
宁海	109.05	3	电力、文具、教育
奉化	77.24	2	旅游、服装
高新区	59.54	3	机电、轻工
指标	2016年各节点百强企业名单		
	营业收入总额（亿元）	企业数	行业
鄞州	2777.53	18	服装、家电、商贸、文具、塑胶、机械、有色、汽配、金融、电力、电子、建材、冶金
江东	1263.53	14	商贸、建筑、机电、新材料、机械
镇海	1217.67	6	石化、化工、建筑、纺织、商贸
余姚	1083.72	6	商贸、光仪、化工、建材
海曙	889.88	12	商贸、纺织、物流、房地产、建筑、服装、医药、电池
北仑	2078.61	17	商贸、汽车、化工、针织、钢铁、机械、冶金、造纸、电力、电缆

（续表）

指标	2016 年各节点百强企业名单		
	营业收入总额（亿元）	企业数	行业
江北	1140.72	6	房地产、冶金、建筑、针织、机械、商贸
象山	470.86	7	建筑、汽配、机械、针织
慈溪	239.77	6	家电、电气、食品、冶金、金融
宁海	336.27	6	文具、电力、新能源、商贸、汽配
奉化	161.93	2	园林、服装

注：数据来自《宁波市百强企业、制造业百强企业、服务业百强企业名单》2009 年和 2016 年版。

从 2009 年和 2016 年两个时点的百强企业总体分布状况来看，宁波主要以制造业为核心产业，石化、冶金、机电、纺织、造船等企业发展较快，配套设备完善。“三江片”中的江东、海曙区两地百强企业数目较多，已经从传统制造业向服务业转型，金融、房地产、商贸业兴起；而鄞州不论从企业数目还是营业收入总额来说都是最多，承接了很多老城区的产业，基本形成门类齐全的产业体系。北仑区主要发展临港工业，以加工制造和物流业为主，镇海则一直以传统的石化行业。余慈、奉化、象山和宁海则和上节所分析的情况大体类似，分别以制造业、旅游、建筑和教育行业和其配套行业为主。从工业总产值来说，慈溪要强于余姚，但从百强企业来说，2009 年余姚百强企业数稍领先慈溪，不过 2016 年余姚的百强企业个数有所降低，与慈溪同为 6 个。

从服务业百强企业的分布状况来看，2009 年宁波服务业以商贸和物流行业为主，主要为其制造业提供各种配套服务。“三江片”的江东、江北、海曙区的服务业最为发达，其百强企业数为 61 家，占比 61%；营业收入总额占百强服务企业总数的 51.6%，体现了其作为核心区域的辐射作用。其他地区中，余姚和鄞州的服务业也较为发达，而其他地区则相对落后。2016 年与 2009 年服务业百强企业的分布情况稍有不同，除了传统的商贸和物流行业以外，金融、IT、电子商务及医药等现代服务行业逐步兴起，服务业百强名单总体呈现出“百花齐放”的格局。与 2009 年相比，“三江片”的服务业百强企业数量有所下降，于 2016 年降低至 52 家；此外，北仑区是所有地区中，上升幅度最快的区域，从 2009 年的 8 家增加至 2016 年的 20 家，营业收入总额更是高达 1004.86 亿元。如表 6—3—7 所示。

表 6—3—7 宁波市服务业百强企业分布（2009 年和 2016 年）

指标	2009 年各节点服务业百强企业名单		
	营业收入总额（亿元）	企业数	行业
余姚	767.26	9	物流、房地产、商贸
江东	610.38	16	货运、商贸
海曙	497.98	33	餐饮、物流、房地产、商贸
鄞州	220.56	9	社会服务、商贸、物流
江北	194.76	12	物流、餐饮、商贸、房地产
慈溪	77.41	3	商贸、外贸
北仑	73.97	8	物流、金融
奉化	40.21	1	旅游
宁海	39.44	6	商贸、运输
镇海	5.26	3	物流
指标	2016 年各节点服务业百强企业名单		
	营业收入总额（亿元）	企业数	行业
余姚	929.54	5	商贸、酒店
江东	842.37	24	商贸、物流、人力资源、房地产、IT、旅游、酒店、认证
海曙	466.68	20	商贸、房地产、医药、市政园林、物流、人力资源、旅游、酒店
鄞州	715.25	14	商贸、金融、园林、投资、IT、物流、电子商务、酒店
江北	637.92	8	房地产、商贸、金融、物流、食品
慈溪	61.33	5	金融、酒店、医药、商务
北仑	1004.86	20	商贸、电力维护、医药、人力资源、物流服务、物流、食品、咨询
奉化	0.00	0	无
宁海	59.42	2	商贸

（续表）

指标	2016 年各节点服务业百强企业名单		
	营业收入总额（亿元）	企业数	行业
镇海	43.24	2	商贸、物流

注：数据来自《宁波市百强企业、制造业百强企业、服务业百强企业名单》2009 年和 2016 年版。

6.3.3 外圈层空间结构演化

6.3.3.1 发展阶段演化

宁波外圈层的空间范围除了宁波内圈层外，还包括绍兴、舟山和台州的大部分地区，形成 4 个组团城市协调发展的局面。根据城市的发展阶段，都处于工业化成熟期向后期转变的时期，构建都市圈，加强城市间的分工合作已经成为区域经济新的增长契机。

从各城市的规划和合作阶段，宁波都市圈的发展可以大致分为 3 个阶段：(1) 新中国成立到 20 世纪 90 年代初，各自形成独立并较为完善的城市体系结构：城市间相对独立，经济合作不多。(2) 1994—2005 年，浙东合作区进入实质性发展阶段，政府部门合作和企业交流增多，形成以制造业为核心的产业结构，都市圈开始进入协调发展阶段。(3) 2005 年开始，交流和经济合作实现统一规划与实施，产业结构调整和基础设施建设得到统筹，都市圈进入全面协调和综合发展阶段。

6.3.3.2 人口与城镇体系演化

宁波都市圈户籍人口增长幅度较快，总人口由 2000 年度的 1320 万增长到 2016 年的 1510 万，人口城市化率由 2000 年度的 22%增长到 31%左右，如表 6－3－8 所示。从城市规模等级①来看，宁波都市圈各个城市规模相对一般。2000 年有宁波中心区、慈溪市、台州市区等 5 个特大城市，8 个大城市，其余 6 个都是中、小城市，暂无超大城市。2008 年时间点，除了宁波中心区发展成为超大城市外，其余城市等级基本保持不变，6 个中、小城市中没有一个发展成为大城市。而后的 2016 年，除了嵊泗等小部分城市外，其余城市人口总量均有所

① 一般来说，按照城市等级，我国的城市可以分为超大城市、特大城市、大城市、中等城市和小城市 5 个等级，对应的人口规模分别为 200 万人以上、100 万—200 万人、50 万—100 万人、20 万—50 万人和 20 万人以下。

提升，仙居县总人口数于2016年增加至51万，从中等城市跨入大城市的行业，其余城市等级规模保持不变。

表6-3-8　宁波都市圈各节点户籍人口（2000年、2008年与2016年）

人口/地区	2016年度（单位：万人）			2008年度（单位：万人）			2000年度（单位：万人）		
	总人口	非农人口	比重	总人口	非农人口	比重	总人口	非农人口	比重
宁波中心区	235.84	153.01	64.88%	220.10	132.10	60.00%	124.10	77.20	62.30%
象山县	55.04	15.43	28.03%	53.50	11.00	20.60%	53.20	9.50	17.80%
宁海县	63.00	10.45	16.59%	60.10	9.20	15.20%	58.40	6.40	11.00%
余姚市	83.77	19.50	23.28%	83.10	17.90	21.50%	83.00	14.70	17.80%
慈溪市	104.94	20.18	19.23%	103.10	17.80	17.30%	101.10	14.40	14.30%
奉化市	48.38	11.23	23.21%	48.20	10.50	21.90%	49.10	8.60	17.40%
绍兴市区	75.60	51.71	68.41%	64.90	47.00	72.40%	50.10	28.90	57.70%
新昌县	43.58	11.56	26.53%	43.60	8.70	20.00%	43.50	6.50	14.90%
上虞市	72.99	31.16	42.70%	77.30	24.20	31.30%	77.50	13.10	16.90%
嵊州市	72.99	21.05	28.83%	73.40	15.60	21.30%	74.00	9.00	12.10%
舟山市区	71.11	28.92	40.66%	69.60	27.50	39.50%	68.80	21.90	31.90%
岱山县	18.51	4.63	25.02%	19.20	4.80	25.20%	21.10	4.10	19.40%
台州市区	160.10	32.73	20.44%	152.80	30.50	20.00%	143.20	27.70	19.30%
三门县	44.36	4.57	10.31%	42.30	4.40	10.30%	40.00	3.80	9.50%
天台县	59.85	11.19	18.69%	56.90	10.20	17.80%	55.40	8.50	15.30%
临海市	119.98	15.44	12.87%	114.70	15.10	13.10%	109.80	13.30	12.10%
嵊泗县	7.70	3.39	44.00%	8.00	3.50	43.80%	8.50	2.30	27.20%
温岭县	121.67	21.23	17.45%	117.60	19.30	16.40%	113.80	16.00	14.10%
仙居县	51.03	5.15	10.09	48.80	4.90	10.00%	45.40	4.40	9.70%
总计	1510.44	472.54	31.29%	1457.20	414.20	28.40%	1320.10	290.30	22.00%

注：数据来自《浙江统计年鉴》2001、2009与2017年度，由于2014年下半年，国务院公布了《关于进一步推进户籍制度改革的意见》，已不再对非农人口数据做统计，本研究根据宁波都市圈各节点2010—2014年非农人口占总人口中的比重的平均增长率推算出来。

从户籍人口来看，16年间宁波中心区人口总量有了较大的提升，这主要发生在2000年到2008年期间，后期提升幅度较小，但比较其周围或同级别的城市，如杭州、大连、青岛等，城市人口规模则明显不足。除宁波之外，其他三地绍兴、舟山、台州的市区人口规模较低，作为各自的地级市的中心，城市人口规模也明显不足，这造成了宁波都市圈中超大、特大城市的缺失。①

下面使用分形模型来对宁波都市圈的人口分布做进一步讨论。分形理论是美国数学家曼德布罗特在20世纪70年代中期创立的，在多学科的交叉研究中运用广泛。很多研究已经证明区域城市体系规模分布具有分形特征，并认为罗特卡模型中的参数q和帕累托分布模型中的参数b有分形维数的意义（刘继生等，1999）。对于一个给定的城市区域范围，其内城市规模、数量和分布决于城市标准的划分，一般情况下都使用城市区域的人口作为分析数据。

一定范围内经济联系强度分布的Pareto公式为：

$$R \propto E^{-D} \text{②} \tag{6.3.2}$$

其中，R为区域内节点数目，E为城市人口数，D为分形维数，对两边取对数得：

$$\ln E = C - \frac{1}{D}\ln R \tag{6.3.3}$$

其中，R为区域内累计城市数，C为等定常数。

D值的大小直接反映了区域内城市规模等级的分布情况，共有5种：

$D=1$时，最大的城市与最小城市的比值为区域内城市节点总数，此时为约束型位序—规模分布；$D<1$时，区域城市等级体系分布差异程度较大；$D>1$时，分布比较均衡，有利于都市圈向多中心化发展；当$D\to 0$时，区域内只有一个城市；当$D\to\infty$，区域内所有节点规模相同。可见，最后两种都是极端情况，在实际分析中几乎不可能出现(赵春艳，2007)。

根据表6—3—8和公式（6.3.3），本研究以宁波中心区为核心节点，分别使用都市圈节点的人口规模（非农人口）和经济联系量来计算宁波都市圈城市体系的规模分布，分别表征为人口体系和经济联系规模，计算结果如表6—3—9所示。

表6—3—9 城镇体系规模分布计算表

年份	人口规模体系回归方程	R	$Sig.$	D
2016年	$\ln E=4.356-0.854\ln R$	0.79	0.000	1.171
2008年	$\ln E=4.875-1.049\ln R$	0.97	0.000	0.953
2000年	$\ln E=4.325-0.957\ln R$	0.97	0.000	1.044

① 相比其他省份，浙江省的城市人口规模普遍偏小，可能与其重视民营经济、实施省管县体制等因素有关。浙江省的农村经济发展较快，城乡差距较小，城乡收入比仅为2.32，远远优于同年度全国平均水平。

② 即R正比于E^{-D}，写成等式为$R=C*E^{-D}$，据此，经过对数化，可得公式(6.3.3)。

（续表）

年份	经济联系规模回归方程	R	$Sig.$	D
2016 年	$\ln E=7.075-1.725\ln R$	0.84	0.000	0.579
2008 年	$\ln E=6.595-2.046\ln R$	0.98	0.000	0.489
2000 年	$\ln E=5.241-2.021\ln R$	0.98	0.000	0.495

注：$Sig.$ 数为 0.000 指 $Sig.$ <0.001，这里的 $Sig.$ 包括模型整体、常数项 C 和系数 $1/D$，表明模型拟合程度较好。

经过 2000 年、2008 年和 2016 年的数据实证，宁波都市圈人口规模体系回归方程拟合度都较好，系数比较显著。D 值从 2000 年的 1.044 下降到 2008 年的 0.953，而后又提升到 2016 年的 1.171，人口规模分布经历了从比较均衡到较大差异再到的比较均衡的过程。从实际情况来看，2000 年以来，除宁波市人口规模发展较快以外，其他区域节点尤其是 3 个次中心人口规模发展较慢，中间序位城市较少，等级规模不连续，需要进一步增加人口规模。

从经济联系规模来看，三个时点上的的回归方程拟合度较好，但分维数 D 整体都不高，分别从 2000 年的 0.495 下降到 2008 年的 0.489 再提升到 2016 年的 0.579，这表明以宁波中心城区为核心，都市圈内经济联系差异度还很大，辐射力度主要集中在经济较为发达的地区如余姚、慈溪、奉化、舟山市区、绍兴市区和台州市区，对其他城市的辐射力度偏弱，辐射力度仍需进一步增强。

从人口和经济联系的等级体系综合来看，以宁波为单中心，次中心城市已经在周边地区崛起，中心周边区域的联系度日益加强，但内部发展不均衡，差异性较大，都市圈整体结构正向中心—次中心的多核结构发展，但尚未形成功能一体化的城市空间体系格局。

6.3.3.3　产业结构演化

从总体上讲，宁波都市圈 2000 年、2008 年和 2016 年 GDP 分别为 2048 亿元、7285 亿元和 17808 亿元（均为当年价格），经济增长迅速。从各节点来看，除宁波中心区的数据较高，其他各地数据分布相对比较均衡，如表 6-3-10 所示。

表 6-3-10　宁波都市圈各节点 2000 年、2008 年和 2016 年 GDP 及产业结构

地区节点	2000 年			
	GDP（亿元）	三次产业比重（%）		
		第一产业	第二产业	第三产业
宁波中心区	436.10	4.10	55.40	40.50

（续表）

地区节点	2000年			
	GDP（亿元）	三次产业比重（%）		
		第一产业	第二产业	第三产业
台州市区	256.60	7.90	62.50	29.70
慈溪市	164.00	8.90	59.90	31.20
余姚市	148.20	12.60	58.60	28.80
绍兴市区	119.20	6.20	45.80	48.00
舟山市区	80.60	22.20	38.50	39.30
上虞市	144.90	11.80	61.60	26.60
临海市	80.80	16.90	51.60	31.60
象山县	73.90	25.00	50.10	24.90
宁海县	63.80	17.30	59.80	22.90
嵊州市	95.50	15.20	62.20	22.60
奉化市	56.60	15.40	53.90	30.70
新昌县	68.20	10.50	65.40	24.20
天台县	31.40	20.20	44.30	35.50
岱山县	21.80	43.80	24.50	31.70
三门县	22.50	35.30	37.50	27.30
嵊泗县	14.30	37.31	23.01	39.75
温岭市	179.90	14.29	52.59	33.13
仙居县	26.10	20.06	44.73	35.21
总体	2048.40	11.62	54.14	34.25

地区节点	2008年			
	GDP（亿元）	三次产业比重（%）		
		第一产业	第二产业	第三产业
宁波中心区	2251.40	1.70	53.30	47.30
台州市区	714.90	3.60	50.70	45.50
慈溪市	601.40	4.70	62.10	59.00
余姚市	484.70	5.60	60.40	57.10

（续表）

地区节点	2008年			
	GDP（亿元）	三次产业比重（%）		
		第一产业	第二产业	第三产业
绍兴市区	382.50	1.80	50.80	43.40
舟山市区	350.10	7.50	45.40	37.00
上虞市	348.30	7.00	61.00	53.50
临海市	259.70	8.40	53.00	47.60
象山县	220.60	15.10	49.70	42.50
宁海县	217.90	10.50	56.90	52.00
嵊州市	217.00	10.00	55.90	51.40
奉化市	187.90	8.90	50.80	46.00
新昌县	171.40	7.10	57.30	53.90
天台县	98.00	8.10	45.60	40.00
岱山县	84.20	17.10	47.00	33.20
三门县	81.90	16.90	43.10	34.30
嵊泗县	55.86	15.43	50.29	34.28
温岭市	478.55	7.93	52.78	39.29
仙居县	79.22	10.96	45.28	43.75
总体	7285.53	5.46	53.77	40.78

地区节点	2016年			
	GDP（亿元）	三次产业比重（%）		
		第一产业	第二产业	第三产业
宁波中心区	5080.51	1.25	47.95	50.80
台州市区	1412.53	3.60	42.80	53.70
慈溪市	1276.17	4.10	59.70	36.10
余姚市	904.75	5.00	56.10	38.90
绍兴市区	754.05	1.81	37.96	60.23
舟山市区	908.17	7.00	41.60	51.40
上虞市	788.04	5.80	53.70	40.60

（续表）

地区节点	2016 年			
	GDP（亿元）	三次产业比重（%）		
		第一产业	第二产业	第三产业
临海市	530.62	8.40	43.20	48.40
象山县	444.22	15.10	44.40	40.50
宁海县	486.69	9.00	51.60	39.40
嵊州市	485.39	8.00	49.80	42.20
奉化市	494.15	6.10	60.90	33.00
新昌县	380.00	5.90	51.50	42.70
天台县	207.05	6.60	42.20	51.20
岱山县	234.44	15.40	51.00	33.70
三门县	186.02	14.80	36.50	48.70
嵊泗县	98.62	27.30	13.90	58.80
温岭市	899.14	7.70	40.80	51.50
仙居县	190.10	8.07	41.46	50.46
总体	17808.47	4.78	48.45	46.77

注：数据来自《浙江统计年鉴》2001 年、2009 年和 2016 年度。

从三次产业比重来看，宁波都市圈的第一产业整体呈下降趋势，比重由 2000 年的 11.6%降低至 2008 年的 5.5%，最终跌至 2016 年的 4.8%，可以看出，第一产业比重后期已趋于稳定。整体来看，都市圈产业结构还是以二、三产业为主，其中第三产业发展最快，由 2000 年的 34.3%增加到了 2016 年的 46.8%，大部分节点的第三产业都有显著增长，城市的现代化水平得到了很大程度的提高，产业结构也更趋于均衡。从 2016 年的产业结构来看，宁波都市圈整体处于工业化的中期和成熟期，正在向工业化后期转变，经济增长趋于稳定。

下面将采用区位商和城市流强度模型对宁波都市圈各节点产业进行更进一步分析。区位商也称专门化率，由哈盖特提出并用于区域分析（Haggett P，1965）。在区域产业结构中主要用来计算某地的主导产业部门专门化程度及其在高层次区域的地位和作用，一般使用各产业从业人员数或产业产值。区位商计算公式如下：

$$Q_{ij} = \frac{D_{ij}/D_i}{D_j/D}(i = 1,2,\cdots n; j = 1,2,\cdots m) \tag{6.3.4}$$

其中，D_{ij} 为 i 节点 j 部门从业人员数量，D_i 为 i 节点从业人员总量，G_j 为全国 j 部门从业人员数量，G 为全国总从业人员数量。如果 $Q > 1$，则说明该产业具有比较优势，反之，则不具备比较优势。有关城市部门，本研究沿用国民经济进行分类，由于农业不属于城市职能，因此将农业进行剔除，共分为 9 个产业部门：工业、建筑业、交通运输业、信息产业、商贸业、金融与房地产业、社会服务与管理业、科研与教育业、文体卫生与社保业。

在区位商的基础上，又可以计算城市流强度，其主要表征区域内城市外向功能所产生的影响量，其公式为：

$$F = N * E \tag{6.3.5}$$

其中，F 为城市流强度，N 为城市功能效益，E 为城市外向功能量。

i 城市 j 部门的外向功能 E_{ij} 为：

$$E_{ij} = \begin{pmatrix} D_{ij} - D_i(D_j/D) & \text{当 } Q_{ij} > 1 \text{ 时} \\ 0 & \text{当 } Q_{ij} < 1 \text{ 时} \end{pmatrix} \tag{6.3.6}$$

如果 $Q_{ij} < 1$，i 城市 j 部门不存在外向功能，则 $E_{ij} = 0$。若 $Qij > 1$，则说明 i 城市从业人员中 j 部门所占的比例超过全国的比例分配，所以 i 城市 j 部门存在着外向功能，可以向区域内其他地区输出资源或服务。

i 城市 m 个部门总的外向功能量 Ei 为：

$$E_i = \sum_{j=1}^{m} E_{ij} \tag{6.3.7}$$

i 城市的功能效率 N_i 用人均从业人员的 GDP 表示：

$$N_i = GDP_i / D_i \tag{6.3.8}$$

则 i 城市的城市流强度 F_i 为：

$$F_i = N_i E_i = E_i(GDP_i/D_i) = GDP_i(E_i/D_i) = GDP_i * K_i \tag{6.3.9}$$

其中，K_i 为 i 城市外向总功能量占总功能量的比例，反映了 i 城市总功能量的外向程度，称之为城市流倾向度。

根据公式 (6.3.4)，计算 2000 年、2008 年和 2016 年度宁波都市圈各节点城市分行业区位商，可得各节点城区主要外向支柱产业，结果见表 6－3－11。

表 6－3－11　宁波都市圈各节点主要外向支柱行业比较（2000 年、2008 年与 2016 年）

市县名称	2000 年主要外向支柱行业
宁波市区	工业、商贸业、金融与房地产

（续表）

市县名称	2000 年主要外向支柱行业
余姚市	商贸、社会服务、文体卫
慈溪市	工业、商贸、文体卫
奉化市	商贸、文体卫
象山县	建筑
宁海县	社会服务、科研教育、文体卫
绍兴市区	建筑、商贸
上虞市	建筑、商贸
嵊州市	工业、商贸
新昌县	工业
舟山市区	交通运输、商贸、金融与房地产
岱山县	社会服务
嵊泗县	交通运输、商贸、金融与房地产、社会服务、科教、文体卫
台州市区	建筑、商贸、金融与房地产、科教
临海市	建筑、商贸、文体卫
三门县	建筑
天台县	建筑、科研教育、社会服务
温岭市	建筑、金融与房地产、科教、文体卫
仙居县	建筑、金融与房地产、社会服务、科教、文体卫
市县名称	2008 年主要外向支柱行业
宁波市区	工业、商贸业、金融与房地产、交通运输
余姚市	工业、商贸、社会服务、文体卫、科教
慈溪市	工业、商贸、文体卫
奉化市	商贸、文体卫、科教
象山县	建筑
宁海县	商贸、社会服务、科研教育、文体卫
绍兴市区	工业、建筑、商贸、金融和房地产
上虞市	工业、建筑
嵊州市	工业

（续表）

市县名称	2008 年主要外向支柱行业
新昌县	工业
舟山市区	建筑、交通运输、商贸、金融与房地产
岱山县	社会服务
嵊泗县	交通运输、商贸、金融与房地产、社会服务、科教、文体卫
台州市区	工业、建筑、商贸、金融与房地产、科教
临海市	建筑、科教、文体卫
三门县	建筑、社会服务、科教
天台县	科研教育
温岭市	文体卫
仙居县	文体卫
市县名称	2016 年主要外向支柱行业
宁波市区	工业、交通运输、商贸、金融与房地产
余姚市	工业
慈溪市	工业、文体卫
奉化市	工业、社会服务、文体卫
象山县	建筑
宁海县	工业、社会服务、科教、文体卫
绍兴市区	建筑、金融与房地产
上虞市	工业、建筑业
嵊州市	工业、社会服务、科教、文体卫
新昌县	工业、建筑
舟山市区	交通运输、商贸
岱山县	交通运输、商贸、社会服务
嵊泗县	交通运输、商贸、金融与房地产、社会服务、文体卫
台州市区	工业、建筑、金融与房地产
临海市	建筑
三门县	建筑、社会服务、科教、文体卫
天台县	建筑

（续表）

市县名称	2016 年主要外向支柱行业
温岭市	建筑
仙居县	建筑

基于此，进一步计算各节点的外向功能总量、城市流强度和倾向度（E_i、N_i、F_i、K_i），如表 6－3－12。

表 6－3－12 宁波都市圈各节点城市流相关指标比较（2000 年、2008 年与 2016 年）

指标	2000 年			2008 年			2016 年		
	E_i	F_i（万元）	K_i	E_i	F_i（万元）	K_i	E_i	F_i（万元）	K_i
宁波市区	4.30	75.99	0.13	18.44	579.68	0.26	18.90	1100.68	0.22
余姚市	0.33	10.81	0.07	0.90	69.38	0.14	3.83	290.25	0.32
慈溪市	0.29	9.07	0.06	1.80	129.55	0.22	3.29	339.45	0.27
奉化市	0.11	2.61	0.05	1.57	49.31	0.26	1.24	118.65	0.24
象山县	4.92	43.54	0.59	14.96	166.58	0.76	17.97	277.29	0.62
宁海县	0.63	18.58	0.29	0.78	65.79	0.30	1.51	121.87	0.25
绍兴市区	1.19	14.97	0.13	8.15	127.34	0.33	10.79	263.68	0.35
上虞市	0.83	24.40	0.17	3.35	99.19	0.28	8.51	289.39	0.37
嵊州市	0.60	13.68	0.14	1.08	39.61	0.18	1.17	106.21	0.22
新昌县	0.77	14.83	0.22	0.93	32.07	0.19	1.31	81.12	0.21
舟山市区	0.81	7.19	0.09	1.48	46.68	0.13	7.64	196.20	0.22
岱山县	0.31	5.17	0.24	0.33	26.10	0.31	1.95	56.21	0.24
台州市区	2.10	46.83	0.18	5.01	130.40	0.18	8.08	284.98	0.20
临海市	1.06	15.79	0.20	3.10	97.47	0.38	5.56	181.00	0.34
三门县	0.13	2.25	0.10	1.41	44.59	0.54	0.89	52.90	0.28
天台县	0.19	2.57	0.08	1.27	33.75	0.34	1.88	64.74	0.31
温岭市	2.54	90.15	0.50	0.06	3.77	0.01	3.23	196.21	0.22
仙居县	0.28	4.14	0.16	0.01	0.19	0.00	1.30	52.38	0.28
嵊泗县	0.15	3.21	0.22	0.15	12.80	0.23	0.93	37.66	0.38

结合表 6－3－11 和表 6－3－12 来看，可以得出以下结论：（1）从整个都市圈来看，主要产业为工业、建筑业和商贸业，这与其长三角南翼制造业中心相符合，但其缺乏更多的外向型产业，信息产业、科研教育和社会服务业基本不具备外向性，产业结构亟待调整。

(2) 通过比对 2000 年、2008 年与 2016 年的数据，可以发现宁波都市圈的城市外向功能总量整体都有较大增长，城市流倾向度增幅明显，外向性行业种类也有所扩展，说明各城市节点间的行业联系逐步增强，整个都市圈的经济与功能一体化处于不断完善中。

(3) 除宁波市区外，作为次中心的舟山市区、绍兴市区和台州市区的外向功能逐步扩展，区域联系有所加强，表明宁波都市圈已经处于单中心和次中心协调发展阶段。

(4) 从都市圈的分层来看，从 2000 年到 2008 年，宁波中心城区的外向功能总量增幅最为显著，从 4.30 提高到 18.44，外向行业为工业、商贸和金融房地产业，2008 年增加了交通运输业，反映了宁波的交通枢纽功能，体现了宁波作为整个都市圈的核心和首位城市的重要作用，但其科研与教育、文化卫生和社会服务管理等城市职能不足，不具备辐射周围地区的能力，城市综合实力还需要加强。而从 2008 年到 2016 年时段，中心城区的外向功能总量增幅不大，于 2016 年增加至 18.90，外向支柱行业仍以工业、交通运输、商贸和金融与房地产业为主。

(5) 内圈层的发展情况与前文的分析类似。奉化市主要体现了文化外向性，象山县的建筑业发达，从业人员较多，具有很高的外向性，这也是其 F 值较高的原因。作为对外联系节点的余姚、慈溪和宁海县外向性产业较多，但 F 值较小，在今后应该加强其辐射力度。

(6) 从外圈层来看，舟山组团节点（包括市区和岱山县）城市外向职能较为丰富，但总辐射力度不足，尤其是作为区域节点和次中心的舟山市区，城市规模较小，影响了其外向功能，今后的发展方向应该是融入内圈层；绍兴组团中，作为次中心的绍兴市区 F 值较高，外向产业包括建筑、金融与房地产等，上虞、嵊州和新昌外向产业一直以工业和建筑业为主，发展较为平稳，但外向产业较为单一。台州组团节点以建筑业为主，相比其他次中心，台州市区的外向性有待提高。从外圈层的发展变化来看，工业（主要是制造业）原本就是或者逐步发展成为各地区主要的外向性产业，说明近些年，都市圈一直以制造业为核心，已经形成规模化、一体化发展趋势，但信息产业、科研外向性不足，说明研发能力欠缺，今后应该依托其制造业优势，大力发展高新技术产业。

6.3.4 宁波都市圈空间结构演化机制

6.3.4.1 政府规划与协作

对于宁波都市圈内圈层来说，由于老城区面积不足和下辖区县经济的迅速发展，宁波市政府开始通过各种规划优化城市空间结构。尤其是2004年以来，相继提出“东扩、北联、南统筹、中提升”的区域发展战略，建设东部新城、统筹余慈地区发展及象山港组团城镇，发展鄞南一奉化地区，这一系列举措使得内圈层各节点得以建设和不断完善，逐步形成分工协作的城市整体。

对于宁波都市圈外圈层来说，发展和规划的基础为浙东经济合作组织。浙东经济合作组织正式成立于1994年，脱胎于1986年创建的浙东四地市协作联谊会，由宁波、绍兴、舟山和台州四地区本着平等互利原则成立，2008年嘉兴加入。其核心是市长联席会议，主要研究和商定区域经济合作的方针、政策、原则和工作目标，合作方面主要有签订合作章程和协议，制定和实施区域内、外部合作项目，联手拓展国内外市场，发展宁波—舟山港口一体化，促进交通体系建设，促进水资源、渔业资源和旅游资源的整合利用，宣传区域合作组织，扩大合作区影响等，经过20多年的交流与合作，浙东经济合作区已经形成长三角南翼重要的跨地区、开放型的区域组织，为以宁波为核心的都市圈的形成、发展和一体化提供了行政基础。

6.3.4.2 宁波—舟山港一体化建设

港口建设和一体化已经成为宁波都市圈发展的重点。1978年以来，对外开放力度进一步扩大，尤其是东南沿海地区，与世界的贸易量迅速增长，以大连、青岛、宁波为代表的港口城市得到迅速发展。经过近几年的发展建设，宁波、舟山两港已经成为浙江省港口和对外贸易的支柱港口，也是上海国际航运中心的重要组成部分。

从地理位置上看，宁波港和舟山港的资源优秀，两者使用同一海域、统一航线以及相同的经济腹地，但由于行政体系的分割，浪费了部分资源和优势，在这个背景下，两港一体化被提上议程。1996年首次提出两港统一规划和建设，2003年，浙江省向国务院申报宁波、舟山港合并计划，2006年1月1日起正式启用“宁波—舟山港”。宁波—舟山港一体化建设加速了宁波都市圈各节点城市的融合。舟山市区与宁波市区的各项联系不断加强，2004年两地共同建设金塘岛集装箱码头，2006年实现公交“一卡通”，2009年甬舟高速建成通车及一系列基础设施的建设，使得舟山市区正在逐步融入宁波市区。

2016年宁波—舟山港货物吞吐量达到9.18亿吨，在中国大陆所有港口中位居第一。港口的发展带动了内陆航运直线的体系的建设，比如绍兴内陆无水港、内河直通系统等，形成了完善的内河航运线路，大大促进了经济腹地—宁波、绍兴、台州等地的经济发展，以宁波港为例，2000年、2005年、2009年和2016年的港口吞吐量分别为1.15亿吨、2.69亿吨、3.84亿吨和4.96亿吨。旅客进出口总人数从2000年的564万人，增长到2005年的839万人和2009年的2.91亿人，其中2016年的数据存在缺失，大体呈跳跃式发展，如表6－3－13所示。从货物吞吐量分类来看，煤炭、石油、矿石、钢铁、建材、机械、轻工医药和化工制品等增长迅速，这与区域内节点制造业发达相吻合，从另一个角度说明了宁波都市圈已经成为长三角南翼的制造业中心。

表6－3－13 宁波港口吞吐量情况（2000年、2005年、2009年和2016年）

港口吞吐量情况/年份	2000年	2005年	2009年	2016年
一、货物吞吐量（万吨）	11547	26881	38385	49618
1. 煤炭及制品	1827	2771	4789	5397
2. 石油及制品	3486	7432	7567	8429
3. 矿石	4367	6246	7974	7658
4. 钢铁	124	446	813	“—”
5. 建筑材料	390	405	1296	1236
6. 机械设备	326	1622	5370	“—”
7. 轻工医药	629	3335	1319	“—”
8. 化工原料及制品	—	515	1119	1503
二、旅客进出口人数（万人）	564	839	29128	“—”

注：矿石包括金属矿石与非金属矿石，建筑材料包括矿建材料、水泥、木材；本表只是显示主要货物的吞吐量，未包括全部货物；2000年没有化工原料及制品的港口吞吐量情况；“—”表示数据存在缺失。

6.3.4.3 交通基础设施体系完善

自20世纪90年代中期以来，宁波、绍兴、舟山、台州就开始统筹安排区域内部交通发展规划，加强都市圈区域内重大交通基础设施建设（表6－3－14）。当前，宁波都市圈内部高速公路已经基本形成网络式结构，各节点间的空间距离正在缩短，一体化程度不断提高。在长三角南部，交通网络已经变为“A”字形，宁波与嘉兴、上海的空间距离缩短，经济联系正在不断加强。今后，舟山连岛工程、绍嘉高速公路（绍嘉跨海大桥）、甬金铁路正在规划或建设，区域内综合运输网络正在形成，为宁波都市圈“同城效应”和经济合作创造了良好的条件。

表 6—3—14 宁波都市圈区域内重大交通基础设施建设

建成时间	项目名称	主要内容
1996 年	杭甬线高速	宁波市区与余姚、上虞、绍兴市区、杭州市区实现高速连接
2000 年	上（虞）三（门）高速	上虞、嵊州、新昌、天台、三门实现通车，与甬、绍市区相连
2001 年	甬台高速	宁波市区、奉化、宁海、三门、临海与台州市区高速相连，都市圈除舟山境内基本实现高速连接
2002 年	萧甬铁路复线	宁波、绍兴地区通过沪杭、浙赣两线与全国铁路大动脉相连
2005 年	甬金高速	宁波、台州、金华实现高速相连，区域内逐步向"两纵两横两连"的"田"字形开放式交通网络推进
2006 年	台金高速	
2008 年	杭州湾跨海大桥	大桥连接宁波慈溪和嘉兴海盐，宁波与上海间路上距离缩短至 170 公里，进一步融入长三角
2008 年	杭甬运河绍兴至宁波段	打通绍兴与宁波—舟山港的内河航运
2009 年	甬舟高速	打通宁波与舟山市区，都市圈内全部区域实现高速连接
2009 年	甬台温铁路	铁路贯穿奉化、宁海、三门、临海、台州市区、温岭，宁波市区与南部节点交通更加便捷，宁波成为交通枢纽城市
2013 年	杭甬高铁	杭甬高铁开通运行，大大缩短城市间居民出行的时间，城市间的同城效应进一步会显现。
2016 年底	甬金铁路开工建设	甬金铁路以北仑深水港为依托，对增强港口疏运能力，缩短宁波及北仑地区往浙中西及赣、闽、湘及西南地区的运距以及发展新昌、嵊州、东阳等县市的经济将具有重要意义。

资料来源：根据宁波市政府相关网站整理所得。

6.4 宁波都市圈空间结构优化研究

6.4.1 空间结构存在问题

改革开放四十年，宁波都市圈空间结构不断演化，但当前都市圈空间结构还存在许多问题。

第一，城市面积和人口规模偏小，城市功能体系不完善，社会服务业、科研和教育等发展较为落后，需要提高综合竞争实力。表6－4－1是2016年宁波与国内发展和地位较为类似的城市基本数据比较。从中可以看出，宁波中心城区的人口规模和建成区面积都较小，基本排在最后（厦门本身的城市规模就偏小）。从全市的范围来看，宁波的户籍人口、GDP和人均GDP等衡量城市规模的指标均排在中游。教育和卫生事业指标也基本排在中下水平，城市的功能体系没有得到平衡发展。城市规模较小和相关功能的欠缺，严重影响了宁波中心城区作为都市圈核心的外向性功能，对周边地区的功能辐射和经济拉动作用还有待提高。

表6－4－1 各重要城市主要指标对比（2016年）

城市	市辖区		全市				
	建成区面积（km^2）	户籍人口（万人）	户籍人口（万人）	GDP（亿元）	人均GDP（万元）	普通高等学校在校学生数（万人）	医院、卫生院数（个）
南京	774	663	663	10503.02	12.73	82.78	225
厦门	335	221	221	3784.27	9.73	14.29	60
杭州	541	545	736	11313.72	12.43	42.80	365
大连	396	398	596	6810.20	9.75	29.02	315
青岛	599	379	791	10011.29	10.94	34.09	322
深圳	923	385	385	19492.60	16.74	9.19	136
宁波	331	236	591	8686.49	11.07	15.51	251
苏州	461	348	678	15475.09	14.56	21.93	114

注：数据来自《中国统计年鉴》（2017年）以及《中国城市统计年鉴》（2017年）。

第二，内圈层体系结构不平衡。宁波都市圈内圈层的体系结构不平衡，大致呈现"北强南弱"的发展格局，北部的余姚、慈溪两地，经济发展迅速，城镇数目较多，南部象山和宁海较为落后，虽然也已进入"百强县"，但城市规模、产业结构还需要大力发展。此外，余姚、慈溪两地的未来发展重点已经确定为余姚工业园区和杭州湾新城，但象山港组团发展仍停留在规划阶段，作为南部中心的宁海，其发展没有得到更多重视。其次，内圈层的产业结构专门化程度不高，没有形成完善的产业结构分工体系，信息产业、科研教育业不发达，中心城区与周边节点的联系和交流比较少，城市网络体系尚未完全形成。

第三，外圈层一体化程度有待提高。根据"核心一边缘"理论，宁波都市圈已经初步形成了单中心与次中心并存发展的局面，但从一体化程度的发展来看，仍旧存在以下问题：(1) 宁波政府在"十一五"规划中就已经提出了构建宁波都市圈的战略目标，但在实际操作中尚未得到周边地区的支持。相比之下，杭州联合绍兴、嘉兴和湖州，于 2007 年就开始建设杭州都市圈，一体化趋势逐渐增强。(2) 区域产业结构需要调整。目前，宁波都市圈各节点的产业结构较为类似，都是以制造业为发展重点，信息、社会服务等行业发展明显不足，很难对制造业的升级和服务支持提供帮助。

6.4.2 空间发展目标及政策建议

第一，提升中心城区发展水平。中心城区发展目标为"两带三片双心"①的组团式结构，逐步完善产业结构完善，形成综合性的区域核心城市。为了达到发展目标，应加快基础设施和城区建设，逐步提高建成区面积，加强人口城市化发展力度，实现城市规模的持久、稳定发展；发展中心城区的科研、教育和社会服务业，增加城市功能，增强中心城区的综合实力；加快"三江片"和北仑、镇海区的融合，并加快奉化一鄞南的建设和发展，使其能尽快融入中心城区。

第二，强化内圈层发展实力。现宁波市区及余慈地区、奉化部分区域构成新都市区，以宁海、象山为二级节点城市，呈多核组团式结构，现代化都市格局基本形成，长江三角洲南翼经济中心地位牢固确立。为达到发展目标，应建设宁海县和象山港区域，以机械、橡塑产业和港口、生态产业为核心产业，使其成为都市区功能性组团；应加快 13 个中心镇的发展，形成 21 个都市区城镇

① "两带"即滨海布置产业带、沿三江安排生活带，"三片"即三江片、镇海片、北仑片，"双心"即三江口中心和东部新城中心，详见《宁波市城市总体规划（2006—2020 年）》

组团，形成相对合理、发展平衡的城镇结构。

第三，加快外圈层发展。围绕宁波形成统一的都市圈等级结构和产业分工体系，基本形成长三角南翼现代产业基地（表6－4－2）。对外圈层的发展，宁波应该加强与舟山、台州、绍兴市的沟通，在都市圈的统筹规划和共同建设上达成一致，并加强和嘉兴、金华的联系，拓展都市圈北部、西部地区，共同推动区域一体化建设。应推进宁波—舟山港一体建设，加强对都市圈腹地的经济支持，并以此为契机，推动两地的交通、信息、城市建设、产业发展一体化，并可以在适当时机打破行政区划，推动舟山市区融入宁波市区范围。应加强交通枢纽建设，改善宁波都市圈内的基础设施。通过对甬金铁路、舟山连岛工程、象山港大桥的建设，及杭甬运河、杭甬和护航高速公路的改造和拓宽，以及对宁波机场和宁波火车站的改造工程，缩短都市圈内外空间距离，建立快速公交系统，形成“1.5小时通勤圈”。应接轨上海，深化长三角区域合作。依托长三角经济协调会和浙东经济合作区等区域组织，加强与杭州、上海等地的联系，促进长三角大都市圈建设。

表6－4－2　宁波都市圈现代产业发展目标

产业名称	宁波地区	舟山地区	绍兴地区	台州地区
电子信息产业	研发设计与生产中心		生产基地	生产基地
装备制造业	沿海汽车零部件	大型修造船及海洋工程装备基地		沿海汽车零部件
钢铁与石化产业	精细化工产业密集区、新型钢铁基地	精细化工产业		基础石化产业密集区
旅游业	杭州湾历史文化旅游带	滨海旅游带	杭州湾历史文化旅游带	滨海旅游带
能源系统	石油、风电	石油、天然气		

注：本表在描述中参考了《长江三角洲区域规划》（2009—2015年）中的部分数据和图表。

6.5　本章小结

当前，宁波都市圈正形成区域和城乡一体统筹发展态势。经过经济联系模型的计算，宁波都市圈的空间范围包括宁波中心区、慈溪、余姚、奉化、宁海、象山、舟山市区、岱山县、绍兴市区、上虞市、嵊州市、新昌县、台州市区、天台县、临海市、三门县，共24个区县（含县级市），分为19个节点，并按圈层分为中心区（中心城区）、内圈层（核心圈层）、外圈层（紧密圈层）。通过城市专门化指数、分型特征、区位商和城市流强度模型计量结果可知，宁波都市圈在人口、城镇体系和产业结构等方面正呈现出空间结构演化态势。

宁波都市圈空间演化的动力主要是在全球化和本土化两种力量相互作用下实现的，其中政府规划与协作、宁波—舟山港一体化建设、交通基础设施的完善等是主要的动力机制。随着宁波都市圈一体化进程的加快，当前宁波都市圈不存在着中心城区发展不完善、内圈层体系结构不平衡、外圈层一体化程度有待提高等各种问题。宁波都市圈应该根据全球产业和经济发展态势，有针对性地提出宁波都市圈三大圈层的空间优化策略。

参考文献

[1] Bourne L. S. Internal Structure of the City：Reading on Urban Form，Growth and Policy. Oxford：Oxford University Press，1982.

[2] 顾朝林，甄峰，张京详. 集聚与扩散——城市空间结构新论 [M]. 东南大学出版社，2000.

[3] 冯健，周一星. 北京都市区社会空间结构及其演化（1982—2000）[J]. 地理研究，2003（4）：465－483.

[4] Gottmann J. Megalopolis or the urbanization of the northeastern seaboard [J]. Economic geography，1957，33（3）：189—200.

[5] 木内信藏：《都市地理学研究》，古今书院1951年版.

[6] 周一星. 市域城镇体系规划的内容、方法及问题 [J]. 城市问题，1986（1）：5－10.

[7] 高汝熹，阮红. 论中国的圈域经济 [J]. 科技导报，1990（4）：8－12.

[8] 姚士谋. 我国城市群的特征、类型与空间布局 [J]. 城市问题，1992（1）：10－15＋66.

[9] 高汝熹、罗明义. 城市圈域经济论 [M]. 昆明：云南大学出版社，1998.

[10] Hoyt，Homer. The structure and growth of residential neighborhoods in American cities [M]. U. S. Government Printing Office，1939.

[11] Knox P. and Pinch S. Urban Social Geography－An Introduction (Fourth edition). Englewood Cliffs, NJ: Prentice Hal1. 2000.

[12] Harris C. D., Ullman E L. The Nature of Cities [J]. Annals of the American Academy of Political & Social Science, 1945, 242 (1): 7－17.

[13] Ford L. R. A Model of Indonesian City Structure [J]. Geographical Review, 1993, 83 (4): 374－396.

[14] Ford L. R. A New and Improved Model of Latin American City Structure [J]. Geographical Review, 1996, 86 (3): 437－440.

[15] Friedmann J. Regional Development Policy: A Case－study of Venezuela, Mass: The MIT Press, 1966, pp. 22－30.

[16] Perroux F. The Domination Effect and Modern Economic Theory [J]. Social Research, 1950, 17 (2): 188－206.

[17] 保罗·克鲁格曼. 发展、地理学与经济理论 [M]. 北京: 北京大学出版社, 中国人民大学出版社, 2000.

[18] 高汝熹, 罗守贵. 2006年中国都市圈评价报告 [M]. 上海三联书店, 2006.

[19] 李彦军. 都市圈的空间界定方法研究——以武汉都市圈为例 [J]. 理论与改革, 2008年4月, 150－153.

[20] 李加林, 许继琴, 叶持跃. 宁波市域城镇体系中重点镇发展的若干问题研究 [J]. 人文地理, 2002 (3): 18－21.

[21] 刘继生, 陈彦光. 城市规模分布的分形与分维 [J]. 人文地理, 1999, 14 (2): 43－48.

[22] 赵春艳. 关于城市群等级规模结构问题的研究——以陕西为例 [J]. 经济问题, 2007 (6): 43－45.

[23] Haggett P. Locational Analysis in Human Geography. London: Edward Arnold Ltd, 1965, 33－40.

第 7 章

长江经济带重庆都市圈空间结构演化

重庆都市圈是长江经济带上游的核心区域，也是中国西部地区都市圈的典型代表。本章主要运用因子分析与聚类分析的方法分析了重庆市区域空间结构演变的特征，建立多元线性回归模型对重庆市区域空间结构演变的影响因素进行了分析，借助空间引力模型对重庆市区域空间的相互作用进行研究，还利用功效函数模型对重庆市区域空间结构的优化方向进行了探索，最后总结了重庆市区域空间发展的差异特征，以及影响重庆市区域空间结构演变的主要因素，并根据重庆都市圈空间结构发展演化中存在的区域差距扩大、产业结构趋同等问题提出相应的优化策略。

引 言

区域一体化大背景下，城市与区域之间的互动愈发紧密，随着人才、资金、知识技术等生产要素在区域空间内集聚与重组，经济活动在空间上呈现出新的结构形态，区域空间历经从孤立分散到开放的、规模化和体系化的空间结构转变，大城市空间地域的变化机制从中心集聚逐步到中心扩散，城市与乡村之间由二元结构走向一体化发展道路。而快速的全球化使得地区发展差距进一步拉大，空间极化现象普遍凸显，区域空间结构特征是区域发展状态的指示器，区域空间结构的合理性关乎区域一体化发展的进展。

空间结构是区域经济学、地理经济学、人口学、区域规划学等多学科共同研究的重要课题。国内外学者对此进行了大量研究，主要是对区域空间的形成与演变的过程、空间发展的动力机制等方面进行了研究。但中国的区域发展具有其独特的背景，相应的区域空间发展格局也具有特殊性，需要有更加完善的适合中国实际的区域空间结构发展理论与实践来丰富此研究体系。改革开放以后，东西部地区发展差距扩大，各自形成了不同的空间结构发展形态。

重庆是我国最年轻的直辖市，具有其独特的城市形态。重庆市拥有省级行政区的规模以及区域城市的特征，表现在它是一个倾向一体化发展趋势及可以实施有效管理的区域，并且在这个区域内有一个或多个核心城市起着主导作用。重庆是典型的山地丘陵城市，地处长江上游经济带核心地区，是中国东西部地区连接的重要纽带，重庆区域的发展关系到国家西部大开发战略的实施。重庆区域面积有 8.24 万平方公里，全市总人口达 3300 多万人。在这个巨大的空间区域内，浓缩了中国三个地区的发展特征：既有堪比东部地区的发达都市圈，又有接近中部地区发展水平的一小时经济圈，还有甚至落后于西部地区平均发展水平的两翼地区，因而它是研究区域空间结构演化的理想区域。重庆还是一个典型的城乡二元结构，具备“大城市、大农村”的区域结构现状，是全国统筹城乡综合配套改革试验区。

目前中国理论界和实践界对沿海发达区域的都市圈相关研究较多，对西部地区的研究相对较少。因此，对于长江经济带上游重庆都市圈空间结构的研究有助于丰富中国相关领域研究。由于本书研究的时间跨度较大，本章的数据资料没有更新到最新年度，因此，研究可能无法反映重庆市最新的区域空间结构演变特征，但本章对探索重庆区域空间的演变规律、机制和模式的探索仍然对中国西部地区都市圈的研究有借鉴意义。

7.1 区域空间结构研究进展

7.1.1 区域空间结构内涵

陆大道（1995）认为区域空间结构亦是社会经济空间结构，包括重要产业、城市体系、交通体系等在地域上的集聚程度和集聚形态，并从时间序列加以考察。曾菊新（1996）认为空间经济结构是人类经济活动作用于一定地域范围所形成的空间组织形式。陆玉麟（1998）认为区域空间结构是指人类经济活动作用于一定地域上的空间组合关系。陈才（2001）认为人类经济活动在一定地域上的空间组合关系，是区域经济核心、外围和网络之间关系的总和。顾朝林等（2002）认为区域经济空间结构是主要包括社会经济空间组织的构架或脉络以及区域社会经济发展的空间均衡与不均衡。崔功豪、魏清泉（2006）认为区域空间结构是一定地域范围内经济要素的相对区位关系和分布形式，它反映了经济活动的区位特点以及在地域空间中的相互关系。李小建（2006）认为区域空间结构指各种经济活动在区域内的空间分布状态及空间组合形式。

Hagget P.（1965）最早对空间结构要素进行系统解释，他认为空间形式由节点、层次、网络或渠道、流、面组成，并形成空间过程。Morrill（1970）认为空间有六大要素，分别为距离、可接近性、集聚性、大小、形状、相对位置。曾菊新（1996）把空间结构中的点、线、面要素进行了组合，并根据不同的组合形式分为具体的空间组合类型。刘再兴（1996）认为，节点、域面、网络是现代区域空间结构构成的三个基本要素。简言之，节点、网络、域面、要素流和等级—规模体系是空间结构的要素集合，通过对“点线面”要素进行组合，可以得到不同的空间要素组合形态。区域空间结构主要有极核式空间结构、点轴式空间结构、网络式空间结构。

7.1.2　空间结构理论

空间结构理论主要经历了经典区位论（19世纪初—20世纪40年代）、区域空间结构演化理论（二战以后—20世纪80年代）、新经济地理学理论（20世纪80年代至今）三个发展阶段。

古典区位论为区域空间结构的研究奠定了基础，杜能（1826）通过对土地利用和地租的分析得出农产品“杜能圈”状的同心圆布局。韦伯（1909）严谨地表述了一般的区位理论，指出工业空间区位选择受到运输成本、劳动力和集聚分散因子影响。沃尔特·克里斯塔勒（1933）提出中心—地方理论，得出聚落分布呈三角形，市场地域呈六边形的空间结构。奥古斯特·勒施（1939）以最概括性的描述将一般均衡理论应用于空间研究。艾萨德（1956）将之前的研究整合为一个统一的框架，把区位问题重新表述为一个标准的替代问题，厂商被看作是在权衡运输成本与生产成本，正如它们做出其他任何成本最小化或利润最大化的决策一样。博芬特尔（1950）力图将杜能、韦伯等人的区位理论综合为一体，在某种程度上空间结构理论可看做是对各区位理论的综合。

空间结构演化的理论研究发生了诸多变化和发展，包括佩鲁的增长极、陆大道的“点—轴”渐进式扩散模式等区域经济空间极化理论；威廉姆逊的倒“U”字型理论、弗里德曼的核心—边缘等空间分异理论；赖利引力模型等区域空间相互作用理论。佩鲁（1955）认为增长首先存在于一些增长点或增长极上，并通过各种渠道向外扩散，并对整个经济造成最终不同的影响。布代维尔（1957）将地理学中的“增长中心”引入佩鲁增长极，将增长极的内涵扩展到地理空间，并正式提出“区域增长极”的概念。赫希曼（1958）认为不会在所有地区同时出现经济进步，即便出现也会有强力因素导致经济增长集中在起点的附近。缪尔达尔（1944）认为经济的发展是通过回波效应和扩散效应以平衡的形式实现，并非在地域上同时产生且均匀扩散。威廉姆逊（1965）提出倒“U”型理论，他通过实证分析指出，无论是截面分析还是时间序列分析，得出发展阶段与区域差异之间存在着倒“U”型关系的结论，即经济活动的空间极化现象无可避免，但会随着经济发展成熟而消失。弗里德曼（1966）提出核心—外围理论，核心区是具有较高创新变革能力的地域社会组织子系统，外围区则是根据与核心区所处的依附关系，而由核心区决定的地域社会子系统，经济增长过程中核心区与边缘区的边界发生变化，使区域的空间关系不断调整，弗里德曼把区域城市空间组织的发展划分为四个阶段。

M. 耶茨（1973）把区域空间结构的演化分为重商主义、传统工业城市时期、大城市时期、郊区化成长时期、银河状大城市时期五个发展阶段。乌尔曼（1950）对空间相互作用进行了理论解释，提出了空间相互作用的三个基本点：互补性、移动性和中介机会。赖利（1929）根据牛顿力学的万有引力理论，提出了“零售引力”法则。威尔逊（1965）认为两个区域相互作用潜力与两个地区的人口成正比，与两个地区之间的距离成反比。对于区域空间结构演变机制的研究也有着不同的解释，胡佛（1971）认为生产要素的不完全流动和经济活动的不完全可分是经济结构及区域形成的原因。博芬特尔（1979）认为集聚、运费、经济对生产要素土地的依赖性等因素导致了空间结构的差异性。马歇尔（1920）认为经济的空间集聚是由地方劳动市场、非贸易用途的中间产品供给以及技术溢出等因素决定。

新经济地理学理论主要是立足于经济活动的空间集聚和区域增长集聚的动力分析，认为区域空间集聚的动力机制是报酬递增、运输成本和需求的相互作用等。克鲁格曼（1991）通过中心—外围模型揭示集聚经济是如何从个体生产水平上的规模经济、运输成本和要素流动三者之间相互作用中产生的，即空间经济具有缪尔达尔式的自我强化趋势，两个区域将会形成专业化分工和地区产业集聚，即以制造业为中心、农业为外围的中心—外围结构。沃纳伯尔斯（1996）假定中间部门和制成品部门都具备规模报酬递增和垄断竞争特征，发现国际范围内也有可能出现中心—外围结构。藤田昌久（1995）假定工人不能流动而且最终产品是同质的，但中间产品具有递增报酬与不完全竞争特征。分析表明，在传统部门与现代部门产品的运输成本满足一定条件时，中间产品部门内企业的聚集使得最终产品企业也随之聚集，从而导致出现中心—外围结构。阿隆索·维埃拉（2002）将土地、交通因素加入到模型中，考虑技术和金钱的外部性，得出新的均衡，即两个规模大小不同的城市共存，这便是典型的大都市区域经济格局。随着经济信息全球化以及网络经济的发展，网络空间结构是区域空间结构发展的一种新思路，Dicken（2001）提出了全球生产网络的概念。区域空间结构呈现从之前非均衡的核心—边缘格局向均衡的网络—节点式格局转变趋势，节点、流、网络是网络结构的重要构成要素。

国内对区域空间结构的研究起步较晚，陆大道（1984）在借鉴佩鲁的增长极等理论思想后提出点—轴渐进扩散理论，“点”即是区域的各级中心城市，“轴”是连接各个“点”的交通运输、能源供应和信息网络的线状基础设施，点—轴开发是指区域开发重点放在由“点”和“轴”有机组成的核心区位上，通过“以线串点，以点带面”的开发战略，逐渐将发展轴延伸到不发达地区，最终实现区域的整体协调发展（如表7—1—1）。

表7—1—1　空间结构的不同发展阶段

发展阶段	集聚状态	集聚形态
I农业经济占主导	区域经济平衡、分散、无疏密	点状为主，无发展轴，居民等级规模尚未形成
II农业经济向工业化过渡	不平衡出现，有一定空间经济梯度，集聚加强	点轴状态出现，呈现克氏中心地等级特征
III工业化中期	区域不平衡加剧，集聚占主导作用	点轴系统形成，大城市增多
IV后工业化阶段	平衡布局再次出现，由集聚向分散	完善的点轴系统

资料来源：陆大道，《区域经济及其空间结构》，1984。

陆玉麟（1998）提出了空间结构演变的“双核结构模式”，并在沿海地区得以验证。张京祥（2000）通过结构增长、增长过程、空间组织这三个方面，分析新经济环境、技术要素的相关影响，揭示空间结构演变是在发生在社会经济发展过程中的空间过程这一原理。刘朝阳（2002）从经济效率出发论证了新空间经济学在区域政策及管理中的作用。路军（2002）解释了城市经济区域的形成和演变的内在经济联系以及区域外部空间结构组合的演化规律。台湾学者唐富藏（1998）还将区域空间结构演变分为集中形成集聚中心—中心城市、中心城市分散形成次级中心阶段、地方中心成长形成空间均衡阶段。陈修颖（2003）分析了区域空间结构重组的动力机制，并认为区域空间结构组成的五大要素（节点、通道、流、网络、体系）的优化是实现结构重组的有效途径。

综上所述，古典区位论是对单一的区位选择或类型进行研究，是通过基础条件的假设—简单的数学推导—模型的归纳检验的静态研究过程，古典区位论是当今区域空间结构演变研究的理论基础。二战以后，研究对象有所扩展，是对产业以及城乡聚落的整体空间结构进行研究，包括区域空间结构内各要素的相互作用以及空间分异，研究视角也从静态向动态转变，研究方法也更为多样，尤其是建立具有应用型的计量模型，并进行了相关实践。而新经济地理学引进主流经济学的研究工具和方法，并通过大量数学模型和计算机模拟进行分析研究，为区域空间结构的演变研究提供了新的研究思路。

7.2 重庆市区域空间结构演变历程

7.2.1 空间结构要素演变

区域空间结构的演变主要是由点、线、网络、面要素综合作用形成，它们共同的综合作用就形成了区域空间结构特征的整体演变。

(1) 城镇节点的演变。研究区域内的城镇最早是沿着河流产生和分布，城镇的产生与社会经济发展水平相关。随着交通轴线的发展，城镇的发展出现多样化。从孤立离散的城镇分布体系逐渐发展为有机联系的城镇体系，区域与城市的相互作用逐渐向城市区域化与区域城市化的格局发展（表7—2—1)。

表7—2—1 城镇节点的演变

节点特征	农业经济时期	工业化初期	直辖以后
城镇规模	城镇数目少，规模普遍小，结构单一，城镇规模依行政等级确定	城镇数目有所增加，规模变化不大，形成了一定的城镇等级规模体系，相邻等级城市之间的规模差距变大，库区城镇发展落后。	行政等级变化，原地区中心城市作用变弱，地区差距扩大，中心城市以及周边城市发展迅速，其余地区发展普遍落后。
城市职能	用于商品交换和小范围中心管理，以及用于防御的军事功能	工业园区等新功能空间出现，职能向多方面功能的综合型城市转变。	综合型中心城市，长江上游及西南地区中心城市

（续表）

节点特征	农业经济时期	工业化初期	直辖以后
城镇间联系	城镇间相互联系非常松散	联系较之前变得紧密，地势较好以及交通发达地区联系紧密，边远山区联系弱	城市之间的产业关联、信息、人员联系加强，区域之间的联系变紧密
城镇空间分布	主要是沿着河流流域分布，空间结构总体处于自组织发展的稳定状态	空间集聚出现不平衡，空间经济梯度在区域内形城。呈现西密东疏的特点	中心城市核心地位凸显，对周边城市影响以集聚作用为主，城镇空间结构体系基本形成

（2）交通轴线的演变。区域空间结构线的演变主要表现为线的类型和质量的提高，以及轴线发展对空间发展的影响，研究区域的地理条件复杂，区域发展长期以来受限于地理条件的制约，交通因素是影响研究区域空间结构演变的重要因素，从古代的河流以及低等级的道路到如今铁路、高速公路以及航空等，线作为区域空间结构要素流通的重要渠道有了极大的改善和提高，如表7－2－2。

表7－2－2　交通轴线的演变

特点	农业经济时期	工业化初期	直辖以后
线的发展	水路为主、栈道和驿道为辅	公路和水路运输为主	以水路、高速公路、铁路为主、城际轨道、航空运输等得以发展
对空间演变的影响	线的覆盖范围小、水平低，制约了区域空间的拓展	交通条件有一定改善，带动了沿线地区发展，覆盖范围依旧小，对整体区域发展作用也小	交通线覆盖面变广，沿交通线形成了区域发展轴线，但边远地区也存在有交通线无生产线情况

（3）空间域面的演变。区域空间受各种因素影响从均质型向非均质变化，农业经济时期的城市和乡村孤立发展，彼此差异不大，随着城镇化迅速发展，城乡发展出现差异化的二元结构，如表7－2－3。

表 7—2—3 空间域面的演变

特点	农业经济时期	工业化初期	直辖以后
区域发展过程	低水平离散发展阶段	低速均衡到极化不均衡发展	极化不均衡发展阶段到区域一体化发展
区域空间特征	相对均衡，城市与城乡之间隔离	核心城市发展迅速，空间联系较少	空间极化加剧，集聚为主，空间联系加强
区域内部产业关联	第一产业主导，产业关联不强	小而全的产业体系，区域联系相对较少	产业水平分工、集群发展、区域联系加强
城乡关系	城乡孤立	城乡二元	城乡差距大，城乡统筹发展

区域空间结构的网络要素也经历了从无到有，功能变强的发展，各网络节点的网络权力也在不断增大，如表 7—2—4：

表 7—2—4 网络的演变

特点	农业经济时期	工业化初期	直辖以后
网络的形成	轴线网络	点轴网络	点轴网络——块状网络
网络的联系形式	封闭的近域联系	封闭的联系到开放的市场联系	开放的市场联系到区域一体化
网络的特征	地域网络	行政与经济网络	经济网络——信息网

7.2.2 空间规划历程

对重庆城市规划可以追溯到陪都时期，那时已经提出了系统的城市规划方案，一直到 1998 年，历次的规划主要是针对重庆主城区域的空间分布，直到 2007 年才对重庆市的整体区域空间发展进行了系统规划。规划经历了重庆卫星城—大分散、小集中、梅花点状—多中心组团式的演变过程（表 7—2—5）。

表 7—2—5 重庆市历次城市规划表（1946—2011 年）

历次规划	时间	规划内容
Ⅰ	陪都十年建设计划草案（1946—1956 年）	提出疏散市区人口，降低人口密度，发展卫星城镇的设想，采取自由式布局，在渝中半岛以外规划了 12 个卫星市，18 个卫星镇和 12 个预卫星市镇；明确指出要完善交通系统、发展交通工具、建立港埠设备、建设四座两江大桥等。

（续表）

历次规划	时间	规划内容
Ⅱ	城市初步规划（1960—1980 年）	城市用地遵循“大分散、小集中、梅花点状”的布局，强调将工业在更大范围内分散，规划了主城 9 个片区，外围规划了 4 个卫星城。
Ⅲ	83 版总规划（1982—2000 年）	国务院批准重庆市第一次城市总体规划，将城市性质定义为工业城市。首次提出有机分散、分片集中的“多中心组团式”城市结构。“严格控制城市规模”是这一时期城市建设的主要方针。
Ⅳ	98 版总规划（1996—2020 年）	城市定位为长江上游和西南地区的中心城市，继续沿用“多中心组团式”空间布局，重点规划主城外围区域，扩大城市结构体系：以市域产业布局为依托，都市圈为核心，主要交通线为发展轴，逐步形成以重庆都市圈为中心，万州、涪陵、黔江等城市为地区中心的网络式城镇体系，建设由特大城市—大城市—中等城市—小城市—小城镇组成的层次分明，规模适度、功能合理的重庆市域城镇体系。另外规划构建与之相适应的道路网系统，提出建立片区网络自由式的路网体系。大幅度地调整了工业发展空间。
Ⅴ	2011 版总规划（2007—2020 年）	提出构建“一圈两翼”的区域空间结构，形成 1 个特大城市、6 个大城市、25 个中等城市和小城市、495 个左右小城镇的城镇体系。实现高速公路区县（自治县）覆盖率达到 100%，铁路线网区县（自治县）覆盖率达到 95%。主城区保持“一城五片、多中心组团式”的布局结构。产业总体布局：都市区内环线以内地区重点布局现代服务业、高新技术产业和文化产业；内环线与绕城高速公路之间重点布局现代制造业、现代物流业、休闲旅游业、绕城高速公路以外的地区重点布局都市农业、生产旅游业等产业。

资料来源：根据重庆市历年城市规划文本整理。

重庆直辖市建立以后，其在国家行政管理体系中的地位得以提高，在国家宏观经济调控体系中的层次得以提高。这为重庆城乡统筹以及区域一体化建设提供有力支持，区域空间布局及规划也随着社会经济发展状况有所调整，主要体现在城镇规模布局、交通布局、产业布局方面。城镇规模的空间布局逐渐侧重于区域中心城市的建设（表7－2－6）。

表7－2－6　不同时期重庆城镇空间布局

时期	城镇规模布局
“九五”时期	形成以重庆都市圈为中心，万县、涪陵、黔江、永川等为地区性中心城的“一星多级网络”的空间结构体系
“十五”时期	构建都市发达经济圈（主城九区）、渝西经济走廊和三峡库区生态经济区三大经济发展区域，以交通干线为发展轴，以大中城市为辐射点的点轴开发系统
“十一五”时期	打造城市群，逐步构建以主城特大城市为核心，若干大中小城市为支撑的重庆大都市区。将万州、涪陵、江津、合川、永川、黔江建设成为大城市或区域中心城市
“十二五”时期	构建以主城特大城市为核心，6大区域性中心城市为支撑，一小时经济圈城市群为主要空间载体，“一核六心、一圈双带”的城镇化空间格局，建设四级城镇体系架构

资料来源：根据重庆市历次五年规划整理。

7.2.3　空间结构现状特点

重庆市目前下辖19个区（包括9个主城区）、19个县，共38个区县。本研究将（9个主城区）及都市区作为一个“点”单元，与其余29个区县一起共同构成30个“点”单元来进行研究。按照十二五规划纲要，又通常把重庆划分为一小时经济圈、渝东北翼、渝东南翼三大区域。

7.2.3.1　点的特征

城市规模等级。城镇规模主要用用地规模和人口规模来表示，用地规模受限于人口规模，基于统计资料的可获取性，本节选用人口规模作为来衡量城市规模的指标，通常使用非农业人口作为城市规模的特征量，整理计算出重庆市人口等级规模如表7－2－7，其中，城镇化率按照城镇常住人口计算得出。

表7－2－7　2011年重庆市各城市规模

地区	总人口（万人）	非农业人口（万人）	规模排序	城镇化率（%）
都市区	622.85	451.29	1	5.

（续表）

地区	总人口（万人）	非农业人口（万人）	规模排序	城镇化率（%）
万州区	174.56	77.11	2	56.76
江津区	150.41	55.56	3	57.37
綦江区	121.31	50.77	4	50.42
合川区	155.92	49.48	5	57.53
开县	164.74	48.68	6	37.51
涪陵区	116.5	47.88	7	57.56
荣昌县	83.53	38.29	8	42.71
永川区	112.88	36.04	9	58.6
云阳县	13.29	34.4	10	33.78
大足区	103.4	32.62	11	45.47
长寿区	90.65	28.99	12	55
璧山县	63.51	26.87	13	43.85
黔江区	54.13	23.03	14	40.8
忠县	100.52	22.41	15	34.54
丰都县	84.21	22.21	16	36.14
酉阳县	83.94	22	17	25.37
秀山县	65.06	21.59	18	31.64
垫江县	96.52	21.29	19	35.88
奉节县	106.26	20.95	20	33.89
铜梁县	83.6	19.12	21	43.08
梁平县	92.13	18.49	22	35.88
南川区	67.99	17.44	23	49.43
彭水县	68.54	16.1	24	26.77
石柱县	54.45	15.73	25	33.96
潼南县	94.15	1.06	26	40.2
巫山县	63.76	14.63	27	31.58
巫溪县	53.92	11.9	28	26.91

（续表）

地区	总人口（万人）	非农业人口（万人）	规模排序	城镇化率（%）
武隆县	41.32	11.3	29	34.55
城口县	24.72	6.4	30	20.96
全　市	3329.81	1277.64		55.02
1小时经济圈	1866.74	869.41		66.24
渝东北翼	1095.63	298.47		38.63
渝东南翼	367.44	109.76		31.58

数据来源：据《重庆市统计年鉴 2012》整理。

我国的城市等级根据城市人口数量一般划分为特大城市（人口大于 100 万人）、大城市（50—100 万人）、中等城市（20—50 万人）、小城市（小于 20 万人）和小城镇。根据这个标准，当前研究区域内有特大城市 1 个，大城市 3 个，中等城市 16 个，小城市 10 个。城市等级数量比为，1∶3∶16∶10，中等城市和小城市数量远多于大城市和特大城市，城市规模未形成合理的梯度关系，这导致高等级城市向低等级城市的经济传递作用弱。

重庆两个城市首位度为 5.85，4 个城市首位度为 2.46，11 个城市首位度为 1.92。计算结果都远大于正常情况下的数值。这说明重庆城市规模呈现明显的“单极型”首位分布，存在城镇体系结构失衡，人口过多集中于首位城市，都市区在区域城镇体系中占据绝对主导作用，缺乏更多的强有力城市来带动区域发展。

重庆全市平均城镇化率为 55.02%，大于全国的 51.3%的平均水平，但区域内差距大，都市区城镇化率为 85.6%，一小时经济圈为 66.24%，渝东北翼为 38.63%，渝东南翼为 31.58%。只有少数 7 个城市达到全国的平均水平。当前区域内农业人口还是占大多数，“大城市加大农村”的典型格局依旧。另外，城镇化的质量差，城镇化水平落后于工业化水平。多数城镇仍处于农业——工业转型时期，有些城镇处于以农业为主的发展阶段。区域内客观存在的城镇化发展明显差距需要不同地区选择不同发展模式。

受资源地理、产业分布等因素影响，城市的职能类型也趋于不同，城市职能类型可以划分为：以行政职能为主的综合性城市；以交通职能为主的城市；以工业职能为主的城市；以流通职能为主的城市。

重庆 30 个研究单元的城市职能类型可分为：以第二、第三产业为主，具有吸引力和辐射力的区域中心城市；处于交通枢纽的交通枢纽型城市；以工业建设、资源开采为主导产业的工矿型城市；着重旅游服务业的旅游服务型城市；还有农副产品集散加工型城市。具体分类如表7—2—8。

表7—2—8 重庆城市职能类型表

城市职能类型	城市	备注
区域中心城市	都市区	重庆市乃至西南地区的经济中心，交通及通信枢纽，以高新技术产业为基础的现代产业基地
	万州区	渝东北区域中心城市
	永川区	渝西部区域中心城市
	合川区	渝北部区域中心城市
	黔江区	渝东南区域中心城市
	涪陵区	区域重要经济增长极，重要工业基地
	江津区	都市区产业转移重要基地，重要制造业及现代物流基地
资源工矿型城市	綦江区	制造业、能源工业、机械工业为主的资源型城市和老工矿区
	大足区	汽车及零部件生产基地、旅游资源性城市
	长寿区	都市区重化、冶金产业主要承接地，西部最大天然气化工基地
	南川区	矿产资源、渝南黔北地区边贸城市
	璧山县	机械、皮革、建材工业基地
	城口县	自然资源型城市
	石柱县	矿产资源、旅游资源城市
	垫江县	大西南天然气能源供应基地、农产品生产基地
农产品加工型城市	荣昌县	农副产品集散及加工
	铜梁县	农副产品集散及加工
	开县	农副产品集散及加工
	云阳县	农副产品集散及加工
	忠县	农副产品集散及加工
	奉节县	农副产品集散及加工
	梁平县	农副产品集散及加工
	巫溪县	农副产品集散及加工
	潼南县	农副产品集散及加工

（续表）

城市职能类型	城市	备注
农产品加工型城市	武隆县	农副产品集散及加工、旅游资源城市
	酉阳县	农副产品集散加工、水力资源、旅游资源城市
	彭水县	农副产品集散加工、水力资源、旅游资源城市
旅游服务型城市	丰都县	旅游资源型城市
	秀山县	旅游资源、矿产生物水力资源城市
	巫山县	旅游资源、农副产品集散及加工

当前研究区域内的多数城市的职能还是处于以行政中心职能为主的初级阶段，城市职能结构体系的层次较低。城市之间纵向与横向之间联系不紧密，未能形成高层次的职能网络体系。由表7—2—8可知，都市区的综合城市职能突出，区域中心城市的辐射范围大相径庭。多数城市职能雷同，农产品加工型城市就占13个，城市职能单一，专业化程度低，辐射范围小，自身发展动力不足导致对区域的促进作用小。

城镇最先主要沿着江河流域分布，随着经济发展、交通运输能力提高，在矿产资源蕴藏处或者交通干线附近产生了一些新兴的城市，如万盛区等。重庆市城镇分布密度一直以来呈现西密东疏的特点，一小时经济圈城镇密度>渝东北翼>渝东南翼，东南地区的城镇密度还不到中西部地区的一半。区域经济发展的不均衡导致区域空间结构分布的差异，都市区与周边城镇，以及周边城镇之间联系紧密，具有规模效应，而两翼地区的城镇发展落后，相互间联系不紧密。城镇分布密度见表7—2—9。

表7—2—9　重庆城镇分布密度表

地区	城市（个）	镇（个）	合计（个）	面积（万平方公里）	城镇密度（个/万平方公里）
全市	30	598	628	8.24	76.21
一小时经济圈	13	307	320	2.87	111.5
渝东北翼	11	203	214	3.39	63.13
渝东南翼	6	88	94	1.98	47.47

资料来源：根据重庆市统计年鉴2012整理。

根据表7—2—9数据统计，研究区域内有1个特大城市、2个大城市、7中等城市中都位于西部地区，东南部和东西部地区只有1个大城市（万州），其余都是中小城市（如图 7—2—1）。其中渝中西部区域的大多数城市职能以各级中心城市和工业、工矿型城市为主，渝东北部地区和渝东南部地区的城镇职能大多是依托第一产业的农产品加工型城市，其城市职能空间分布图见图 7—2—2，可以发现，中西部地区是区域发展的相对发达地区，城市规模比其余地区的城市要大，其城市职能也呈现多样化，而东南部、东北部地区相对落后，其城市规模小，城市分布松散，城市职能单一。这都体现了所研究区域发展水平的差异性。

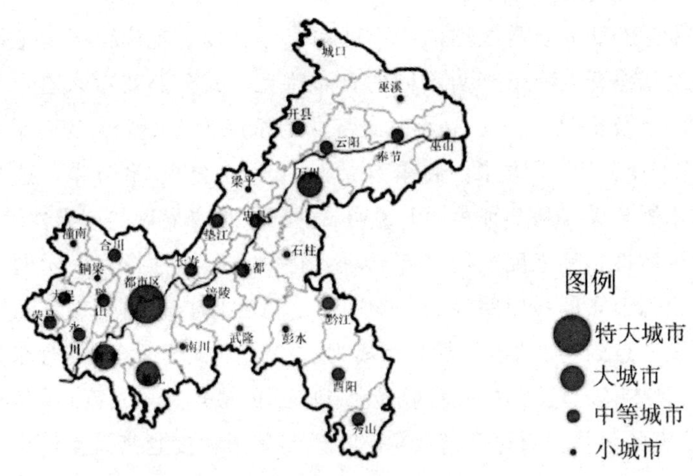

图 7—2—1　城市规模等级空间分布现状

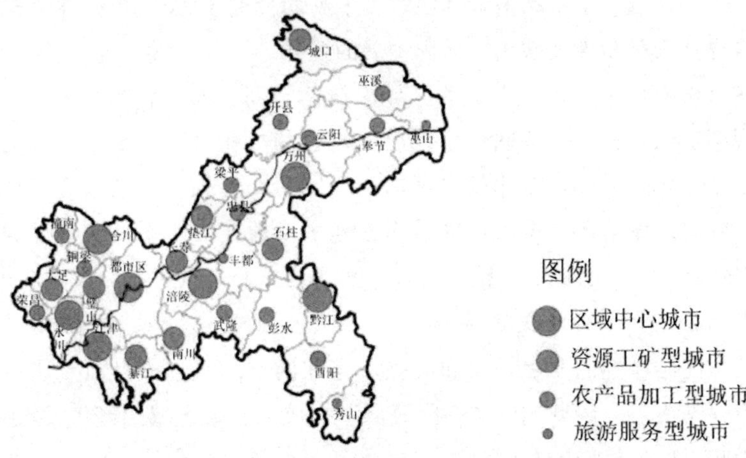

图 7—2—2　城市职能类型空间分布现状

7.2.3.2 线及网络特征

区域空间结构的线主要是指交通线另外还包括通信线、能源供给线、排水线等。线是区域内要素流通的渠道，是节点间的联系，而网络则是点与线的载体。

线的主要类型。从古代的水路，到现今的公路和铁路，都是研究区域内最主要的轴线主体，重庆直辖以后，进行了快速的道路基础设施建设，线的长度和密度都得以大幅增加。

重庆交通网络呈现出都市区为中心，周围环状分布，依次向外的放射状。交通轴线的发达与否，要看线路的总长度和线路密度。重庆市区域范围内各种道路和水系交错纵横，有着各自不同的分布特点，就公路密度来看，全市的公路密度为225.8公里/平方米，一小时经济圈的密度为290.28公路/平方米，渝东北翼为147.04公里/平方米，渝东南翼为226.04公里/平方米，这与各区域的经济发展水平相关，从某种角度上说明了这三个地方发展的差异性。

还有用可达性指标来反映网络节点联系特征，可达性指标表示网络中某一节点到其余全部节点的最短路径的平均距离。可达性指数用最短路径矩阵方法运算。运网上各点到网上某点i的总距离为：，其中j大于2，通达性指数的计算公式如下：，其中，d（j，i）为运网上点i到点j的最短路径长度，n为网络中除i以外的其他点的数目。通达度指数越小，说明其通达度越高。重庆市各地区的通达度指数表间表7－2－10。

从表7－2－10中可知，30个区县中有19个城市的通达度指数小于平均值289，有11个城市大于平均值，其中，大于平均值的10个城市位于渝东北和东南翼，这也从某种角度反映出区域内发展的差异。

区域经济发展水平正面影响着区域内线的空间分布，总的来看，线的分布特征呈现圈层状，其中极核圈层呈现出比较强的极化效应，都市区与周边城市交通条件联系好，另外还有比较显著的两条空间交通轴，包括从都市区到渝东北地区、到渝东南地区。重庆市区域内各地区交通发展水平的明显差异，高等级轴线（铁路、高速公路、国道）均以都市区为核心呈放射状分布。

7.2.3.3 面的空间发展特征

区域空间结构的面要素是点和线赖以存在的空间基础，目前重庆市区域空间格局主要是由三大区域——“一圈两翼”构成。三大区域的经济发展差距大，这直接影响了区域整体的空间分布差异，表现在都市区为核心的一小时经济圈经济水平发达，形成经济集聚中心，而渝东北区域和东南区域发展落后，地区之间联系松散，地区中心城市发展动力不足，对区域发展的影响力弱。另外目前已基本形成都市产业圈、渝西产业走廊、三峡库区生态产业区三大经济圈。其中一小时经济圈集中了全市七大产业集群，是现代制造业、现代服务业的主要集聚区；渝东北地区主要依托矿产资源、农副产品优势，发展特色资源型加工业及特色种养业、旅游业；渝东南地区主要发展矿产、山林经济产品等特色资源加工及山地农业、旅游业。一小时经济圈几乎集聚了所有的支柱产业和重要的生产科研基地，尤其是第二、第三产业产值远远大于两翼。

表 7－2－10　重庆各区县通达度指数表

（单位：公里）

排序	区县	可达性指数	排序	区县	可达性指数
1	平均值	289	16	永川区	263
2	长寿区	204	17	綦江区	265
3	涪陵区	221	18	万州区	274
4	都市区	221	19	大足区	281
5	垫江县	226	20	荣昌县	289
6	丰都县	241	21	彭水县	296
7	璧山县	244	22	潼南县	298
8	忠县	246	23	云阳县	300
9	梁平县	250	24	开县	303
10	石柱县	250	25	黔江区	319
11	南川区	254	26	酉阳	404
12	铜梁县	256	27	奉节县	408
13	武隆县	260	28	巫溪县	443
14	江津区	261	29	城口县	463
15	合川区	262	30	巫山县	464
			31	秀山县	481

资料来源：重庆市交通统计年鉴。

7.2.4 重庆市区域空间结构演变的影响因素

随着经济社会的发展，影响区域空间结构演变的条件也随之变化，各因素在不同的社会发展时期，对区域空间结构演变的影响因素也有所不同，其变化主要如表 7－2－11 所示。重庆区域的地理环境复杂，地貌以丘陵山地为主，在农业社会时期，区域内部之间以及与外界相互阻隔，联系非常松散，直到工业社会时期随着交通的改善，城市之间的联系才相对变得紧密，但受限于自然环境的状况改变不大，这造成区域之间的社会经济发展差距很大，中西部地区地势相对平坦，而东南部和东北部地区地势起伏很大，中西部地区的城镇规模以及经济发展水平远大于其余两地。

农业社会时期经济区域发展缓慢，区域整体空间结构处于稳定阶段，直到工业化发展打破这一个局，空间集聚出现，区域差距进一步扩大，当前都市经济圈的发展水平堪比东部及沿海发达地区，但仍有部分地区发展落后于西部平均水平。重庆是一个典型的城乡二元经济空间结构，城市人口相对农村人口少，存在大量剩余农村劳动力，城镇化水平低、质量差，城镇化水平落后于工业化水平。多数城镇仍处于农业—工业转型时期。

交通因素是影响重庆区域空间结构演变的重要因素。农业社会时期，区域内交通极其落后，城镇之间联系非常困难，直到公路铁路航空以及当前高速公路的迅速发展，区域交通状况得到了很大改善，区域联系变得紧密，但边缘地区仍存在有交通线没生产线的状况，这也阻碍了其发展。

在农业社会时期，区域内产业结构非常单一，直到工业化时期区域生产力布局发生变化，产业结构也在不断升级和优化。其中一小时经济圈集中了全市七大产业集群，是现代制造业、现代服务业的主要集聚区，区域中的东北、东南地区的大部分城镇还是以农业生产为主。与之相应的是，区域空间结构呈现以都市区位核心的多核心组团结构，以及周边分布着多个卫星城、小城镇和工矿点，空间集中程度高。

表 7—2—11　区域空间演变因素

演变因素	农业经济时期	工业化初期	直辖以后
自然地理条件	锁定效应及变化的路径依赖	资源条件影响生产分工	技术改造自然到生态格局影响空间结构
社会经济发展	低水平的农业经济	经济水平有所提高	经济水平显著提高到经济全球化信息化
交通通信进步	南船北马	形成铁路、公路、水路交通网络	高速公路、航空运输、铁、公、水综合交通
产业结构变化	农业为主导	工业化起飞	技术密集型到高新技术密集产业

（续表）

演变因素	农业经济时期	工业化初期	直辖以后
城镇化水平	自由流动	严格的城乡户籍差异	“农民”工在城乡间流动到城乡一体化
政策导向	自给自足	计划经济到市场经济的转变	倾斜发展到与全球经济接轨

从上述描述中可以发现，影响城市区域空间结构发展的主要因素包括经济水平、政治导向、城镇化水平人口发展、交通水平等。本节将参考 Soo（2005）所建立的区域空间结构模型，通过建立多元回归的计量模型，定量分析这些主要因素影响重庆市空间结构的路径和程度。根据数据的可获得性和区域的差异性，选取重庆成为直辖市以来的 1997 年至 2011 年的数据为样本数据，数据来源为重庆历年统计年鉴等相关资料。

指标选取和基本模型。年末总人口（万人）、各区县人口（万人）、人均 GDP（元）、社会消费品零售总额（万元）、进出口总值（万美元）、外商直接投资（万美元）、公路里程（公里）、邮电业务总量客运量（万元）、客运量（万人次）、货运量（万吨）、全社会固定资产投资（万元）、第二产业产值占总产值比例（%）、第三产业产值占总产值比例（%）、工业产值占工农业产值比例（%）以及城市面积等 14 个指标。Soo（2005）和赵璟等人（2009）所建基本模型可以表示成公式（7.2.1）：

$$Y = \alpha + \beta_1 GEOG + \beta_2 POLITIC + \beta_3 CONTROL + \beta_4 DUMMIES + u \tag{7.2.1}$$

其中，Y 指区域空间结构特征的参数，即城市区域的帕累托指数，$GEOG$ 是区域经济、地理变量，$POLITIC$ 为政治变量，$CONTROL$ 是控制城市规模的一组变量，$DUMMIES$ 是一组虚拟变量。u 是随机扰动项。

本研究将沿用上述模型使用帕累托指数作为区域空间特征的参数，即通过区域内部等级体系分形维数来描述区域空间结构。其计算方式为：设 $P(K)$ 是序号为 K 的城市的人口数，$P1$ 为首位城市的人口数，公式为：

$$P(K) = P_1 K^{\frac{1}{a}} \tag{7.2.2}$$

a 即为该城市的帕累托指数。

通过简单的对数计算和一元非线性回归，用 SPSS 软件运行后可以得到重庆市各区县的帕累托指数，见表 7－2－12：

表 7－2－12 重庆区县帕累托指数（1997—2011 年）

年份	帕累托指数	年份	帕累托指数
1997	0.728	2005	0.724
1998	0.778	2006	0.723
1999	0.726	2007	0.722
2000	0.724	2008	0.721
2001	0.725	2009	0.721
2002	0.723	2010	0.721
2003	0.724	2011	0.609
2004	0.724		

进一步建立以帕累托指数为因变量，面积、人口、GDP 等指标作为自变量的多元回归分析模型。由于地区差异性，这里剔除 Soo（2005）模型中的政治变量和虚拟变量，建立模型如公式（7.2.3）：

$$Y = \alpha + \beta_1 x_1 + \beta_2 x_2 + \cdots + \beta_i x_1 + u \tag{7.2.3}$$

其中 Y 为城市空间结构参数，即帕累托指数。x_i 为经济地理的不同变量。μ 为随机扰动项，β 为自变量的系数。为消除自变量量纲对参数的影响，对全部数据进行标准化，并用最小二乘回归法进行模型拟合，结果见 7－2－13：

表 7－2－13 各影响因素对重庆区域空间结构的影响（1997—2011 年）

	模型 1	模型 2	模型 3	模型 4
第三产业产值占总产值比例	－1.071*** （－1.086）	－0.9** （－1.393）	－0.329*** （－1.973）	－0.322*** （－2.365）
年末总人口	12.489*** （－1.693）	10.048** （－1.722）	0.645*** －1.467	0.344*** （－1.839）
进出口总值	－5.036*** （－1.514）	－4.941** （－1.498）	－1.715*** （－3.316）	－1.356*** （－6.709）
客运量	－2.591*** （－1.48）	－1.988** （－1.4）	－0.539** （－0.794）	
外商直接投资	12.324*** （－1.873）	11.318** （－1.859）	0.604** －0.825	

（续表）

	模型 1	模型 2	模型 3	模型 4
邮电业务总量客运量	−0.664*** (−1.084)	−0.628 * (−0.831)		
全社会固定资产投资（万元）	−8.864** (−1.055)	−8.143 * (−0.843)		
一般财政预算支出	−7.426** (−1.03)	−6.324 * (−0.945)		
公路里程	−0.287 * (−0.465)			
工业产值占工农业产值比例	−0.527 (−0.269)			
第二产业产值占总产值比例	−0.509 (−0.216)			
R2	0.949	0.943	0.883	0.874
Prob（F）	0.104	0.041	0.001	0.000
DW	2.786	2.829	2.941	2.850
N	15	15	15	15

说明：***，**，* 分别表示通过 1%，5%，10% 显著性检验，括号中为各参数的 t 值。

在上述回归分析中，由于数据的量纲差别过大，为了消除量纲对模型参数结论的影响，首先对所有数据进行了标准化，同时为了剔除自变量之间的多重共线性，模型删除了部分相关性过强的指标，保留部分指标。

模型 1 保留 11 个指标，通过最小二乘回归，得到线性拟合度为 0.949，F 检验大于 0.05，说明模型不成立，且公路里程（公里）、工业产值占工农业产值比例（%）、第二产业产值占总产值比例（%）没有通过 t 检验，因此进一步剔除，得到模型 2。模型 2 的拟合度为 0.943，接近 1，且通过了 F 检验，说明剔除的指标对模型影响不显著，可以剔除。从结果可以看出，年末总人口和外商直接投资对重庆市直辖以来的区域空间结构参数呈现正相关关系，且影响程度呈现放大的趋势，说明人口的增加是导致目前重庆市区域空间结构变化的主要正影响因素。外商直接投资的增加也同样造成了重庆市 1997 年以来帕累托指数的增加。

模型 3 和模型 4 进一步加强了 t 检验的强度，删除未通过检验的指标。可以看出在模型 3 中，第三产业产值占总产值比例（%）、进出口总值（万美元）、客运量（万人次）与重庆区域空间结构变化呈现负相关，即目前的区域空间结构变化并不是由于上述三种影响因素的增加而有所提高。值得思考的是，进出口总值和外商直接投资的影响方向相反，说明重庆市区域空间结构的变化对外依存度并不是简单的正向或是负向，而是要看两者的综合影响程度。

因此，从上述回归分析可以看出，在 0.1 的置信区间下，第三产业产值占总产值比例（%）、年末总人口（万人）、进出口总值（万美元）、客运量（万人次）、外商直接投资（万美元）、邮电业务总量客运量（万元）、全社会固定资产投资（万元）、一般财政预算支出（万元）对重庆市的区域空间结构存在显著影响。从 DW 检验可以看出，序列存在相关性，因此后文将通过聚类和因子分析，得到更精确的结论。

7.3 重庆市空间经济发展差距

7.3.1 相对差距和绝对差距

重庆市汇集了我国东、中、西部的三个区域的阶段性矛盾，地区之间发展水平差异大、城市与农村的二元结构矛盾突出是重庆市区域发展的两个重要方面。区域差异是空间结构的静态表现，区域经济发展的差异必然会影响到区域空间结构的变动，重庆直辖以来，区域经济得到了较快发展，但不同地区的经济发展差距仍然很大。

测量区域经济发展差距的方法有标准差指数、变异系数、极差与极比指数、基尼系数、广义熵指数和锡尔指数等，这里采用标准差指数（S）和变异系数（V）来分别表述区域经济发展的绝对差距和相对差距。根据重庆市历年统计数据计算出重庆市区域经济发展的标准差系数和变异系数，结果如表 7—3—1：

表 7—3—1　重庆市区域经济发展的标准差系数和变异系数

年份	标准差	变异系数	标准差变动幅度	变异系数变动幅度
1996	1893.93	0.614		
1997	2116.24	0.601	222.31	−0.013

（续表）

年份	标准差	变异系数	标准差变动幅度	变异系数变动幅度
1998	2235.09	0.623	118.85	0.022
1999	2284.23	0.604	49.14	−0.019
2000	2365.66	0.621	81.43	0.017
2001	2647.57	0.595	281.91	−0.026
2002	3003.20	0.599	355.63	0.004
2003	3269.48	0.510	266.28	−0.089
2004	3687.48	0.485	418	−0.025
2005	4001.65	0.463	314.17	−0.022
2006	4563.71	0.477	562.06	0.014
2007	5535.46	0.475	971.75	−0.002
2008	10408.83	0.678	4873.37	0.203
2009	11512.19	0.633	1103.36	−0.045
2010	13664.54	0.618	2152.35	−0.015
2011	11424.99	0.443	−2239.55	−0.175

资料来源：根据历年统计年鉴数据整理计算。

除了 2011 年成为直辖市以来重庆市区域经济的标准差指数逐年增加，变异系数变动比较频繁，总体上看区域经济内部差距呈扩大的趋势。绝对差距方面，标准差指数从 1996 年的 1893.93 上升到 2011 年的 11424.99，增长了 6 倍多，从标准变差变动幅度来看，2007 年以前变动幅度相对平缓，到 2008 年的时候急剧增大，幅度达到最大值 4893.37，之后呈现下降上升再下降至 2011 年的负值，标准差减小有可能存在行政区划调整原人均 GDP 值居于前列的双桥区撤销的影响。可见重庆市区域经济的相对差距的扩大不是均匀的，未来一段时间其变化趋势还难以预料，但区域发展的差异在很长一段时间将继续存在。

从反映相对差距的变异系数来看，1996—2000 年出现下降上升下降上升的变化过程，2000 年到 2007 年基本上呈现下降的趋势，由 2000 年的 0.621 下降到 2007 年的 0.457，2008 年有所上升，之后出现一直下降至 2011 年的 0.443，从变异系数的变动幅度来看，2003 年以前呈现正负交替变化，到 2008 年变动幅度达到最大正值 0.203，2011 年达到最小负值 0.175。从相对差距来看，研究区域的区域差距变动相对平缓，与绝对差距的剧烈变动趋势有所不同，这是因为当区域的总体经济发展水平保持一致时，绝对差距和相对差距才保持一致，但2011年都出现缩小的趋势。经济发展速度区域发展的差异一方面是体现在中西部地区和东北东南部地区，而东南部和东北部城市之间的经济发展水平较为一致。

7.3.2 区域差距的地区分解

为了更全面地分析地区差距的成因及趋势，需要对区域差距进行分解，其中泰尔系数（Theil index）便是一个很好的方法，它是由计量经济学家泰尔利用信息理论中的熵概念来计算收入不平等而得名，后来成为计算不平等系数的一种工具。由于指数的可加性，泰尔指数在区域经济差距方面有着广泛运用，它可以来衡量区域经济发展的不平等过程及空间结构的变化。本节将研究区域划分为相对发达的一小时经济圈和相对不发达的渝东北翼和渝东南翼，利用泰尔指数的基本公式进行计算，分别衡量重庆市整体区域内部的差异，三大区域各自内部的差异，区域之间的差异，其结果如表7－3－2。

表7－3－2　重庆市人均GDP的泰尔指数及其构成

年份	泰尔系数					泰尔系数的构成（%）				
	全市	一圈	渝东北	渝东南	地带间	全市	一圈	渝东北	渝东南	地带间
1998	0.1211	0.0555	0.0107	0.0136	0.0413	100.0	45.8	8.8	11.3	34.1
1999	0.1205	0.0530	0.0115	0.0141	0.0419	100.0	43.9	9.5	11.7	34.8
2000	0.1309	0.0552	0.0141	0.0195	0.0421	100.0	42.2	10.8	14.9	32.2
2001	0.1455	0.0570	0.0152	0.0216	0.0518	100.0	39.2	10.4	14.8	35.6
2002	0.1364	0.0556	0.0150	0.0235	0.0422	100.0	40.8	11.0	17.2	30.9
2003	0.1350	0.0541	0.0152	0.0232	0.0425	100.0	40.1	11.3	17.2	31.5
2004	0.1319	0.0499	0.0164	0.0228	0.0429	100.0	37.8	12.4	17.3	32.5
2005	0.1566	0.0688	0.0181	0.0248	0.0449	100.0	43.9	11.6	15.8	28.7
2006	0.1629	0.0692	0.0205	0.0263	0.0468	100.0	42.5	12.6	16.2	28.7
2007	0.1610	0.0677	0.0225	0.0250	0.0457	100.0	42.1	14.0	15.6	28.4
2008	0.2045	0.0814	0.0408	0.0373	0.0450	100.0	39.8	20.0	18.2	22.0
2009	0.2049	0.0809	0.0411	0.0377	0.0452	100.0	39.5	20.1	18.4	22.1
2010	0.2356	0.0950	0.0661	0.0304	0.0441	100.0	40.3	28.1	12.9	18.7
2011	0.2096	0.0754	0.0613	0.0291	0.0438	100.0	36.0	29.2	13.9	20.9

数据来源：根据历年重庆市统计年鉴整理计算。

重庆市的泰尔指数总体呈现上升的趋势，直到 2011 年指数值有所下降，1998 年到 2011 年上升了 42.22%，一小时经济圈的泰尔指数呈现波动性的增长，渝东北翼的泰尔指数逐年增大，到 2010 年达到最大值 0.0661，渝东南翼的指数变动较为平缓。地带间的指数值 2001 年的时候达到最大值 0.0518，其余时间段的变动不大，基本持平。从它的构成比例来看，对重庆市总体差距影响最大的是一小时经济圈地区，平均贡献率为 40.99%；其次是地带间的差距，平均贡献率为 28.65%。东南部地区和东北部地区的平均贡献率分别为 15.39%，14.99%，一小时经济圈对总体的贡献率呈现下降的趋势，而渝东北翼却逐年上升，2008 年超过东南翼，到 2011 年达到最大值 29.2%，渝东南翼的贡献率是先上升，后下降，地区间的贡献率呈现波动式的下降趋势。可见区域差距的主要来源是区域内部差距的扩大，一小时经济圈的贡献率最大，原因与区域划分有关，圈中的都市地区与一些相对落后的地区差距较大，但其贡献率的减小说明其内部差距区域有所缩小，东北部地区的差距贡献率有所上升有可能是地区内有新的增长极出现，拉大了地区内的差距。东南翼的城市数量与规模少，城市之间发展差距不大，对区域总体差距的贡献也相对较少。地区间的泰尔指数值比较稳定，贡献率也有所下降，说明区域间的发展还比较平衡，并呈现缩小的趋势，说明直辖以来的城乡统筹发展和区域一体化建设有所成效。

7.3.3 区域差距的产业分解

产业结构的演变直接影响到区域发展的差异，加权变异系数的分解方法可以很好地衡量各产业部门对区域发展差异的影响程度，进而研究区域空间的演化趋势。这里将产业划分为三次产业，其计算公式为：

$$CV_w^2 = Z_1^2 CV_{w1}^2 + Z_2^2 CV_{w2}^2 + Z_3^2 CV_{w3}^2 + 2Z_1Z_2COW_w(1,2) + 2Z_1Z_3COW_w(1,3) + 2Z_1Z_2COW_w(2,3) \quad (7.3.1)$$

其中，Z 代表各产业部门产值占总产值的比重，CV 为加权变异系数，$COV(j,k)$ ① 为 j、k 部门间的加权协方差变异系数。另外还可以根据公式 $Z_i^2 CV_{wi}^2/CV_w^2$ 分别求出各产业对总体差距 CV_w 的贡献。

根据上述方法，分别求出重庆市区域人均 GDP 的加权变异系数 CV_w，第一、第二、第三产业人均 GDP 的加权变异系数 CV_{wi} 以及各产业对总体贡献差距的百

---

① $CV_{wj} = \dfrac{\sqrt{\sum_{i=1}^{n}(Y_{ij}-\overline{Y_j})^2\dfrac{P_i}{P}}}{Y_j}$，$COV_w(j.K) = \dfrac{1}{\overline{Y_j}}\dfrac{1}{\overline{Y_k}}\sum_{i=1}^{n}[(Y_{ji}-\overline{Y_k})\dfrac{p_i}{p}]$，其中 CV_{wj} 为部门 j 的加权变异系数，Y 代表各自的人均水平，n 为产业部门数，P 为人口

分比 PCV_i，R 为各产业占 GDP 的比重，结果如表 7－3－3：

表 7—3—3 重庆市三次产业对区域发展差距贡献表

CV_w	CV_{w1}	CV_{w2}	CV_{w3}	PCV_{w1}	PCV_{w2}	PCV_{w3}	R_1	R_2	R_3
0.541	0.325	0.721	0.625	1.487	32.99	17.87	0.203	0.431	0.366
0.545	0.311	0.698	0.633	1.15	29.21	20.51	0.188	0.422	0.39
0.553	0.286	0.69	0.631	0.791	27.46	21.67	0.172	0.42	0.408
0.566	0.277	0.773	0.64	0.605	33.53	22.23	0.159	0.424	0.417
0.563	0.273	0.743	0.649	0.522	31.6	24	0.149	0.426	0.425
0.571	0.27	0.745	0.655	0.45	31.326	24.21	0.142	0.429	0.429
0.582	0.276	0.756	0.661	0.397	33.26	23.08	0.133	0.444	0.423
0.576	0.274	0.752	0.663	0.449	35.13	21.73	0.141	0.454	0.405
0.578	0.255	0.749	0.665	0.349	34.15	22.79	0.134	0.451	0.415
0.573	0.263	0.744	0.667	0.206	38.68	24.13	0.099	0.479	0.422
0.569	0.251	0.733	0.665	0.206	42.65	20.77	0.103	0.507	0.39
0.565	0.249	0.722	0.664	0.19	45.52	19.21	0.099	0.528	0.373
0.561	0.248	0.721	0.668	0.169	46.04	20.36	0.093	0.528	0.379
0.567	0.245	0.719	0.701	0.138	48.64	20.25	0.086	0.55	0.364
0.552	0.239	0.715	0.711	0.132	51.49	21.74	0.084	0.554	0.362

数据来源：根据重庆市历年统计年鉴整理计算。

重庆市第一产业对区域发展差异的贡献最小，并呈下降的趋势，第二产业对区域差距的贡献最大，呈上升趋势，第三产业对区域差距的作用也不可忽视，有增大的趋势。

7.3.4 综合发展水平空间演变

本节选取重庆市所有区县作为研究对象，每一个区县作为一个独立研究单元，选取 1990 年、1997 年、2005 年、2011 年四个年份的数据，其中 1990 年、1997 年、2005 年有 32 个研究单元，2011 年行政区划有所调整为 30 个研究单元。在参考大量相关文献的基础上，根据指标选取的系统性、完整性、有效性以及可比性，选取分别反映人口发展、经济增长、交通发展、产业结构的指标。最终选取指标如表 7－3－4，其中数据主要来源于重庆市历年统计年鉴，1990 年数据部分来源于四川省统计年鉴。

表 7—3—4　各个年份所选取的指标

年份	选取的指标
1990	年末总人口、非农业人口占总人口比例、人均 GDP、人均地方财政一般预算收入、人均城乡居民储蓄余额、在岗职工平均工资、人均社会消费品零售总额、工业产值占工农业产值比例
1997	人均国内生产总值、年末总人口、工业产值占工农业产值比例、人均财政收入、非农业人口占总人口比例、人均城乡居民储蓄余额、在岗职工平均工资、人均社会消费品零售总额、人均全社会固定资产投资总额、年客运量、年货运量、农民人均收入
2005	人均 GDP、非农业人口所占比例、第二产业产值占总产值比例、第三产业产值占总产值比例、人均财政收入、人均社会消费品零售额、人均城乡居民储蓄存款余额、人均固定资产投资、职工平均工资、工业产值占工农业产值比重、年末总人口、客运量、货运量、农村居民人均纯收入
2011	人均 GDP、非农业人口所占比例、第二产业产值占总产值比例、第三产业产值占总产值比例、人均财政收入、人均社会消费品零售额、人均城乡居民储蓄存款余额、人均固定资产投资、职工平均工资、工业产值占农业产值比重、年末总人口、客运量、货运量、农村居民人均纯收入

对上述指标数据采集后，运用 SPSS 软件降维功能进行因子分析，按照初始特征值大于 1 的原则提取有效因子，选用回归的方法将主因子得分保存为变量，根据旋转后的各因子方差所占比重为综合权重，计算各研究单元的综合实力得分。各地区综合实力得分如表 7—3—5。

表 7—3—5　不同年份重庆市各城市综合实力得分与排序

地区	1990 年		1997 年		2005 年		2011 年	
	综合得分	排序	综合得分	排序	综合得分	排序	综合得分	排序
都市区	1.165894	3	1.794446	2	1.908898	1	2.918162	1
长寿县	0.964231	4	1.01142	4	0.648896	4	0.322923	4
綦江县	0.459208	5	0.388667	7	0.100785	14	0.236985	7
黔江	0.43586	6	−0.05735	16	0.026887	16	0.037122	11
南川	0.420379	7	0.349457	8	0.234833	9	−0.0316	14
涪陵	0.29123	8	0.464315	6	0.545846	5	0.453246	2

（续表）

地区	1990 年		1997 年		2005 年		2011 年	
	综合得分	排序	综合得分	排序	综合得分	排序	综合得分	排序
永川县	0.04219	9	0.260741	11	0.353078	7	0.283418	5
璧山县	0.012766	10	0.517122	5	0.865806	3	0.281725	6
荣昌县	−0.02272	11	0.275026	10	0.039667	15	−0.01903	13
武隆	−0.03275	12	−0.17971	17	−0.10881	19	−0.05977	15
江津县	−0.04288	13	0.346664	9	0.296856	8	0.06397	9
铜梁县	−0.0631	14	0.184653	12	0.389888	6	0.083822	8
合川县	−0.10806	15	−0.00279	15	0.117781	13	0.060634	10
梁平	−0.21965	16	−0.40454	20	−0.00788	18	−0.31928	23
巫山	−0.221	17	−0.62869	24	−1.00026	31	−0.44294	27
丰都	−0.23737	18	−0.33489	19	−0.48482	25	−0.27613	22
潼南县	−0.2546	19	−0.24088	18	−0.38502	22	−0.24906	19
垫江	−0.26036	20	−0.40454	20	0.118565	12	−0.21261	18
秀山	−0.26934	21	−0.73457	28	−0.34084	21	−0.37301	24
石柱	−0.28918	22	−0.45796	22	−0.44129	24	−0.2610	21
忠县	−0.38573	23	−0.64885	25	−0.49848	26	−0.13759	16
万县	−0.42501	24	0.036467	14	0.131923	11	0.452472	3
奉节	−0.44136	25	−0.71832	26	−0.59076	28	−0.38568	25
彭水	−0.46279	26	−0.72922	27	−0.54892	27	−0.3898	26
大足县	−0.47429	27	0.03777	13	0.004288	17	−0.0183	12
开县	−0.51162	28	−0.61509	23	−0.25663	20	−0.18324	17
城口	−0.53323	29	−0.79611	29	−0.39842	23	−0.53148	30
云阳	−0.56687	30	−0.79648	30	−0.62585	29	−0.26042	20
巫溪	−0.59106	31	−1.02387	32	−1.07556	32	−0.51483	28
酉阳	−0.60867	32	−0.95209	31	−0.93934	30	−0.53013	29
双桥区	1.98785	1	3.036121	1	1.702388	2		
万盛区	1.239486		1.037207	3	0.216474	10		

重庆市综合实力得分最高的城市有所变化，都市区在直辖以前还不是位于

第一位，直辖以后其位序逐渐上升为第一位，1990年和1997年位于第1位的是双桥区，万盛区也位于前列，这主要是由于双桥区是重型汽车生产基地，工业基础雄厚，人均GDP的产值高，万盛区是老工矿城市，经济发展水平较高。排名前十位的城市中，黔江变化较大，由1990年的第6位下降为2005年的16位，2011年上升至11位，这原因可能是由于行政区划变动，丧失了一定的行政资源优势。其余前十的城市中，涪陵与万州借助区位优势，综合实力地位一直处于上升的趋势，其作为区域中心城市的地位明显加强。处于中间地位的城市变化比较频繁，这反映城市之间的差距不断变化，综合实力排名落后的几个城市变化不大，这与它们的发展动力不足有关，大足区和綦江区分别并入双桥区和万盛区两个实力靠前的城市之后，综合实力有所提高。综合分析得出，重庆市都市区的综合实力提升得很快，到2011年与排名第2的城市差距大，其核心地位突出，另外涪陵、万州、永川、黔江、合川、江津的综合实力排序在2011年都提高，其中涪陵、万州、永川位于前五位。排名前列的城市都属于区域中心城市或资源工矿型城市，排名落后的都还属于农产品加工城市。

根据上述各研究单元的综合实力得分，利用SPSS的层次聚类分析法，对地区进行排序和分类，根据地区的发展水平通常可以分为发达地区、次发达地区、不发达地区、落后地区四类，因此这里也选择分为4类进行研究。

1990年得分最高的地区是双桥区属于I类地区，II类地区只有都市区在内的三个，III类地区只有4个，IV类地区占绝大多数（表7—3—6）。

表7—3—6 1990年重庆区县综合实力分类

类型	得分区间	地区
Ⅰ	1.239—1.988	双桥
Ⅱ	0.964—1.240	都市区、南桐、长寿
Ⅲ	0.291—0.460	綦江、涪陵、南川、黔江
Ⅳ	−0.609—0.042	江津、合川、潼南、铜梁、永川、大足、荣昌、璧山、万州、开县、忠县、梁平、云阳、奉节、巫山、巫溪、城口、垫江、丰都、武隆、石柱、彭水、酉阳、秀山

1997年的第Ⅰ类和第Ⅱ类地区的城市未变，都市区的综合实力上升至第二位，第Ⅲ类地区和第Ⅳ类地区变化较大，Ⅲ类地区由原先的4个突增至18个，呈现出向都市区集聚的趋势，远离都市区的东北地区和东南地区的城市依旧发展缓慢，综合实力未见提升（表7—3—7）。

表 7—3—7 1997 年重庆区县综合实力分类

类别	得分区间	区县
Ⅰ	1.794—3.037	双桥区
Ⅱ	1.011—1.792	都市区、万盛区、长寿县
Ⅲ	−0.458—0.518	綦江县、南川、江津、潼南、铜梁、大足、荣昌、璧山、永川、合川、万州、梁平、涪陵、垫江、丰都、武隆、石柱、黔江
Ⅳ	−1.024—0.615	开县、忠县、云阳、奉节、巫山、巫溪、城口、秀山、酉阳、彭水

2005 年都市区的实力跃居第一位，核心地位开始凸显，Ⅰ类地区和Ⅱ类地区有所变化，Ⅰ类地区个数变为 2 个，Ⅱ类地区中万盛由之前的第Ⅱ类降至Ⅲ类地区，璧山和涪陵综合实力提升为Ⅱ类地区，Ⅲ类地区个数从 1997 年的 18 个减少为 14 个，Ⅳ类地区的数量变为 13 个（表 7—3—8）。

表 7—3—8 2005 年重庆区县综合实力分类

类别	得分区间	区县
Ⅰ	1.702—1.909	都市区、双桥
Ⅱ	0.545—0.866	璧山、长寿、涪陵
Ⅲ	−0.109—0.390	铜梁、永川、江津、南川、万盛、万州、垫江、合川、綦江、荣昌、黔江、大足、梁平、武隆
Ⅳ	−1.076—0.255	开县、秀山、潼南、城口、石柱、丰都、忠县、彭水、奉节、云阳、酉阳、巫山、巫溪

2011 年都市区的综合实力进一步加强，且与排在第二位的城市差距明显，II 类地区由之前的 3 个增加至 6 个，东北区域的中心城市万州由 III 类地区上升为 II 类地区，都市区周边的涪陵、永川、綦江、璧山综合实力增强，也跃居 II 类地区，III 类地区数量减少至 8 个（表 7—3—9）。

表 7—3—9 2011 年重庆区县综合实力分类

类别	得分区间	区县
Ⅰ	0.454—2.919	都市区
Ⅱ	0.236—0.454	涪陵、长寿、永川、綦江、璧山、万州

（续表）

类别	得分区间	区县
Ⅲ	－0.060—0.084	江津、合川、南川、大足、铜梁、荣昌、黔江武隆
Ⅳ	－0.5315—0.137	潼南、梁平、城口、丰都、垫江、忠县、开县、云阳、奉节、巫山、巫溪、石柱、秀山、酉阳、彭水

从空间分布上来看，中西部地区与东南部、东北部地区差距明显，Ⅰ类地区不同年份都是位于中西部地区，Ⅱ类地区中除了2011年的万州位于东北部地区，其余皆位于中西部地区（表7—3—10）。1990年前三类8个地区中有7个位于位于中西部地区，只有1个位于东南部，1997年中西部地区的城市全部属于前三类地区，东南和东北部地区分别有3个和4个少数的Ⅲ类地区，其余全为Ⅳ类地区，2005年，Ⅲ类地区中有3个位于东北部，2个位于东南部，9个位于中西部，中西部地区的潼南地位下降为Ⅳ类地区，其余Ⅳ类地区皆位于东南和东北地区。2011年，Ⅱ类地区中增加了东北部的万州区。Ⅲ类地区其中2个位于东南部地区，6个位于中西部地区。

表7—3—10　重庆各时期区县类型空间分布

时间	类型	中西部地区		东南部地区		东北部地区	
		数量（个）	比重（%）	数量（个）	比重（%）	数量（个）	比重（%）
1990	Ⅰ	1	100.00	0	0.00	0	0.00
	Ⅱ	3	100.00	0	0.00	0	0.00
	Ⅲ	3	75.00	1	25.00	0	0.00
	Ⅳ	8	33.33	5	20.83	11	45.83
1997	Ⅰ	1	100.00	0	0.00	0	0.00
	Ⅱ	3	100.00	0	0.00	0	0.00
	Ⅲ	11	61.11	3	16.67	4	22.22
	Ⅳ	0	0	3	30.00	7	70.00
2005	Ⅰ	2	100.00	0	0.00	0	0.00
	Ⅱ	3	100.00	0	0.00	0	0.00
	Ⅲ	9	64.29	2	14.29	3	21.43
	Ⅳ	1	7.7	4	30.77	8	61.54

（续表）

时间	类型	中西部地区		东南部地区		东北部地区	
		数量（个）	比重（%）	数量（个）	比重（%）	数量（个）	比重（%）
2011	Ⅰ	1	100.00	0	0.00	0	0.00
	Ⅱ	5	83.33	0	0.00	1	16.67
	Ⅲ	6	75.00	2	25.00	0	0
	Ⅳ	1	6.67	4	26.67	10	66.67

根据的不同单元的综合实力差异及类型，绘制出各个年份的重庆市空间演变格局差异图，可以发现重庆市区域空间结构的差异特征（图 7－3－1）。

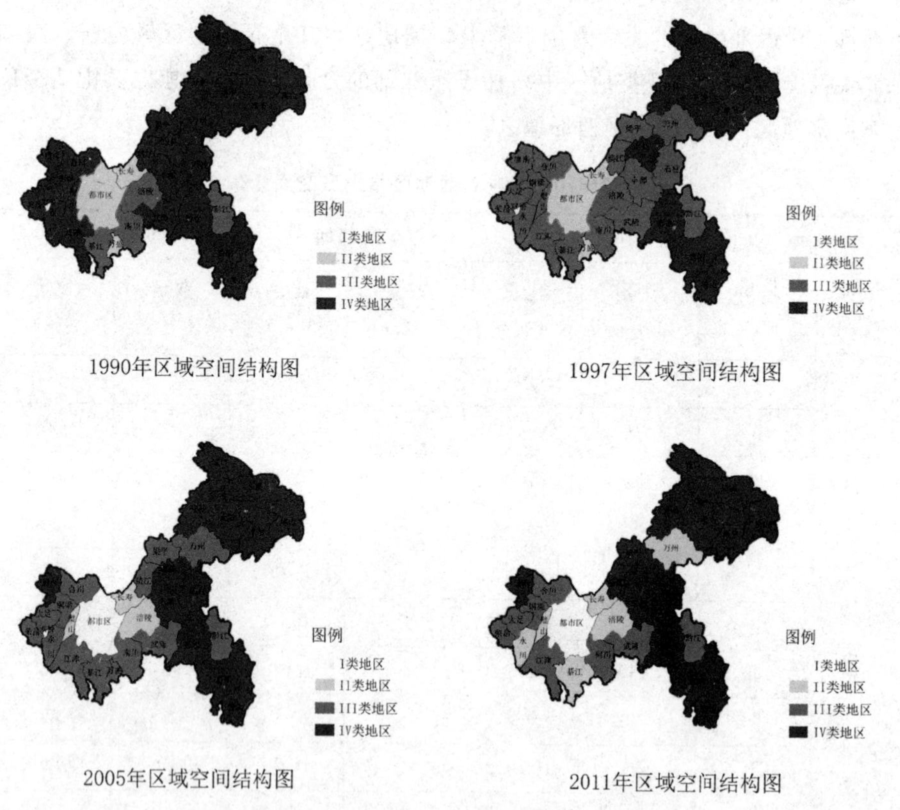

图 7－3－1 重庆市区域空间结构演图

第一，核心一边缘结构明显。从四个年份的空间演变的总体格局来看，综合实力位于前三类的几乎都集中在重庆中西部地区，以都市区为主导的中西部区域是重庆区域发展的核心地区，综合实力处于末尾的地区都是分布在渝东北、渝东南地区，是区域发展的边缘地区，从都市区向外经济时能逐渐降低，总体上核心—边缘结构突出，区域发展水平“西高东低”格局明显。

重庆市直辖以后，都市区发展迅速，与周边地区的差距拉大，其核心地位凸显，对周边区域的影响主要是集聚作用（表 7—3—11）。从时间序列看来，研究区域的空间结构经历了不均衡的发展过程，区域空间结构的差异层次逐渐明显，直辖以前，呈现都市区与其余地区两级分化的特点，代表不发达的 IV 类地区占了绝大多数，1990 年占整个区域的 75%，直辖以后区域空间发展逐渐向都市区集聚，II 类地区和 III 类地区数量增多，且变化较为频繁，这些城市的内部差距也在扩大。

表 7—3—11　核心区与外围区的主要发展指标对比

地区	城镇化率	总人口	人均GD	城镇居民人均可支配收入	农村居民人均纯收入	人均财政收入	三次产业结构比例	全社会固定资产投资占全市总投资比例
都市区	85.6	622.85	57553	21955	—	7429	2：53：45	0.38
一小时经济圈	66.2	1866.74	43500	20445	8730	6045	6：56：37	0.74
两翼	35.1	1463.07	19761	16048	5662	1860	15：52：32	0.26
全市	55	3329.81	34500	20250	6480	8735	8：55：36	1

资料来源：根据重庆市统计年鉴 2011 计算整理。

第二，点—轴结构逐步形成。直辖以后，都市区作为增长极的作用明显，起到行政中心以及经济中心作用。另外也有新的增长极萌芽，比如渝东北翼的中心城市万州以及渝东南翼的中心城市黔江，但其辐射能力有限，渝东南地区和渝东南地区的城市大多发展相对缓慢，变化不大，随着重庆区域一体化发展以及交通网络的不断完善，区域空间总体结构正逐步形成点轴状发展格局，即以一小时经济圈为核心，沿着东北、东南方向的两条交通干线为两条发展轴，即大致形成了“大”字型空间结构。核心区域一小时经济圈出现网络结构的雏形，但边缘地区总体上却表现为低层次的相对均衡发展，呈现点状结构。

第三，极化—扩散现象并存。重庆市以都市区为核心的区域极化作用不断加强，且与边缘地区的差距拉大，都市区对周边地区的作用主要是集聚作用。

1990年以来，区域发展水平最高的地区一直位于中西部地区，核心地区的城市发展的平均速度快过边缘地区的城市。另一方面，都市区的城市规模扩大，围绕其周围的城市规模也在扩大，这表现在受产业结构升级、生产成本提高以及环境等因素的影响，经济要素开始向外围扩散，比如涪陵和长寿作为都市区重要产业转移地区，其综合实力得分分别为第2位和第4位。但都市区与沿海发达地区大都市相比，仍存在一定差距，作为核心城市的辐射能力有限，主要是对周围地区、对边缘地区影响甚微。核心城市与外围城市的集聚扩散作用将长期存在，并影响着整个区域的空间结构。

7.3.5 区域空间相互作用

上述分析可知，区域空间结构西高东低格局明显，而区域的发展离不开区域内城市之间的相互联系作用，一个城市不仅对它直接吸引范围内的低位次城镇和区域有吸引力和辐射力，同时也受更高位次城市或更发达区域的吸引和辐射，区域内空间作用的大小和方向不仅反映了中心城市对周围地区的辐射能力，同时也反映了周围地区对它的接受能力。作用的方向表明了区域空间发展的方向，区域空间的拓展方向应该以区域空间主要联系方向相适应，以更好地促进区域空间结构的有序高效的运行。受空间作用的牵引，区域空间结构也随之发生变化。区域空间相互作用的引力模型便是对这一现象的描述。基于此，本节从对不同年份的重庆区域空间相互作用力分析的角度，进一步探索重庆是区域空间结构演变的特征与规律。

传统引力模型假设城市之间引力的大小可用城市规模和空间距离定义且系统具有广义的分形性质，则有城市之间的引力公式：

$$I_{ij} = \frac{(W_i P_i)(W_j P_j)}{D_{ij}^b} \tag{7.3.2}$$

其中，为 i,j 两个城市的相互作用量，W_i,W_j 是经验确定的权数，P_i,P_j 是 i,j 两个城市的人口规模，D_{ij} 是两个城市之间的距离。b 为测量距离摩擦作用的指数。

传统引力模型未考虑区域空间发展的一些特点、规律及影响因素等，城市规模单纯地用人口来表示，而空间距离的概念不能准确的体现两个城市的引力关系。鉴于此，本节运用综合实力指标对原引力模型中人口规模进行修正，综合指标能更全面地反映各城市的规模特征，引用时间距离的概念对城市空间距离进行修正，交通是影响重庆区域发展的重要因素，时间距离能更好地反映重庆市区域空间联系的特征。

时间距离通过测算城市之间的公路里程以及行车速度得出，公路的等级不同行车时速也有所不同，根据《中华人民共和国公路工程技术标准》以及重庆公路发展的实际情况，将高速公路的时速$V_A=100\text{km/h}$，一般等级公路的时速为$V_B=60\text{km/h}$，1990 年行车时速为$V_A=40\text{km/h}$，时间距离的计算公式为 $D_{ij}=D/v$，其中 D 为两城市之间的公路里程，v 为行车速度。最后得出修正后的引力公式：

$$R_{ij}=GM_iM_j/D_{ij}^b;F_{ij}=R_{ij}/\sum_{j=1}^{n}R_{ij};R_i=\sum_{j=1}^{n}R_{ij} \tag{7.3.3}$$

其中：R_{ij} 是城市 i 与 j 之间的相互作用强度，F_{ij} 是经济联系隶属度，R_i 是 i 城市对外的经济联系总量，M_i、M_j 分别为两个城市的综合实力，D_{ij} 为时间距离。这里命 $G=1$，$b=2$（唐娟等，2009）。

本节选取重庆市 1990 年、1997 年、2004 年、2011 年的数据进行比较分析，时间距离的计算根据具体的道路情况分别计算。表 7－3－5 中的计算结果加 2 使之全部变为正数，得到不同年份的城市综合实力指标值，根据上述方法计算出重庆市区域不同城市间的相互作用强度、经济联系隶属度、城市对外联系总量。根据各个年份的计算结果，分别画出重庆市各个城市之间相互作用力大于 2 的经济联系图，如图 7－3－2。

1990年区域空间相互作用联系图

1997年区域空间相互作用联系图

2005年区域空间相互作用联系图

2011年区域空间相互作用联系图

图 7－3－2　重庆市区域空间相互作用力演变图

第一，核心城市都市区对外作用力增强。1990 年都市区对外作用力从 1990 年的 23.63 上升到 2011 年的 219.58，作用力大于 2，即主要联系方向从 1990 年的只 3 个城市，到 2011 年由 17 个城市，2011 年与中西部地区的每个城市都有联系，其中与多个城市的作用力大小甚至超过 20。综合看来，核心城市主要是对周边地区即中西部地区有强大的吸引力和辐射力，其中与邻近其西侧的璧山和东侧的长寿的经济隶属度最大，这两个城市都是区域中的重要工业基地，它们对都市区的影响也最大。2011 年都市区与东北地区的中心城市万州作用力大小只有 1.63，这主要是受时间距离影响，与东南部中心城市黔江的作用力大小只有 1.2，这与距离和黔江城市实力偏弱有关，都市区对东北地区和东南地区的城市作用强度大于 2 的只有东北部的忠县、垫江、梁平以及东南部的武隆，这几个城市都位于两主要交通轴线干道上。从 1990 年到 2011 年都市区与中西部地区的相互作用已逐步呈现出典型的圈层状分布特征。

第二，区域中心城市对外作用力加大。按照重庆规划中对区域中心城市的划分（包括万州、永川、合川、黔江、涪陵、江津），其中永川、合川、涪陵、江津位于中西部地区，彼此之间的联系从 1990 年到 2011 年变得较为紧密，对其周边城市的作用较大，但与东北部和东南部地区的城市作用力依旧小，其中永川、合川、江津与东南东北部地区没有作用力大于 2 的城市，涪陵和只有东南地区的武隆联系紧密，东北区域的中心城市万州对外主要作用力方向全部都是东北部地区的城市，包括奉节、梁平、云阳、垫江、开县 5 个城市。东南区域中心城市黔江对外主要作用方向只有东南地区武隆、彭水、酉阳。可见这些区域中心城市主要是对各自区域范围内的城市影响大，中西部地区的中心城市与东北东南地区的中心城市彼此作用力小，其中中西部地区的中心城市的对各自区域范围的辐射覆盖面全，而万州和黔江分别对东北地区和东南地区的城市作用数量少，范围小。

总体而言，纵观 1990 年到 2011 年的区域空间相互作用，重庆市区域空间发展呈现西高东低的势态。随着交通基础设施的发展，区域城市之间的相互作用变得更加频繁。1990 年还没有高速公路，区域内尤其是东北东南偏远山区的道路基础非常差，除了中西部地区少数城市相互作用力较强以外，其余地区相互作用力非常微弱，到 1997 年第一条高速公路成渝高速建成，加速了区域向西的发展，西部地区的城市联系开始变得紧密，但区域内的高速公路里程只有 114 公里，整个区域的空间格局改善不大。直辖以后重庆市大力推进交通建设，到 2005 年，高速公路里程达 748 公里，城市之间的相互作用联系也迅速变得紧密，但也主要体现在中西部地区的城市之间，核心地区向外拓展的范围有限。

2011年区域内高速公路里程达1861公里，几乎覆盖区域内全部城市，依托渝宜、渝湘等高速公路，都市区与对外的联系方向逐渐向东北、东南地区的城市拓展，整个区域空间发展呈现点—轴式空间结构，但区域内的中西部、东北东南部的空间结构差异大，其中中西部地区以都市区为核心相互联系紧密，逐渐形成网络状的空间相互作用局面，而东南地区和东北地区各自区域内相互作用弱，主要是呈现单轴空间分布，另外仍有巫溪、城口两个城市游离于区域相互作用影响范围之外，这与前面提到的此类城市有交通线无生产线有关。

重庆市区域空间的主要发展方向是，以都市区为核心的一小时经济圈有趋于成熟之势，核心区域向东北区域逐步形成（依次经过垫江、忠县、梁平、万州、开县、云阳、奉节、巫山）的东北发展轴，向东南区域逐步形成（依次经过武隆、彭水、綦江、酉阳、秀山）的东南发展轴。重庆都市圈区域内部差异虽然很大，但城市之间的空间相互作用有不断增强的趋势。

7.4 重庆市区域空间结构综合评价

7.4.1 区域空间结构优化模型分析

空间结构的调整和优化可以起到优化资源配置和促进区域可持续发展的作用。重庆市区域经济发展极不平衡，这就需要对区域空间结构进行优化以达到一个合理的发展水平，进而促进区域一体化可持续发展。区域空间结构是一个复杂的系统，需要构建一套能从总体格局以及整体协调角度进行评价的指标体系，功效函数被认为是一种实用有效的，具有高效准确性的综合评价方法，即将每个评价指标按照一定的方法无量纲化，变作对评价问题测量的一个量化值，这里便借助这一方法衡量重庆市空间结构的优化过程。

区域空间结构优化的具体指标。在参考大量相关文献的基础上，结合前文的研究结果，指标的选取秉承系统性原则、独立性原则、可操作性原则、综合性原则、动态导向性原则，构建总体上能反映重庆市区域空间结构特征的指标体系如表7—4—1。

表7—4—1 重庆市区域空间结构优化指标选取

指标含义	指标解释
城市化水平（A1）	反映城市化进程，用“区域非农业人口占区域总人口比重”表示

（续表）

指标含义	指标解释
交通网密度（A2）	反映交通便捷程度，用“区域公路里程数/平方公里土地面积”表示（公里/万平方公里）
二元对比系数（A3）	反映城乡空间差异，二元对比系数 $R=\frac{Y_n/L_n}{Y_a/L_a}$，其中 Y_n、L_n、Y_a、L_a 分别为农业产值、农业劳动力数，非农业产值、非农业劳动力数
地区产业分工指数（A4）	反映区域内不同地区的产业职能的分工状况，$S_{ij}=\sum_{k=1}^{n}\mid X_{ik}-X_{jk}\mid$，其中 X_{ik}、X_{jk} 表示不同区域 k 产业占各自总产业的比重，根据重庆区域发展实际，将区域划分为都市区、一小时经济圈、两翼，其中总的地区产业分工指数用几何平均数求出：$S=\sqrt[M]{\Pi_j S_{ij}}$
区域经济差距变异系数（A5）	反映区域经济水平发展的总体差距，$V=\sqrt{\frac{\sum_{i=1}^{N}(Y_i-\overline{Y})^2}{N}}/\overline{Y}$，$Y_i$ 代表 i 地区人均 GDP，$\overline{Y}$ 代表各地区人均 GDP 平均值
产业结构相似系数（A6）	反映区域产业的同构程度，由联合国工业发展组织国际工业研究中心提出，$MSD\,I_{xy}=\frac{\sum_{k=1}^{n}X_{ik}X_{jk}}{\sqrt{(\sum_{k=1}^{n}X_{ik}^2)(\sum_{k=1}^{n}X_{jk}^2)}}$，其中 $K=3$，代表三大产业，X_{ik}，X_{jk} 分别代表各地区的三大产业所占各自总产业比重，总体产业相似系数 $MSDI=\sqrt[M]{\Pi_y MSDI_{xy}}$
城镇规模分布指数（A7）	反映城镇空间分布情况，通用的城市规模分布表述方程为：$\ln p(r)=\ln p_1-q\ln r$，r 为城市人口规模等级，$p(r)$ 为对应等级的城市人口数，其中分维数 $D=1/q$ 为分维数

区域空间结构优化模型的建立。功效模型有不同的形式，彭非等在总结各种方法的基础上提出改进型的指数型功效函数法，根据其优点，本研究便借鉴这一方法进行分析，其计算公式为：

$$U(D_i)=60\,e^{-(X-X^s)/(X^h-X^s)\ln 0.6} \tag{7.4.1}$$

其中 D_i 为单项指标的评价值，x 为单项指标的实际值，X^s、X^h 分别为单项指标的下限值和上限值。改进的功效函数函数具有统一、单调性、下凸性等优点，有助于历史数据的比较，是研究区域空间结构优化研究的有效方法。

协调度函数是对 $U(D_i)$ 的综合，是对各项指标的综合评价，这里采取加权平均数的方法计算区域空间结构的协调度，计算公式如下：

$$C = \sum_{i=1}^{n} W_i U(D_i) \tag{7.4.2}$$

其中，W_i 为加权系数，其值的确定直接关系到计算结果，需要将 7 个指标组成一个 7 阶判断矩阵，并请有关专家以及相关专业人员对其进行分析并独立填上数据，然后按层次分析法对数据进行整理，得出判断矩阵以确定各指标的权数。这里引用廖婴露(2009) 的分析结果，得出的判断矩阵如表 7－4－2。

表 7—4—2　判断矩阵

	A1	A2	A3	A4	A5	A6	A7
A1	1	2	1/2	1/2	1/2	1/2	2
A2	1/2	1	1/3	1/2	1/2	1/2	1
A3	2	3	1	1	1	1	3
A4	2	2	1	1	1	1	2
A5	2	2	1	1	1	1	3
A6	2	2	1	1	1	1	3
A7	1/2	1	1/3	1/2	1/3	1/3	1

其中$\lambda_{max}=7.3353$，$CI=(7.3353-7)/(7-1)=0.05589$，$CR=CI/RI=0.0423<0.1$，表示判断矩阵具有满意一致性。所计算出的权重矩阵为：$W=(0.1089,0.07664,0.1973,0.1768,0.1863,0.1863,0.06772)T$

7.4.2　功效值与协调度计算

区域空间结构处于不断变化发展之中，本节选取 1990 年“七五”规划的末年作为下限值，城镇化水平、交通密度以 2015 年“十二五”规划的末年的指标作为上限值，其他指标采取范围内最大值作为上限值，另外中间选取 1997 年、2005 年、2011 年三个年份作为 3 个时间考察点，根据上述方法计算出各个年份的各指标值，然后根据功效函数公式计算出各个指标值得功效，根据协调度公式计算出各个年份的区域空间结构协调度，如表 7—4—3、表 7—4—4。

表 7—4—3　各指标上下限值、实现值与权重表

指标	下限值	实现值			上限值	权重
	1990	1997	2005	2011	2015	
城市化水平（A1）	0.181	0.31	0.452	0.55	0.6	0.1089
交通网密度（A2）	0.2568	0.3282	1.1919	1.4388	1.4509	0.07664
二元对比系数（A3）	0.1974	0.1876	0.1769	0.1495	1	0.1973
地区产业分工指数（A4）	0.4882	0.3500	0.2318	0.2428	2	0.1768
区域经济差距变异系数（A5）	0.5381	0.6007	0.4633	0.4431	0	0.1863
产业结构相似系数（A6）	0.9239	0.9064	0.9462	0.9712	0	0.1863
城镇规模分布指数（A7）	0.9017	0.9891	1.0070	1.1764	2	0.06772

表 7—4—4　重庆市区域空间结构 1997 年、2005 年、2011 年各指标功效值及协调度表

	1997 年	2005 年	2011 年	趋势
城市化水平（A1）	70.21876	83.49071	94.0863	+
交通网密度（A2）	61.8607	89.51147	99.48222	+
二元对比系数（A3）	59.62339	59.21876	58.19476	—
地区产业分工指数（A4）	57.26179	55.02151	55.22587	+
区域经济差距变异系数（A5）	56.5384	64.41376	65.65942	+
产业结构相似系数（A6）	60.58034	59.26234	58.44993	—
城镇规模分布指数（A7）	62.48948	63.01278	68.17905	+
综合评价值	60.32888	64.67489	66.8577	+

7.4.3　计量结果分析

总体看来，1997 年到 2011 年，重庆市区域空间结构的综合评价值由 1997 年的 60.32888 上升为 2011 年的 66.8577，呈现逐步优化的趋势，2005 年到 2011 年上升的幅度略小于 1997 年到 2005 年的上升幅度，主要是由于交通网密

度的功效增加值以及区域经济差距变异系数的功效增加值变小。

趋于正的指标有：城市化水平、交通网密度、地区产业分工指数、城镇规模分布指数，其中城市化水平和交通网密度的增幅最大，城市化水平的功效呈现较为均匀的上升势态，而交通网密度在1997年到2005年上升幅度非常明显，有减缓的趋势。这两个指标值的计算结果与当前重庆区域空间发展战略方向相一致。地区产业分工的功效呈现先轻微下降后轻微上升的趋势，这说明核心外围区域间的分工有差异大到趋同再逐渐向分工明确发展。区域经济差距变异系数1990年到1997年变大，之后又逐步下降，体现在1997年到2011年其功效值逐渐上升，变异系数从相对差距的角度说明重庆市各区县人均GDP差距缩小，其对应的功效值也相应提升。城市规模分布指数从1990年的0.901713逐步上升到2011年的1.176471，其功效值也逐年上升，这说明区域内城镇体系的规模分布逐渐集中，中间序位的城镇多，人口分布相对变得均衡。

趋于负的指标有二元对比系数和产业结构相似系数，二元对比系数是反映城乡差距的指标，1990年到2011年其值从0.197496下降到0.149503，说明重庆市区域内城乡差距拉大，其对应的功效值也逐年下降，这体现了区域农业生产水平以及效率低下，农村发展动力不足。产业结构相似系数1990年到1997年有所下降，之后又逐步提升，其功效值从1997年到2011年逐步下降。这反映了区域内产业结构趋同的现象，这体现出重庆市大部分城市的产业发展欠缺特色。

7.5 重庆市区域空间发展优化策略

7.5.1 区域空间发展存在问题

当前重庆作为城乡和区域二元结构非常明显的中国西部都市圈的代表，其区域空间发展存在许多问题，主要体现在如下几个方面：第一，区域发展差距大。表现在区域总体、重庆市中西部地区与东北东南部地区之间、各地区内部城市之间的发展差距。其中都市区发展最快，与其余地区的差距不断拉大。城乡二元结构依旧显著，从二元对比系数来看，城乡差距呈扩大的趋势。从相关数据可以看出，缩小区域发展差距有助于区域空间结构的优化。

第二，中心城市辐射能力小。处于整个重庆市区域的核心地位的都市区辐射能力还不够，辐射面较小，对边缘地区影响甚微，且对周边城市的作用主要是集聚作用。这主要体现在都市区的规模还不够强大，与沿海发达地区的发达城市相比有差距，区域中心城市发展动力不足。重庆市都市区与各区域中心城市的发展水平很不均衡，区域中心城市自身发展实力不高，影响到其对周边城市的带动能力，可见，加强区域中心城市的综合实力尤其重要（表7－4－5）。

表7－4－5　重庆市区域主要城市发展指标对比

地区	人口	城镇化率	人均GDP	人均财政收入	人均固定资产投资	人均城乡居民储蓄存款余额	职工平均工资
都市区	622.85	85.6	57553	5991.64	38130	42820	44589
涪陵	116.5	57.6	51838	6511.97	29227	19984	40073
万州	174.56	56.8	39715	4007.52	21690	22227	33512
江津	150.41	57.4	30926	5664.52	24040	20838	30331
合川	155.92	57.5	23517	5807.17	19161	20109	30384
永川	112.88	58.6	36750	7202.04	31711	20709	33758
黔江	54.13	40.8	28990	5119.45	28926	14099	40312

资料来源：根据重庆市统计年鉴2012整理。

第三，产业结构趋同。从产业结构相似系数表可以看出，各地区之间的相似系数非常高，总体相似系数值也位于高位，可见各地区的产业结构非常相似，尤其是位于同一全程的城市。区县产业没有特色。这可能导致区县竞争激烈，资源浪费，进而影响空间结构的运行效率，从区域空间结构优化角度来看，产业结构趋同一定程度上阻碍了空间结构的合理化发展。

第四，区域空间结构发展不平衡。西高东低格局明显，核心—边缘结构突出，中西部地区已逐步向网络状空间结构演变，东北东南地区仍处于点状发展阶段，区域空间结构的不平衡发展一方面是受区域经济社会发展差异的影响，同时也反作用于区域社会经济的发展，合理的区域空间结构对区域经济社会的全面发展至关重要，两者互相促进，以达到区域一体化的可持续发展水平。

7.5.2　区域空间结构优化路径

为了加快重庆区域一体化和城乡一体化的进程，重庆地区应加快机制体制创新，针对重庆发展过程中的不平衡问题进行区域空间结构的优化。

第一，加快推进城镇化进程。城镇化水平与经济发展水平相互联系，它直接影响到区域空间结构的变化。重庆有着发达的都市，却也有许多发展落后的农村，是一个典型的城乡二元经济空间结构，城市人口相对农村人口少，存在大量剩余农村劳动力，城镇化水平低、质量差，城镇化水平落后于工业化水平。多数城镇仍处于农业—工业转型时期，有些城镇处于以农业为主的发展阶段，因此需要提高城镇化水平。

第二，优化产业空间布局。产业的集聚分散影响区域空间结构要素的变化和重组，当前重庆市一小时经济圈集中了全市七大产业集群，是现代制造业、现代服务业的主要集聚区；而两翼很多城市还处于以农业为主的产业发展阶段，相应的都市区空间结构呈现多核心组团式，其周边分布着多个卫星城、小城镇和工矿点，空间集中程度高，而区域中的东北、东南地区处于低水平的离散点状空间结构发展阶段。优化重庆市产业布局可以从优化制造业布局，发展特色生态农业，大力发展现代服务业等方面入手，另外强化开发区的作用。

第三，完善基础设施建设。基础设施网络是区域空间结构的各种要素相互作用和重组的先决条件，交通因素是影响重庆市区域空间结构发展的重要条件，交通水平的提高以及通信网络的发展都能很好地促进区域空间结构发展，因而需要通过改善基础设施条件，促进区域一体化发展。

第四，强化都市区以及区域中心城市的核心作用。当前都市区的城市规模还不够大，辐射范围小，对周边地区也主要是以集聚作用为主，区域中心城市的综合实力也偏弱，对各自区域的辐射作用也很小，各中心城市之间的联系也不紧密，这就需要进一步加快都市区的特大城市建设，以及提升各区域中心城市的综合实力，并扶持落后地区的发展，加强区域间的互动。

都市区规模的扩大主要是在内环和二环之间重点开发，加快城镇化和大规模工业化建设，重点发展先进制造业、生产性服务业以及大型综合性生活服务中心，加速人口和产业集聚，建设一批工业园、大型聚居区、城市公共服务中心，以形成一批新的城市组团。加快建设万州、黔江、涪陵、江津、合川、永川等区域性中心城市，增强其对周边地区的辐射带动作用，以及对全市经济社会发展的战略支撑作用。

推进区域经济互动，完善区县竞合机制。一小时经济圈、渝东北翼、渝东南翼之间发展差距很大，推进它们之间的互动有助于所小之间的差距，是区域总体空间结构发展趋于平衡，从而推动区域一体化发展，这需要构建区域协调发展的长效机制。实施主体功能区政策和差别化考核评价。完善“圈翼”互动发展机制，促进产业园区多元共建、上下游产业链协作，提高对口帮扶实效。强化区县分类指导，完善区县鼓励产业目录，积极引导理性招商引资，避免恶性竞争，促进错位特色发展。强化区县针对性支持，对革命老区、民族地区、老工业区、资源枯竭地区，以及城口、巫溪、酉阳、彭水等发展特殊困难区县针对性的帮扶和支持。

第五，完善点轴开发系统。重庆市区域空间结构呈现以都市区为核心向外呈放射状的点轴状发展模式，核心区域联系紧密，发展轴之间却联系松散。进一步强化大都市区功能，以都市区为核心形成环形发展轴，可以扩展到整个一小时经济圈，而渝东北和渝东南两条发展轴的功能需要强化，发挥万州作为全市第二大城市和渝东北地区区域性中心城市的功能作用，推进垫江－梁平、丰都－忠县轴状开发，强化黔江作为渝东南区域经济中心功能，有序开发建设其他县城，形成“一核多点”的城镇化、工业化空间开发格局。最终形成多核心的点轴发展体系。

第六，构建生态空间格局。当前气候变化、资源稀少、自然环境恶化已深刻影响到人类的生存发展，生态环境开始成为影响区域发展的重要因素，进而区域空间结构的发展应尊重生态环境的要求，构建绿色发展道路，需要树立绿色、低碳发展理念，加快构建资源节约型、环境友好型社会，全面提升可持续发展能力，促进人与自然协调发展。

7.6 本章小结

重庆市区域空间结构经历了低水平离散发展阶段、低速均衡到极化不均衡发展到极化不均衡发展阶段的过程，其中重庆区域空间结构的点线面等主要要素在不同地区呈现出空间分布差异，影响重庆市区域空间结构演变以及这种差异的主要因素有自然地理条件、经济发展水平、交通通信进步、产业结构变化等。重庆市地区经济发展差距很大，表现在都市区与其余地区、三大区域之间以及区域内部之间，其中对区域总体差距影响最大的是中西部地区，区域差距总体上呈现扩大的趋势。

从对区域城市的综合实力以及相互作用分析的角度分析发现，重庆市呈现核心—边缘的区域空间结构，空间格局呈现西高东低的特点，区域总体呈现点—轴发展结构，其中以都市区为核心的中西部地区出现网络空间结构雏形，东南东北部地区还处于空间结构发展得低水平阶段。另外都市区对周边城市主要起集聚作用，辐射范围小，而东北部地区的中心城市万州发展比较迅速，但对周边地区的辐射能力弱。东南部地区的中心城市黔江自身的发展水平相对落后，对周边城市的影响也非常小。重庆市空间结构总体呈现逐步优化的趋势，但仍存在着诸多问题。应通过完善交通基础设施，提高城市化发展水平，优化产业布局，推动区域中心城市发展以及区域互动，完善点轴开发模式等方面优化重庆都市圈空间结构。

参考文献

[1] 陆大道. 区域发展与空间结构 [M]. 北京：科学出版社. 1995：99—105.

[2] 曾菊新. 空间经济：系统与结构 [M]. 武汉出版社. 1996，117—118.

[3] 陆玉麟. 区域发展中的空间结构研究 [M]. 南京师范大学出版社. 1998：61—71.

[4] 陈才. 区域经济地理学 [M]. 科学出版社. 2001：76—121.

[5] 顾朝林等. "新经济地理学"与经济地理学的分异与对立 [J]. 地理学报. 2002，57 (4)：497—504.

[6] 崔功豪，魏清泉，刘科伟. 区域分析与区域规划 [M]. 高等教育出版社. 2006：298.

[7] 李小建. 经济地理学 [M]. 高等教育出版社. 2006：184—188.

[8] P. Hagget. Locational analysis in human geography [M]. London：Edward Arnold. 1965.

[9] Richard L. Morrill. The spatial organization of society [M]. Belmont，Calif.：Duxbury Press. 1970.

[10] 曾菊新. 空间经济：系统与结构 [M]. 武汉出版社. 1996：130.

[11] 刘再兴，蒋清海，侯景新. 区域经济理论与方法 [M]. 中国物价出版社. 1996：21—25.

[12] 陆玉麟. 区域发展中的空间结构研究 [M]. 南京师范大学出版社. 1998：38—50.

[13] 张朋. 都市圈与区域空间结构模式新探 [J]. 改革与开放. 2003 (4)：26—27.

[14] Von Thunen. J. H. Von Thunen. 's Isolated State，English translation by C. M. Wartenberg [M]. Oxford：Pergamon Press. 1966.

[15] Weber. AUrber den Standort der Industrien. Tubingen，Germany：J. C. B. Mohr. 1909.

[16] Christaller W. Central places in southern Germany [M]. Prentice－Hall, 1966.

[17] Andrew Gilles Pie, Ranald Richardson, James Comford. Regional development and the new economy [M]. EIB Press. 2001 (6): 597－622.

[18] Walter Isard. Location and Space － Economy [M]. The MIT Press. 1972.

[19] Isard W. Location and Space － economy [M]. MIT Press Cambridge. 1956.

[20] Perroux. F. Note sur: anotioan de Pole de crossance [M]. Economic APPliquee. 1955 (7): 307－320.

[21] A. O. Hirschman. The Strategy of Economic Development [M]. New Haven: Yale University Press. 1958.

[22] Myrdal. G. EconomicTheoryandUnderdeveloped Regions. duckworth. 1958.

[23] Williamson J. G. Regional inequality and the p rocess of national development: a description of patterns. Economic Devel—opment and Cultural Change, 1965, 13 (4): 3－84.

[24] Friedmann J. Regional Development Policy: A Case－study of Venezuela [M]. Mass: MIT Press. 1966: 22－30.

[25] M. Yeates. The Future of Urban Form [M]. Routledge, London. 1989.

[26] Ullmann. A New, Adjustable Iron Cross Bar: To be Used in Plaster Casts. 1950.

[27] Reilly. W. J. Methods for the study of retail relationship. University of Texas Bulletin. 1929 (2944): 164－166.

[28] W. J. Reilly. The law of retail gravitation: Second Edition [M]. New York. 1953: 5.

[29] Wilson. A. G. A statistical theory of spatial distribution models. Transportation Res. 1967 (1): 253－269.

[30] Hoover, Edgar M. An Introduction to Regional Economics [M]. regional research institute west Virginia university. 1999.

[31] E. V. Boventer. Standortentscheidung und Raumstruktur [M]. Hannover. 1979.

[32] Alfred Marshall. Principles of Economics [M]. London: Macmillan，1890.

[33] Krugman. Paul R. Increasing Returns and Economic Geography [J]. Journal of Political Economy. 1999：483—499.

[34] Werner Bowers. Equilibrium locations of vertically linked industries [J]. International Economic Review. 1996 (37)：341—359.

[35] Fujita，M.，Krugman，P. R. When is the Economy Monocentric ? Von Thunen and Chamberlin Unified. Regional Science and Urban Economics. 1995 (25)：505 — 528.

[36] Alonso，Villar. Urban Agglomeration: Knowledge，Spillovers and Product Diversity [J]. The Annals of Regional Science. 2002 (36)：551 — 573.

[37] Dicken，Kelly P. F. Old Ketal. Chains and networks，territories and scales: towards a relational framework for analyzing the global economy [J]. Global Networks. 2001 (1)：89—112.

[38] 陆大道. 论区域的最佳结构与最佳发展 [J]. 地理学报. 2001 (3)：31—36.

[39] 陆玉麟. 中国区域空间结构研究的回顾与展望 [J]. 地理科学进展. 2002 (5)：31—33.

[40] 张京祥，崔功豪. 城市空间结构增长原理 [J]. 人文地理. 2000，15 (2)：15—19.

[41] 刘朝明. 新空间经济学：21 世纪经济学研究的主题 [J]. 中国软科学. 2002 (3)：104—109.

[42] 路军. 城市外部空间运动与区域经济 [J]. 经济地理. 2001 (5)：13—16.

[43] 陈修颖. 区域空间结构重组：理论基础、动力机制及其实现 [J]. 经济地理，2003，23 (4)：445—450.

[44] Soo. K. T. Zipf's Law for Cities: A Cross — country Investigation. Regional Science and Urban Economics. 2005 (35)：239 — 263.

[45] 赵璟，党兴华，王修来. 城市群空间结构的演变——来自中国西部地区的经验数据 [J]. 经济评论. 2009 (4)：27—34.

第 8 章

上海市科技金融与科技创新协同发展研究

中国经济和发展方式如何由要素投入向创新驱动转变成为迫切要解决的问题。党的十九大报告指出，创新是引领发展的第一动力，是建设现代化经济体系的战略支撑，要加快建设创新型国家的战略目标。金融作为配置资源最为重要的手段，如何与科技相结合，成为党和政府长期关注的焦点问题之一。探讨科技金融与科技创新协同发展的机制与策略，对于促进中国经济结构转型和创新驱动发展具有重要的理论和现实意义。本章以上海市为实证案例，剖析科技金融与科技创新协同发展的机理，构建了科技金融绩效与科技创新产出指标体系，通过构造协同演化模型和协同度测度模型识别主导科技金融与科技创新复合系统的序参量，测度上海市科技金融和科技创新子系统的有序度和复合系统的协同度。运用 Bootstrap 自助仿真方法模拟检验科技金融与科技创新复合系统主要变量间的协同反馈效果。

引　言

随着中国各种要素成本的上升和国际发展环境的变化，过去主要依靠劳动力、土地、货币等要素投放推动经济增长的模式已不可持续，中国经济和发展方式如何由要素投入向创新驱动转变成为迫切要解决的问题。在 2012 年十八大报告中，创新驱动发展战略被提出，强调了科技创新提高综合国力和社会生产力的战略支撑作用。李克强总理在 2014 年夏季达沃斯论坛上提出了“大众创新、万众创业”治国方略，强调科技创新要成为解决需求侧效用疲软的根本方式。2017 年，十九大报告指出，创新是引领发展的第一动力，是建设现代化经济体系的战略支撑，要加快建设创新型国家的战略目标。

科学技术是第一生产力，金融则是现代经济的血液。金融作为配置资源最为重要的手段，如何与科技相结合，成为党和政府长期关注的焦点问题之一。

美国著名高新技术企业的荟萃之地——“硅谷”，以及以色列在高科技产业取得的快速发展和成果，都与他们良好的金融环境密不可分。中国自 1985 年以来出台了一系列促进金融与科技结合的政策举措（见附表 8－1)。2018 年 11 月 5 日，习近平总书记在中国进口博览会提出，将在上海证券交易所设立科创板并试点注册制，支持上海国际金融中心和科技创新中心建设。科创板的设立将进一步畅通科技与金融，连接科技创新主体和科技金融主体，给有成长性、有示范作用的科技创新企业注入活力，助力实体经济向高质量发展。

建设具有全球影响力的国际金融中心和科创中心是上海的两项重大战略任务。近年来，上海为促进两个中心建设在推动金融和科技的融合发展方面进行了一些有益的探索，上海科技金融的服务体系目前初步已经形成了“3＋1”的格局，即初步形成了科技金融的政策支撑体系、科技金融机构服务体系和科技金融产品的创新体系，搭建起科技园区内的融资服务的平台。但随着上海全球金融中心和全球科创中心建设的深入，如何发挥两者的协同作用成为理论界和实践界共同关注的焦点问题之一。

本研究围绕科技金融与科技创新协同发展的机制与策略这一问题，以上海为实证案例，厘清科技金融、科技创新与协同发展概念，剖析科技金融与科技创新协同发展的机制。构建科技金融绩效与科技创新产出指标体系，并在此基础上构建协同演化模型和协同度测度模型，测度上海市科技金融和科技创新子系统的有序度和复合系统的协同度，同时运用 Bootstrap 仿真方法检验评价科技金融与科技创新之间的协同反馈效果。本研究剖析了科技金融与科技创新的系统构成要素与协同发展的阻力动力，还从系统动力学角度明确了科技金融与科技创新系统协同发展的主要反馈回路，具有一定的理论意义；而且对推进上海国际金融中心、科技创新中心的建设，以及国家与地方推进科技金融与科技创新协同发展具有重要启示意义。

8.1 国内外研究综述

8.1.1 关于科技金融对科技创新的影响研究

目前，国内外学者关于科技金融对科技创新的影响研究，主要从金融机构、资本市场、政策性金融、风险投资等四个角度出发，研究其对科技创新的影响，在这当中更多侧重于金融机构和风险投资对科技创新的影响研究。

8.1.1.1　金融机构对科技创新的影响研究

在1912年，熊彼特最早在其专著《经济发展理论》中指出银行对科技创新发展的促进作用，他认为功能健全的银行能够甄别具有创新能力的科技型企业，并为其提供资金支持。至此之后，国内外学者进一步展开了对金融机构影响科技创新的研究，学者们的观点不一。

金融机构能够促进科技创新，如King和Levine（1993）研究发现，以银行为主的金融机构通过判断企业和项目的前景并选择提供资金支持，能够加速全要素生产率的增长。Stulz（2000）认为，银行能够通过有效监管科技企业和创新项目的发展和资金需求状况，进而提供资金起到促进科技创新的作用。林毅夫和李永军（2001）指出了发展中小金融机构对于中小型科技企业发展的积极影响。Benfratello等（2008）基于90年代意大利企业的数据，研究发现银行的发展有助于促进企业的技术创新。孙杨等（2009）指出银行等金融机构要完善信用评价与风险监控机制以支持科技创新。朱欢（2010）研究发现银行的贷款规模对于企业的技术创新有较为显著的支持作用。Méon和Weill（2010）以47个国家在1980—1995年期间的数据为样本，研究发现金融中介的发展对于科技企业的技术创新的提升有显著的正向作用，但在经济发展落后的地区作用不明显。Ang（2011）通过分析44个国家在1973—2005年期间的数据，发现金融发展对所有国家的技术创新都有积极作用，但发展中国家的金融自由化对技术创新有抑制作用。陈敏和李建民（2012）实证发现，金融中介机构支持科技创新的力度与效率与科技创新正相关。Amore等（2013）以制造业企业为研究对象，实证研究发现银行的发展在技术进步的过程中起到关键性的作用，特别地，银行放松管制对企业创新的数量和质量有着显著的正向影响。Deangelo和Stulz（2015）指出，银行在对其支持的科技创新项目进行事中监管的过程中，充分了解项目的进展、资金短缺状况，能够给科技创新项目提供分阶段的资金支持，从而起到促进作用。石璋铭和谢存旭（2015）指出银行信贷资金是战略性新兴产业技术创新所需研发投资的主要来源。

金融机构会抑制科技创新。Rajan（1992）认为，由于银行可以监控企业和项目并控制其投资决策，在这样做的过程中扭曲了企业的激励机制，企业研发创新积极性下降，技术创新活动受到抑制。Weinstein和Yafeh（1998）认为银行出于对风险的厌恶性和规避性，会产生“惜贷”行为，阻碍企业从事高风险、创新程度大的项目。Morck和Nakamura（1999）认为银行对企业的监督不利于企业的价值最大化，不利技术创新的发展。邱静（2013）认为银行的信贷活动会阻碍技术创新，不利于产业结构升级。李苗苗等（2015）认为以银行主导的金融发展结构不利于R&D投资。俞立平（2015）实证发现我国银行科技贷款对科技创新发展的贡献不显著。张一林等（2016）研究发现在当前我国银行主导的金融结构下，技术创新较难得到有效的金融支持。

8.1.1.2 资本市场对科技创新的影响研究

Saint－Paul（1992）指出具有风险分散功能的资本市场的存在有助于从事高投入高风险的科技创新活动，以此推断出资本市场有利于技术进步。Levine和Zervos（1998）实证研究发现股票市场与全要素生产率之间有显著的正相关，股票市场的发展促进科技创新。邓乐平和孙从海（2001）认为资本市场的完善能够促进科技创新，资本市场是科技创新的重要保证。Hyytinen和Toivanen（2005）也认为资本市场的完善程度对科技创新有重要影响，不完善的资本市场会抑制科技创新与经济发展。孙伍琴（2004）认为以金融市场为主的金融结构比银行中介为主的金融结构更能支持技术创新。李颖等（2009）基于广东省的数据，研究发现资本市场相比银行和保险等金融机构对企业技术创新的促进作用更明显。Hsu等（2014）则以32个发达国家和新兴国家为研究对象，实证结果表明股票市场和债券市场的发展能够促进技术创新。李俊成和马菁（2017）通过面板回归，实证发现金融结构与科技创新显著正相关。

8.1.1.3 政策性金融对科技创新的影响研究

George和Ganesh（2003）从生命周期理论出发，认为国家以政策性金融对处于发展初期的科技创新型企业支持有极大促进作用，进而促进科技创新。Hyytinen和Toivanen（2005）认为银行等金融机构和资本市场对科技活动的支持存在缺陷，必须辅之以政策性金融，进而支持科技创新。Marino（2010）则从公共金融对私人科技投资的引导作用出发，公共金融投入越稳定，私人科技投资规模越大，以此推断科技创新能够进一步提升。在国内，买忆媛和聂鸣（2005）论证了开发性金融机构与风险投资有互补作用，对于企业技术创新有重要影响。蒲艳和胡静（2012）通过归纳整理，从制度环境、厂商规模和厂商行为这三个角度论证了财政金融对技术创新的促进作用。在实证方面，叶莉等（2015）则基于“政府－企业－银行”博弈模型分析与实证检验，发现政策性融资与科技创新成果数量、质量之间存在显著的正向关系。俞立平（2015）研究发现，政府科技投入对科技创新活动有显著影响，特别是在科研产出较低水平的地区。张玉喜和赵丽丽（2015）结合静态和动态面板，实证分析发现政府财政科技投入是促进科技创新的主要因素之一。芦锋和韩尚容（2015）研究发现在技术创新阶段政府投入起抑制作用，技术成果转化和高新技术产业化阶段都没什么显著影响。李俊成和马菁（2017）研究发现财政支持力度与科技创新显著正相关。

8.1.1.4 风险投资对科技创新的影响研究

关于风险投资对科技创新的影响，学者们观点不一。大部分学者认为风险投资对科技创新有促进作用，如 Tykvova（2000）以德国为研究对象印证了这类观点。Hellmann 和 Puri（2000）基于硅谷 173 家高新技术企业进行实证研究，发现风险投资的参与缩短了企业创新成果研发和产出的时间。Keuschnigg（2004）论述了风险投资不但提供资金支持，还能激励企业创新。Tang 和 Chyi（2008）以台湾为研究对象，发现风险投资的参与促进了技术创新，全要素生产率进而得以提升。Ang（2010）实证探究了银行等金融机构、资本市场以及风险投资机构对科技创新的影响，结果是正向显著的。Chemmanur 和 Tian（2016）则以美国制造业为研究对象，发现风险投资对创新企业的支持与监督能够显著促进全要素生产率的增长。在国内，吕炜（2000）论证了风险投资机制的技术创新原理。王亮（2003）阐述了风险投资促进国家技术创新能力的机理，他指出风险投资促进技术创新由“慢”到“快”溢出。在实证方面，程昆等（2006）采用中国 1994—2003 年十年数据回归分析，结果显示风险投资促进科技创新。王雷和党兴华（2008）利用典型相关分析论证了这一观点。邵同尧和潘彦（2011）基于省级面板数据，将商标数量作为创新指标，结果显示我国风险投资对创新有正向作用。赵洪进等（2013）也通过典型相关分析方法，实证检验中国风险投资与 R&D 投入直接存在显著的正相关。芦锋和韩尚容（2015）研究发现在技术创新和高新技术产业化阶段，风险投资都对科技创新起着促进作用。李瑞晶等（2017）实证结果发现，相比于银行、资本市场对中小企业创新的支持，风险投资的促进作用更大。

风险投资对科技创新的作用是有限的。Engel 和 Keibach（2007）以德国公司为研究对象，发现风险投资与科技创新产出之间无显著影响，仅仅有助于小企业的成长。Hirukawa 和 Ueda（2008）在实证中以全要素生产率增长衡量创新时，风险投资与科技创新之间没有显著影响。王建梅和王筱萍（2011）研究发现我国风险投资与技术创新之间的线性关系不明显。

风险投资对科技创新具有抑制作用。Zucker 等（1998）以生物科技公司为研究对象，发现风险投资的规模与生物科技的创新成果负相关。Bhidé（2003）则认为风险投资机构在监督被投资企业经营的过程中，可能会选择多投资其他企业以减少不确定性，这样不利于创新的产生。邓俊荣等（2013）研究发现风险投资对技术创新的作用系数为负，即风险投资对技术创新有抑制作用。

8.1.2　关于科技创新对科技金融的影响研究

科技创新对科技金融的影响研究主要包括对金融体系、金融市场产品创新、金融机构业务创新以及投资回报等方面的影响。Berger（2013）以美国银行业为研究对象，论述了科技进步有助于改善银行服务的质量和多样性，能够促进银行等金融体系的整合。Consoli（2005）指出在信息和通信技术的迅速发展的背景下英国零售金融服务业形成，可见技术进步带动了金融创新。Mazzucato 和 Tancioni（2013）采用企业层面的专利数据衡量技术创新，实证检验了创新与企业股票投资回报率的关系，结果发现企业的创新投入越多，企业获得的股票投资回报越多。姚战琪和夏杰长（2007）指出了科技支持金融服务创新的关键是加快建设现代金融服务技术工程、加快金融衍生品等金融创新服务和产品的推出。戴志敏和罗峥（2008）指出技术进步使得经济金融活动趋于价格竞争，推动金融产品、金融机构业务创新。陈迅和陈军（2009）认为信息技术等的发展推动金融效率的提高的同时，金融运行模式也在发生深刻的变革。张元萍和刘泽东（2012）指出技术创新在推动金融发展中起的作用，如降低交易成本、改善市场环境、促进信息流通等等。俞立平（2013）利用向量自回归模型进行实证研究，结果显示创新产出对金融有较强的正反馈效应。

8.1.3　关于科技创新和科技金融的相互作用研究

关于科技创新和科技金融二者之间相互关系的研究，国际上目前最为重要的是 Perez 的著作《技术革命与金融资本》，该书给出了技术创新与金融资本二者关系的较为系统的论述，指出技术创新与变革离不开金融资本的有效支持。Neff（2012）认为，金融和科技创新相互影响，没有金融支持，科技创新难以维系，同样没有科技创新，金融发展难以进步。在国内，曹东勃和秦茗（2009）指出技术创新为金融创新创造利润，金融创新则为技术创新融资，从理论上论证了技术创新和金融创新是相互依存的。在实证方面，王宏起和徐玉莲（2012）以 2000—2010 年为样本期，对我国科技金融与科技创新的整体发展状况展开研究，构建了科技创新与科技金融子系统有序度模型与复合系统协同度模型。徐玉莲和王玉冬（2013）对区域科技创新与科技金融系统协同发展运行机理进行了分析。姚永玲和王瀚阳（2015）利用 VAR 模型，实证检验了科技创新与金融结构之间的相互作用，影响显著。谭跃等（2017）以 2000—2014 年样本期，研究了广东省金融市场与科技创新发展之间的协同作用。

8.1.4 关于金融支持科技创新效率的研究

对于金融和科技的效率评价可以分为全国区域、区域带、省市级金融支持创新效率研究，实证方法为 DEA 和（或）Malmquist 指数法。

全国区域研究方面，学者们侧重于我国整体金融支持科技创新的投入产出效率以及省际之间的差异比较分析。如王海和叶元煦（2003）以层次分析法探讨我国科技和金融结合的效益。孙伍琴和朱顺林（2008）以 Malmquist 指数方法对我国 23 省金融支持技术创新的全要素生产率进行了测度。耿修林（2009）以 1995—2007 年为样本期，实证发现我国科技投入与科技产出二者之间的相关性程度较高，其中科技投入的产出作用还有进一步提升的空间。董奋义（2009）结合灰色理论展开了理论分析与实证检验，结果发现我国科技投入与科技产出二者之间的相关性较强，不同种类的科技投入可能会对科技产出产生不同的影响。曹颢等（2011）为衡量我国科技金融的发展的程度，构建了科技金融发展指数。马卫刚等（2014）基于 DEA 模型与 Malmquist 指数方法对我国科技与金融相结合的效益和动态变化进行了分析，结果表明当前金融与科技结合的效益不突出且效益有下降的趋势。荣婷婷和赵峥（2015）基于三阶段 DEA 模型，在金融支持的外部环境对我国的区域创新效率进行了测算。徐玉莲等（2015）从绩效测算比较的角度出发，将科技金融分为公共科技金融与市场科技金融，对我国各省的科技金融绩效展开研究，结果发现公共科技金融的绩效最好，即政府公共科技金融的资金配置效率最高。曾胜和张明龙（2016）利用我国 30 个省在 2006—2014 年的科技金融投入与科技产出数据，采用三阶段 DEA 模型以及均值聚类法对我国金融支持科技创新的效率进行了测度。叶莉等（2015）以我国中小板、创业板市场 2006—2014 年间 322 家上市科技型中小企业为样本，基于静态和动态面板数据模型实证检验了资本市场科技金融支持科技创新的效率。何丹和燕鑫（2017）则以 2006—2014 年间我国 19 个主要省份科技金融投入与科技产出数据为样本，分析了各省份的金融支持科技创新的效率。

区域带、省市级研究方面，主要以区域带、省市级科技金融投入产出效率为测量研究对象，研究区域科技与金融的结合效率的时空变化。骆世广（2014）运用非负独立成分分析的方法，以广东为实证案例，研究发现广东省金融支持科技创新的投入效率呈现 DEA 无效形式，主要源于广东科技金融投入的质量及基础均有待提高。许珂和卢海（2014）以江苏省沿江 8 市为研究对象，通过 DEA 方法，比较了各个城市的金融结构以及其对科技创新的支持效率。许汝俊等（2015）以长江经济带为实证案例，采用 Malmquist 指法测算金融支持科技创新的效率，结果表明技术效率是生产率增长的决定性因素之一。黄瑞芬等（2015）以我国沿海各省为研究对象，通过比较各省科技金融绩效，发现沿海各省的金融支持科技创新效率有明显差异，主要源于各个省经济金融发展水平的差异，经济金融发展水平越高，金融支持科技创新效率越大，此外还发现我国沿海各省的科技进步贡献率有着周期性变化趋势。韩威（2015）以河南省为实例，发现河南省科技金融结合效率的发展趋势呈现倒 U 式，有明显的区域差异特征，此外还发现河南省财政科技投入效率较低。

8.1.5　研究评述

基于现有文献，国外学者对科技金融和科技创新关系的研究主要通过从金融机构、资本市场、政策性金融、风险投资等四个角度出发，对科技金融对科技创新的影响作用进行研究，同样国内部分学者也从相似的方面对我国的科技金融与科技创新的关系进行探讨。此外，国内学者关注科技金融的内涵以及金融支持科技创新的效率评价，其中效率研究主要分为全国区域、区域带、省市级金融支持创新效率等方面。前人的研究为本研究提供的丰富的经验，但仍存在以下几个几点不足。

（1）对科技金融与科技创新的关系研究，现有文献主要集中在科技金融对科技创新的影响，而对科技创新对科技金融的影响和二者之间相互作用、协同演化的研究相对较少，有待进一步深入探讨。

（2）现有的研究，无论是影响研究还是效率评价，通常只选取几个变量作为代表进行实证检验，都没有建立一个完整的科技创新产出指标体系与科技金融绩效指标体系，不能充分展现科技金融与科技创新二者之间的影响情况。因此，科技金融与科技创新综合评价指标体系还需进一步完善。

8.2　科技金融与科技创新协同发展机理

8.2.1　概念解析

（1）科技金融

目前“科技金融”尚无较为严格的定义。国外学者侧重于科技与金融的关系研究，并没有给出“科技金融”这一概念。在国内，赵昌文等（2009）在《科技金融》中最先给出“科技金融”的定义，认为“科技金融是促进科技开发、成果转化和高新技术产业发展的一系列金融工具、金融制度、金融政策与金融服务的系统性、创新性安排，是由向科学与技术创新活动提供金融资源的政府、企业、市场、社会中介机构等各种主体及其在科技创新融资过程中的行为活动共同组成的一个体系，是国家科技创新体系和金融体系的重要组成部分”。房汉廷（2010）认为科技金融的本质包括四点内容：（1）科技金融是一种创新活动，即科学知识和技术发明被企业家转化为商业活动的融资行为总和；（2）科技金融是一种技术－经济范式，即技术革命是新经济模式的引擎，金融是新经济模式的燃料，二者合起来就是新经济模式的动力所在；（3）科技金融是科学技术资本化的一种过程，即科学技术被金融资本孵化为一种财富创造工具的过程；（4）科技金融是一种金融资本有机构成提高的过程，即同质化的金融资本通过科学技术异质化的配置，获取高附加回报的过程。房汉廷（2016）认为科技金融是以培育高附加值产业，创造高薪就业岗位，提升经济体整体竞争力为目标，促进技术资本、创新资本与企业家资本等创新要素深度融合、深度聚合的一种新经济范式。这种新经济范式由技术－经济范式、金融－经济范式、企业家－经济范式三个紧密联系的子系统构成，它们三个之间的相互配合是创新经济体的发动机。

在科技部2011年发布的“十二五”科技规划中，科技金融是指“通过创新财政科技投入方式，引导和促进银行业、证券业、保险业金融机构及创业投资等各类资本，创新金融产品，改进服务模式，搭建服务平台，实现科技创新链条与金融资本链条的有机结合，为初创期到成熟期各发展阶段的科技企业提供融资支持和金融服务的一系列政策和制度的系统安排”。这是从政府角度给出了“科技金融”的解释，可以看出政府层面的定义相比于学术上的解释更侧重于实践。

本研究参考赵昌文等（2009）给出的“科技金融”的定义，从金融服务并支持科技发展的视角出发，认为科技金融包含对科技创新各个阶段的支持，包括研发、成果转化、产业化等各个阶段，贯穿科技企业和高新技术产业发展的各个生命周期。

（2）科技创新

“科技创新”的概念会随着经济社会背景的变化而变化，是一个不断发展的概念。熊彼特（1912）指出，创新是将新的生产要素和新的生产条件投入到生产过程中，继而实现经济的迅速发展，搭建了一种全新的生产函数，包括引入或开辟新产品、新方法、新市场、新来源、新组织。即，创新是一个经济概念，是创造新价值的一种新方法或者新工具。罗斯托（1960）在其经济“起飞”理论中，认为“技术创新”在“创新”中起到的作用最为关键。1976 年美国国家科学基金会给出了技术创新的定义，认为技术创新是在市场中引入了新产品、新过程或新服务。

近年来，随着生命科学、纳米技术、信息科学等领域的高科技的不断发展，科学与技术的发展不断融合。在科学与技术不断融合的背景下，“科技创新”的概念被提出。宋刚（2009）认为科技创新是指创造或引入新知识、新技术、新工艺、新生产方式与新管理模式来生产并提供高质量的新产品、新服务的过程。张来武（2011）从科技创新概念提出与发展的经济社会背景出发，指出科技创新就是在生产体系中应用新发现、新技术、新发明来创造新价值的过程。是不是科技创新取决于是否创造了新价值，是否诞生了新产品、新服务，没有进行成果转化的任何技术发明都不是创新，只是科技进步，科学发现、技术发明与市场应用三者在协同演进下的产物才是科技创新。

综上，“科技创新”是经济社会发展的产物，在不同的时代背景下有不同的解释，科技创新不等于科技进步。结合张来武（2011）对科技创新的定义，本研究认为科技创新是将研究开发产出应用到实际生产部门创造新价值的过程，包含研究开发、成果转化、技术转移、高新技术产业发展等。

（3）协同发展

“协同发展”一词源于协同学，是由德国物理学家哈肯在 1971 年提出的。他认为在复合系统中，当子系统之间的非线性相互作用与协作充分展开即协同作用发挥时，系统就可以自组织的形式形成在时间、空间或功能上稳定的有序结构，进而可以推动系统转变为平衡的状态。所谓协同发展，指的是对两个及以上的不同主体进行协调作用，使其能够进行相互协作实现共同发展，达到“1＋1＞2”的双赢效果。协同发展论目前已被应用到各个领域，包括自然科学、工程技术、社会科学等。穆东和杜志平（2005）将其应用到资源型区域的研究中，认为协同发展是整个系统内部与各子系统之间的相互适应、协作、配合与促进，形成的一种和谐的良性循环过程。黎鹏（2005）将协同发展论应用到区域经济系统中，指出区域经济子系统间的协同发展是区域内各经济组分和地域单元之间的协同和共生，自组织而完成高度有序化的整合，形成稳定且有序的结构，实现区域经济发展一体化模式。

在本研究中，由科技金融与科技创新两个子系统构成复合系统，若复合系统的构成要素即两个子系统之间能够相互协作，就可以促使系统结构持续优化，形成有序度持续提高的稳定的运行机制，从而实现协同发展的目标。

8.2.2 科技金融与科技创新系统要素分析

科技金融与科技创新系统的构成要素均可分为主体要素、客体要素与环境要素，各个要素间的相互作用决定了科技金融与科技创新能否协同发展。

科技金融系统的主体包括公共科技金融供给主体和市场科技金融供给主体。公共科技金融主体主要指政府部门中的财税部门、科技管理部门，以财政补贴、基金项目资助等途径直接资助科技创新主体或以政策性担保等政策性手段间接调控市场科技金融支持科技创新；市场科技金融主体主要是指商业银行、风险投资机构和资本市场，为科技型企业等科技创新主体提供科技贷款、股权投资、直接融资。公共科技金融主体不以营利为目的而注重可持续性与社会效益，市场科技金融主体则以利润最大化为目标。

科技创新系统的主体要素主要是生产企业、高校及科研机构，其中生产企业是最重要的创新主体。按过程分，科技创新可以分为研发、成果转化、产业化三个阶段，其中研发阶段的主要创新主体是高校及科研机构，成果转化和产业化阶段的主要创新主体则是生产企业。高校及科研机构是科技创新的源头与先导，为生产企业提供知识支持，生产企业则通过成果转化、产业化最终实现科技成果的市场价值，促进科技创新。

科技金融与科技创新系统的客体要素都是资金流。如图 8－2－1 所示，生产企业、高校及科研机构等科技创新主体开展科技创新活动，需要得到科技金融主体的资金支持；同时，科技金融主体需要实现资金回流，政府公共科技金

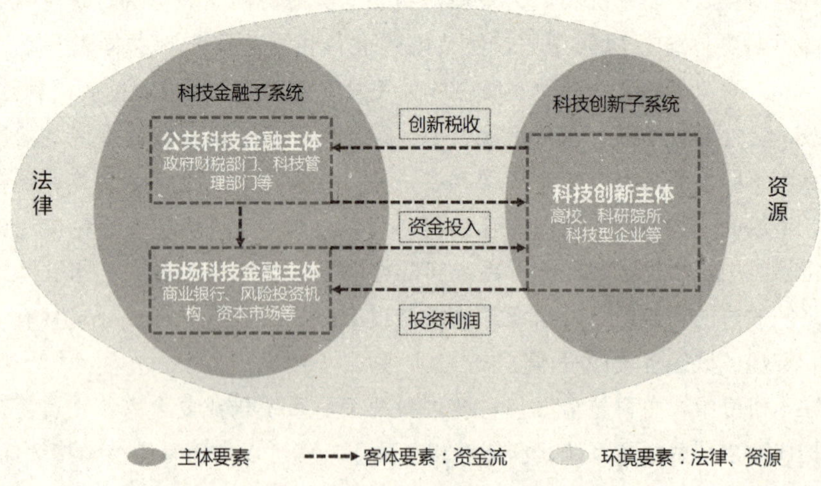

图 8－2－1 科技金融与科技创新系统要素

融投入以科技创新促进知识经济增长增加创新税收的形式从生产企业回流资金，商业银行等市场科技金融投入则以科技创新成果所带来的投资利润回流资金；此外，政府公共科技金融会间接调控市场科技金融，引导商业银行、风险投资机构等市场科技金融主体资助科技创新主体。

科技金融与科技创新系统的环境要素主要是资源和法律，其中资源具体包括基础设施、人才供给、中介服务等，法律则指与科技金融、科技创新相关法律法规的制定与执行，从而切实保障科技成果。

8.2.3 科技金融与科技创新协同发展的动力与阻力分析

8.2.3.1 科技金融与科技创新协同发展的动力

科技金融与科技创新协同发展的动力一是政府政策助推，二是生产企业为代表的科技创新主体和市场科技金融主体的逐利本质。

政策助推科技金融与科技创新协同发展。科技创新具有高投入高风险且具有正外部性特征，是现代经济的战略支撑，政府有必要对其干预与调控。一方面，政府公共科技金融主体通过直接资助、补贴、税收减免等措施鼓励科技型企业、高校及科研机构等积极开展科技创新活动，促进区域知识经济快速增长；另一方面政府资金有限不能满足科技创新主体的所有资金需求，通过政策性担保、科技保险、风险补偿等政策手段引导商业银行、风投机构、天使投资等市场科技金融主体投资支持科技创新活动。政府通过政策手段实现科技创新活动与金融资源的匹配，助推科技金融与科技创新协同发展。

生产企业为代表的科技创新主体与商业银行、风投机构、天使投资等市场科技金融主体的逐利本质推动二者之间的协同发展。科技创新具有高投入高风险高收益的特征，科技型企业为获取更高效益，提高市场竞争能力，会加大设备、科研人才等科研经费投入以增加产品创新附加值。在这过程中有效的资金供给是基本保障，大部分资金来自于市场科技金融主体，企业等科技创新主体通过贷款、出售股权等形式从市场科技金融主体获取资金。市场科技金融主体作为科技创新主体的股东或债权人，通过行之有效的督促管理手段保障科技创新主体创新成功，进而实现投资升值，获得利润。以生产企业为代表的科技创新主体与市场科技金融主体因共同的逐利本质联系在一起，从而实现科技金融与科技创新的紧密结合，促进二者的协同发展。

8.2.3.2 科技金融与科技创新协同发展的阻力

科技金融与科技创新协同发展的阻力包括科技创新活动本身的高风险、科技金融主体与科技创新主体之间的信息不对称风险、跨领域风险以及外部环境不健全风险等。

科技创新活动本身存在的风险。科技创新活动在研发、中试、生产、市场推广等各个环节都存在相对较高的风险，不论哪一个环节有问题都可能致使最终的失败，前期的投资都付之一炬。科技创新活动本身存在的高风险会抑制科技创新主体进行创新的热情，而市场科技金融主体在很大程度上会考虑到投资失败的后果，投资积极性继而极大减弱，特别是市场科技金融主体中的风险厌恶者。

信息不对称风险。科技金融主体与科技创新主体之间存在的信息不对称问题较为严重，主要体现在以下几个方面：对科技创新主体而言，有项目而无资金继续开展创新活动，具体表现在项目再好但是不了解银行等科技金融主体的具体投资要求等信息，那么科技创新活动则难以继续。对市场科技金融主体而言，有资金而无项目可投，具体表现在缺乏对科技创新主体及其项目的了解，因此难以筛选出优质的项目就进行投资，市场科技金融资金规模缩减。对公共科技金融主体而言，若不了解科技创新主体和市场科技金融主体，就可能使得财政科技投入与配套政策失效，浪费人力物力，不能达到预期的效果，促进科技创新，实现区域经济的快速增长。

跨领域风险。跨领域风险主要指的是不同主体只熟悉自身领域而不了解对方领域的专业知识。对科技创新主体而言，只熟悉本专业领域而不熟悉金融领域，可能无法判断采取哪种方式进行融资最为恰当；对市场科技金融主体而言，具有资金优势，熟悉金融领域，但缺乏对科技创新技术可行性、先进性与风险程度的了解，会影响其是否投资科技创新活动；对于政府公共科技金融而言，政府相关部门的管理人员如果缺乏对科技创新技术与金融领域的了解，很可能造成相关政策的制定与实际需求不符，浪费人力物力。

外部环境不健全风险。外部环境主要是指法律制度、中介服务等，倘若这些方面不完善很可能会阻碍科技金融主体与科技创新主体之间进一步展开合作。比如，当知识产权法律以及相关投资法律不健全时，以企业家为代表的科技创新主体与市场科技金融主体的权益无法得到保障，二者的创新和投资积极性会受到极大打击，合作难以开展。

8.2.4 科技金融与科技创新协同发展的理论模型

8.2.4.1 科技金融与科技创新的相互作用

(1) 科技金融对科技创新的作用。科技创新的发展离不开科技金融资本的有效支持，科技金融对科技创新的作用包括事前项目筛选、提供资金支持、事后监督管理这三个方面。具体而言，事前项目筛选指的是科技金融主体通过自身的标准对有资金需求的创新项目进行核查筛选，判断是否应当为其提供资金支持，这是对科技创新项目是否优质、是否有前景的判断，给科技创新活动提供了重要参考。同时，有效的项目筛选是政府公共科技金融部门科技资金有效配置的保障，还有效降低了银行、风投机构等市场科技金融主体的信贷风险、投资风险，是未来科技创新主体和市场科技金融主体能够获利回本的保证。科技金融主体对科技创新活动的资金支持是科技创新活动能够持续进行的保证，高投入是科技创新的显著特征，科技创新活动的三个阶段（知识创新、技术创新、产业化）都面临着不断增加的资金需求问题，离不开有效的科技金融支持。政府公共科技金融以直接资助与间接调控为科技创新提供资金支持，银行则通过科技信贷为科技创新企业提供资金，风投资本与股票市场投资者则以股权投资的方式为科技创新型企业供给资金。科技金融主体对科技创新活动的事后监督管理是科技创新活动质量与成功的保证。在事后监督管理的过程中，公共科技金融主体对创新活动的全过程进行监管，包括进度、质量、科技资金使用情况等等，银行可以通过对其投资企业的现金流进行监测、派驻工作人员等方式对企业创新的实时情况进行监控，以股权投资方式支持科技创新活动的风投机构与资本市场投资者可以通过股东大会、股价机制、参与企业运营等方式对企业实施激励约束，改善经营策略，辅助科技创新企业得以成功。

（2）科技创新对科技金融的作用。科技创新的发展拓展了科技金融的发展空间，是科技金融主体投入效率与投资利润的实质保障，同时促进科技金融主体不断丰富先进技术手段，发展壮大。首先，科技创新主体是资金的需求方，科技金融主体是资金的供给方，而科技金融形成与发展的首要前提便是科技创新主体存在资金需求，活跃开展的科技创新活动是科技金融发展的土壤，科技金融的发展空间因科技创新的发展而进一步拓展。科技创新的发展涉及多个阶段，而科技创新主体也有不同的类型、不同的组织形式，因而对科技金融的构成和相应的金融工具提出了更高的要求，科技金融在资助科技创新主体的同时自身得到迅速的发展，体系与品种更加健全。与此同时，科技金融主体的投入效率、投资利润也与科技创新发展的水平高低密切相关。市场科技金融主体注重投资收益，其投资收益取决于科技创新主体创新项目的先进性与应用性，企业等科技创新主体科技创新能力越高，市场科技金融主体获得收益越高。政府公共科技金融主体则关注投入效率，政府公共科技金融投入分为直接投入与间接投入，其中直接投入效率取决于高校、科研院所与企业等科技创新主体科研能力的高低，科技创新主体创新能力越强，政府公共科技金融主体的直接投入效率越高，而间接投入是鼓励与引导市场科技金融主体投资科技创新主体，市场科技金融是否投资取决于企业的科技创新能力高低，因此政府公共科技金融的间接投入效率也与科技创新主体的创新能力紧密联系。此外，科技金融的发展必须辅以先进的技术手段，Schinckus（2008）、陈迅和吴相俊（2009）等学者研究发现以电子信息技术为代表的技术变革会极大促进金融市场的发展，而市场科技金融是整个金融市场的一部分，技术变革等科技创新一定会推动市场科技金融的发展。政府公共科技金融则在科技资金配置、监督管理、绩效评估的过程中都需要先进技术手段的支持，科技创新的发展是不断丰富政府公共科技金融技术手段的保证。

由上述对科技金融与科技创新相互作用的分析可知，科技金融与科技创新的发展是一个并行且互嵌过程，相互依赖与制约，二者的协同发展将会产生“1+1>2”的双赢效果。

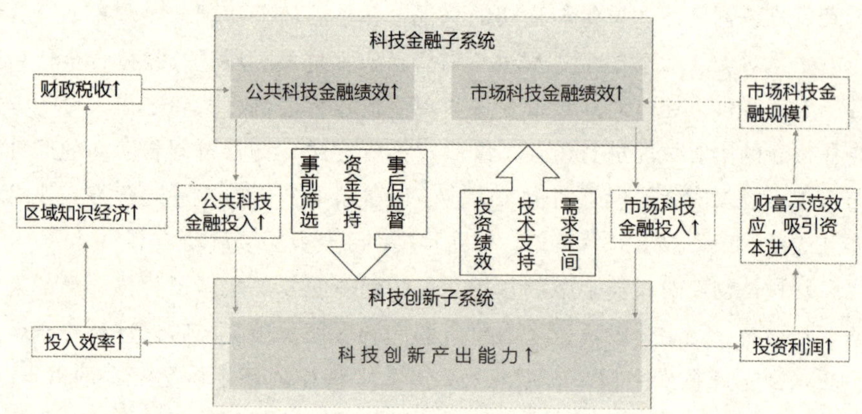

图 8-2-2　科技金融与科技创新的相互作用

8.2.4.2　科技金融与科技创新协同发展的系统动力学模型

科技金融与科技创新二者之间存在相互依赖、相互制约的复杂关系，为进一步探究二者协同发展的机理，本研究引入系统动力学，考虑二者构成的复合系统与子系统各类要素之间的相互作用以及系统协同发展的动力因素与阻力因素，以高校、科研院所、企业等科技金融主体、政府公共科技金融主体、市场科技金融主体的行为为主线，以客体要素资金流的流向为纽带，明确系统主体要素之间的正向作用与反向作用，建立多重反馈回路，由此得到科技金融与科技创新复合系统协同发展的系统动力学模型。

由上述可知，当科技金融与科技创新系统协同发展时，二者相互促进、相

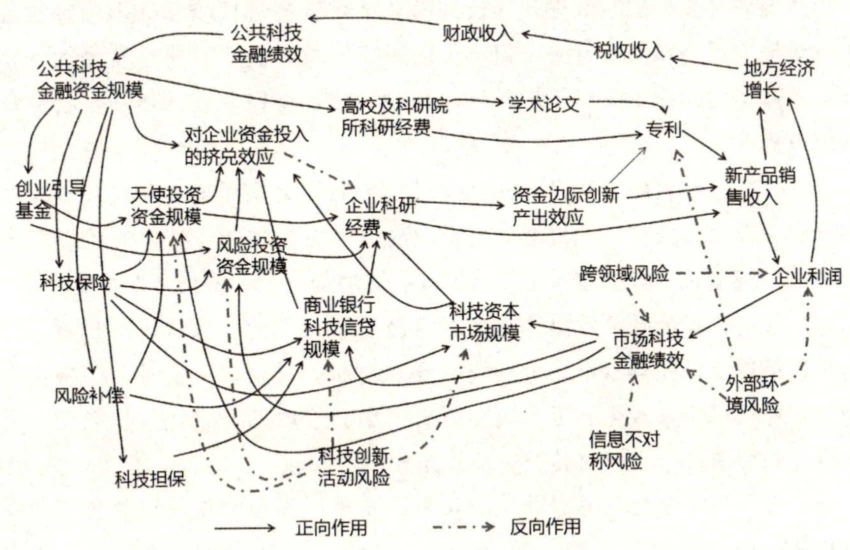

图8－2－3 科技金融与科技创新协同发展的系统动力学模型－1

互协作，构成了一个包含众多反馈过程的动态网络，这些反馈过程是科技金融与科技创新协同发展内在运行机理的呈现。在该系统动力学模型中，主要包含以下反馈回路。

（1）公共科技金融绩效提升→公共科技金融资金规模增加→高校及科研院所科研经费增加→高校及科研院所科技创新产出增加→企业科技创新产出增加→地方经济增长→税收收入增加→财政收入增加→公共科技金融绩效提升。

（2）公共科技金融绩效提升→公共科技金融资金规模增加→对企业资金投入的挤兑效应增加→企业科研经费减少→资金边际创新产出效应增加→企业科技创新产出增加→地方经济增长→税收收入增加→财政收入增加→公共科技金融绩效提升。

（3）公共科技金融绩效提升→公共科技金融资金规模增加→创业引导基金规模增长→风险投资、天使投资资金规模增长→企业科研经费增加→企业科技创新产出增加→地方经济增长→税收收入增加→财政收入增加→公共科技金融绩效提升。

（4）公共科技金融绩效提升→公共科技金融资金规模增加→科技保险规模增长→市场科技金融（风险投资、天使投资、商业银行科技信贷、科技资本市场等）资金规模增长→企业科研经费增加→企业科技创新产出增加→地方经济增长→税收收入增加→财政收入增加→公共科技金融绩效提升。

(5) 公共科技金融绩效提升→公共科技金融资金规模增加→风险补偿规模增长→天使投资、商业银行科技信贷资金规模增长→企业科研经费增加→企业科技创新产出增加→地方经济增长→税收收入增加→财政收入增加→公共科技金融绩效提升。

(6) 公共科技金融绩效提升→公共科技金融资金规模增加→科技担保规模增加→商业银行科技贷款规模增加→企业科研经费增加→企业科技创新产出增加→地方经济增长→税收收入增加→财政收入增加→公共科技金融绩效提升。

(7) 市场科技金融绩效提升→市场科技金融（天使投资、风险投资、商业银行科技信贷、科技资本市场等）资金规模增加→对企业资金投入的挤兑效应增加→企业科研经费减少→资金边际创新产出效应增加→企业科技创新产出增加→企业利润增加→市场科技金融绩效提升。

(8) 市场科技金融绩效提升→市场科技金融（天使投资、风险投资、商业银行科技信贷、科技资本市场等）资金规模增加→企业科研经费增加→企业科技创新产出（新产品销售收入等）增加→企业利润增加→市场科技金融绩效提升。

(9) 高校与科研院所科技创新产出增加→地方经济增长→税收收入增加→财政收入增加→公共科技金融绩效提升→公共科技金融资金规模增加→高校与科研院所科研经费增加→高校与科研院所科技创新产出增加。

(10) 高校与科研院所科技创新产出增加→企业科技创新产出增加→地方经济增长→税收增加→财政收入增加→公共科技金融绩效提升→公共科技金融资金规模增加→高校与科研院所科研经费增加→高校与科研院所科技创新产出增加。

(11) 企业科技创新产出增加→地方经济增长→税收增加→财政收入增加→公共科技金融绩效提升→公共科技金融资金规模增加→企业科研经费增加→企业科技创新产出增加。

(12) 企业科技创新产出增加→企业利润增加→市场科技金融绩效提升→市场科技金融（天使投资、风险投资、商业银行科技信贷、科技资本市场等）资金规模增加→企业科研经费增加→企业科技创新产出增加。

对上述12条反馈回路中的系统要素进行整合，可以发现存在以下3条主要反馈回路，如图8-2-4所示。

(1) 公共科技金融绩效提升→科技创新产出增加（或市场科技金融绩效提升）→公共科技金融绩效提升。

(2) 市场科技金融绩效提升→科技创新产出增加（或公共科技金融绩效提

升）→市场科技金融绩效提升。

（3）科技创新产出增加→公共科技金融绩效提升（或市场科技金融绩效提升）→科技创新产出增加。

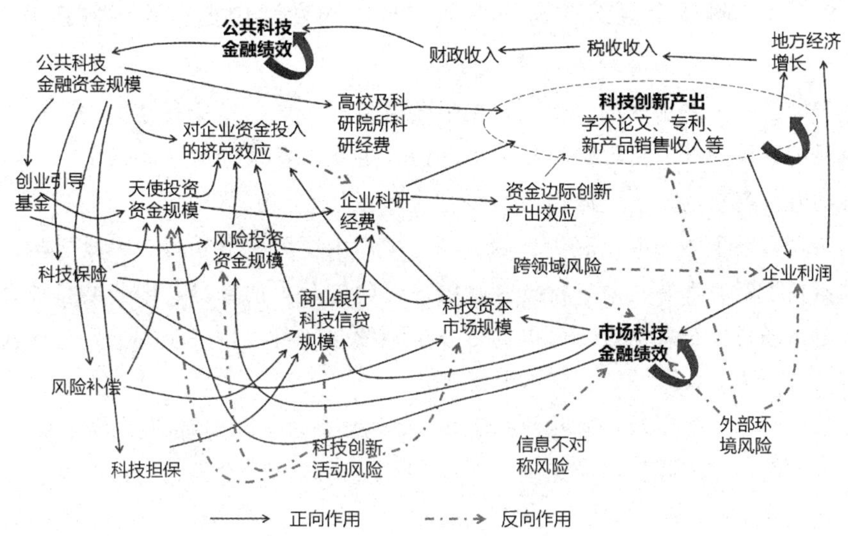

图 8—2—4　科技金融与科技创新协同发展的系统动力学模型—2

图 8—2—4 是对图 8—2—3 中涉及的反馈回路梳理后的结果，可以发现在复合系统中有三个主要变量，分别为公共科技金融绩效、市场科技金融绩效、科技创新产出，它们三个构成了 3 条主要反馈回路。此外，图 8—2—4 中的科技创新产出也在图 8—2—3 基础上进行了变量指标合并。上述 3 条主要反馈回路是科技金融与科技创新协同发展机制设计的基础和依据，二者之间是否存在良性的高效协同则在于公共科技金融绩效、市场科技金融绩效、科技创新产出三者两两之间的协同反馈效果，为下文的协同反馈效果检验奠定了理论基础。而制约系统协同发展的阻力则包括跨领域风险、信息不对称风险、外部环境不健全风险、科技创新活动本身的高风险，需要建立完善的科技金融与科技创新协同发展机制来消除这些制约条件。

8.3　科技金融绩效、科技创新产出综合评价指标体系及现状分析

本节首先构建科技金融绩效与科技创新产出综合评价指标体系，然后分析

上海市当前科技金融与科技创新发展状况，对上海市科技金融和科技创新的现状进行综合评价。

8.3.1 科技金融绩效与科技创新产出综合评价指标体系构建

8.3.1.1 科技金融绩效指标体系

我国科技金融由两部分构成，包括公共科技金融与市场科技金融。公共科技金融的主体为政府财政和科技相关部门，主要以直接资助或间接引导的方式来推动科技创新的发展，政府公共科技金融主体注重投入效率，而非盈利。而市场科技金融主体则以盈利为目的，参与主体主要为商业银行、风投机构以及资本市场投资者等。因此，科技金融绩效可对应分为两部分，即公共科技金融绩效与市场科技金融绩效，而市场科技金融绩效还可以进一步划分，包括商业银行绩效、风投资本绩效、资本市场绩效。

如表 8－3－1 所示，公共科技金融绩效用创新税收与财政科技支出比（F1）来衡量，而创新税收目前尚无统计数据，考虑到高新产业税收与创新税收相关性极强（王宏起等，2012；谭跃等，2017），故采用高新产业税收替代创新税收。

表 8－3－1 科技金融绩效指标体系

	一级指标	二级指标
科技金融绩效	公共科技金融绩效	F1：创新税收与财政科技支出比①
	市场科技金融绩效	F2：商业银行科技信贷利润率
		F3：风险投资回报率
		F4：科技资本市场投资回报率

商业银行绩效以商业银行科技信贷利润率（F2）衡量。王宏起等（2012）认为商业银行以盈利为目的，其进行科技信贷的积极性多考虑企业利润与创收，故考虑以科技信贷规模与贷款总值的比值作为科技信贷利润率的替代变量，但 2010 年以后《科技统计年鉴》统计口径改变，无金融机构的科技信贷规模数据，且上海市科技型企业贷款公开数据目前只有 2016—2017 年两年，不适宜采用。基于上述考虑，又鉴于高新技术企业资金需求的周期通常较长，且银行也多倾向于中长期贷款，故以中长期贷款替代科技信贷，即中长期贷款比重作为商业

① 公共科技金融绩效除税收外尚无其他合适衡量指标，故参考王宏起等（2012）、谭跃等（2017）研究只采用了一个变量。

银行科技信贷利润率的替代变量。

风投资本绩效以风险投资机构的投资回报率（F3）衡量，这里的风险投资回报率等于风险投资收入除以风险投资管理资本总额，其中各地区风险投资收入＝风险投资收入的规模分布×各地区不同规模风险投资机构数量。

资本市场绩效以科技资本市场投资回报率（F4）来衡量，可以通过年末科技型上市公司市值与年初科技型上市公司市值比衡量，其中科技型上市公司的筛选参照李希义，房汉廷（2008）的定义。

8.3.1.2 科技创新产出指标体系

科技创新从其生命周期的各个阶段来看，主要分为三个：研发阶段、成果转化阶段、产业化阶段，由此可以把科技创新产出分为三种产出，即研发产出、成果转化产出、产业化产出。如表8－3－2所示，具体指标选择如下。

在研发阶段，主要产出是新技术或新产品，为此以可从《科技统计年鉴》直接获得的三个指标来衡量，分别为发明专利授权数（S1）、省级以上获奖科技成果数（S2）、三大索引检索（SCI、EI、ISTP）的学术论文数（S3）。

在成果转化阶段，主要是新技术的应用、新产品的生产与投放，因而为衡量此阶段的科技创新产出，本研究采用以下两个指标：新产品收入比（S4）和技术市场成交额比（S5），其中新产品收入比＝新产品销售收入/主营业务收入，技术市场成交额比＝技术市场成交额/科研活动经费。

在产业化阶段，新产品不断进入市场，随着市场占有率不断扩大，规模效应集聚，加上有不断的新进入者和潜在的进入者，高新技术产业顺势而生，因此为表征产业化产出则以高新技术产业比重（S6）来衡量，其中高新技术产业比重＝高新技术产业总产值/工业总产值。

表8－3－2 科技创新产出指标体系

	一级指标	二级指标
科技创新产出	研发产出	S1：发明专利授权数
		S2：省级以上获奖科技成果数
		S3：三大索引学术论文数（SCI、EI、ISTP）
	成果转化产出	S4：新产品收入比
		S5：技术市场成交额比
	产业化产出	S6：高新技术产业比重

8.3.2 上海市科技金融与科技创新发展现状

8.3.2.1 上海市科技金融发展现状

在科技信贷业务方面，从贷款客户数来看，如图 8—3—1 所示，截至 2017 年 12 月 31 日，上海市科技型企业贷款客户数存量为 5235 户，比 2016 年同期增加 932 户，同比增长率为 21.66%，其中科技型中小企业贷款客户数存量为 4680 户，比 2016 年同期增加 737 户，同比增长率为 18.69%。从贷款余额来看，2017 年度科技型企业贷款余额为 2071.27 亿元，比 2016 年末增长 570.91 亿，同比增长率达到 38.05%。此外，科技贷款整体不良率较 2016 年末下降 0.24 个百分点到 0.37%，整体可控。上海市目前共有 7 家科技支行，科技企业客户 1203 家，其中科技企业贷款客户数为 240 家，科技企业贷款余额为 97.34 亿元。此外，为促进中小企业发展协调，上海市推出了专精特新企业服务的“千家百亿信用担保融资计划”，截至 2017 年底共有 378 家专精特新企业获得银行贷款 43 亿元。

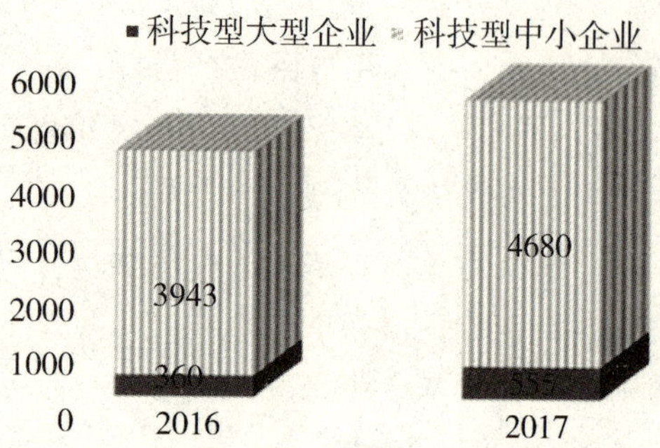

图 8—3—1 科技型企业贷款客户数总体占比情况

在银行业科技金融经营方面，2015 年 8 月上海银监局发布了《指导意见》，倡导“六专机制”和“新三查”标准①，制定了科技信贷专业化标准。当前上海银行业科技金融专业化经营机制进一步深化，主要体现在以下几个方面：（1）上海市银行业专营组合和专业团队取得突破，服务科技金融队伍不断壮大。截

① “指导意见”指《关于上海银行业提高专业化经营和风险管理水平进一步支持科技创新的指导意见》。“六专机制”指的是专营的组织架构体系、专业的经营管理团队、专用的风险管理制度和技术手段、专门的管理信息系统、专项激励考核机制和专属客户的信贷标准。“新三查”标准则是在借鉴创投机构做法的基础上，鼓励商业银行执行“创投基因”的信贷标准与流程。

至 2017 年 12 月末，上海市已设立 7 家科技银行，较 2016 年末新增 1 家。其中科技特色支行 89 家，比 2016 年同期增加 12 家，同比增速为 15.59%；科技金融相关工作人员 1483 人，比 2016 年同期增加 129 人，同比增速为 9.53%。(2) 上海市银行业专属信贷标准与专用风险管理手段进一步丰富。根据起步阶段的科技型企业存在的风险与贷款需求，银行对其自身的作业方式、风险补偿与分担机制持续进行调整优化。如上海华瑞银行采取“投资级”尽调模式，落实创投型信贷机制，弱化担保、收入、盈利情况等传统要素权重，注重对企业核心团队、关键技术等风险投资要素的尽调力度；南京银行上海分行针对科技型企业创新了评级模板，强调企业管理者素质、研发成果等“软信息”，适当弱化财务、成立年限等指标，对科技型企业的判断起到了较好的辅助作用。(3) 上海市银行业专项激励机制和专门管理信息系统进一步完善。银行多实行差异化政策，主要从不良容忍度、内部资金成本核算、尽职免责等方面着手，同时开发了适用于科技创新企业的专用评级模型和内部评级指标体系，如上海市科技金融转型重点银行针对科技金融业务普遍设定了 3%的不良容忍度，并制定了差异化的尽职免责管理办法。

在投贷联动业务方面，从合作双方关系来看，可以分为内部投贷联动和外部投贷联动①。为指导银行积极探索投贷联动业务，上海银监局将上海市具体实践与国际经验相结合，设定了三项基本原则：一是坚持“以贷为主，以投为辅”。要求银行在开展投贷联动业务时，仍应坚持坚守本业，以贷款为主。二是重在专业化经营和机制创新。银行应构建与科技型企业融资需求相适应的管理体系，也鼓励并支持银行通过多种形式积极探索。三是在风险可控的前提下审慎创新。截至 2017 年 12 月 31 日，上海市投贷联动项下贷款存量合计 315 家，同比增长 72.13%；贷款余额合计 60.90 亿元，同比增长 133.06%。其中内部投贷联动业务 5 家，贷款余额为 1650 万元，外部投贷联动业务 310 家，贷款余额

① 内部投贷联动是指银监会根据《关于支持银行业金融机构加大创新力度开展科创企业投贷联动试点的指导意见》所定义的投贷联动，即银行业金融机构以“信贷投放”与本集团设立的具有投资功能的子公司以自有资金进行的“股权投资”相结合的方式，通过相关制度安排，由投资收益抵补信贷风险，实现科创企业信贷风险和收益的匹配，为科创企业提供持续资金支持的融资模式。而外部投贷联动则是指银行业金融机构以“信贷投放”是与非本集团设立的、具有投资功能的公司或者银行业金融机构设立的投资功能子公司利用非自有资金对科创企业进行的“股权投资”相结合的方式，为科创企业提供资金支持的融资模式。

60.73 亿元[①]。其中，投贷联动项目中不良余额为 1882 万元，不良率为 0.31%，风险可控。

在多层级融资机制建设方面，上海市目前通过科创母基金、科技创新板、公益基金、绿色基金等渠道给科技型企业提供融资支持。2017 年上海市全年新设立市级创业投资母基金 2 支，目前全市共有市级创业引导母基金 9 支，管理资金规模 685.2 亿元；2015 年 12 月 28 日上海股权托管中心科技创新板正式开盘，截至 2017 年底，科技创新板挂牌企业累计 172 家，其中科技型企业 160 家，创新型企业 12 家，平均每家获得融资 1157.56 万元，挂牌企业的融资难问题得到有效缓解。

在风险分担机制建设方面，上海市成立"中小微企业政策性融资担保基金"[②]。截至 2017 年 12 月 31 日，已有 38 家银行与该担保基金展开合作，2017 年内完成担保金额约为 56.41 亿元，同比增长 286%，是对中小微科技型企业发展的有力支持；上海市积极推动科技型中小企业和小型微型企业信贷风险补偿，截至 2017 年末共有 36 家次商业银行信贷风险补偿试点资格，被认定的信贷风险补偿试点贷款产品共 154 种，试点银行累计获得补偿金额 8598 万元，同时，制定了小型微型企业信贷奖励考核办法，对在沪银行业金融机构为本市小微型企业发放的单户授信总额 500 万元及以下贷款实施奖励，累计对 86 家次小微企业信贷绩效突出的银行实施了信贷奖励，奖励资金达 3.04 亿元；《上海市天使投资风险补偿管理实施细则（试行）通知》（沪科【2016】16 号）发布后，上海市科技金融信息服务平台于 2017 年 3 月 15 日开始受理上海市天使投资风险补偿项目入库申请，截至 2017 年底，7 家投资机构申请了 23 个投资于种子期初创期的天使投资项目入库备案；上海保监局鼓励在沪保险机构加强与政府、科技部门、科技园区等合作，大力发展科技保险和信用保险，为科技创新和中小企业发展提供保障，2017 年全年上海市保险业为科技重大项目创新和科技企业融资提高风险保额 197.67 亿元。

在科技金融服务平台建设方面，上海市各级部门为解决科技型中小微企业融资难问题，通过平台建设，集聚科技和金融资源，提供信息沟通和增值服务，

① 目前银行投资功能子公司的设立申请尚待批复，上海市内银行机构主要通过外部投贷联动的方式开展投贷联动创新业务，内部投资联动业务暂均由国开行上海分行进行开展。

② "中小微企业政策性融资担保基金"通过批量担保和个案担保两种形式，为上海市中小微企业，特别是科技型企业的信贷业务提供担保，重点支持获得国家创新基金、上海市创新基金、上海市科委认定的科创型企业和小巨人企业。

以实现缓解科技型中小微企业融资难融资贵的政策目标，不断完善服务功能，服务辐射面不断扩大，是上海科技金融工作的一大特色。目前有四个平台，分别是上海银税互动信息服务平台、上海市科技金融信息服务平台、张江国家自主创新示范区科技融资服务试点平台、漕河泾开发区中小企业融资平台。

8.3.2.2　上海市科技创新发展现状

上海坚持科技创新和体制机制创新“双轮驱动”，围绕上海科创中心建设“四梁八柱”计划和“十三五科技创新工作目标”，科技创新中心建设得到稳步推进。

在科技政策方面，一是上海市政府加大了普惠性税制的落实力度。研发费用加计扣除、高新技术企业认定、技术先进型服务企业认定三项政策2017年落实上年度企业减免税收总额超过264亿元，有关税收减免政策覆盖企业数达1.2万余家次，同比增长22.9%。二是促进成果转移转化，上海市发布实施《关于进一步促进科技成果转移转化的实施意见》《上海市促进科技成果转化条例》和《上海市促进科技成果转化行的方案》。三是科技小巨人扶持政策不断完善，2017年认定79家科技企业为科技小巨人，81家科技企业为小巨人培育企业，并在原有科技小巨人工程等计划的基础上，启动实施卓越创新企业培育工程，截至2017年底认定科技小巨人（含培育）企业累计179家。四是科技创新券受惠面扩大，科技创新券自试点以来共向38000余家中小企业发放了总额达2亿元创新券，通过探索后补助方式，不断降低中小微企业和穿各样团队科研创新投入成本。五是上海市高新技术企业增幅较大，2017年全市共认定高新技术企业3247家，较2016年度增加941家，增幅40.8%，全市2015—2017年有效期内享受政策的高新技术企业工业7642家，2017年共落实高新技术企业减免所得税141.62亿元。

在创新创业方面，上海市积极优化政府公共服务，激发市场和社会主体活力，促进创新多要素联动、多主体协同、多领域合作，良好的创新创业生态系统基本形成。目前上海市科技孵化网络建设日臻完备，全市有科技孵化器183家，众创空间192家，科技创业苗圃108家，加速器14家，国家级科技孵化器43家，国家大学科技园43家，在孵和服务科技企业1.6万余家。此外上海积极开展创新创业大赛，2017年共有7302家小微企业和创业团队参加中国创新创业大赛上海78个赛区比赛，上海参赛企业及团队数量连续三年蝉联全国第一，共有1808个参赛企业获得上海创新基金立项。

在张江科学中心建设方面，张江综合性国家科学中心建设取得实质性进展，一批国家级、国际水准的科学实验室和科技研究计划实施建设和启动。随着张江实验室正式揭牌，硬X射线、全球人类表型组等重大专项启动，上海光源二期项目建设进度加快，中科大量子信息科学国家实验室上海分部筹建工作稳步推进，李政道研究所挂牌成立，国际人类表型组创新中心启动实施了国际人类表型组计划（一期）等重大任务，中美干细胞研究中心、医学功能与分子影像中心等组建工作进展顺利。

在科技成果方面，2000年以来，上海市专利授权数逐年攀升，2000年为4050件，2016年授权数为64230件，2017年受理专利申请131746件，专利授权量为70464件，其中发明授权量为20681件，全年PCL国际专利受理量为2100件，比上年增长34.6%。至2017年末，上海市有效发明专利达100433件，每万人口发明专利拥有量达41.5件，比上年增长17.9%，全年经认定登记的各类技术交易合同21559件，比上年增长1.7%，合同金额867.53亿元，增长5.4%。2017年上海科技工作者共有57项牵头和合作完成的重大科技成果荣获年度国家科学技术奖，占全国比例20.7%，首次突破20%，连续17年保持两位数的比例，上海市省级以上科技获奖成果8年来都在2000以上。

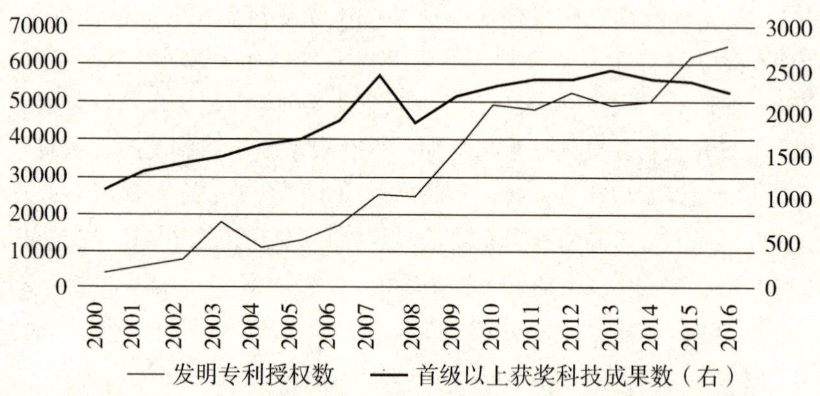

图8—3—2 上海市专利授权数与省级科技成果数（2000—2016年）

在基础研究方面，上海市面向基础前沿，强调遵循科学规律，鼓励科学家自由探索，加快突破。2017年，上海涌现出多光子“玻色取样”任务的光量子计算原型机、首次实验捕获一维手性马约拉纳费米子、发现持久光谱抗稻瘟病机制等重大科学研究成果。三大索引学术论文数（SCI、EI、ISTP）自2000年以来逐年攀升，研究成果不断增加，如图8—3—3所示，据统计，2017年1—11月，上海科学家在nature、science、cell三大顶级期刊发表学术论文62篇，占全国总数24.1%。

在人才培养与引进方面，多层次创新人才体系不断完善，上海市重视“高

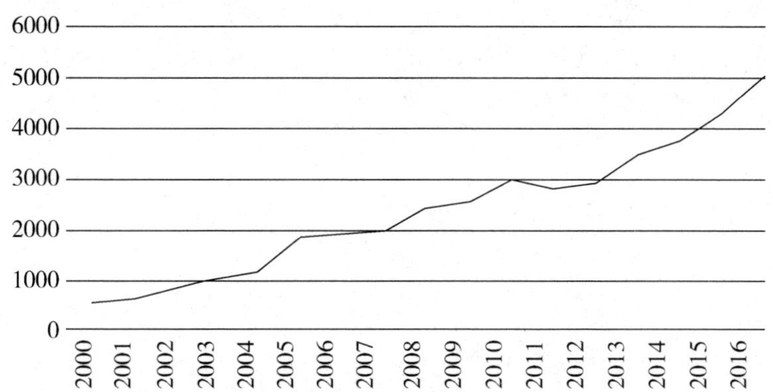

图 8－3－3　上海市三大索引学术论文数（SCI、EI、ISTP）（2000—2016）

精尖缺”高端科技人才选拔和培育。2017 年，新增的上海两院院士共计 13 人，其中中科院院士 10 人，创 12 年来历史新高。同时支持科技人才后备成长，全年共资助各类优秀青年科技人才计划 672 人。

8.3.2.3　上海市科技金融绩效和科技创新产出综合指标评价

由于科技金融绩效和科技创新产出指标的每个指标有各自的经济意义且量纲不同，本研究采用均值－标准差法对原始数据进行标准化。同时考虑到指标体系中各个具体指标的作用不尽相同，本研究采取熵值法①对标准化之后的相关指标进行赋权和计算综合评价指标。基本步骤如下。

① 首先设置初始数据矩阵 $X = \{x_{ij}\}_{m\times n}(0 \leqslant i \leqslant m, 0 \leqslant j \leqslant n)$，其中 m 表示样本期数，n 表示评价指标体系中有 n 个指标，x_{ij} 表示第 i 期样本中第 j 项评价指标的数值。

② 计算每项评价指标下，每一样本期数据所占的比重，计算公式为：

$$y_{ij} = \frac{x_{ij}^*}{\sum_{i=1}^{m} x_{ij}^*} \tag{8.3.1}$$

其中 y_{ij} 表示第 j 项评价指标在第 i 期所占的比重结果，$0 \leqslant y_{ij} \leqslant 1$

③ 计算每项评价指标的信息熵值，计算公式如下：

$$e_j = -K \sum_{i=1}^{m} y_{ij} \ln y_{ij} \tag{8.3.2}$$

其中 K 与样本期 m 有关，且 $K = \dfrac{1}{\ln m}$

① 对比使用正向负向指标法赋权，结果类似，所以在本部分只介绍熵值法的结果。

④ 计算每项指标的差异性系数。由于信息熵 e_j 可用来度量第 j 项评价指标的信息效用价值，当信息完全无序时，$e_j = 1$，此时 e_j 的信息对综合评价的效用价值为 0。每项指标的差异性系数计算公式为：

$$d_j = 1 - e_j \tag{8.3.3}$$

⑤ 计算每项指标的权数。计算公式为：

$$\omega_j = \frac{d_j}{\sum_{j=1}^{n} d_j} \tag{8.3.4}$$

⑥ 计算综合指标评价值。计算公式为：

$$S_{ij} = \omega_j \times x_{ij}^* \tag{8.3.5}$$

根据上述步骤，利用 Matlab2012a 分别计算科技创新产出、科技金融绩效、公共科技金融绩效[①]、市场科技金融绩效的综合评价指标，结果如图 8－3－4、表 8－3－3 所示。具体数据来源于《上海统计年鉴》、《上海科技统计年鉴》、《上海区域金融运行报告》、《中国创业投资发展报告》、锐思金融数据库等。

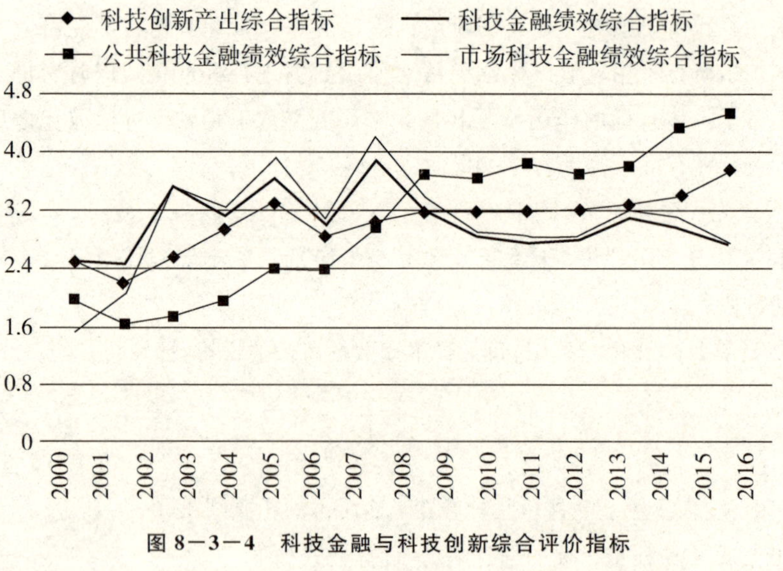

图 8－3－4 科技金融与科技创新综合评价指标

① 由于指标体系中，反映公共科技金融绩效的只有 F1：创新税收与财政科技支出比，故其对应综合评价指标即为该项指标标准化之后的结果。

表 8-3-3　科技金融与科技创新综合评价指标

年份	科技创新产出综合指标	科技金融绩效综合指标	公共科技金融绩效综合指标	市场科技金融绩效综合指标
2003	2.4503	2.4578	1.9313	1.5354
2004	2.1512	2.4263	1.6067	1.9814
2005	2.5028	3.421	1.7129	3.4555
2006	2.9068	3.1145	1.9276	3.2031
2007	3.2654	3.6108	2.3506	3.8263
2008	2.811	2.977	2.3499	3.0472
2009	2.9883	3.8233	2.9107	4.157
2010	3.1588	3.1659	3.6249	3.3175
2011	3.1315	2.8041	3.6112	2.8703
2012	3.1546	2.744	3.8017	2.7827
2013	3.1587	2.7688	3.6498	2.8276
2014	3.2335	3.0586	3.7469	3.1881
2015	3.362	2.9314	4.291	3.0598
2016	3.7252	2.6964	4.4847	2.7481

可以发现，2003—2016 年期间上海市科技创新产出综合指标整体呈现逐年上升趋势，由 2003 年的 2.4503 增至 2016 年的 3.7252，上海市科技创新能力在不断提高。上海市科技金融绩效综合指标波动较大，2003—2009 年期间波动上升，在 2009 年达到高峰 3.8233，随后呈现直线下降趋势，2013 年、2014 年虽然有所回升但涨幅较小，2015 年、2016 年继续回落，2016 年达到近十年最低点 2.6964，这可能与当前国内经济不景气、国际金融环境复杂有关。上海市公共科技金融绩效综合指标在 2003—2016 年期间整体也呈现上升趋势，且自 2009 年开始增长加速快于科技创新产出增速，2003—2009 年上海市公共科技金融绩效综合指标评价值低于科技创新产出综合指标、科技金融绩效综合指标、市场科技金融综合指标，而自 2010 年开始公共科技金融绩效综合评价指标超过其他三者综合评价指标且逐年上升，这表明上海市政府财政科技支出效率较高，对科技创新的直接扶持愈多，上海市公共科技金融绩效愈为显著。同时，可以发现上海市市场科技金融绩效综合指标的变化趋势则与科技创新产出综合指标的变动趋势一致，在 2009 年达到最高峰 4.157，在 2016 年达到 10 年来新低

2.7481，市场科技金融受宏观经济与金融市场影响较大。此外，可以发现在2008年，受金融危机的影响，上海市科技创新产出、科技金融绩效以及公共科技金融与市场科技金融绩效综合评价指标都有不同程度的下降，其中市场科技金融绩效指标降幅最大，其次为科技金融绩效、科技创新产出，公共科技金融绩效降幅最小。

8.4 上海市科技金融与科技创新协同发展的实证分析

在第三节构建的科技金融绩效与科技创新产出综合指标体系基础上，进一步构建了协同演化模型和协同度测度模型，检验主导上海市科技金融与科技创新协同发展的序参量，并衡量当前上海市科技金融与科技创新的协同发展程度。最后，利用Bootstrap仿真方法通过1000次模拟获得新的时间序列，并运用格兰杰因果检验的方法判断上海市科技金融与科技创新系统中的三个主要变量之间是否有正反馈效果。

8.4.1 上海市科技金融与科技创新系统序参量分析

8.4.1.1 协同演化模型

哈肯在其协同学理论中指出系统能否由无序状态转为有序状态主要取决于复合系统内部各个子系统之间的相互作用，在系统演化的过程中不同的参量都有不同的行为特征，衰减快的是快参量，衰减慢的是慢参量，主导系统演化的是慢参量，快参量的行为则受到慢参量的支配，在系统中起主导作用的便是反映系统有序程度的序参量，即慢参量为序参量。了解并掌握主导科技金融与科技创新复合系统的序参量，对控制与促进整个复合系统协同演化、推动区域知识经济增长具有重要价值。因此，识别出促进上海市科技金融与科技创新系统协同演化的主导参量具有重要意义。

鉴于科技金融绩效与科技创新产出的数据是离散的、非连续的，而灰色理论可以较好地处理离散序列，将数据的发展演化情况较好地体现出来（孙晶琪，2012），本研究从协同学原理出发，结合灰色理论$GM(1,N)$，构建科技金融与科技创新复合系统的协同演化模型。传统的灰色理论$GM(1,N)$模型为：

$$\frac{dx_i}{d_t}=-a_ix_i+\sum_{j=1,j\neq i}^{N}b_jx_j \tag{8.4.1}$$

其中，$-a_ix_i$为变量发展项，反映其在系统演化过程中的增长情况；b_jx_j为驱动项，反映其他变量对第 i 个变量的驱动作用；N 为变量的数量。

由协同学原理可知，在系统演化的过程中，各变量的变化速度除了本身发展水平造成的限制，还会有其他变量产生的影响，此外还可能有外界因素的干扰。在协同演化模型的设定中，t 时刻第 i 个变量自身发展水平为 $-a_i x_i(t)$，其中 a_i 称为发展系数或阻尼系数，表现该变量自身的衰减速度；其余两个变量对第 i 个变量的驱动作用为 $b_j x_j(t)$ 其中 b_j 称为驱动系数；其余两个变量对第 i 个变量的抑制作用为 $c_j(x_j)^2(t)$，其中 c_j 称为抑制系数；外界的干扰记为 $f_i(t)$。根据协同学理论，变量对应的阻尼系数越大，表明该变量变化越快，对系统演化的影响越小，即为系统的快参量；反之，则为系统的慢参量，为主导系统的序参量。

这里，变量数目 $N=3$，x_1 表示科技创新产出能力，x_2 表示公共科技金融绩效，x_3 表示市场科技金融绩效。科技金融与科技创新系统的协同演化模型可以以朗之万方程的形式表示，即：

$$\frac{dx_i}{d_t}=-a_i x_i+\sum_{j=1,j\neq i}^{N} b_j x_j+\sum_{j=1,j\neq i}^{N} c_j(x_j)^2+f_i(t) \tag{8.4.2}$$

其中，变化率可以采用离散化方式处理，即：

$$\frac{dx_i}{dt}=x_i(t+1)-x_i(t) \tag{8.4.3}$$

其中 $i=1,2,3$，$t=1,2,\cdots,k-1,k$。k 为研究所包含的时间段。在科技金融与科技创新系统协同演化过程中，各个变量之间的相互作用是系统演化的根本原因所在，而外界干扰只起随机作用，故而设定 $f_i(t)=0$，$i=1,2,3$。

8.4.1.2　数据来源和处理

本节对科技金融与科技创新复合系统序参量的识别采用 8.3.2.3 小节计算的综合指标数据，即上海市科技创新产出、公共科技金融绩效和市场科技金融绩效综合评价指标，如表 8－4－1 所示。

表 8－4－1　科技金融与科技创新综合评价指标

年份	科技创新产出综合指标	公共科技金融绩效综合指标	市场科技金融绩效综合指标
2003	2.4503	1.9313	1.5354
2004	2.1512	1.6067	1.9814
2005	2.5028	1.7129	3.4555
2006	2.9068	1.9276	3.2031
2007	3.2654	2.3506	3.8263

（续表）

年份	科技创新产出综合指标	公共科技金融绩效综合指标	市场科技金融绩效综合指标
2008	2.811	2.3499	3.0472
2009	2.9883	2.9107	4.157
2010	3.1588	3.6249	3.3175
2011	3.1315	3.6112	2.8703
2012	3.1546	3.8017	2.7827
2013	3.1587	3.6498	2.8276
2014	3.2335	3.7469	3.1881
2015	3.362	4.291	3.0598
2016	3.7252	4.4847	2.7481

8.4.1.3 实证分析

利用最小二乘法估计 8.4.1.1 小节中科技金融与科技创新协同演化模型的系数，这里运用 R 软件进行估计，结果如下：

$$\begin{cases}\dfrac{dx_1}{dt}=-0.8445x_1-0.431x_2+1.8294x_3+0.0996x_2^2-0.2731x_3^2\\ \dfrac{dx_2}{dt}=0.1102x_2-0.6591x_1+0.7820x_3+0.0132x_1^2-0.0689x_3^2\\ \dfrac{dx_3}{dt}=-0.5815x_3+2.1793x_1-0.3237x_2-0.4495x_1^2+0.0349x_2^2\end{cases} \tag{8.4.4}$$

根据协同学理论，变量对应的阻尼系数越大，表明该变量变化越快，对系统演化的影响越小，为系统的快参量；反之，则为系统的慢参量，即序参量。从上述估计结果式（8.4.4）来看，上海市科技创新产出、公共科技金融绩效、市场科技金融绩效三个对应的阻尼系数分别为 $a_1=0.8445$，$a_2=0.1102$，$a_3=0.5815$，$a_2<a_3<a_1$。可以发现公共科技金融绩效对应的阻尼系数最小，市场科技金融绩效次之，科技创新产出的阻尼系数最大，因此对复合系统协同演化的作用从小到大排为公共科技金融绩效、市场科技金融绩效、科技创新产出，也就是说主导上海市科技金融与科技创新复合系统协同演化的序参量是政府公共科技金融绩效。这与第三章上海市科技金融与科技创新综合评价指标的测算结果也是相一致的，上海市政府积极贯彻创新驱动战略，为建设具有全球影响力

的科技创新中心，对标国际标准并结合上海实际，积极引导上海市银行业机构探索科技金融专业化经营，提升对科技型小微企业的服务绩效。

就驱动系数和抑制系数来看，公共科技金融绩效对科技创新产出和市场科技金融绩效的驱动系数均为负，抑制系数均为正。这表明目前上海市公共科技金融绩效对科技创新产出与市场科技金融绩效的抑制作用大于驱动作用。上海市政府公共科技金融投入管理尚存在较大空间，应当继续探索，积极发挥主导作用，实现与科技创新、与市场科技金融的协同驱动发展，促进整个复合系统的良性协同演化。而市场科技金融绩效对公共科技金融绩效、科技创新产出的驱动系数为正，抑制系数为负，即上海市市场科技金融绩效对公共科技金融绩效、科技创新产出的驱动作用大于抑制作用。科技创新产出能力对公共科技金融绩效的驱动系数为负，抑制系数为正，而对市场科技金融绩效的驱动系数为正，抑制系数为负，即上海市科技创新产出能力对公共科技金融绩效的抑制作用大于驱动作用，而对市场科技金融绩效的驱动作用大于抑制作用。

8.4.2　上海市科技金融与科技创新系统协同度测度

第三章对综合评价指标的数值的计算只能反映科技金融与科技创新的各自独立的变化趋势，二者之间是否良性协同发展尚待研究。为此，本研究将科技金融和科技创新作为一个复合系统，结合协同学、系统动力学构建了协同度测度模型，通过测度科技金融与科技创新子系统的有序度和复合系统的协同度来衡量二者之间的协同发展水平。

8.4.2.1　协同度测度模型

科技金融与科技创新的协同度是科技金融与科技创新复合系统协同演化的过程中两个子系统之间相互作用保持一致的程度，反映了整个复合系统由无序状态向有序状态变换的走势。参照孟庆松等（2000）提出的复合系统协调度模型、王宏起等（2012）建立的协同度测度模型，本研究构建科技金融与科技创新协同度测度模型，具体包括子系统有序度模型和复合系统协同度模型，具体介绍如下。

（1）子系统有序度模型

以 $S=\{S_1,S_2\}$ 表示科技金融与科技创新的复合系统，其中科技金融子系统表示为 S_1，科技创新子系统表示为 S_2。假设参与子系统 $S_j(j\in[1,2])$ 的整个发展演化的参量是 $e_j=(e_{j1},e_{j2},\cdots,e_{jn})$，其中 $n\geqslant 1$，$\beta_{ji}\leqslant e_{ji}\leqslant\alpha_{ji}$，$i=1,2,\cdots,n$，$\alpha_{ji}$ 和 β_{ji} 分别表示复合系统恰好达到稳定有序状态的参量分量 e_{ji} 的上限和下限。假设 $e_{j1},e_{j2},\cdots,e_{jk}$ 均为正向指标，系统的有序程度与其取值正相关，数值越大有序度越高；$e_{jk+1},e_{jk+2},\cdots,e_{jn}$ 为逆向指标，系统的有序程度与其数值大小负相关。因而

子系统 S_j 的参量分量 e_{ji} 的系统有序度公式为：

$$\mu_j(e_{ji})=\begin{cases}\dfrac{e_{ji}-\beta_{ji}}{\alpha_{ji}-\beta_{ji}}, i\in[1,k]\\ \dfrac{\alpha_{ji}-e_{ji}}{\alpha_{ji}-\beta_{ji}}, i\in[k+1,n]\end{cases} \tag{8.4.5}$$

由上式(8.4.5)可以发现 $\mu_j(e_{ji})\in[0,1]$，其中 $\mu_j(e_{ji})$ 的数值越大，其对应的 e_{ji} 对促进整个系统达到有序状态的作用越大。

总体来说，可以以集成 $\mu_j(e_{ji})$ 的方法实现计算各参量分量 e_{ji} 对子系统 S_j 有序程度的总的贡献程度的目标，计算得到的结果即为参量变量 e_j 的系统有序度 $\mu_j(e_j)$。在实际运用中通常有两种集成方法，分别为几何平均法或线性加权法，如下所示：

$$\mu_j(e_j)=\sqrt[n]{\prod_{i=1}^{n}\mu_j(e_{ji})} \tag{8.4.6}$$

或

$$\mu_j(e_j)=\sum_{i=1}^{n}\lambda_i\mu_j(e_{ji}), \lambda_i\geqslant 0, \sum_{i=1}^{n}\lambda_i=1 \tag{8.4.7}$$

其中在式(8.4.7)中的 λ_i 代表参量分量 e_{ji} 在促进系统稳定有序运行过程中所处的地位，数值越大，相对应的地位也越高。由式(8.4.6)、式(8.4.7)可知 $\mu_j(e_j)\in[0,1]$，$\mu_j(e_j)$ 数值的大小与子系统的有序度成正比，$\mu_j(e_j)$ 数值越大，参量 e_j 对促进子系统 S_j 达到有序状态的作用就越大，与之相对应的子系统的有序度相对也会越高。本研究采用线性加权法进行集成。

(2) 复合系统协同度模型

复合系统协同度模型的建立需要综合考虑科技金融与科技创新两个子系统的运行状况。假定初始状态的时刻为 t_0，$u_1^0(e_1)$ 表示 t_0 时刻下科技金融子系统的有序度，$u_2^0(e_2)$ 表示 t_0 时刻下科技创新子系统的有序度；当两个子系统构成的复合系统通过一段时间的演化发展达到另一状态，此时此刻为 t_1，$u_1^1(e_1)$ 表示 t_1 时刻下科技金融子系统的有序度，$u_2^1(e_2)$ 表示 t_1 时刻下科技创新子系统的有序度。因此，科技金融与科技创新复合系统的协同度 C 可以以式(8.4.8)表示：

$$C=\theta\sqrt{\left|u_1^1(e_1)-u_1^0(e_1)\right|\times\left|u_2^1(e_2)-u_2^0(e_2)\right|},$$
$$\theta=\begin{cases}1, u_1^1(e_1)-u_1^0(e_1)>0 \text{ 且 } u_2^1(e_1)-u_2^0(e_1)>0\\ -1, \text{其他}\end{cases} \tag{8.4.8}$$

由(8－4－8)可知，科技金融与科技创新复合系统的协同度 $C\in[0,1]$，其数值大小与复合系统的协同发展程度正相关。其中，只有在科技金融子系统与科技

创新子系统在 t_1 时刻的有序度都比两个子系统在另一时刻 t_0 的有序度数值大时，协同度 C 才为正值，此时两个子系统构成的复合系统才处于协同演进的状态；当两个子系统任意一个在 t_1 时刻的有序度比其在 t_0 时刻的有序度的数值小时，协同度 C 小于 0，此时整个复合系统的发展状态是非协同演进的；对于两个子系统在 t_1 时刻的有序度都比两个子系统在 t_0 时刻的有序度数值大的情形，虽然复合系统处于协同演进状态，但若两个子系统有序度增幅差异较大，一个增幅很大，一个增幅很小，会导致协同度 C 数值非常小，仅是大于 0，表明当前复合系统的协同水平较低，科技金融与科技创新协同发展尚未形成良性的机制。

8.4.2.2　数据来源与处理

(1) 数据来源

根据前文的指标体系，我们选取 2003—2016 年上海市科技金融绩效和科技创新产出的数据，数据来源于《上海统计年鉴》、《上海科技统计年鉴》、《上海区域金融运行报告》、《中国创业投资发展报告》、锐思金融数据库等，具体数据如表 8－4－2、8－4－3 所示。

表 8－4－2　科技创新产出指标数据

年份	S1	S2	S3	S4	S5	S6
2003	16671	1508	9844	0.2041	1.7975	0.218
2004	10625	1629	11385	0.1916	1.0083	0.235
2005	12603	1701	17899	0.1928	1.0840	0.251
2006	16602	1953	19133	0.2135	1.3307	0.244
2007	24481	2396	19928	0.1960	1.4070	0.256
2008	24468	1866	24011	0.1810	1.3407	0.248
2009	34913	2166	25066	0.1997	1.1570	0.233
2010	48215	2318	29588	0.1930	1.0701	0.232
2011	47960	2388	27672	0.2266	0.9207	0.2108
2012	51508	2415	28597	0.2170	0.8662	0.217
2013	48680	2490	34191	0.2220	0.7993	0.207
2014	50488	2384	37134	0.2381	0.7750	0.204
2015	60623	2356	42902	0.2178	0.7563	0.217
2016	64230	2245	49716	0.2633	0.7842	0.212

数据来源：《上海统计年鉴》《上海科技统计年鉴》等。

表 8－4－3　科技金融绩效指标数据

年份	F1	F2	F3	F4
2003	3.2611	0.4487	0.0440	1.2626
2004	1.6409	0.5154	0.0474	0.8345
2005	0.8844	0.6158	0.0494	2.3302
2006	0.4441	0.5699	0.0733	2.6024
2007	0.4415	0.5605	0.3096	2.9751
2008	0.3891	0.5675	0.3739	0.3429
2009	0.2273	0.6041	0.3820	2.3521
2010	0.2777	0.6352	0.1456	0.8951
2011	0.2556	0.6130	0.0491	0.8514
2012	0.2965	0.5758	0.1129	1.1013
2013	0.2506	0.5839	0.0904	1.1684
2014	0.2602	0.5938	0.1329	1.6176
2015	0.1557	0.5697	0.1886	1.4971
2016	0.2125	0.5720	0.1475	0.8795

数据来源：《上海区域金融运行报告》、《中国创业投资发展报告》、锐思金融数据库等。

(2) 数据标准化与确定指标权重

本节采用均值－方差标准化和熵值法对原数据进行处理，利用 Matlab2012a 计算得到科技金融绩效体系和科技创新产出体系中各指标的权重，如下表所示。

表 8－4－4　科技创新产出指标权重

指标	S1	S2	S3	S4	S5	S6
权重	0.1708	0.1859	0.1651	0.1573	0.1558	0.1652

表 8－4－5　科技金融绩效指标权重

指标	F1	F2	F3	F4
权重	0.2027	0.3317	0.2276	0.2380

8.4.2.3　实证分析

将标准化指标数据与各指标权重代入式（8.4.5）、式（8.4.7），计算得到上海市科技金融与科技创新两个子系统的有序度，如表 8－4－6 和图 8－4－1

所示。将科技金融与科技创新子系统有序度测度结果代入式（8.4.8），计算得到上海市科技金融子系统和科技创新子系统构成的复合系统协同度，如表 8－4－7 和图 8－4－2 所示。

表 8－4－6　科技金融与科技创新子系统有序度

年份	科技创新子系统	科技金融子系统
2003	0.2638	0.2858
2004	0.1859	0.2623
2005	0.2972	0.5282
2006	0.4169	0.4585
2007	0.5452	0.6344
2008	0.3977	0.4486
2009	0.4529	0.6905
2010	0.5138	0.4580
2011	0.4928	0.3483
2012	0.5063	0.3502
2013	0.5023	0.3527
2014	0.5179	0.4401
2015	0.5683	0.4171
2016	0.6622	0.3413

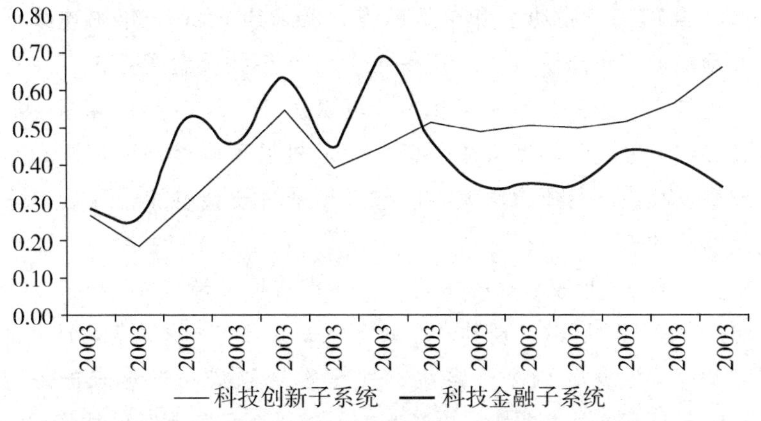

图 8－4－1　科技金融与科技创新子系统有序度

表 8-4-7 科技金融与科技创新复合系统协同度

年份	2004	2005	2006	2007	2008	2009	2010
协同度	-0.043	0.172	-0.091	0.150	-0.166	0.116	-0.119
年份	2011	2012	2013	2014	2015	2016	
协同度	-0.048	0.005	-0.003	0.037	-0.034	-0.084	

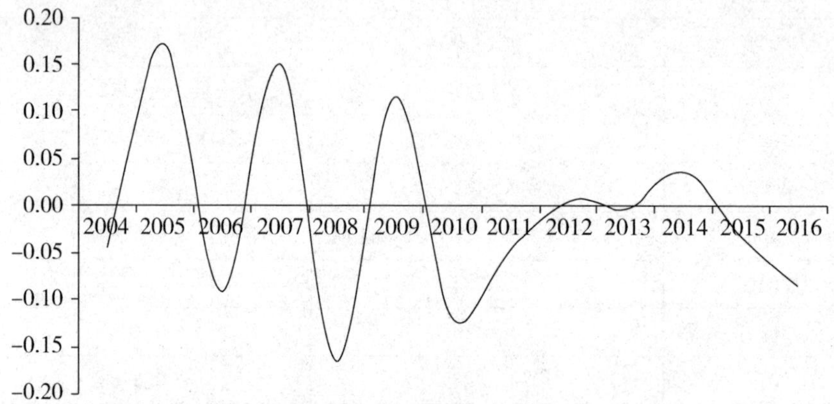

图 8-4-2 科技金融与科技创新复合系统有序度

根据科技创新子系统有序度测度的结果，可以发现在 2003—2016 年期间，上海市科技创新子系统有序度整体呈上升趋势，科技创新能力水平不断上升，这与近年来上海积极响应国家战略部署、积极提升创新能力、建设科创中心密不可分。而上海科技金融子系统有序度在样本期间波动较为明显，2003—2009 年有序度波动上升至最高点，2010 年、2011 年则连续下降，近几年来波动幅度变小趋势向下，反映出上海市科技金融子系统存在较高的不稳定性，这与宏观经济金融密切相关。可以发现，2008 年国际金融危机后上海市科技金融子系统有序度大幅下降，而危机后国际经济环境复杂，国内经济增速放缓、经济下行压力增大，这与近年来科技金融综合评价指标的变化趋势也是吻合的。

从复合系统协同度来看，样本期间上海市科技金融与科技创新复合系统协同度波动幅度较大，可以发现其在区间 [-0.2，0.2] 内震荡，且大部分年份数值在 0 以下，此外，两个子系统有序度发展趋势在近年来出现背离，在 2003—2016 年期间或处于非协同演进状态，或处于较低水平的协同状态，这表明上海市科技金融与科技创新良性协同发展机制目前尚未形成。可能存在以下几点原因：一是我国金融体制不够健全和当前运行环境复杂。我国金融市场化程度仍然不够充分，商业银行以批发金融做大规模，追求规模效益是其主要盈利模式，社会资金的总体配置方向没有偏向科技创新领域。二是在推进科技与金融结合的过程中，偏重科技创新，忽略了科技金融特别是市场科技金融自身的发展规律。中央和地方政府在推进科技创新与科技金融发展的过程中，往往将科技金融作为支持科技创新的辅助性工具，而科技金融绩效则取决于科技创新主体发展带来的投资回报，但科技创新活动本身存在极大风险，回报周期有时候很漫长。三是金融监管不充分平衡风险与创新的关系。在以风险为本的监管中，忽视了产业结构升级和经济不增长产生的宏观风险，以总量指标控制为主的审慎监管不能够有效地应对实际经济动能不足和国际竞争力不足的问题。在督促金融机构加大服务实体经济力度时，没有相应安排监管机制，激发金融家的创新能力，没有专门为了创新战略安排金融家的容错空间，以允许其在科创领域开展积极的金融创新。

8.4.3 上海市科技金融与科技创新协同反馈效果检验

由前面实证结果可知，上海市科技金融与科技创新系统尚未形成良性的协同演进机制，为判别复合系统三个主要变量之间的协同反馈效果，建立了协同反馈效果检验模型，主要采用 Granger 因果检验方法，同时考虑到原始数据样本较小，本研究利用 Bootstrap 仿真方法对上海市科技金融与科技创新之间的协同反馈效果进行验证。

8.4.3.1 协同反馈效果检验模型

(1) Granger 因果关系检验

英国经济学家克莱夫·格兰杰定义了一种描述性的因果关系，即 Granger 因果关系。格兰杰认为：当一个变量 X 不能对预测另一个变量 Y 起到作用时，变量 X 就不是变量 Y 的原因。反之，当变量 X 是变量 Y 的原因，就有两个需要满足的条件：首先是要满足变量 X 对于预测变量 X 是有作用的条件，也就是说在变量 Y 对 Y 的滞后项的回归中，将变量 X 的滞后项作为独立变量添加到回归方程中，会显著增强回归的解释能力；其次是要满足变量 Y 对于预测变量 Y 不起作用的条件，这是因为倘若变量 X 和变量 Y 之间能够相互预测，那么就很可能存在其他变量能同时引起变量 X 与变量 Y 的变化。

检验变量 X 是否是变量 Y 的 Granger 原因的操作步骤如下所示：

① 检验原假设 H_0：变量 X 不是引起变量 Y 变化的 Granger 原因。

首先，分别估计无约束和有约束回归模型：

$$\begin{cases} 无约束回归模型(u):Y_t = \alpha_0 + \sum_{i=1}^{p} \alpha_i Y_{t-i} + \sum_{i=1}^{q} \beta_i X_{t-i} + \varepsilon_t \\ 有约束回归模型(r):Y_t = \alpha_0 + \sum_{i=1}^{p} \alpha_i Y_{t-i} + \varepsilon_t \end{cases} \tag{8.4.9}$$

式(8.4.9)中，p、q 分别表示变量 X 和变量 Y 的最大滞后期数，一般情况下 $p = q$；α_0 表示常数项；ε_t 表示误差项。

其次，用上式(8.4.9)的两个回归模型估计得到的残差平方和 RSS_u 和 RSS_r 计算 F 统计量，其中 n 为样本容量：

$$F = \frac{(RSS_r - RSS_u)/q}{RSS_u/(n-p-q-1)} \sim F(q, n-p-q-1) \tag{8.4.10}$$

对"假设 H_0：变量 X 不是引起变量 Y 变化的 Granger 原因"的检验也就是检验"假设 H_1：$\beta_1 = \beta_2 = \cdots \beta_q = 0$"是否成立。如果 $F > F_\alpha(q, n-p-q-1)$，则 β_1、β_2、…、β_q 显著不为 0，拒绝原假设 H_0，反之，则不能拒绝原假设 H_0。

② 交换变量 Y 与变量 X 的位置，按上述步骤 ① 中一样的方法对"假设 H_2：变量 Y 不是引起变量 X 变化的 Granger 原因"进行检验。

③ 根据格兰杰因果关系检验的原理，要判断出"变量 X 是变量 Y 的 Granger 原因"，必须同时满足两个条件，即拒绝原假设 H_0，同时接受原假设 H_2。

(2) Bootstrap 仿真方法

Shukur 和 Mantalos 在 2000 年提出了 Bootstrap 仿真方法，该方法主要基于数据的真实分布情况进行重复抽样，解决了小样本限制的问题，不论原始数据是否平稳、是否满足协整关系，通过该方法最终都能得到相对可靠的结果，此外，该方法不要求误差项序列满足白噪声的条件。

Bootstrap 仿真方法的基本原理：假设观测样本中包含的信息覆盖了所有潜在样本，那么就可以将观测样本看作是一个"总体"，相关的统计工作（估计或者检验）的统计量的分布可以从"总体"中利用 MonteCarlo 模拟得到。Bootstrap 抽样有多种形式并被广泛应用，如 Wild Bootstrap 可解决截面数据存在的异方差问题（Wu，1986；Davison. R and E. Flachaire，2001），Block Bootstrap 可以在时间序列中使用（Politis，2003），此外还有残差 Bootstrap（Kreiss，1997），参数 Bootstrap 和 Pairs Bootstrap（Freedman，1981，1984）等等。这里采用残差 Bootstrap 仿真方法进行 Granger 因果检验，具体步骤如下：

① 利用最小二乘法估计上式 4－9 中的无约束模型(u)，得到拟合值 $\hat{y}_t$ 和残差集合 ε_t；

② 将残差集合 ε_t 零均值化，并对其有放回的抽样得到 *bootstrap* 残差集 $\hat{\varepsilon}_t$；

③ 构造新的序列 $Y_t^* = \hat{y}_t + \hat{\varepsilon}_t$；

④ 对 X 回归新序列 Y_t^*，重新估计无约束模型(u)和有约束模型(r)，计算 F 统计量，重复 N 次，得到 F 统计量的累计分布，取该分布的 $1-\alpha$ 分位数作为相应检验水平下的 Bootstrap 临界值 F_α；

⑤ 利用原始数据对无约束模型(u) 和有约束模型(r) 进行估计，计算得到统计量 F_s；

⑥ 比较 F_s 和 F_α 值的大小，若 $F_s > F_\alpha$，则拒绝原假设，反之则不拒绝原假设"X 不是 Y 的 Granger 原因"。

8.4.3.2 数据来源与处理

本节数据来源于前文构造的指标体系计算得到的上海市科技创新产出、上海市公共科技金融绩效、上海市市场科技金融绩效综合指标。同时考虑到弹性度量在因果关系检验中比绝对值度量更有意义，因此对上述数据进行对数化处理。这里 Bootstrap 仿真模拟的次数为 N=1000，通过 R 软件实现。

8.4.3.3 实证分析

由第2节中科技金融与科技创新协同发展理论模型中发现的3条主要反馈回路可知，公共科技金融绩效、市场科技金融绩效和科技创新产出是影响协同发展的三个主要变量。本研究着重考察了三个变量两两之间的协同反馈效果，即上海市科技创新产出与公共科技金融绩效、科技创新产出与市场科技金融绩效、公共科技金融绩效与市场科技金融绩效之间的协同反馈效果。Bootstrap 仿真方法不需要对原始数据进行单位根检验与协整检验，可直接对相关变量进行 Granger 因果关系检验，本研究分别考察了滞后期 $p=q=$ 1、2、3 时各变量间的协同反馈情况。

(1) 科技创新产出与公共科技金融绩效

H_1：公共科技金融不是科技创新的 granger 原因

H_2：科技创新不是公共科技金融的 granger 原因

对原假设 H_1 和 H_2 进行检验，表 8－4－8 是科技创新与公共科技金融的 Bootstrap 格兰杰因果关系检验结果，其中科技创新产出采用 8.3.2 小节计算的上海市科技创新产出综合指标，公共科技金融绩效则对应前文计算的上海市公共科技金融绩效综合指标。

结果表明，在滞后一期、二期、三期时，可以发现通过原始数据计算得到的 F 统计量均小于 Bootstrap 仿真计算得到的 90%、95%、99%分位数，因此均不拒绝原假设，即公共科技金融不是科技创新的 granger 原因，科技创新也不是公共科技金融的 granger 原因，上海市公共科技金融与科技创新之间不存在因果关系。实证结果显示上海市公共科技金融与科技创新之间不存在正反馈效果，这与徐玉莲（2012）研究2000—2009年黑龙江省公共科技金融与科技创新之间的协同反馈效果结论一致，可能存在以下几点原因：一是政策的时滞性，政策虽然有了，但当前上海市科技扶持的相关政策落实尚未完全到位，政府在公共科技金融管理尚存在较大提升空间，投入带动效率有待提高，目前公共科技金融的支持只是要素的递增，尚未形成规模效应，理论上能够达到的协同反馈效果目前尚未达到，还存在差距；二是由于信息不对称等约束条件，科技创新主体与政府公共科技金融主体之间没有形成良好的传导机制，传导机制有待进一步完善；三是指标变量选取问题，本研究中部分指标选取的是替代变量，因而实证结果不理想。由于上海市科技金融与科技创新系统尚未形成良性的协同发展机制，在2003—2016年期间，或处于非协同演进状态或处于低水平协同状态，此阶段政府力量是促进区域科技创新与科技金融协同发展的主导力量，政府应该进一步实施并协调直接资助与间接调控的政策举措，做好市场科技金融发展与科技创新之间的协调，实现公共科技金融与科技创新之间的正反馈作用，促进系统的协同发展。

表8-4-8 科技创新与公共科技金融的Bootstrap格兰杰因果关系检验结果

原假设	F统计量	10%	5%	1%	滞后期
公共科技金融不是科技创新的granger原因	0.3075	5.3753	7.8994	17.9841	1
科技创新不是公共科技金融的granger原因	0.8210	8.2491	11.6966	24.1380	1
公共科技金融不是科技创新的granger原因	0.9504	5.2284	7.3832	13.2778	2
科技创新不是公共科技金融的granger原因	0.2192	3.8927	6.7907	12.9723	2
公共科技金融不是科技创新的granger原因	0.8500	2.1318	3.1711	9.6780	3
科技创新不是公共科技金融的granger原因	0.4452	3.1732	5.1552	12.8003	3

注：F统计量为原始数据计算的F_s，10%、5%、1%分别对应Bootstap仿真方法得到的F统计量的累计分布中的90%、95%、99%分位数；*，**，***表示在10%、5%、1%水平下拒绝原假设。下同。

（2）科技创新产出与市场科技金融绩效

H_3：市场科技金融不是科技创新的 granger 原因

H_4：科技创新不是市场科技金融的 granger 原因

对原假设 H_3 和 H_4 进行检验，表 8－4－9 是科技创新与市场科技金融的 Bootstrap 格兰杰因果关系检验结果，其中科技创新产出采用前文计算的上海市科技创新产出综合指标，市场科技金融绩效则对应前文计算的上海市市场科技金融绩效综合指标。

可以发现，在原假设“科技创新不是市场科技金融的 granger 原因”的条件下，滞后二期时，原始数据的 F 统计量大于 Bootstrap 仿真方法生成的累计分布的 90%分位数，即在 10%水平下拒绝原假设，而滞后二期时市场科技金融不是科技创新的 Granger 原因，因此滞后二期时，上海市科技创新产出是上海市市场科技金融绩效的 Granger 原因，即上海市科技创新的发展对市场科技金融的发展有正反馈效果。结果表明科技成果的资本化、产业化能有效吸引从事科技风险投资、科技信贷等金融机构，强化市场科技金融对科技创新的支撑力度。上海市科技创新产出水平较高，会吸引商业银行、风险投资机构的资本进入，在该条件下市场科技金融主体能够获得较高的投资利润，市场科技金融绩效进一步提升，市场科技金融得到进一步发展。而在滞后一期、三期时，科技创新不是市场科技金融的 Granger 原因，市场科技金融也不是科技创新的 Granger 原因，因此滞后一期、三期时，科技创新与市场科技金融之间无因果关系。综上所述，市场科技金融对科技创新没有正反馈效果，这说明上海市市场科技金融资本与科技资源还未实现有效对接，可能由于短期科技创新回报率不明显、科技创新本身存在较大风险，阻碍了风险厌恶的市场科技金融主体对科技创新主体的支持。

表 8－4－9　科技创新与市场科技金融的 Bootstrap 格兰杰因果关系检验结果

原假设	F 统计量	10%	5%	1%	滞后期
市场科技金融不是科技创新的 granger 原因	2.5999	6.1531	8.7480	21.4323	1
科技创新不是市场科技金融的 granger 原因	3.5409	6.1093	8.7429	15.5745	1
市场科技金融不是科技创新的 granger 原因	0.1437	3.5553	5.2237	11.8308	2

（续表）

原假设	F统计量	10%	5%	1%	滞后期
科技创新不是市场科技金融的 granger 原因	4.7232*	3.5400	5.0633	13.9597	2
市场科技金融不是科技创新的 granger 原因	2.0627	16.5395	25.9782	78.9555	3
科技创新不是市场科技金融的 granger 原因	2.4972	5.2690	8.3748	21.1401	3

(3) 公共科技金融绩效与市场科技金融绩效

H_5：市场科技金融不是公共科技金融的 granger 原因

H_6：公共科技金融不是市场科技金融的 granger 原因

对原假设 H_5 和 H_6 进行检验，表 8－4－10 是公共科技金融与市场科技金融的 Bootstrap 格兰杰因果关系检验结果，其中公共科技金融绩效和市场科技金融绩效采用前文计算的上海市公共科技金融绩效综合指标和市场科技金融绩效综合指标。

在滞后一期时，结果显示在 5%显著水平下，拒绝原假设“市场科技金融不是公共科技金融的 granger 原因”，而不拒绝“公共科技金融不是市场科技金融的 granger 原因”的原假设，即在滞后一期时市场科技金融是公共科技金融的格兰杰原因；在滞后二期时，在 5%显著水平下，拒绝原假设“公共科技金融不是市场科技金融的 granger 原因”，而不拒绝原假设“市场科技金融不是公共科技金融的 granger 原因”，即在滞后二期时公共科技金融是市场科技金融的格兰杰原因；在滞后三期时，在 1%显著水平下，拒绝原假设“公共科技金融不是市场科技金融的 granger 原因”，而不拒绝原假设“市场科技金融不是公共科技金融的 granger 原因”，即在滞后三期时公共科技金融是市场科技金融的格兰杰原因。因此，上海市公共科技金融与市场科技金融之间存在相互的因果关系，二者之间存在相互的正反馈效果。这表明上海市科技金融与市场科技金融之间存在良好的相互促进作用，如何进一步实现双轮驱动，实现协同最大化是需要进一步思考的问题。一方面，上海市政府应通过建立金融市场平台、开展投贷联动试点工作等公共科技金融行为积极引导并支持市场科技金融发展，进一步提升市场科技金融绩效水平；另一方面，商业银行为代表的市场科技金融主体进一步投入资金支持科技创新，使得企业等创新主体科研经费增加，专利、新产品等科技创新产出相应增多，进而增加市场科技金融主体的获利，与此同时区域知识经济增长和创新税收增多，实现政府财政收入增多，公共科技金融绩效得到进一步提升。

表8—4—10　公共科技金融和市场科技金融的Bootstrap格兰杰因果关系检验结果

原假设	F统计量	10%	5%	1%	滞后期
市场科技金融不是公共科技金融的granger原因	9.7404**	4.0569	6.2671	12.8212	1
公共科技金融不是市场科技金融的granger原因	2.7557	3.8699	6.1406	15.5200	1
市场科技金融不是公共科技金融的granger原因	2.2088	3.5680	5.4944	15.9208	2
公共科技金融不是市场科技金融的granger原因	10.9570**	3.7947	5.5688	14.2293	2
市场科技金融不是公共科技金融的granger原因	4.1240	6.0377	9.3575	31.6019	3
公共科技金融不是市场科技金融的granger原因	14.9107***	3.1854	4.5867	12.0215	3

8.5　科技金融与科技创新的政策建议

针对科技金融与科技创新复合系统的阻力以及当前上海市科技金融与科技创新协同发展存在的问题，为提升科技金融绩效与科技创新产出，促进上海市金融中心和科创中心的建设，建立并完善上海市科技金融与科技创新协同发展机制，本研究提出以下建议。

8.5.1　完善政府协调机制建设

公共科技金融绩效是主导上海市科技金融与科技创新协同发展的序参量，在复合系统的演化中扮演着最为重要的角色。虽然当前上海市科技金融生态体系进一步完善，科技创新土壤得到进一步培育，但科技金融与科技创新的复合系统尚未形成良性的协同机制，公共科技金融绩效与科技创新产出之间不存在正反馈效果，表明公共科技金融的协调功能有待进一步加强，政府协调机制需进一步完善。

一是加大财政科技资金投入，优化政府公共科技金融资金配置，配套优惠税收政策。根据上海十三五规划、建设国际金融中心和科创中心的要求，明确重点发展的科技领域，增加对科技创新主体的直接科技投入，覆盖研发、成果化转化、产业化全过程。同时加大对市场科技金融主体的支持力度，完善多层次融资机制和风险分担机制，通过政府引导基金、政府科技担保、科技保险、科技风险补偿等措施积极引导市场科技金融资本投资科技创新领域。同时，对科技创新主体和市场科技金融主体配套相契合的税收优惠政策，调动主体的积极性。

二是建立科技金融与科技创新协调管理机构，畅通科技与金融的联动通道，推动科创企业和资本市场更加有效对接。一方面协调财政部门、科技部门、发改委、银监会、证监会等政府部门，另一方面协调科技创新主体与市场科技金融主体间的需求和建议。特别是上海市政府应该全力配合证监会设立科创板设立并试点注册制，全面对接，全力推进，加强政策联动，切实将金融中心和科创中心的优势需求相结合，提高政策协同效应。

三是深化科技金融机构服务体系建设。积极促进融资服务的平台的搭建与运行，推动投贷联动业务和银行业科技金融专业化经营，加强金融机构和科创企业之间的交流，发挥多层次资本市场对科技创新主体的融资支持。同时，持续加大政策宣传扩大知晓度，扩大科技信贷服务辐射面，不断优化流程加强跟踪服务，及时满足不断增长的企业贷款融资需求。

四是建立多元化监管体系，高度重视风险防范。政府应当加强对高校、科研院所和企业等科技创新主体以及市场科技金融主体财政科技资金使用的全程有效监管，并配套完备的成果验收手段，防止有限财政科技经费的滥用与浪费状况。同时，高度重视风险防范，注重防范化解金融风险与服务科创企业、服务实体经济相结合。

8.5.2 推进交叉学习与信息共享机制建设

通过对科技金融与科技创新系统协同发展的阻力分析可知，各主体之间的跨领域知识的掌握程度以及信息共享程度对于系统的协同有着重要作用，应积极推进推进交叉学习与信息共享机制建设。

在推进交叉学习的机制过程中，对于政府公共科技金融主体，相关部门人员应加强交叉学习能力，能够同时把握科技创新活动规律以及金融机构的运营动态；对于市场科技金融主体，为加强对科技创新产业的了解，可引进科技与金融复合型人才，同时配套相应的技术评估部门，做好项目的事前筛选与事后监督；对于以企业为代表的科技创新主体，可引进金融人才或加强与咨询、研究所等机构的合作。

在推进信息共享的机制过程中，需建立规范的信息披露制度。规范的信息披露制度需保证科技金融主体能够获取科技创新主体事前、事中、事后信息，同样保障科技创新主体能够获取科技创新主体事前、事中、事后信息。信息透明度的提高，能够有效保障科技金融主体和科技创新主体的决策效率，提高科技金融绩效和科技创新产出。

8.5.3 加强外部环境保障机制建设

外部环境不健全是科技金融和科技创新系统协同发展的一大阻力，应当加强环境保障机制的建设。一是完善知识产权相关法律法规，有效的知识产权保护对科技创新主体和市场科技金融主体都有促进和保护作用。在国家知识产权相关法律法规的基础上，地方性法规应做好配套衔接，包括专利、商标、著作权、植物新品种等知识产权的立法工作，防止不正当竞争。注重提高知识产权的融资能力，盘活科研成果，促进知识与资本的融合。二是在人才培养方面，依托上海市各高校，培养科技金融与科技创新复合型人才，做好人才引进工作，满足科技金融与科技创新系统的人才需求。三是完善创新容错机制，发挥监管规则的正向激励作用。金融监管部门应以更精准的设计，协调商业利益与社会利益的关系，适度放开风险容忍度，完善创新容错机制。

8.6 本章小结

探讨科技金融与科技创新的协同机制以及协同策略，对于促进中国经济结构转型和创新驱动发展具有重要的理论和现实意义。本部分以上海市为实证案例，厘清了科技金融、科技创新与协同发展的概念，剖析了科技金融与科技创新协同发展的机制，针对上海市发展现状，构建科技金融绩效与科技创新产出指标体系。在此基础上，本研究构建协同演化模型和协同度测度模型，识别主导协同发展的序参量，测度上海市科技金融和科技创新子系统的有序度和复合系统的协同度，同时，运用Bootstrap仿真方法检验复合系统三个主要变量两两之间的协同反馈效果。主要结论如下：

科技金融与科技创新系统由主体要素、客体要素、环境要素构成，系统主体要素主要包括公共科技金融主体（政府财税部门、科技管理部门等）、市场科技金融主体（商业银行科技信贷、天使投资、风险投资、科技资本市场）、科技创新主体（企业、高校及科研院所），系统客体要素是资金流，系统环境要素主要指法律与资源。系统的动力主要是政府部门的推动、市场科技金融主体和创新主体的逐利本质，阻力包括信息不对称风险、跨领域风险、科技创新活动本身的高风险、外部环境不健全风险。

公共科技金融绩效、市场科技金融绩效、市场科技创新产出是科技金融与科技创新复合系统的主要变量，构成了系统协同发展的 3 条主要的正反馈回路，即（1）公共科技金融绩效提升→科技创新产出增加（或市场科技金融绩效提升）→公共科技金融绩效提升；（2）市场科技金融绩效提升→科技创新产出增加（或公共科技金融绩效提升）→市场科技金融绩效提升；（3）科技创新产出增加→公共科技金融绩效提升（或市场科技金融绩效提升）→科技创新产出增加。

当前上海科技金融生态体系进一步完善，科技创新土壤得到进一步培育。2003—2016 年期间上海市科技创新产出能力不断提高，公共科技金融绩效有序上升，而市场科技金融绩效、科技金融整体绩效则波动较大。上海市科技金融与科技创新系统的各主要变量均受宏观经济金融影响，其中市场科技金融绩效受影响最大。公共科技金融绩效是主导上海市科技金融与科技创新复合系统协同演化的序参量。

当前上海市科技金融与科技创新良性协同发展机制目前尚未形成，可能源于当前金融体制的不完善、运行环境的复杂、在推进科技与金融结合的过程中偏重科技创新、金融监管不充分平衡风险与创新的关系等原因，上海市国际金融中心和科技中心建设还存在联动障碍。2003—2016 年期间上海市科技金融与科技创新复合系统协同度波动幅度较大，科技创新子系统有序度整体呈上升趋势，而科技金融子系统有序度存在较大的不稳定性，波动较大。

上海市公共科技金融绩效与科技创新产出之间不存在正反馈效果；滞后二期时，上海市科技创新产出是市场科技金融绩效的 Granger 原因，上海市科技创新产出对市场科技金融的发展有正反馈效果，而市场科技金融绩效对科技创新产出没有正反馈效果；上海市公共科技金融绩效与市场科技金融绩效之间存在相互的因果关系，二者之间存在相互的正反馈效果。这表明上海市政府公共科技金融投入管理尚存在较大空间，科技金融与科技创新协同机制还需继续探索不断完善。一方面当前上海市科技政策尚未完全落实到位，政府在公共科技金融管理尚存在较大提升空间，目前只是要素的递增，尚未形成规模效应，理论上能够达到的协同反馈效果目前尚未达到，还存在较大差距；另一方面由于信息不对称等约束条件，科技创新主体与政府公共科技金融主体之间没有形成良好的传导机制，政府公共科技金融的投入管理效率亟待提升。

附表：

附表 8—1 促进金融与科技结合的相关政策举措

时间	政策	备注
1985 年	《中共中央关于科学技术体制改革的决定》	科技与金融结合工作的开端
2006 年	《国家中长期科学和技术发展规划纲要（2006—2020 年）》	科技与金融结合工作的正式规划
2012 年	《关于深化科技体制改革加快国家创新体系建设的意见》	“创新金融服务科技的方式和途径”
2013 年	《关于强化企业技术创新主体地位全面提升企业创新能力的意见》	“完善支持企业技术创新的财税金融等政策”
2014 年	《关于深化中央财政科技计划（专项、基金等）管理改革方案的通知》	“推动符合科技创新特点的金融产品创新”
2015 年	《关于深化体制机制改革加快实施创新驱动发展战略的若干意见》	“培育壮大创业投资和资本市场，提高信贷支持创新的灵活性和便利性”“各类金融工具协同支持创新发展”
2016 年	《十三五国家科技创新规划》	“建设国家科技金融创新中心”“促进科技金融产品和服务创新”
2018 年	习近平总书记在首届进口博览会发表主旨演讲，提出将在上海证券交易所设立科创板并试点注册制	支持上海国际金融中心和科技创新中心建设

参考来源：戚湧，郭逸．江苏科技金融与科技创新互动发展研究［J］．科技进步与对策，2018，35（01）：41—49．

参考文献

[1] Schumpeter. The Theory of Economic Development [M]. Cambridge, MA: Havard University Press, 1912.

[2] King R. G., Levine R. Finance, Entrepreneurship and Growth: Theory and Evidence [J]. Journal of Monetary Economics, 1993, 32 (3): 513－541.

[3] Stulz R. M. Financial structure, corporate finance and economic growth [J]. International Review of Finance, 2000, 1 (1): 11－38.

[4] 林毅夫，李永军. 中小金融机构发展与中小企业融资 [J]. 经济研究，2001，1 (10)：10－18.

[5] Benfratello, Luigi, Fabio Schiantarelli, Alessandro Sembenelli. Banks and innovation: Microeconometric evidence on Italian firms [J]. Journal of Financial Economics 2008, 90 (2): 197－217.

[6] 孙杨，许承明，夏锐. 研发资金投入渠道的差异对科技创新的影响分析——基于偏最小二乘法的实证研究 [J]. 金融研究，2009 (9)：165－174.

[7] 朱欢. 我国金融发展对企业技术创新作用效果的实证分析 [J]. 科技管理研究，2010，30 (14)：26－30.

[8] Méon P. G., Weill L. Does financial intermediation matter for macroeconomic performance? [J]. Economic modelling, 2010, 27 (1): 296－303.

[9] Ang J. B. Financial development, liberalization and technological deepening [J]. European Economic Review, 2011, 55 (5): 688－701.

[10] 陈敏，李建民. 金融中介对我国区域科技创新效率的影响研究——基于随机前沿的距离函数模型 [J]. 中国科技论坛，2012 (11)：85－90.

[11] Amore M. D., Schneider C., Žaldokas A. Credit supply and corporate innovation [J]. Journal of Financial Economics, 2013, 109 (3): 835－855.

[12] De Angelo H., Stulz R. M. Liquid－claim production, risk management, and bank capital structure: Why high leverage is optimal for banks [J]. Journal of Financial Economics, 2015, 116 (2): 219－236.

[13] 石璋铭，谢存旭. 银行竞争，融资约束与战略性新兴产业技术创新

[J]. 宏观经济研究，2015（8）：117－126.

[14] Rajan R. G. Insiders and outsiders: The choice between informed and arm's - length debt [J]. The Journal of Finance, 1992, 47 (4): 1367－1400.

[15] Weinstein D. E, Yafen Y. On the costs of a bank - centered financial system: Evidence from the changing main bank relations in Japan [J]. The journal of Finance, 1998, 53 (2): 635－672.

[16] Morck R., Nakamura M. Banks and corporate control in Japan [J]. The Journal of Finance, 1999, 54 (1): 319－339.

[17] 邱静. 金融助推新兴产业发展催化产业结构调整 [J]. 改革与战略，2013（3）：69－72.

[18] 李苗苗，肖洪钧，赵爽. 金融发展，技术创新与经济增长的关系研究——基于中国的省市面板数据 [J]. 中国管理科学，2015，2：162－169.

[19] 俞立平. 金融支持，政府与企业投入对科技创新的贡献研究 [J]. 科研管理，2015，36（3）：57－63.

[20] 张一林，龚强，荣昭. 技术创新，股权融资与金融结构转型 [J]. 管理世界，2016（11）：65－80.

[21] Saint－Paul G. Technological choice, financial markets and economic development [J]. European Economic Review, 1992, 36 (4): 763－781.

[22] Levine R., Zervos S. Stock markets, banks, and economic growth [J]. American Economic Review, 1998: 537－558.

[23] 邓乐平，孙从海. 科技创新与资本市场—理论与经验的考察 [J]. 金融研究，2001（9）：74－84.

[24] Hyytinen A., Toivanen O. Do financial constraints hold back innovation and growth?: Evidence on the role of public policy [J]. Research Policy, 2005, 34 (9): 1385－1403.

[25] 孙伍琴. 论不同金融结构对技术创新的影响 [J]. 经济地理，2004，24（2）：182－186.

[26] 李颖，凌江怀，王春超. 金融发展对国内科技创新影响的理论与实证研究—基于对广东省面板数据的分析 [J]. 科技进步与对策，2009，26（23）：9－15.

[27] Hsu P. H., Tian X., Xu Y. Financial development and innovation: Cross－country evidence [J]. Journal of Financial Economics, 2014, 112 (1):

116－135.

[28] 李俊成，马菁. R&D资金投入与科技创新——基于融资环境视角的研究 [J]. 中国科技论坛，2017 (2)：135－142.

[29] George G.，Prabhu G. N. Developmental financial institutions as technology policy instruments：Implications for innovation and entrepreneurship in emerging economies [J]. Research Policy，2003，32 (1)：89－108.

[30] Marino M.，Parrotta P. Impacts of public funding to R&D：evidences from Denmark [C] //DRUID summer conference. 2010.

[31] 买忆媛，聂鸣. 开发性金融机构在企业技术创新过程中的作用 [J]. 研究发展管理，2005，17 (4)：79－82.

[32] 蒲艳，胡静. 技术创新与财政金融支持政策研究述评 [J]. 商业时代，2012 (22).

[33] 叶莉，王亚丽，孟祥生. 中国科技金融创新支持效率研究——基于企业层面的理论分析与实证检验 [J]. 南开经济研究，2015 (6)：37－53.

[34] 张玉喜，赵丽丽. 中国科技金融投入对科技创新的作用效果——基于静态和动态面板数据模型的实证研究 [J]. 科学学研究，2015 (2)：177－184.

[35] 芦锋，韩尚容. 我国科技金融对科技创新的影响研究——基于面板模型的分析 [J]. 中国软科学，2015 (6)：139－147.

[36] Tykvova T. Venture capital in Germany and its impact on innovation [J]. Social Science Research Network Working Paper，2000：1－30.

[37] Hellmann T.，Puri M. The interaction between product market and financing strategy：The role of venture capital [J]. The Review of Financial Studies，2000，13 (4)：959－984.

[38] Keusching C. Venture capital backed growth [J]. Journal of Economic Growth，2004，9 (2)：239－261.

[39] Tang M. Chi，Chyi Yi H. L. Legal environments，venture capital，and total factor productivity growth of Taiwanese industry [J]. Contemporary Economic Policy，2008，26 (3)：468－481.

[40] Ang J. B. Research，technological change and financial liberalization in South Korea [J]. Journal of Macroeconomics，2010，32 (1)：457－468.

[41] Chemmanur T. J.，Tian X. Do anti－takeover provisions spur corporate innovation? [J]. 2016.

[42] 吕炜. 论风险投资机制的技术创新原理 [J]. 经济研究，2002，2：

48－56.

[43] 王亮. 风险创业提升国家技术创新能力机理研究 [J]. 江西社会科学，2003 (5)：16－19.

[44] 程昆，刘仁和，刘英. 风险投资对我国技术创新的作用研究 [J]. 经济问题探索，2006 (10)：17－22.

[45] 王雷，党兴华. R&D经费支出，风险投资与高新技术产业发展－基于典型相关分析的中国数据实证研究 [J]. 研究与发展管理，2008，20 (4)：13－19.

[46] 邵同尧，潘彦. 风险投资，研发投入与区域创新——基于商标的省级面板研究 [J]. 科学学研究，2011，29 (5)：793－800.

[47] 赵洪进，岳碧霄，杨奕. 风险投资与高新技术产业 R&D 投入——基于典型相关分析的中国数据实证 [J]. 技术经济与管理研究，2013 (12)：41－46.

[48] 李瑞晶，李媛媛，金浩. 区域科技金融投入与中小企业创新能力研究——来自中小板和创业板 127 家上市公司数据的经验证据 [J]. 技术经济与管理研究，2017 (2)：124－128.

[49] Engel D.，Keilbach M. Firm－level implications of early stage venture capital investment—An empirical investigation [J]. Journal of Empirical Finance，2007，14 (2)：150－167.

[50] Hirukawa M.，Ueda M. Venture Capital and Industrial'Innovation' [J]. 2008.

[51] 王建梅，王筱萍. 风险投资促进我国技术创新的实证研究 [J]. 科技进步与对策，2011，28 (8)：24－27.

[52] Zucker L. G.，Darby M. R.，Armstrong J. Geographically localized knowledge：spillovers or markets? [J]. Economic Inquiry，1998，36 (1)：65－86.

[53] Bhidé A. V. The origin and evolution of new businesses [M]. Oxford University Press，2003.

[54] 邓俊荣，龙蓉蓉. 中国风险投资对技术创新作用的实证研究 [J]. 技术经济与管理研究，2013 (6)：49－52.

[55] Berger A. N. The economic effects of technological progress：Evidence from the banking industry [J]. Journal of Money，credit，and Banking，2003，35 (2)：141－176.

[56] Consoli D. The dynamics of technological change in UK retail banking services: An evolutionary perspective [J]. Research Policy, 2005, 34 (4): 461—480.

[57] Mazzucato M., Tancioni M. R&D, patents and stock return volatility [M] //Long Term Economic Development. Springer, Berlin, Heidelberg, 2013: 341—362.

[58] 姚战琪，夏杰长. 促进现代金融服务业与科技进步的融合与互动 [J]. 上海金融，2007 (3)：9—13.

[59] 戴志敏，罗峥. 科技进步对金融创新活动促进研究 [J]. 科技管理研究，2008，28 (11)：48—51.

[60] 陈迅，陈军. 科技进步与金融创新的互动关系研究 [J]. 科技管理研究，2009，29 (12A)：55—57.

[61] 张元萍，刘泽东. 金融发展与技术创新的良性互动：理论与实证 [J]. 中南财经政法大学学报，2012 (2)：67—73.

[62] 俞立平. 省际金融与科技创新互动关系的实证研究 [J]. 科学学与科学技术管理，2013，34 (4)：88—97.

[63] Perez C. Technology Revolution and Finance Capital [M]. London: Edward Elgar, 2002: 50—60.

[64] Neff C. Corporate finance, innovation, and strategic competition [M]. Springer Science & Business Media, 2012.

[65] 曹东勃，秦茗. 金融创新与技术创新的耦合一兼论金融危机的深层根源 [J]. 财经科学，2009 (1)：8—14.

[66] 王宏起，徐玉莲. 科技创新与科技金融协同度模型及其应用研究 [J]. 中国软科学，2012 (6)：129—138.

[67] 徐玉莲，王玉冬. 区域科技创新与科技金融系统协同发展运行机理分析 [J]. 科技进步与对策，2013，30 (20)：25—29.

[68] 姚永玲，王翰阳. 科技创新与金融资本融合关系研究——基于北京市的实证分析 [J]. 中国科技论坛，2015 (9)：103—108.

[69] 谭跃，周华，高丽. 广东省科技创新和金融市场协同效应分析及对策 [J]. 科技管理研究，2017 (4)：44—49.

[70] 王海，叶元煦. 科技金融结合效益的评价研究 [J]. 管理科学，2003 (2)：67—72.

[71] 孙伍琴，朱顺林. 金融发展促进技术创新的效率研究——基于

Malmquist 指数的分析 [J]. 统计研究，2008，25 (3)：46—50.

[72] 耿修林. 1995—2007年我国科技投入对科技产出影响分析 [J]. 科技管理研究，2009，29 (5)：171—172.

[73] 董奋义. 科技投入与科技产出的关联分析及趋势预测 [J]. 技术经济，2009，28 (7)：22—26.

[74] 曹颢，尤建新，卢锐，等. 我国科技金融发展指数实证研究 [D]. 2011.

[75] 马卫刚，张红丽. 我国科技与金融结合效益评价 [J]. 科技管理研究，2014，34 (20)：43—47.

[76] 荣婷婷，赵峥. 区域创新效率与金融支持的实证研究 [J]. 统计与决策，2015 (7)：159—162.

[77] 徐玉莲，王玉冬. 区域科技金融资金的配置效率研究 [J]. 科学管理研究，2015 (2)：93—96.

[78] 曾胜，张明龙. 基于三阶段 DEA 模型的我国金融支持科技创新效率评价 [J]. 西部论坛，2016，26 (4)：101—108.

[79] 何丹，燕鑫. 金融支持科技创新效率实证分析 [J]. 统计与决策，2017 (10)：166—168.

[80] 骆世广. 科技与金融结合效益评价及最优金融结构探索——以广东省为例 [J]. 统计与决策，2014 (1)：158—161.

[81] 许珂，卢海. 区域金融结构与科技创新效率——基于江苏省沿江八市面板数据的实证分析 [J]. 西部金融，2014 (4)：68—75.

[82] 许汝俊，龙子午，姚逍遥. 基于 DEA—Malmquist 指数法的科技金融发展效率评价研究——以长江经济带为例 [J]. 科技管理研究，2015，35 (13)：188—191.

[83] 黄瑞芬，杜绪沅. 基于 DEA 方法的我国沿海各省科技金融绩效评价 [J]. 金融发展研究，2015 (4)：35—39.

[84] 韩威. 基于 DEA—Tobit 模型的科技金融结合效率实证分析——以河南省为例 [J]. 金融发展研究，2015 (9)：36—40.

[85] 赵昌文，陈春发，唐英凯. 科技金融 [M]. 北京：科学出版社，2009.

[86] 房汉廷. 关于科技金融理论，实践与政策的思考 [J]. 中国科技论坛，2010 (11)：5—10.

[87] 房汉廷. 创新视角下的科技金融本质 [J]. 高科技与产业化，2016

(3)：40－45.

[88] Rostow W. W. The stages of growth：A non－communist manifesto [M]. Cambridge University Press，1960.

[89] 宋刚. 钱学森开放复杂巨系统理论视角下的科技创新体系——以城市管理科技创新体系构建为 [J]. 科学管理研究. 2009，(6)：1－6.

[90] 张来武. 科技创新驱动经济发展方式转变 [J]. 中国软科学，2011 (12)：1－5.

[91] Haken H.，Graham R. Synergetik－Die Lehre vom Zusammenwirken [J]. Umschau，1971，6 (191)：178.

[92] 穆东，杜志平. 资源型区域协同发展评价研究 [J]. 中国软科学，2005 (5)：106－113.

[93] 黎鹏. 区域经济协同发展及其理论依据与实施途径 [J]. 地理与地理信息科学，2005，(04)：51－55.

[94] Schinkus C. The financial simulacrum：the consequences of the symbolization and the computerization of the financial market [J]. The Journal of Socio－Economics，2008，37：1076－1089.

[95] 陈迅，吴相俊. 科技进步与金融创新互动关系 [J]. 科技与管理，2009，11 (6)：53－55.

[96] 李希义，房汉廷. 我国科技型上市公司的创新性 [J]. 经济管理，2009 (11)：22－27.

[97] 孙晶琪，冷媛，李春杰. 基于复杂系统的电力市场运营状态识别研究 [J]. 管理科学，2012，25 (06)：111－119.

[98] 孟庆松，韩文秀. 复合系统协调度模型研究 [J]. 天津大学学报：自然科学与工程技术版，2000，33 (4)：444－446.

[99] Shuku G.，Mantalos P. A Simple Investigation of the Granger－causality Test in Integrated－cointegrated VAR Systems [J]. Journal of Applied Econometrics，2000，(27)：1021－1031.

[100] Wu C. F. J. Jackknife，bootstrap and other resampling methods in regression analysis [J]. the Annals of Statistics，1986，14 (4)：1261－1295.

[101] Davidson R.，Flachaire E. The wild bootstrap，tamed at last [J]. Journal of Econometrics，2008，146 (1)：162－169.

[102] Paparoditis E.，Politis D. N. Residual - based block bootstrap for unit root testing [J]. Econometrica，2003，71 (3)：813－855.

[103] Kreiss J. P. Asymptotical properties of residual bootstrap for autoregressions [M]. Institute für Mathematik，Techn. Univ.，1997.

[104] Bickel P. J.，Freedman D. A. Some asymptotic theory for the bootstrap [J]. The annals of statistics，1981：1196－1217.

[105] Freedman D. On bootstrapping two－stage least－squares estimates in stationary linear models [J]. The Annals of Statistics，1984，12 (3)：827－842.

[106] 徐玉莲. 区域科技创新与科技金融协同发展模式与机制研究 [D]. 哈尔滨理工大学博士论文，2012：98.

[107] 戚湧，郭逸. 江苏科技金融与科技创新互动发展研究 [J]. 科技进步与对策，2018，35 (01)：41－49.

后　记

改革开放以来，随着中国不断地融入全球城市经济体系中，中国快速的工业化、城镇化、市场化和国际化等进程创造了中国经济增长奇迹。与此同时，随着资本、技术、劳动力等各种要素在区域的快速流动和重新配置，中国区域发展格局也在发生深刻的变化。当前，长江经济带发展战略、长三角区域一体化发展战略、港珠澳大湾区发展战略、“一带一路”发展战略、主体功能区发展战略等各种区域发展战略的相继出台和实施，中国区域发展格局正出现急剧的重构、分化与演化态势。随着交通基础设施的不断完善，以及中国城乡统筹、区域统筹战略的推进，市场化主导的力量正在改变以行政区为主的区域格局，区域经济边界正在被打破和重塑。

一直以来，中国经济的发展主要依靠土地、劳动力、环境等各种低成本要素的竞争优势，但随着中国劳动力成本、环保成本和商务成本等上升，中国经济发展的基本条件正在发生深刻的变化。从高速度增长方式向高质量增长方式转变，创新驱动正在取代传统的投资驱动和出口驱动成为中国经济增长的新引擎。而中国的产业发展模式也正从最初的以劳动密集型产业开始向劳动密集型、资本密集型、技术密集型和知识密集型多层次、宽领域的产业发展格局演进，由此造成的是中国从西向东区域发展格局呈现出工业化初中期、工业化中后期和后工业化不同发展阶段的形态和模式。

区域发展格局演变机制和规律一直是经济学、地理学、规划学、管理学等区域科学关注的焦点问题之一。从古典的区位理论到新近的新经济地理学，人类一直在探究经济活动的空间规律和经济活动的空间格局。当前，在区域科学研究中出现了各个学科相互借鉴研究范式和研究方法的新态势，经济学、地理学等区域科学研究之间的学科边界正在开始模糊，区域科学研究开始出现了学科交叉和融合发展等态势，大数据、云计算、人工智能以及“3S”信息技术等新兴的科学研究方法正越来越多地运用来探讨复杂的区域相关问题。

当前，国内外同行对中国区域发展问题作出了许多卓有成效的研究，本书借鉴了许多同行的学术观点和研究方法，在书稿中都作了规范的标注，如果有遗漏的地方，也敬请同行们谅解。这本书是课题组多年相关专题研究成果的集成和整合，因此，全书在逻辑上可能存在碎片化和缺乏系统性，在数据上，也无法做到规范统一，甚至许多研究结论可能也已落后于快速发展的时代步伐。在研究过程中，对相关问题的研究结论也显得十分粗浅，许多观点都很不成熟和十分粗糙，所有上述问题也敬请学术界同行批评指正。

这本书更多的是众人研究成果的集成和提炼，其中俞佳立、金峥参加了第一章的写作，张帆、孙凯辉参与了第二章的写作，王丹阳参加了第三章的写作，俞佳立参加了第四章的写作，俞佳立、章辉参加了第五章的写作，俞佳立、温静参加了第六章的写作，代缪萧参加了第七章的写作，叶小同参加了第八章写作。黎文勇、俞佳立对全书的文字、格式、参考文献等内容做了统一的规范和整理。另外，在研究过程中，吴柏均教授、钱世超教授、鲍曙明教授、吴玉鸣教授等给予了许多有益的建议，在此一并致谢。